MARGIT SCHÖNBERGER (HG.) |

Ich werde nie mehr auseinandergehen

Über das Buch

Die Hose kneift, der Pulli muss irgendwie geschrumpft sein, und dann laufen im Fernsehen auch noch reihenweise gertenschlanke Supermodels-in-spe durchs Bild. Da kann man (oder Frau) schon mal der Gewichtsparanoia verfallen und eine Zeit des Verzichts und der strengen Disziplin ausrufen. Zwar ist der Stimmungsverfall enorm und der Erfolg zweifelhaft – aber man wird doch wenigstens hoffen dürfen, sein Moppel-Ich irgendwann niederzuringen.

Belohnung oder Trostbonbon können dabei die heiter bis bissigen Geschichten rund um das Thema Diät in dieser Anthologie sein.

Mit Beiträgen von Susanne Ayoub, Helga Beyersdörfer, Stella Conrad, Christine Grän, Tatjana Greiner, Robert Griesbeck, Ju Honisch, Gerlinde Jänicke, Jutta Kessler, Olivia Kleinknecht, Katja Maybach, Hannelore Mezei, Edda Minck, Lotte Minck, Irene Rodrian, Jana Voosen, Mirjam Wilhelm, Fenna Williams, Sophie Winter und Steffi von Wolff.

Über die Herausgeberin

Margit Schönberger ist Journalistin und Autorin mehrerer erfolgreicher Sachbücher, darunter der Bestseller »Wir sind rund, na und?«. Sie war lange Zeit Leiterin der Presse- und Öffentlichkeitsarbeit einer großen Verlagsgruppe, bevor sie sich als Literaturagentin selbstständig machte. Sie ist verheiratet und lebt mit ihrem Mann in München.

MARGIT SCHÖNBERGER (HG.)

Ich werde nie mehr auseinandergehen

Böse Diät-Geschichten

Diana Verlag

FSC
Mix
Produktgruppe aus vorbildlich bewirtschafteten Wäldern und anderen kontrollierten Herkünften

Zert.-Nr. SGS-COC-1940
www.fsc.org
© 1996 Forest Stewardship Council

Verlagsgruppe Random House FSC-DEU-0100
Das für dieses Buch verwendete FSC-zertifizierte Papier *Holmen Book Cream* liefert Holmen Paper, Hallstavik, Schweden.

Originalausgabe 01/2009

Redaktion | Antje Nissen
Umschlagillustration und Umschlaggestaltung | Hauptmann & Kompanie Werbeagentur, München–Zürich, Teresa Mutzenbach
Herstellung | Helga Schörnig
Satz | Leingärtner, Nabburg
Druck und Bindung | GGP Media GmbH, Pößneck
Printed in Germany 2009
978-3-453-35259-9

www.diana-verlag.de

Inhalt

Margit Schönberger
Vorwort 7

Helga Beyersdörfer
Fettbewerb 13

Jana Voosen
Himbeertörtchen 35

Steffi von Wolff
Dick und doof 50

Katja Maybach
Eine Stunde im Paradies 70

Irene Rodrian
dicke-dame.de 85

Fenna Williams
Frau mit Größe 100

Robert Griesbeck
Wie Männer Frauen lieben 118

Hannelore Mezei
Liebe in vier Gängen 131

Stella Conrad
Schlaraffenland 152

Christine Grän
Kuh oder Ziege? 172

Lotte Minck
Rache ist sahnig 186

Susanne Ayoub
Rosis Bauch – Flaumig wie Flan 202

Jutta Kessler
Die innere Mitte 225

Edda Minck
Kalorienbomben 243

Tatjana Greiner
Big in Hollywood 256

Gerlinde Jänicke
Schokoladenhimmel 270

Sophie Winter
Vollpension 284

Ju Honisch
Voll schlank 307

Mirjam Wilhelm
Die Quoten-Queen 329

Olivia Kleinknecht
Mollige Zehen 347

Verzeichnis der Autorinnen
und Autoren 361

Margit Schönberger

Vorwort

Von Luft und Liebe zu leben – das wär's! Doch trösten Sie sich – beides ist auch nicht mehr das, was es einmal war. Mit dem einen werden uns Schwermetalle und Feinstaubpartikel in ständig gesteigerten »Portionen« serviert, und von dem anderen haben sich die Halbwertzeiten arg reduziert. Das eine macht schwerer, das andere dicker. Was am Ende (fast) auf dasselbe hinausläuft. Am besten ignorieren und mit dem weitermachen, was unsere Gesellschaft am besten kann – also her mit der nächsten Diät. Das macht Hoffnung auf eine bessere Zukunft (das bisschen schlechte Laune werden die anderen schon aushalten) und aus uns allen absolute Experten. Während wir die Tage zählen, bis wir aussehen wie Madonna oder Angelina Jolie (und wegschauen, wenn wir die neuesten Bilder von Liz Taylor sehen), bilden wir uns ganz automatisch in Betriebswirtschaft aus. In Körperbetriebswirtschaft. Darin sind wir unschlagbar, Privatgelehrte sozusagen. Die Erfolge lassen zwar bei den meisten von uns noch auf sich warten, aber das ist in der großen Wirtschaft auch nicht anders. Dort regelt der Markt angeblich alles, man muss nur Vertrauen und Geduld haben. Für Körperbetriebswirtschaftler regelt auch der Markt alles. Der Supermarkt und der Drogeriemarkt. Und lassen Sie sich ja nicht beirren – alles wird gut. Glauben Sie mir. Was Sie sich aber unbedingt gönnen sollten, das ist eine kleine Pause in Ihrer harten Diät-Arbeit. Nur eine Buchlänge lang. Riskieren Sie ruhig einen kleinen Blick über den Rand Ihres leeren Tellers, bevor Sie mit neuer Kraft weitermachen. Da draußen gibt es eine Welt von glücklichen Verlierern und Verliererinnen, die wir Ihnen in diesem Buch zeigen wollen. Einfach mal anschauen. Betrachten Sie die Lektüre der hier versammelten Storys wie einen Besuch im Zoo – als einen Ausflug, der Ihnen Luft verschaffen wird, Ihre Nerven entspannt und endlich mal wieder Ihre Lachmuskeln zum Arbeiten bringt. Was immerhin schon eine zusätzliche Bewegungsübung ist, die Ihnen kein Laufband und kein Trimmgerät der herkömmlichen Art bieten kann.

Stören Sie sich bitte nicht daran, dass die Autorinnen und Autoren der hier versammelten Geschichten oft vom Essen berichten und Gerichte und Rezepte erwähnen, die insgesamt wohl ein paar Millionen Kalorien ausmachen und das wochenlange Überleben eines mittelständischen Betriebs garantieren würden. Für erfahrene Körperbetriebswirtschaftler, sprich Erbsen- ups, Verzeihung, Kalorienzähler wie Sie es sind, kann das gar keine Versuchung sein. Für Sie ist die Tortenvitrine einer Konditorei morgens um neun, in der sich eine Sachertorte, ein Russischer Zupfkuchen, ein Marmorkuchen, eine Schwarzwälder Kirsch-, eine Käse-Sahne- und eine Nuss-Sahne-Torte (alle noch unberührt und ganz) befinden, nichts anderes als eine Rechenaufgabe, die Sie schneller als der schnellste Computer lösen: Es handelt sich um sechs mal zwölf Stücke, die insgesamt einen Brennwert von 133 356 Kilokalorien haben und Ihrem Körper bei absolutem Stillhalten (also ohne jegliche Bewegung, abgesehen von Kauen, Schlucken und genüsslichem Augenschließen) für 88 Tage den »Sprit« sichern.

Zugegeben, die Sache ist am Ende etwas komplizierter, aber rein rechnerisch ist sie astrein. Wie sich die Torten fühlen, wenn Personen auf sie treffen, die nicht nur zählen, so wie Sie, sondern auch essen – auch das ist hier nachzulesen. (Sie finden, Torten können nicht fühlen? Na, Sie sind gut! Haben nicht schon die alten Philosophen davon gesprochen, dass die ganze Welt beseelt sei? Na also!)

Um das eben erwähnte »etwas Kompliziertere« geht es in unseren Geschichten. Sie werden Ihnen nicht nur wertvolle Hinweise darauf geben, wo die Tücken von Diäten stecken können, sondern Ihnen auch eine Warnung sein. Denn absolute Disziplin fördert kriminelle Energien. Natürlich glauben Sie längst nicht mehr an den Weihnachtsmann, aber vielleicht doch ein bisschen an eine gute Fee, die in der Lage ist, Ihre überflüssigen Pfunde einfach wegzuzaubern? Das geht, aber wohin damit? Vielleicht auf die Hüften Ihrer besten Freundin? Während Sie sich über diese Geschichte Gedanken machen, tobt in so manchem Kühlschrank ein Krieg unvorstellbaren Ausmaßes. Allein diese Kriegsberichterstattung macht deutlich, dass wir keine Ahnung haben, wie das Seelenleben einer Selleriestange im Angesicht von Cremetörtchen aussieht. Dass der Welt das Runde nicht ganz ausgetrieben werden darf, weil sonst die vom Export abhängige Wirtschaft Schaden nehmen könnte, wird Sie vielleicht verblüffen, aber die Tatsache, dass man mit kleinen Fettpölsterchen vielleicht keine TV-Karriere machen, aber glückliche Chefin eines Feinkostladens werden kann, liegt mehr als verlockend auf der Hand. Fresssüchtige Schwiegerväter sollten die Künste (und die Rundungen) der Köchin ehren, sonst wird schon einmal so ganz nebenbei ein Küchenkraut verwechselt, was tödliche Folgen haben kann. Auch das ist eine Lehre, die Sie aus der Lektüre dieses Buches ziehen können. Und wie sehr Ayurveda samt bestem Guru den Familienfrieden stören kann. Überhaupt haben unsere Expertinnen und Experten Erkenntnisse gesammelt, für die man als Laie lange recherchieren müsste. Oder wussten Sie, dass es einen erotisch bedingten Futterzwang gibt? Wer die Bekanntschaft eines solchen »Feeders« macht, braucht den Beistand aller Heiligen. Zu denen hat auch schon mancher Schokoladentiger beim Vorstellungsgespräch gebetet – und dabei gar nicht gemerkt, dass auch Werbegötter gelegentlich dem Süßen (und damit dem Natürlichen) verfallen sind. Auch Quoten lassen sich mit der richtigen Auswahl von pfundigen Argumenten durchaus in die Höhe treiben, zumal weibliche Mittelgewichte zuweilen wendiger sind, als man ihnen auf den ersten Blick zutraut. Happy End inklusive. Exzellenten, liebenden Köchen mit Internetzugang gegenüber ist hingegen durchaus Misstrauen angebracht. Aber das schwergewichtige Imperium schlägt auch manchmal zurück: Wenn die Gewichts-Kerkermeister in die Pflegeabhängigkeit der Gequälten geraten, dann verschieben sich nicht nur die Machtinstrumente, sondern auch die Zeiger auf der Waage.

Wussten Sie, dass Models gelegentlich Wattebäuschchen essen, damit ihr armer kleiner Magen wenigstens kurzfristig Ruhe gibt und gefüllt ist? Wenn so ein armer Wurm durchdreht, dann muss er schon einmal von der »Schönheits-Polizei« aus einem Burger-Restaurant gerettet werden. Denn dass man zum Mörder werden kann, wenn einem (sogar am 30. Hochzeitstag) die Bissen in den Mund gezählt werden, kann sogar jeder Körperbetriebswirtschaftler – zumindest theoretisch – verstehen, oder? Dass auch Modeschöpfer ungeahnte Sehnsüchte haben und insgeheim für ein Slow-Food-Leben schwärmen, ist leider viel zu wenig verbreitet. Neben einem Hungerhaken aufzuwachen, heißt ja noch lange nicht, dass man(n) nicht davon träumen kann, mit einer Marzipan-Künstlerin ins Bett zu gehen. Wie wichtig es ist, in der Liebe und der Mode tätig zu werden, beweist auch die Geschichte von dem Mann, der etwas von Kleidergrößen versteht und diese Kenntnis heimlich nutzt, um seiner geliebten Frau Diäten zu ersparen. Undankbar wie wir Frauen nun mal sind, wurde es ihm nicht gelohnt! Da lassen sich viele unserer Geschlechtsgenossinnen lieber von einer Gertenschlanken im Schaumgummi-Kostüm diätmäßig abzocken.

Wussten Sie, dass man Schokolade noch Anfang des 19. Jahrhunderts ausschließlich in Apotheken bekam? Als Aufbaumittel sozusagen. Heute hat sich das gründlich umgekehrt. In Apotheken bekommt man für den mehrfachen Preis der Schokoköstlichkeiten diejenigen quälenden, Verzeihung, quellenden Rührpulverchen, die helfen sollen, das wieder abzubauen, was zu viel aufgebaut wurde. Es ist sowieso eine Schande, für wie blöd wir unseren Körper und vor allem unsere Mägen halten. Dabei hat eine Rumkugel nur 53 Kalorien, wesentlich weniger als ein 150 Gramm schwerer Apfel. Und rund sind sie doch beide? Mit 28 Rumkugeln käme man prima über den schlimmsten Tag, ohne auch nur ein Gramm zuzunehmen. Eine richtig gute, runde Sache, oder? Apropos rund: Genau das darf man nicht sein, wenn man in Hollywood ein Drehbuch loswerden will, das die Erfolgsgeschichte einer Dicken erzählt. Diese Story in unserem Band gleicht einem großen Abenteuer, und man fragt sich, wie die Serie »Roseanne« je auf den Schirm und die Hauptdarstellerin von »Die Teufelin« an ihre Kinorolle kam. Aber Sie werden sich noch sehr viel mehr fragen. Denn ob Sie es glauben oder nicht, vor 2000 Jahren taten die Römerinnen alles, um bis zu den Zehen hin rundlicher zu werden. Damals war der Beruf der Ökotrophologin genau anders herum gepolt als heute. Und diese Geschichte ist nicht einfach nur ausgedacht – sie stimmt!

Wenn wir Ihnen mit diesem Buch einen Blick in die höchst exotische Galaxie der Runden bescheren, dann nur deshalb, um Sie auf Ihrem Kurs in Richtung Zeitgeist zu bestärken. Sollen diese faulen, verfressenen und unschönen Parallelwelt-Bewohner – zu denen ich auch gehöre – doch so viel Spaß und Genuss haben, wie sie wollen. Sollen sich diese selbstzufriedenen, hawaiianischen Speckköniginnen doch im Tanze wiegen und totlachen über humorige Sprüche wie »Querstreifen machen dick, aber wer isst schon Querstreifen?« oder »Wenn Schwimmen schlank macht, warum sind Wale so dick?«. Wir können sowieso nicht alle Models oder Hollywood-Stars werden – also betrachten Sie uns Molligen oder Dicken als Ihre Freunde, die den Bauch einziehen, so gut es geht, um Sie auf dem Weg nach oben freundlich lächelnd vorbeizulassen. Ohne Ihnen neben all der Körperbetriebswirtschaft und den damit verbundenen Plagen auch nur die geringste Konkurrenz zu machen. Aber wenn Sie irgendwann erfahren sollten, dass der Markt doch nicht alles regelt und Sie das Gefühl haben, den Mode- und Zeitgeist-Gott lieber einen guten Mann sein lassen zu wollen, dann kommen Sie in unsere Welt. Sie ist bunt, wohlschmeckend, fröhlich und ohne all zu viele einengende Vorschriften. Bei uns dürfen Sie so sein, wie Gott Sie sich ursprünglich gedacht hat. Ob dick oder dünn – Sie sind uns willkommen. Hauptsache Sie haben Freude am Leben, haben das Lachen nicht verlernt und auch nicht das Genießen!

Herzlich
Ihre Margit Schönberger
Dezember 2008

Helga Beyersdörfer

Fettbewerb

Es gibt Menschen, die mögen Clara nicht, weil sie ihnen eine Spur zu modern, zu flexibel, zu berechnend ist. Andere wiederum loben gerade, dass Clara eben die Zeichen der Zeit erspürt, mithin schnelle Ideen schnell umsetzt, für eine neue Herausforderung alles gibt und sich dabei natürlich nicht mit Nebensächlichkeiten aufhalten kann.

Viele sind es allerdings nicht, die sich solcherlei Gedanken über Clara machen, genau genommen sind es nur sehr wenige, verschwindend wenige. Eine Handvoll. Vielleicht.

Denn Clara hat keinen Heimathafen. Ihren Anker wirft sie nur da, wo der Zeitgeist sie hinführt, wo Talent und Fantasie gefragt sind, um hippen Menschen hippe Wünsche zu erfüllen.

Was aber treibt der Zeitgeist im Südharz, wo man ihn bisher kaum zu Gesicht bekam? Hier nämlich, in dem Städtchen G. mit seinen windschiefen Fachwerkhäusern, den kopfsteingepflasterten Gässchen und dem Gasthof, der entgegen des äußeren Eindrucks »Zum Wilden Hahn« heißt, hier ausgerechnet ist Clara diesmal vor Anker gegangen. Vor Kurzem ist sie vierzig geworden.

Es ist der 24. Januar, ein trister Donnerstagabend. Clara steht am Fenster, gegen das schon seit Stunden der Regen prasselt. Aus der Schankstube des »Wilden Hahns«, die sich genau unter Claras Zimmer befindet, hört sie das Klirren von Gläsern, ab und an ein Lachen und Poltern, mehr nicht. Morgen wird sie selbst dort unten sitzen, von siebzehn bis neunzehn Uhr, und ab dann jeden Freitag um diese Zeit, zwei Monate lang, gemeinsam mit zwanzig anderen, die sie nicht kennt, von denen sie aber definitiv weiß: Sie sind dick, sie sind begierig, nach der von Clara erfundenen brandneuen und hochmodernen Methode abzunehmen, und sie haben ihre Teilnahmegebühr überwiesen. An Clara natürlich, denn Clara ist der Motor des Ganzen, sie hat die Teilnehmer ausgewählt, den Ort bestimmt, den Raum gemietet, die Vorbereitungen getroffen. Und sie hat ihrer Methode einen zugkräftigen Namen verpasst: FETTBEWERB.

Hier muss Clara nun doch einmal aufstöhnen, es hört ja niemand. Denn wie sehr unterscheidet sich ihr augenblickliches Projekt mit seinen Protagonisten von all den anderen, den früheren. Eine Hochzeit als Event in einem U-Boot zu organisieren oder dieses nächtliche Skirennen im Tiefschnee, alles ausgeleuchtet natürlich, als der Dings, wie hieß er noch, seinen dreißigsten Geburtstag so extrem feierte, als hätte er damals schon gewusst, dass er noch vor seinem einunddreißigsten auf der Flucht vor dem Fiskus irgendwo in Asien abhängen würde, ja, das war schon etwas anderes, als mit Übergewichtigen in einem Dorfgasthof ... Nein, halt, nein, so durfte sie nicht denken, das wäre eine mentale Sackgasse. Erfreulich ist doch die Tatsache, dass sie wieder einmal die Zeichen der Zeit erkannt hat und sich nun darauf einrichtet. Punkt. Ist ja auch nicht plötzlich gekommen, die Zeitgeistwende, es gab Vorzeichen. Da war zum Beispiel ihre wunderbare Idee, psychologische Betreuung für traumatisierte Bungeespringer anzubieten. Ganz legal so etwas, psychologische Betreuung darf jeder anbieten, nur nicht diplompsychologische, weil das dann so etwas wie Amtsanmaßung wäre. Egal, erst war die Quelle gesprudelt, und dann? Nichts mehr, immer weniger Seile hingen von den Fernsehtürmen, dann keine mehr. Und das Schlimme, es fanden sich immer weniger Nischen, in die ein kreativer Kopf wie sie ausweichen konnte. Es war unverkennbar – die Fun-Community schwächelte. Die Zeit war also gekommen, sich zurückzuziehen und, unter Berücksichtigung des veränderten Marktes, eine neue Klientel auszugucken. Und sie war fündig geworden. Bei den Dicken.

Clara starrt noch immer durch die Fensterscheibe auf den dunklen, menschenleeren Marktplatz hinunter, über den Regenschauer fegen, und beißt in die Laugenbrezel, die seit dem Frühstück ihre erste Mahlzeit ist. Unnötig zu erwähnen, dass Clara mager ist wie eine Hopfenstange. Kein Gramm Fett auf den gesamten eins siebzig. Zum Glück, denn ihre bisherige Kundschaft hätte ihr niemals mehr als Kleidergröße 36 durchgehen lassen. Und nun das! Sie würgt einen zweiten Bissen von der Brezel hinunter und dreht sich um. Ihr Blick heftet sich auf das Bett, beziehungsweise auf das, was darauf liegt. Ein Albtraum. Ein Monsterberg aus aufeinandergeheftetem Schaumstoff, mit Gummipolstern kombiniert und an den strategisch wichtigen Stellen mit Klettverschlüssen versehen. Drei Wochen hat sie daran gearbeitet, gefühlte tausend Anproben hinter sich gebracht, ehe der Hintern prall genug war, der Bauch wabbelte und die Polster an allen Seiten glaubwürdig überlappten. Ihr Blick wandert nun zum Schrank, an dem die Kampfmontur für morgen hängt: eine bunte gemusterte Bluse, was heißt Bluse, ein Zelt in sage und schreibe Größe 58. Achtundfünfzig! Darunter eine blaue Hose, deren Stoffmenge vermutlich ausreichen würde, eine Dreizimmerwohnung mit Gardinen zu versehen. Clara muss unversehens lächeln, als sie an das verblüffte Gesicht der Verkäuferin in der Fachabteilung für Übergrößen denkt, der sie auftrug, die Kombination gleich fünf Mal einzupacken, aber Clara konnte ihr wohl kaum erklären, dass das hier ihre Businessklamotten für die nächsten zwei Monate waren. Die anderen vier Kombinationen warten im Koffer auf ihren Einsatz, Montag in Niedersachsen, Dienstag in der Heide, Mittwoch in Hessen, Donnerstag in Franken und Freitag natürlich wieder hier, im verträumten G. im Südharz. Sie verkneift sich ein weiteres Seufzen und nimmt sich vor, den Rest des Abends an ihrer Motivation zu arbeiten.

Am Freitag, dem 25. Januar, kurz nach sechzehn Uhr, läuft Clara der Schweiß von der Stirn. Kritisch begutachtet sie ihren rundum gepolsterten Körper vor dem Spiegel, tapst x-beinig zum Schrank, greift nach der bunten Bluse und dem Hosenungetüm und setzt sich auf das Bett, um in die Hosenbeine zu steigen. Das ist im Stehen unmöglich und sogar im Sitzen schwierig. Die Unterschenkel gewinnen durch Anheben nämlich kaum an Höhe, weil die Polster der Oberschenkel im Weg sind, der Bauch drückt auf den Magen, der findet keinen Fluchtweg und gibt den Druck weiter an die Leber. Oder ist es die Galle? Jedenfalls spürt Clara Übelkeit und lehnt sich nach hinten, um die Beinkleider überzuziehen. Das geht immerhin einigermaßen. Die Bluse ist kein Problem, die ist zum Knöpfen, und nach ein paar Anläufen trifft Clara auch den zweiten Ärmel. Im Bad schaufelt sie sich kaltes Wasser in ihr verschwitztes Gesicht, dann kommen die Röllchen dran, fest gepresste, außerordentlich saugfähige Watteröllchen, wie sie Zahnärzte benutzen. Drei davon schiebt Clara jetzt kunstvoll auf jede Backenseite, so wie sie es geübt hat. Zur Probe sagt sie: »Shit, seh ich scheiße aus«, wegen der besonders kritischen s-Laute. Hört sich passabel an, auch hier hat sich das Üben gelohnt. Um ihren Hals wickelt sie einen weißen Wollschal, zum Glück ist Winter, niemand wird sich also wundern, und ganz zum Schluss zupft sie ihre nackenlangen blonden Haare so weit wie möglich über die Wangen.

Als sie das Badezimmer verlässt, ist sie nicht mehr Clara, die Trendsetterin mit dem durchtrainierten Körper, dem geraden Rücken, dem hochgereckten Kinn der Entschlossenen und mit dieser Stimme, die manchmal klingt wie Eisen, wenn es auf Eisen trifft. Ungelenk und unattraktiv fühlt sich Clara jetzt. Das ist eine unbekannte Erfahrung für sie und eine Herausforderung an ihr bislang gut ausgestattetes Selbstbewusstsein.

Vorsichtshalber vermeidet sie jeden weiteren Blick in den

Spiegel und schiebt sich ins Zimmer zurück. Sie kracht breitbeinig auf das Bett, um sich die knöchelhohen Latschen mit Gummizug anzuziehen, steht ächzend auf, nimmt die Aktentasche mit den Unterlagen an sich und macht sich auf den Weg. Draußen in dem schmalen Flur steht ein silberner Putzwagen auf Rollen. Eine Frau mit grauen Löckchen zählt einen Stapel Handtücher ab, hält aber inne, als sie Clara erblickt. Wortlos unterbricht sie ihre Arbeit und schiebt den Wagen durch die offen stehende Tür hinter sich, bis er nur noch ein kleines Stück herauslugt. »Bitte«, sagt sie, und es klingt wie ein Vorwurf. Clara hört, wie hinter ihr der Wagen wieder auf den Flur hervorrattert, begleitet von einem gemurmelten »Mein lieber Scholli«. Es versetzt ihr einen Stich.

Als sie unten im Schankraum ankommt, ist es zwanzig vor fünf, an der schweren Holztür mit dem schmiedeeisernen Griff baumelt ein Schild: »Von 17 bis 19 Uhr geschlossene Gesellschaft«. Hinter dem Tresen hantiert ein Mann mit Gläsern und Flaschen. Er schaut kurz auf, aber noch ehe sie ihm einen Gruß zunicken kann, hat er sich schon wieder abgewendet. Der quadratische Raum, der durch dunkelbraune Deckenbalken noch niedriger wirkt, als er ohnehin schon ist, bietet Platz für sechs oder sieben Vierertische, über jedem von ihnen hängt eine tief heruntergezogene, kupfern schimmernde Lampe. Clara wählt den Tisch für sich aus, der dem Eingang am nächsten steht, lässt ihre Tasche auf einen Stuhl plumpsen und sich selbst auf den Stuhl daneben. Sie schiebt den Kerzenleuchter und das Strohblumengesteck beiseite und beginnt, Ordner und Zettel vor sich auszubreiten, die sie allesamt im Verlauf der nächsten zwei Stunden brauchen wird. Um zehn vor fünf wagen sich die ersten Kandidaten in die Höhle des Löwen, beziehungsweise in die Schankstube des »Wilden Hahns«. Einzeln trudeln sie ein, suchen verlegen nach einem Platz, lächeln den anderen flüchtig zu, werfen einen scheuen Blick auf die Dicke ganz vorn, die mit irgendwelchen Papieren beschäftigt ist, sodass niemand wagt, sich ihr zu nähern. Der Mann hinter dem Tresen sieht auf die Uhr und verschränkt die Arme.

Um kurz nach fünf sind alle eingetroffen. Clara wartet noch drei Minuten, dann stützt sie sich auf der Tischplatte ab und hievt sich hoch. Sie zupft die Bluse zurecht, besonders hinten, wo der Stoff auf dem ausladenden Hinterteil hängen geblieben ist, nimmt ihren Stichwortzettel zur Hand und sieht in die Runde, die sich aus sechs übergewichtigen Männern und vierzehn übergewichtigen Frauen zusammensetzt. Die Jüngste ist vierundzwanzig, die Älteste dreiundsechzig, das weiß Clara aus den Anmeldungen. Ihr Blick bleibt an einer Frau mittleren Alters hängen, die ganz hinten Platz genommen hat. Eigentlich sieht sie aus wie viele andere auch. Ihre hochgeknöpfte Bluse spannt über Busen und Bauch, ihre Goldrandbrille ist ein wenig zu groß geraten, und ihre Frisur sitzt am Kopf fest wie eine Pudelmütze. Etwas unterscheidet diese Frau dennoch von den anderen, ihre angespannten Schultern vielleicht und die kalten Augen. Dieser bohrende Blick, denkt Clara, aber weiter kommt sie nicht, denn der Mann hinter dem Tresen sieht erneut ungeduldig auf die Uhr. Es wird Zeit für die Begrüßung. »Meine Damen und Herren«, beginnt sie, und ist sich dabei in jeder Sekunde der sechs Röllchen in ihrem Mund bewusst, die sich allmählich vollsaugen und umso anschmiegsamer ihre Aufgabe als Backentaschenpolster erfüllen, solange die Zunge nicht eilfertig dazwischengrätscht, »Sie haben sich entschieden, bei FETTBEWERB mitzumachen, und ich kann Sie nur zu Ihrer Entscheidung beglückwünschen. Herzlich willkommen also, ich bin Clara.« An dieser Stelle setzt schüchterner Applaus ein. Clara wechselt das Standbein. »Sie alle kennen mich bereits aus der Annonce und aus meinem Strategiepapier, das Sie sicher genauestens studiert haben. Dann wissen Sie ja auch, dass wir jetzt erst einmal etwas zu essen bestellen werden. Und zwar nicht das Essen, das wir essen müssen oder dürfen oder sollen, sondern das Essen, das uns guttut. Befragen Sie dazu einzig und allein Ihre innere Stimme, die bestimmt froh ist, endlich einmal wieder angehört zu werden.« Einige der Anwesenden lachen, andere sehen sich vielsagend an, aber die meisten sind bereits in den Speisezettel vertieft, den der Mann vom Tresen in Windeseile an jeden ausgeteilt hat. Um ein gutes Beispiel zu geben, bestellt Clara als Erste: Tomatensuppe und ein Stück Käsekuchen, beides mit sechs Watteröllchen im Mund gerade noch zu bewältigen. Dann konzentriert sie sich auf ihre Unterlagen, um sich ihre Stichworte für die nächste Runde einzuprägen. Als sie einmal kurz aufsieht, trifft ihr Blick erneut auf den der Frau mittleren Alters. Abschätzend mustert sie Clara und irgendwie trotzig. Trotzig? Nein, das ist das falsche Wort. Auftrumpfend? Nein, auch das trifft es nicht ganz, selbstbewusst schon eher, obwohl das zu positiv klingt, denn da schwingt noch etwas anderes in diesem Blick mit, etwas, das jede Kritik ignoriert und jede Einschränkung als unerträgliche Bevormundung empfindet. Clara senkt die Augen nicht, kommt nicht infrage, wer zuerst wegsieht, hat verloren. Aber auch die andere bleibt eisern. Da schiebt sich die hemdsärmelige Gestalt des Tresenmannes dazwischen, und der Bann ist gebrochen. Als die Sicht wieder frei ist, hat sich Clara erneut in ihre Notizen vertieft.

Alle haben inzwischen Getränke vor sich stehen. Bis das Essen kommt, bleiben etwa zwanzig Minuten. Clara bittet um Aufmerksamkeit, bleibt aber sitzen. Sie trinkt einen Schluck Wasser, konzentriert sich auf das Stichwort *Wissenschaft*, das sie unbedingt als Erstes anbringen muss. »Neueste Forschungsergebnisse haben gezeigt«, sagt sie deshalb, »dass Sie all die angeblich wissenschaftlich fundierten Ernährungsratschläge vergessen können. Werfen Sie alles auf den Müll. Nichts davon ist erwiesen, nichts davon ist beweisbar, vieles davon sogar falsch. Fettfrei essen macht zuverlässig krank, mit ›Körnern satt‹ hat schon mancher seinen Darm lahmgelegt und seine Zähne ruiniert, mit fünf Mal Obst am Tag reizen derzeit viele Gutgläubige ihre Magenschleimhäute zu Tode. Noch dazu vergebens. Denn seit Kurzem wissen wir: Je mehr Menschen sich von Ernährungsvorschriften gängeln lassen, umso mehr Menschen werden immer dicker.« Aus den Augenwinkeln sieht Clara, dass der Koch den Kopf zur Tür hereinstreckt und dem Tresenmann etwas zuflüstert. Sie muss zum nächsten Stichwort kommen: dem Prinzip von FETTBEWERB. »Wir, meine Damen und Herren, machen es besser«, ruft sie fröhlich in die Runde. »Wir befreien uns von den Fesseln der Interessenvertreter und Ideologen und begeben uns dorthin, wo wir schon lange nicht mehr waren – in die Startlöcher.« Das kommt an, Clara sieht leuchtende Augen. »Ehrgeiz«, schiebt sie hinterher, »ist unser Antrieb, nicht Bevormundung und Kontrolle. Bei uns gibt es keine Diktatur der Waage, bei uns gilt nur, auf eigene Faust loszulaufen und in zwei Monaten verschlankt anzukommen, wenn möglich schlanker als der Nachbar.« Sie macht eine kurze Pause, um dann wirkungsvoll hinzuzusetzen: »Womöglich schlanker als ich, aber das hoffe ich verhindern zu können, denn mein Ehrgeiz ist gewaltig.« Einige der Anwesenden, besonders die Männer, wollen das nicht auf sich sitzen lassen. »Das werden wir noch sehen«, ruft einer von hinten, die anderen nicken beifällig.

Aus der Küche werden die ersten Gerichte gereicht und an den Tischen die ersten Schalen mit Bratkartoffeln diskret zur Seite geschoben. Clara lächelt.

Als sie gegen halb acht endlich wieder in ihrem Zimmer ist, lächelt sie nicht mehr. Sie ist erschöpft. Als Erstes spuckt sie die tomatensuppengetränkten Röllchen ins Waschbecken, dann befreit sie sich von ihrem dicken Fell, das wie verrückt juckt, was vermutlich vom Schwitzen kommt. Sie stürzt unter die Dusche und entspannt sich erst, als sie, in einen Frotteemantel gehüllt, in den Sessel neben dem Bett sinkt, durch die Nase in den Bauch ein- und danach langsam wieder durch den Mund ausatmet.

Ihre Schaumstoffpanzerung liegt ausgebreitet auf dem Teppichboden wie ein niedergestreckter Eisbär.

Clara ist zufrieden mit dem ersten Tag, sie findet, dass sie bis jetzt einen guten Job gemacht hat. Auch der zweite Teil der Veranstaltung war planmäßig verlaufen. Jeder Teilnehmer hatte sich vorgestellt, hatte seine persönliche Gewichtsbiografie vorgetragen und Clara anschließend einen gefalteten Zettel gereicht, auf dem neben dem Namen das aktuelle und das in zwei Monaten angestrebte Gewicht notiert waren. Auch Clara hatte eine glaubhafte Geschichte ihrer Ups und Downs abgeliefert, die sie sich, zugegebenermaßen ungefragt, von einer sehr üppigen Bridgefreundin ihrer Mutter ausgeliehen hat. Als Einzige hatte erwartungsgemäß die Mittelalte von ganz hinten gezickt, sie hatte sich nur knapp vorgestellt, mehr wollte sie nicht sagen. Vielleicht war das ganz gut so, denn die Frau sprach so undeutlich, dass man keine Sekunde länger zuhören mochte.

Clara verbietet sich jeden weiteren Gedanken an diese unangenehme Person. Sie beendet ihre Atemübungen und schiebt nun mit den Handflächen imaginäre Wolken von rechts nach links und wieder zurück, dem Energiefluss zuliebe. Dann packt sie zusammen.

Das Wochenende verbringt sie in ihrem Loft in Berlin-Mitte, wo sie seit Kurzem wohnt, weil die Mieten in Berlin niedriger sind als in München oder Hamburg. Das darf man natürlich nie als Grund angeben, vielmehr muss man sagen, dass Berlin unglaublich spannend ist. So hält es auch Clara.

Am Montag, dem 28. Januar, startet sie vom Berliner Hauptbahnhof, beladen mit ihrem Fünf-Tage-Gepäck, Richtung Hannover-Hauptbahnhof. Sie schließt sich dort im Babywickelraum ein, um sich in ihre Polster zu zwängen, und setzt die dann sehr beschwerliche Reise in einem Nahverkehrszug fort, der an jedem Baum hält. Um kurz nach zwei erreicht sie endlich das Städtchen B. und den Gasthof, der über einen Schankraum mit hölzernen Deckenbalken und einer Eichentür verfügt, an deren schmiedeeisernem Griff ein Schild baumelt: »Von 17 bis 19 Uhr geschlossene Gesellschaft«. Für den Bruchteil einer Sekunde denkt Clara, sie sei im falschen Film, beziehungsweise immer noch im gleichen wie am Freitag, aber dann ruft sie sich schnell in Erinnerung, dass sie auf ihrer Fahrt hierher keinen Hügel gesehen hat, der höher gewesen wäre als ein Ameisenhaufen, also ist sie in Niedersachsen.

Im Verlauf des restlichen Tages vertieft sich allerdings ihr Eindruck, in einer Zeitschleife zu stecken:

Sie breitet ihr dickes Fell aus – wie gehabt.

Sie verpackt sich am Nachmittag darin – wie gehabt.

Sie begrüßt eine Gruppe von zwanzig Übergewichtigen – wie gehabt.

Nach zwei Stunden nimmt sie die obligatorischen Zettel entgegen – auch wie gehabt.

Am Abend in ihrem Zimmer muss sie länger atmen und länger als sonst Wolken schieben. Das ist eben Alltagsroutine, ruft sie ihrer schwindenden Motivation hinterher, und wir verdienen nicht schlecht daran. Zähl doch mal zusammen: Zweihundert Euro pro Teilnehmer macht pro Gruppe viertausend, bei fünf Gruppen also summa summarum zwanzigtausend. In zwei Monaten.

Clara holt tief Luft, es geht wieder.

Die nächsten beiden Veranstaltungen in der Heide (Dienstag) und in Nordhessen (Mittwoch) absolviert sie routiniert, beinahe schon gelassen. Auch in Franken (Donnerstag) verläuft alles nach Plan, bis auf einen kleinen, irritierenden Zwischenfall, der sich wenige Minuten vor dem Ende des Kurses ereignet. Clara hat gerade die zwanzig Teilnehmerinnen aufgefordert, ihre Zettel auszufüllen, als sie bemerkt, dass eine Frau durchs Fenster in die Gaststube hineinsieht, sich dann aber umwendet und weggeht. Clara erschrickt, ihr ist, als habe sie die Mittelalte aus dem Südharz gesehen, aber sie verwirft den Gedanken sofort. Diese Frau da war schlank, fast dürr, außerdem, wie sollte die hierherkommen?

Nein, beruhigt sich Clara, das kann sie nicht gewesen sein. Obwohl ... das Gesicht hatte sie schon mal ... Schwamm drüber, sie war es nicht, basta.

Am Abend dieses Tages, es ist mittlerweile der 31. Januar, entfernt Clara vorsichtig eine Lage Schaumstoff von ihrem dicken Fell. Denn morgen ist wieder Freitag, also die zweite Runde für die Truppe im Südharz, und Clara muss einen Hauch gewichtsreduziert auftreten.

Sie ist nicht die Einzige. Als sich am Spätnachmittag des 1. Februar alle wieder in der Schankstube des »Wilden Hahns« einfinden, gut gelaunt übrigens und lockerer als beim ersten Mal, muss sie feststellen, dass die Mittelalte, die wieder ganz hinten sitzt, nicht nur einen Hauch, sondern deutlich Gewicht verloren hat. Claras erster Gedanke ist: Jetzt übertreibt sie aber. Der zweite: Da stimmt etwas nicht. Sie kneift die Augen zusammen und trinkt einen Schluck Wasser, dann folgt die Begrüßung und – ganz wichtig – ein Kompliment an alle für ihre Disziplin und ihr gutes Aussehen. Hier muss Clara nicht einmal lügen, denn zu ihrer eigenen Überraschung wirken die vierzehn Frauen und sechs Männer munterer, irgendwie frischer als noch vor einer Woche. Sie reden und lachen miteinander, manche heben zwei oder drei Finger hoch, was, wie Clara vermutet, die Anzahl der verlorenen Kilos anzeigen soll. Sogar die Mittelalte wird einbezogen, indem ihr anerkennend Daumen entgegengereckt werden.

»Ehrgeiz ist nur ein Wort? Von wegen!«, ruft Clara ihrem Publikum zu und beendet damit ihre Begrüßungsansprache. Sie hat jetzt nur noch vier Röllchen als Backentaschenpolster, was fast kein Problem mehr für die s-Laute darstellt. Nach dem gemeinsamen Essen – kaum noch Bratkartoffeln, keine Schweinshaxen, aber auch keine Joghurtmüslipampe – geht es weiter mit dem Tagesordnungspunkt »Lieblingsverdummung der Woche«. Clara hat dafür die *Nationale Verzehrstudie* des Verbraucherschutzministeriums ausgewählt, schon weil das so schön bürokratisch klingt. Vor allem aber, was noch viel schöner ist, weil diesem so bombastisch amtlich klingenden Machwerk schon am Tag, als es das Licht der Welt erblickte, wild widersprochen wurde. Sie mag so etwas. »Meine Damen und Herren«, beginnt sie deshalb, »unsere Regierung behauptet, die Hälfte aller Deutschen sei zu dick. Niederschmetternd, nicht? Aber es kommt noch dicker.« Sie trinkt einen Schluck Wasser und grinst in die Runde. »Schon sollen die ersten rauchfreien Restaurants in rauchfreie und nahrungsfreie Zonen umgestaltet werden. Ausnahmegenehmigungen soll es nach einer Übergangsfrist keine geben, allein schon um das Servicepersonal davor zu schützen, mit Dickmachern in Berührung zu kommen.« Clara sieht aus den Augenwinkeln, wie dem Mann hinter dem Tresen die Gesichtszüge entgleisen. Sie hebt eine Hand, um das allgemeine Gemurmel zu unterbrechen. »Vielleicht kommt es aber doch nicht so weit«, fährt sie fort. »Denn unsere braven Bürokraten haben sich möglicherweise verrechnet. Sie haben nämlich eine längst überholte, umstrittene Maßeinheit benutzt, sagen Wissenschaftler und sonstige Experten. Und alle zusammen richten sie wieder Chaos an. Aber nicht bei uns. Bei uns nicht mehr!« Clara lässt die Arme sinken und wartet ab, bis sich das anschwellende Stimmengewirr wieder gelegt hat. Als Nächstes steht auf ihrem Stichwortzettel »Ehrlich mit sich selbst – streng mit sich selbst – gut zu sich selbst«, und sie muss einen Moment nachdenken, was sie damit gemeint hat, als sie dies schon vor Tagen in ihrer Vorbereitungsmappe notiert hat. Zu der Mittelalten vermeidet sie für die restliche Dreiviertelstunde jeden Blickkontakt. Erst als sie kurz nach neunzehn Uhr die üblichen Zettel von allen entgegennimmt, auf denen diesmal die Gewichtsabnahme steht, kommt Clara nicht umhin, von der bewussten Person wieder Notiz zu nehmen. Die nämlich lässt sich Zeit. Während sich alle anderen von Clara und voneinander verabschieden und einer nach dem anderen den Mantel anzieht, die Tasche umhängt und nach draußen verschwindet, bleibt die Frau seelenruhig vor ihrem Apfelsaftglas sitzen. Sie sitzt immer noch, als sich Clara mit ihrer Aktentasche und ihren Unterlagen unter dem Arm zum Ausgang schleppt. Der Mann hinter dem Tresen sammelt benutzte Gläser auf einem Tablett ein, unterbricht seine Arbeit aber, um Clara dabei zuzusehen, wie sie, vollbepackt in jeder Beziehung, den Kampf mit der Tür aufnimmt. Mit zusammengebissenen Zähnen schafft es Clara, der Schwerkraft der immer wieder zufallenden Tür zu trotzen. Als sie endlich draußen ist, hat sie nicht übel Lust, die beiden da drinnen einzusperren und den Schlüssel wegzuwerfen. Ein paar Minuten später in ihrem Zimmer weicht der Zorn dem drängenden Bedürfnis nach einer Dusche. Sie spuckt die Röllchen ins Becken und pellt sich aus ihrer sperrigen Schaumstoffpolsterung, die sie wie gewöhnlich auf dem Teppichboden zum Trocknen und Lüften auslegt. Am Ende der nächsten Etappe wird sie gleich zwei Lagen entfernen, dann wird das Ganze erträglicher. Sie will gerade unter die Dusche gehen, als es an ihrer Tür klopft. Ohne sich zu rühren, lauscht sie nach draußen. Unmöglich, jemanden einzulassen, nicht, weil sie nackt ist, sondern wegen des ausgebreiteten Fells. Wozu, verdammt noch mal, hat sie das Schild *Bitte nicht stören* rausgehängt? Es klopft erneut. »Security«, ruft jemand, und Clara weiß in derselben Sekunde, dass sie ein Problem hat. Diese messerkantenscharfe Stimme erkennt sie sofort, im Verbund mit dem herausgebellten Stichwort taucht vor ihrem inneren Auge ein längst vergessenes

Bild auf: Skrupellosigkeit, Egomanie, Verstellung, kalte Augen, Yvonne.

Claras drahtiger Körper spannt sich, ihre Gesichtszüge werden hart, sie nimmt ihre Kampfhaltung ein. Ohne Hast streift sie sich den weißen Frotteemantel über, knotet den Gürtel sorgfältig zu, benetzt die Lippen und öffnet. »Komm rein, Yvonne«, sagt sie zu der Mittelalten und schließt hinter ihr die Tür von innen ab. »Leg ab«, fährt sie dann fort. »Du kannst dein Polster da neben meins legen. Willst du etwas trinken?« Die Mittelalte schüttelt den Kopf.

»Kommen wir lieber gleich zum Geschäftlichen«, sagt sie und knöpft ihr gepolstertes Oberteil auf, sodass Hals und Dekolleté sichtbar werden. Ziemlich welk mittlerweile, denkt Clara, aber das behält sie für sich. Es geht schließlich um Wichtigeres. »Erpressung?«, fragt sie. Die andere lässt sich in den Sessel fallen.

»Partnerschaft«, entgegnet sie knapp. »Hatten wir ja schon mal.«

Clara weiß, dass Yvonne auf Salzburg anspielt, wo sie einen Polterabend mit dieser Bande von neureichen Brokern zu organisieren hatte, ein Curling-Turnier mit anschließendem Komasaufen. Zehn Jahre war das mindestens her. Um das Ego der Kunden weiter aufzublasen, hatte Clara damals eine vermeintliche Securitydame engagiert, eine durchtrainierte Schönheit mit Knopf im Ohr und Halfter an der Hüfte – Yvonne.

»Du hast in Salzburg gut verdient«, sagt Clara und schwenkt ihre Cola im Glas. Yvonne nickt.

»Schon, aber die Zeiten haben sich geändert. Als ich deine Annonce gelesen habe, wusste ich nicht, dass du dahintersteckst. Ich fand nur die Idee vielversprechend und wollte mir das ansehen. Und dann kommst du plötzlich angerollt. Du machst das gut, der Laden läuft. Stimmt's? Mir war sofort klar, dass wir gemeinsam eine Menge Kohle reinholen können. Die

Leute sind doch ganz verrückt aufs Abnehmen, dafür kannst du denen alles aufschwatzen. Eine Goldgrube.«

Clara hört Yvonne mit unbewegter Miene zu. Wenn sie nicht riskieren will, dass ihr schöner Plan samt dem noch schöneren Gewinn platzt, muss sie notgedrungen auf Yvonnes Vorstellungen eingehen. Und die sind, wie sich schnell zeigt, sehr konkret. Schon am Montag soll es gemeinsam losgehen, daran lässt Yvonne keinen Zweifel aufkommen, und zur Bekräftigung wirft sie einen vielsagenden Blick auf das auf dem Boden ausgebreitete Corpus Delicti. »Du gibst weiterhin die zu allem entschlossene Dicke, ich die Vorzeigeschlanke, die es geschafft hat. Mit meiner Methode«, verkündet Yvonne gegen Mitternacht abschließend. Selbst jetzt zuckt Clara nicht zusammen. Es ist nicht ihr Stil, die Selbstbeherrschung zu verlieren. Es ist aber auch nicht ihr Stil, sich das Heft aus der Hand nehmen zu lassen. Sie wird das Wochenende zum Nachdenken brauchen.

Am Montag, dem 4. Februar, begrüßt sie pünktlich um siebzehn Uhr in dem niedersächsischen Städtchen B. wieder die achtzehn Frauen und zwei Männer, die ihr hoch motiviert die Daumen entgegenrecken. Zwei Kilo Schwund, drei Kilo Schwund, die Gruppe ist begeistert. Eine gute Voraussetzung, ihnen die schlanke, freundliche Frau mittleren Alters vorzustellen, die Clara als »mein Vorbild« preist, »die Frau, die mir die Kraft gibt, Ihnen allen und mir zum hundertprozentigen und endgültigen Erfolg zu verhelfen. Diese Frau steckte noch vor einem Jahr bei fast einhundert Kilo fest.« Den einsetzenden Bewunderungsapplaus nimmt Yvonne schüchtern mit gut eingeübtem Prinzessin-Diana-Augenaufschlag entgegen. Sie sitzt an Claras Tisch, unter dem, anders als in der Woche zuvor, ein paar geheimnisvolle Tüten und Päckchen gestapelt sind, auf die einige der Teilnehmer bereits begehrliche Blicke werfen.

»Dazu kommen wir später«, sagt Clara beiläufig und fährt mit dem geplanten Programm fort, das wie immer mit dem gemeinsamen Essen beginnt. Den anschließenden Vortrag über den Gesinnungsterror der Nahrungsapostel hält Clara bewusst kurz, ebenso die »Lieblingsverdummung der Woche« – diesmal *das Schlackenmärchen* –, und auch bei der üblichen Zettelabgabe treibt sie zur Eile an, sodass sie die Versammlung schon nach eindreiviertel und nicht erst nach zwei Stunden beenden kann, wobei sie allerdings nicht darauf verzichtet, mit geballter Faust ihren Schlachtruf anzubringen: »Denken Sie daran – Ehrgeiz ist unser Antrieb, nicht Bevormundung.« Das Stichwort für Yvonne, aufzustehen und einen langen, seelenvollen Blick in die Runde zu werfen, bis sie die ungeteilte Aufmerksamkeit aller hat. »Ich beglückwünsche Sie alle zu Ihren bisherigen Erfolgen und zu Ihrem starken Willen. Sie werden Ihr Ziel erreichen, jeder einzelne von Ihnen. Ich bitte Sie nur herzlich um eines: Sollten Sie einmal einen Durchhänger haben, dann nehmen Sie zusätzliche Hilfe an, so wie ich es auch in der ersten Zeit getan habe.« Sie greift in eine der Tüten und zieht ein weißes, flaches Bündel in der Größe einer Brieftasche heraus. Clara weiß, was jetzt kommt, und ihre Zweifel an Yvonnes Strategie schwinden innerhalb von Minuten. Dies sei, erklärt Yvonne, ein medizinisches Pflaster, aufzutragen exakt drei Zentimeter oberhalb des Bauchnabels. Es habe ihr über die ersten schweren Wochen hinweggeholfen, und es falle ihr nicht leicht, das zuzugeben. Sie schiebt das Teil zurück in die Tüte. »Ach was, hier braucht das niemand.«

Die Ersten sind näher an den Tisch herangetreten, zu nah für Clara, der unter ihrem dicken Fell schon wieder der Schweiß ausbricht. Auch Yvonne scheint zu schwitzen. Mit einem Taschentuch wischt sie sich über die Stirn und über die Augen. Clara rafft ihre Papiere zusammen, verzieht sich neben die Eingangstür und beobachtet von dort, was weiter geschieht. Yvonne ziert sich gekonnt, lässt sich aber dann doch überreden, ihr Zauberpflaster wieder aus der Tüte zu ziehen, dann noch eins und noch eins. Die ersten Geldbörsen werden gezückt. Clara wendet sich ab und geht auf ihr Zimmer.

Yvonne kommt zwanzig Minuten später nach. Sie triumphiert. »Fünfzehn von denen haben die sechzig Euro für die Wochenration Pflaster anstandslos bezahlt. Macht neunhundert Euro Einnahmen und achthundert Euro Verdienst.« Hier unterbricht sie sich kurz, um sich über ihre geröteten Augen zu wischen. »Auf vier Gruppen hochgerechnet wären das dreitausendzweihundert Euro in nur einer Woche. Und wir haben noch sechs Wochen vor uns. Rechne selbst. Die Freitagsgruppe muss ich logischerweise ausklammern. Schade eigentlich. Geh mal zur Seite, ich muss ins Bad.« Clara ist noch nicht überzeugt. »Und wenn die nicht nachbestellen, weil sie merken, dass dein selbstgedrehtes Pflasterzeugs nichts bringt?«, ruft sie Yvonne hinterher. »Die werden daran glauben, das klappt schon. Placeboeffekt, verstehst du?« Clara hört, wie Yvonne den Wasserhahn aufdreht und leise flucht. Als sie aus dem Bad kommt, presst sie sich einen nassen Waschlappen auf die Augen. »Hier im Haus muss es Katzen geben«, stöhnt sie und lässt sich auf das Bett fallen. »Oder jemand von den Dicken hatte Katzenhaare an seinen Klamotten. Ich bin gegen tausend Sachen allergisch, aber nichts ist so schlimm wie diese Viecher. Einmal bin ich schon fast draufgegangen. Eine Katze macht verquollene Augen und eine geschwollene Nase, zwei Katzen mindestens Atemnot, und alles, was darüber ist, bringt mich um.«

Clara atmet tief ein und noch tiefer wieder aus.

Am nächsten Tag sind Yvonnes Schleimhäute ausreichend abgeschwollen, um die Tour fortsetzen zu können. Überall führt Clara sie auf die gleiche Weise ein, und Yvonne läuft zur Höchstform auf. Ihre Tricks funktionieren, und ihre Verkaufserlöse entsprechen den Erwartungen. Am Donnerstagabend, kurz vor ihrer Abreise, macht Yvonne Kassensturz. »Das ist ausbaufähig«, verkündet sie. »Und ich hätte auch schon ein paar Ideen. Allerdings müssen wir demnächst noch mal über die Aufteilung unserer Einkünfte reden.« Sie mustert Clara mit dem ihr eigenen trotzigen Gesichtsausdruck, und Clara mustert zurück. »Wir sehen uns ja Montag wieder«, antwortet sie knapp. »Jetzt wird es Zeit für dich, und ich muss schlafen.«

Clara freut sich beinahe auf ihren Einsatz im Südharz. Ihr dickes Fell ist inzwischen von zwei weiteren Lagen befreit, und ihr Backenpolster auf zwei Röllchen reduziert, aber vor allem ist sie freitags von Yvonne befreit, die sich in diesem Kurs natürlich nicht mehr blicken lässt. Alle anderen erscheinen pünktlich um siebzehn Uhr. Clara registriert verblüfft die optische Verbesserung bei den meisten. Sie hatte gedacht, den Slogan »Ehrgeiz statt Bevormundung« einfach nur gut erfunden zu haben, dabei stimmt der sogar. Die Begrüßung untereinander ist herzlich, und Clara ist froh, dass Yvonne nicht dazwischenfunkt.

Dennoch hat sie es eilig, zum Wochenende nach Berlin zu kommen. Sie will endlich einmal Nachbarschaftspflege betreiben, eine Tugend, die sie bisher sträflich vernachlässigt hat. Deshalb läutet sie schon am Samstagmittag bei der netten, alleinstehenden Dame nebenan, deren Loft um einiges größer ist als ihr eigenes, aber es müssen ja auch noch drei Katzen darin Platz haben. »Schönes Tier«, sagt Clara, als die Frau sie hereinbittet und etwas Schwarzes, Pelziges im Arm hält. Clara hat auch die Katzen bisher sträflich vernachlässigt. Deshalb bezieht sie die lieben Tierchen ausdrücklich in ihre Einladung zu einem abendlichen Prosecco in ihren vier Wänden ein, wo sie jedem von ihnen feinfühlig einen Schal zum Kuscheln und Spielen zur Verfügung stellt, einen weißen, einen gelben, einen braunen. Es wird ein netter Abend.

Am darauffolgenden Montag ist es nass und kalt in Niedersachsen, und Clara bindet sich den weißen Schal um, bevor sie Yvonne herzlich und sogar mit einer Umarmung begrüßt. Die Vorbereitungen laufen wie üblich an, sie hätten sogar noch Zeit gehabt, die leidige Frage nach der Aufteilung der Einkünfte zu regeln, wenn nicht aus heiterem Himmel Yvonnes Schleimhäute Amok liefen. »Katzen«, japst sie, bevor sie mit zugeschwollenen Augen auf Claras Bett sinkt. »So kannst du nicht arbeiten«, stellt Clara sachlich fest und drückt ihr einen nassen Waschlappen in die Hand. »Aber keine Sorge, ich mach das schon, wir sind doch Partnerinnen.«

Für die Heide-Veranstaltung am Dienstag wählt Clara den gelben Schal, und es versteht sich von selbst, dass sie Yvonne besonders herzlich umarmt. Das arme Ding sieht noch immer verheult aus, als sie unglücklicherweise erneut ein Allergieschub ereilt. Clara besorgt ihr ein Spray aus der Apotheke und zieht sich ihr Fell über. Yvonne wirkt ermattet. Am Mittwoch in Hessen (brauner Schal) kommt sie endgültig zu dem Schluss, dass sie nicht für die Provinz geschaffen ist. Zusätzlich zu dem Spray hat sie zwei Tabletten gebraucht, um wieder einigermaßen auf die Beine zu kommen.

»Ich lasse dich ungern im Stich«, sagt sie deshalb an jenem Mittwoch, dem 13. Februar, zu Clara, »aber in diesen Käffern laufen einfach zu viele Katzen rum. Für mich ist das gehobene Ambiente angemessener. Kaschmir statt Katzen, falls du verstehst.« Dabei wirft sie Clara, die bereits in ihrer Arbeitskluft steckt, einen abschätzigen Blick zu. So viel Arroganz muss sein zum kläglichen Abschied. Clara kontert, indem sie in die Tüte mit den noch unverkauften Placebopflastern den sorgfältig zusammengefalteten gelben Schal von gestern dazulegt. »Kaschmir«, sagt sie und reicht Yvonne die Tüte. »Damit du dich an mich erinnerst.«

Den noch verbleibenden fünf Wochen sieht Clara entspannt

entgegen. Der Winter geht in den Frühling über, die Landschaft, durch die Clara pendelt, erscheint ihr zunehmend vertrauter und schöner, ihr Fell schrumpft und das der meisten Kursteilnehmer auch. In der letzten Woche spielen sich Abend für Abend rührende Abschiedsszenen ab. Clara ist erleichtert, dass sich die paar Versager, die es schließlich überall gibt, aus gutem Grund zurückhalten. Auch ihr allerletzter Abend in Franken verspricht, in Harmonie zu enden. Wie schon im Harz, in Niedersachsen, der Heide und in Hessen findet sie auf ihrem Tisch liebevoll verpackte kleine Geschenke, diesmal eine Flasche Frankenwein, zwei Bücher und eine Tüte Pralinen. Sie nimmt gerade eine Duftkerze entgegen, als die Tür aufgeht und die unselige Yvonne eintritt, unter dem Arm eine Mappe. Niemand beachtet sie in der allgemeinen Aufbruchstimmung, bis sie auf Clara zugeht und ihr mit einer Stimme wie klirrendes Eis mitteilt, dass sie mit ihr zu reden habe. Die Umstehenden verstummen, nur Clara bleibt unbeeindruckt. »Eine Runde für alle«, ruft sie und lässt die Tüte mit den Pralinen rumgehen. »Schlank wie wir jetzt sind, können wir uns das ausnahmsweise leisten.« Yvonne lässt ein verächtliches »Ha, ha, ha« hören, was unvorsichtig ist, denn beim letzten »a« schiebt Clara ihr vorsichtshalber eine fette, dunkelbraune Nusspraline in den Mund. Yvonne kaut, reißt die Augen auf, fährt sich an den Hals, nuschelt so etwas wie »Haselnüsse drin«, sagt ein wirklich allerletztes Mal »a« und fällt um. Sie übertreibt schon wieder, denkt Clara, und rettet Yvonnes Mappe davor, in der nun einsetzenden Hektik auf dem Boden zertreten zu werden. Als der Notarzt kommt, regt sich Yvonne noch immer nicht, auch nicht, als sie auf eine Trage verfrachtet wird. »Anaphylaktischer Schock«, brüllt der Notarzt den Sanitätern zu, und Clara gibt ihnen für alle Fälle die restlichen Pralinen mit.

Am nächsten Morgen, es ist der 28. März, erklärt Clara FETTBEWERB für endgültig beendet. Sie zerschneidet feierlich die

Reste ihres Polsters und stopft sie eigenhändig in eine Mülltonne hinter dem Gasthof. Danach zieht sie erstmals wieder ihren weißen Hosenanzug an, schlüpft in die Highheels und schnappt ihr Gepäck. In der Tür stößt sie mit einem gut aussehenden Hünen zusammen, der ihr einen Polizeiausweis vor die Nase hält und ihr in sachlichem Tonfall Yvonnes Ableben mitteilt. Gestorben sei sie an einem Allergieschock durch die mit Haselnuss vermischte Pralinenfüllung, tragisch, leider nähmen diese schlimmen Allergien stetig zu. Im Übrigen sei festgestellt worden, dass die Pralinen mit einer Substanz angereichert waren, die da nicht hineingehörte: Veilchensamen. »Veilchensamen?«, fragt Clara verwirrt. »Ein altes Hausmittel, wird gerne als Abführmittel verwendet, ansonsten harmlos«, erklärt ihr der Hüne und verkneift sich taktvoll ein Grinsen. »Da konnte Sie jemand nicht besonders gut leiden.« Clara versucht, sich daran zu erinnern, wer ihr die Pralinen mitgebracht hat, aber es gelingt ihr nicht. »Die betreffende Person ist ermittelt und geständig«, fährt der Mann fort, als hätte er ihre Gedanken erraten. »Wollen Sie Anzeige erstatten?« Das will Clara nicht, auf keinen Fall will sie das. Dagegen gibt sie ihm bereitwillig ihre Adresse und Yvonnes fast leere Mappe. Sie enthielt ohnehin nichts Besonderes außer ein paar Entwürfen zu Anti-Aging-Seminaren, was Clara nach genauerer Lektüre vermuten lässt, dass Yvonne sie wieder zu irgendwelchen Gaunereien nötigen wollte. Die Kritzeleien der Verblichenen ruhen nun ebenfalls in der Mülltonne. »Arme Yvonne«, sagt Clara, »aber jetzt muss ich los.«

Die Sonne scheint strahlend vom Himmel, als sie mit dem Bus über die kurvigen Landstraßen zum Bahnhof fährt. Clara hat kaum einen Blick für die Gegend, sie muss an Veilchensamen denken und an die gemeine, ekelhafte, verdammungswürdige Niedertracht, ihr ein Abführmittel in die Pralinen zu schmuggeln. Und da heißt es immer, Dicke sind gemütlich. Von wegen. Sie hatte zwar überlegt, dem FETTBEWERB ein Angebot folgen zu lassen, etwas Exklusiveres mit Kaminambiente, aber sie kann, bitte schön, auch anderen Zielgruppen ihre Dienste anbieten. Anti-Aging zum Beispiel, nach wie vor ein Renner. Die arme Yvonne konnte ihre Ideen dazu nicht mehr umsetzen. Aber ich kann, denkt Clara, in memoriam sozusagen, was gleichzeitig ein Akt der Pietät wäre. Als der Bus am Bahnhof ankommt, ist Clara bereits entschlossen, Yvonnes Vermächtnis zu würdigen und sich mit einer neuen, kreativen Geschäftsidee dem Anti-Aging zuzuwenden. Sie kann es kaum erwarten, sich der neuen Herausforderung zu stellen. Die Dicken müssen nun ohne sie auskommen, und das, findet Clara, geschieht ihnen ganz recht.

Jana Voosen
Himbeertörtchen

Seit ich denken kann, mache ich mir Sorgen um mein Gewicht. Und um das der anderen. XXL-Burger, Hot-Dogs so groß wie Schlauchboote, Torten wie Wagenräder. Wo soll das enden? Denkt denn niemand mal an uns? Doch der Reihe nach, vielleicht sollte ich mich erst einmal vorstellen: Gestatten, mein Name ist Tortina, und ich bin eine noch nicht ganz fertiggestellte Himbeer-Sahne-Mascarpone-Torte aus der Konditorei Bosselmann, einem kleinen, uralten Familienbetrieb in der schönen Stadt Lübeck. Wie gesagt, noch befinde ich mich in der Herstellung, aber soweit ich es beurteilen kann, werde ich ein echtes Prunkstück der Konditoreikunst. So schön wie die tiefdunkelbraune Schokoladentorte, die, bereits vollendet, neben mir auf der Arbeitsplatte steht. Ehrfürchtig betrachte ich ihre glänzende Oberfläche und die hauchzarten Rosen aus Zartbitterschokolade. So was von elegant!

»Sie ... Sie sind wirklich sehr schön«, hauche ich atemlos und fühle mich in meinem Zustand mit einem Mal völlig unzulänglich.

»Danke«, sagt Schokolina und kichert vor sich hin. Habe ich denn etwas Lustiges gesagt, frage ich mich gerade, als mir einfällt, dass sie zu einem ziemlich großen Prozentsatz aus Alkohol besteht. Das erklärt natürlich einiges. »Du siehst übrigens auch schon ziemlich gut aus«, erklärt sie mir nun, und ich bin geschmeichelt. Ich selber finde mich auch gar nicht so übel. Immerhin besitze ich bereits einen locker-flaumigen Biskuitteig, von der Chefin höchstpersönlich angerührt und mit ihrer Geheimzutat, einem Gläschen Amarettolikör, verfeinert, der mir ein zartes Mandelaroma verleiht, ohne mir jedoch gleich einen Schwips zu verpassen. Meine üppige Füllung aus Sahne und Mascarpone, abgerundet mit Vanillezucker, Honig und Himbeersaft, schmiegt sich seidig zwischen die drei exakt gleichstarken Böden. Mit ihren freundlichen blauen Augen sieht Frau Bosselmann auf mich herunter, während sie mit dem Teigschaber an meiner Seite entlangfährt, um einen vorwitzigen Cremeklecks, der sich selbstständig gemacht hat, zu entfernen. Dankbar sehe ich zu ihr auf und weiß, dass ich bei ihr in den allerbesten Händen bin.

Jetzt kommt gleich der Belag, freue ich mich und richtig, da erscheint schon Paul, der schlaksige Lehrling des Konditoreibetriebs, in meinem Blickfeld. Die zu große Bäckermütze sitzt ihm schief auf dem Kopf und wird nur von seinen abstehenden Ohren daran gehindert, ihm über die Augen zu rutschen. Hinten und an den Seiten schauen viel zu lange, braune Haarbüschel hervor. Instinktiv versuche ich, auf der Arbeitsplatte ein wenig nach hinten zu rutschen. Glaubt der vielleicht, seine weiße Kopfbedeckung sei ein modisches Accessoire ohne Sinn und Zweck? Vorwurfsvoll sehe ich zu Frau Bosselmann hoch, aber die denkt gar nicht daran, ihren Zögling zurechtzuweisen, sondern nimmt ihm stattdessen dankend die große Schüssel mit den frischen Himbeeren aus der Hand. Wenn da mal bloß keins von den Haaren hineingeraten ist, bete ich inbrünstig. Doch ich habe Glück! Die Chefin verpasst mir einen fruchtigen, leuchtendroten Belag, in dem sich nichts befindet, was nicht laut Rezept dort hineingehört. Aufgeregt erwarte ich noch meine Krönung – die Garnitur aus weißer, alleredelster Schokolade, mit dem Sparschäler fein gehobelt, und einiger Tupfen meiner Füllung, mit der Spritztülle akkurat auf die Oberfläche gesetzt. Das zufriedene Lächeln auf dem Gesicht meiner Erschafferin sagt mehr als der überschwängliche Wortschwall, in den Schokolina bei meinem Anblick ausbricht.

»Du bist perfekt, eine wahre Schönheit, wundervoll«, plappert sie beschwipst, während Paul uns gemeinsam aus der Backstube in den Verkaufsraum trägt. Ich schiele ein wenig besorgt auf seine riesigen Füße hinunter und hoffe, dass er nicht aus Versehen stolpert und Schokolina und mir ein vorzeitiges Ende auf den Bodenfliesen beschert. Das wäre wirklich schade. Denn, wenn ich das einmal so ganz unbescheiden sagen darf: Ich bin wirklich toll geworden. Ein Bild von einer Torte. Mein Durchmesser beträgt exakt sechsundzwanzig Zentimeter, bei einer Höhe von stolzen zwölf Zentimetern. Damit bin ich weder zu groß noch zu klein, sondern genau richtig.

Mit einem seiner überdimensionalen Turnschuhe stößt Paul jetzt die gläserne Türe auf und trägt uns in einen wunderschönen, in dunkelbraun und rot gehaltenen Raum. Staunend sehe ich mich um. Im Vergleich zu dem grellen Neonlicht in der Backstube verströmen die an den Wänden befestigten Leuchten hier Wärme und Gemütlichkeit. Der Duft von frisch gemahlenem Kaffee zieht durch die Luft, und als wir uns dem gläsernen Tresen nähern, nehme ich noch weitere Aromen wahr: Zimt und Nüsse, Cognac und Rum, die verschiedensten Früchte und Gewürze.

»Oh, ist das herrlich«, will ich Schokolina zurufen, doch im selben Moment entdecke ich etwas, das mir den Himbeersaft in der Füllung gefrieren lässt.

»So, dann mal rein mit euch beiden«, sagt Paul und schiebt uns nebeneinander in die Auslage. Stumm liegen wir nebeneinander, die gute Stimmung ist verschwunden, zurück bleibt ein Gefühl der Beklommenheit. Irgendwann halte ich die Spannung nicht mehr aus und wende mich todesmutig an die kuppelförmige Nusstorte zu meiner Rechten. Ein echtes Kunstwerk, im Durchmesser gut vier Zentimeter größer als ich und mit einer durchgehenden Schicht feinsten Marzipans überzogen.

»Guten Tag«, sage ich schüchtern und bemühe mich, nicht allzu auffällig auf die Lücke in meiner Nachbarin zu starren. Mehr als zwei Drittel ihres wundervollen Körpers wurden mit chirurgischer Präzision amputiert.

»Nicht für mich«, gibt sie mit einem sarkastischen Unterton zurück. »Die Leute sind heute ganz wild auf Nuss und Marzipan. Wenn das so weitergeht, ist spätestens heute Abend nichts mehr von mir übrig.« Erschrocken sehe ich sie an, und sie lacht. Ein kurzes, humorloses Lachen. »Glaub nur nicht, dass es dir besser ergehen wird, köstlich, wie du aussiehst, mit deiner Sahnecreme und dem Fruchtbelag. So etwas mögen die Leute ganz besonders, vor allem jetzt, wo es draußen ein bisschen wärmer geworden ist. Und hinterher beschweren sie sich dann, wenn sie aus ihren Klamotten herausquellen. Dann sollen wir wieder schuld gewesen sein.« Gerade will ich etwas erwidern, als ein Bimmeln erklingt und eine junge, blonde Frau mit drei ebenso blonden Kindern hereinkommt, die sofort zum Tresen stürzen und sich die kleinen Nasen an der Glasabtrennung platt drücken.

»Mami, bekomme ich ein Stück von dem Schokoladenkuchen?«

»Ich auch, ich auch.«

»Bitte, Mami, ich hab ihn zuerst gesehen«, brüllen sie wild durcheinander, und mir wird angst und bange um Schokolina, die schlagartig ernüchtert scheint. Sie zittert und klagt und wenn ich mich nicht irre, wird ihre Glasur um eine Nuance heller.

»O nein, nicht mich, bitte nicht«, wimmert sie verschreckt, da meldet sich meine andere Nachbarin wieder zu Wort.

»Keine Angst, die sind völlig harmlos. Man lernt das ziemlich schnell«, fährt sie auf meinen erstaunten Blick hin fort. »Die Mutter ist rank und schlank und hat eine schöne Haut. Bei der kommen keine Torten auf den Tisch, davon kannst du ausgehen. Ich tippe mal auf Sandkuchen oder Pflaume vom Blech.« Wie auf Kommando beginnt in den unteren Reihen ein Wehklagen, das noch schriller wird, als die Frau tatsächlich fünf Stücke Pflaumenkuchen bestellt.

»Sahne dazu?«, erkundigt sich Frau Bosselmann.

»Nein danke! Sarah, Ben, Kevin, Ruhe jetzt. Es gibt keinen Schokoladenkuchen, und das ist mein letztes Wort.«

»Sag ich doch«, kommt es triumphierend von meiner Rechten. »Ich bin übrigens Nussina.«

»Tortina«, stelle ich mich ebenfalls vor und sehe schnell wieder nach vorne, weil ich schon wieder in den riesigen Krater von Nussinas ansonsten perfekten Rundungen gestarrt habe. Da kommt schon die nächste Kundin herein, und bei ihrem Anblick steigt der Geräuschpegel in unserer Vitrine schlagartig an:

»O nein!«

»O weh!«

»Jetzt hat unser letztes Stündlein geschlagen«, so klingt es durcheinander, als die dicke, rothaarige Frau, deren Jeans so eng sitzt wie eine Wurstpelle, auf uns zukommt. Die Fäuste in die Seiten gestemmt, baut sie sich direkt vor mir auf, und in ihren Augen blitzt es vor Begehren. Ich zucke erschreckt zusammen und beginne zu jammern.

»Keine Sorge, die ist harmlos«, behauptet Nussina lapidar.

»Aber schau doch bloß, wie sie mich anstarrt«, wispere ich leise. »Als wollte sie mich packen und mit einem einzigen Bissen verschlingen.«

»Genau das würde sie vermutlich auch gerne tun«, kommt es spöttisch zurück, und ich wimmere verschreckt auf. Noch immer ruht der Blick der Frau auf mir, ich kann sogar durch die Glasscheibe spüren, wie ihr das Wasser im Mund zusammenläuft, wie sie sich fragt, ob ich genauso cremig-sahnig-fruchtig-himmlisch schmecke, wie es meine Optik verspricht.

»Ich will so bleiben, wie ich bin«, sage ich zittrig und wiederhole den Satz wie ein Mantra. »Ich will so bleiben, wie ich bin. Ich will so bleiben, wie ich bin.«

»Jetzt hör doch endlich auf mit dem Drama«, herrscht Nussina mich an. »Ich sage doch, die Frau ist harmlos.«

»Dich starrt sie ja auch nicht die ganze Zeit an«, begehre ich auf und vertiefe mich gleich wieder in meine Meditation. »Ich will so bleiben, wie ich bin. Ich will so ...«

»Guten Tag«, begrüßt meine Erschafferin jetzt die dralle Kundin. »Was kann ich für Sie tun? Ein Stück von der Himbeer-Sahne-Torte vielleicht?« Im nächsten Moment zückt sie ein riesiges Kuchenmesser und kommt auf mich zu.

»Nein, nein«, keuche ich atemlos, »ich will so bleiben, wie ich bin. Bitte! Ich will ...«

»Nein danke«, höre ich die Frau antworten und sehe überrascht zu ihr auf. Hat sie wirklich nein gesagt? Und richtig, sie schüttelt mit einer Vehemenz den Kopf, dass ihre roten Locken fliegen.

»Dann vielleicht ein Stück Schokoladentorte?« Wieder ein Kopfschütteln.

»Nuss-Marzipan?« Ich sehe zu Nussina hinüber, doch die zuckt nicht einmal.

»Nein danke.«

»Hier, nimm mich, ich bin köstlich«, ruft da plötzlich jemand, und ich schiele an Schokolina vorbei zu ihrer Nachbarin, einer nur noch zur Hälfte existierenden Eierlikörtorte.

»Wieso willst du denn gegessen werden?«, erkundige ich mich wispernd, aber sie hört mich gar nicht, so sehr ist sie damit beschäftigt, die Aufmerksamkeit der Kundin auf sich zu lenken.

»Alkoholikerin. Und lebensmüde«, kommentiert Nussina verächtlich.

»Ah, jetzt weiß ich.« Ein zufriedenes Lächeln breitet sich auf Frau Bosselmanns Gesicht aus. »Schwarzwälder Kirsch, habe ich recht?« Ob die Chefin damit ins Schwarze getroffen hat? Neugierig sehe ich in das runde Gesicht der Kundin, das jetzt rot anläuft. Kleine Schweißperlen stehen ihr auf der Stirn, der Blick springt unruhig hierhin und dorthin, bis sie schließlich mühsam stammelt: »Nein. Nein danke, ich ... schaue nur.« Damit dreht sie sich auf dem Absatz um und stürmt hinaus.

»Aber was hat sie denn nur?«, wundere ich mich.

»Na, was wohl«, antwortet Nussina und sieht mit einem Mal sehr zufrieden aus. »Sie ist auf Diät!«

Diäten sind eine gute Sache, finde ich. Und zudem eine lebensverlängernde Maßnahme für alle Beteiligten. Kann man damit doch schließlich seinen Cholesterinspiegel sowie das Risiko, an Herzinfarkt oder Ähnlichem zu sterben, erheblich senken. Von den Auswirkungen, die eine Diät auf mich und meinesgleichen hat, mal ganz abgesehen. Wir wollen so bleiben, wie wir sind!

Bei jedem hereinkommenden Kunden denke ich, dass nun meine letzte Stunde geschlagen hat, doch anscheinend habe ich einen Schutzengel. Als Frau Bosselmann um kurz nach sieben die Lichter löscht und die Konditorei zuschließt, kann ich mein Glück kaum fassen. Ich bin tatsächlich unversehrt! Doch meine Freude erhält einen Dämpfer, als ich Schokolina neben mir unterdrückt schluchzen höre. Sie hatte nicht so viel Glück. Zehn Minuten vor Ladenschluss ist ein grauhaariger Mann gekommen und hat zwei große Stücke von ihr abschneiden lassen. Noch immer schaudere ich bei dem Gedanken an ihre Schreie.

»Du Arme, hat es sehr wehgetan?«, erkundige ich mich mitfühlend.

»Nein, eigentlich nicht«, schnüffelt sie. »Es ist mehr der Verlust, der schmerzt.«

»Das verstehe ich. Aber von hier aus siehst du noch genauso toll aus wie heute Mittag«, versuche ich sie aufzumuntern.

»Das kannst *du* leicht sagen mit deiner perfekten, runden Form«, giftet sie mich an.

»Eigentlich steht dir das Kantige sogar ganz gut«, unternehme ich einen weiteren hilflosen Versuch.

»Ach ja?«, faucht Schokolina wütend. »Möchtest du vielleicht tauschen? Wir könnten ja ein Stück aus dir rausschneiden, mal sehen, wie dir das gefallen würde.«

»Vermutlich nicht so gut«, gebe ich kleinlaut zu, und dann haben wir uns nichts mehr zu sagen. Mich macht das sehr traurig. Ich habe mich Schokolina irgendwie verbunden gefühlt, wo wir doch beinahe zeitgleich entstanden und zusammen hier in die Vitrine gekommen sind. All die anderen Torten und Kuchen unterhalten sich leise miteinander, die meisten wehklagen über ihren heutigen Gewichtsverlust, das letzte Stück Herrentorte versucht einen Flirt mit dem Honigkuchen, aber der zeigt sich ob ihres desolaten Zustandes nicht interessiert.

»Kuchen sind einfach oberflächlich und nur an der Optik interessiert, Herrietta«, erklärt ihre Nachbarin, bei der sie weinend ihr Herz ausschüttet. »Aber wehe, wenn es dann bei ihnen so weit ist und sie immer weniger werden. Dann wünschen sie sich plötzlich den Beistand einer liebenden Torte, die zu ihnen hält, egal, wie sie aussehen.«

»Ich werde nie wieder ein Wort mit Honey sprechen«, schwört die Herrentorte schnüffelnd. Mittlerweile habe ich zu meinem Mantra eine kleine, einfache Melodie erfunden und summe leise vor mich hin: »Ich will so bleiben, wie ich bin, will so bleiben, wie ich bin.«

»Kannst du bitte ein bisschen leiser singen, das hält ja kein Gebäckstück aus«, ruft die Eierlikörtorte Porti Verpoorten zu mir herüber, und ich verstumme eingeschüchtert. »Also los, Leute, wer mitmachen will, ist herzlich eingeladen«, fährt sie dann fort. »Gib mir die Kraft, die Dinge zu ändern, die ich ändern kann ...« Die meisten Gespräche ringsum verstummen, und nach und nach fallen mehrere Torten, Kuchen und Kekse in den Singsang mit ein. »Gib mir die Gelassenheit, die Dinge hinzunehmen, die ich nicht ändern kann – und gib mir die Weisheit, das eine vom anderen zu unterscheiden.«

»Sie hat eine Selbsthilfegruppe gegründet«, erklärt mir Nussina verächtlich. »Bin ich froh, wenn sie endlich weg ist. Obwohl ich fürchte, dass ich diesen Augenblick nicht mehr erleben werde. Ich bin einfach viel schmackhafter als sie.«

»Von wegen! Du bist doch bloß neidisch, weil du furztrocken und schon leicht bröckelig bist«, ruft Porti angriffslustig herüber.

»Findest du nicht auch, dass es hier nach ranzigen Eiern riecht«, flötet Nussina in meine Richtung.

»Nein, eigentlich nicht«, sage ich und fange mir dafür einen vernichtenden Blick ein.

»Siehst du«, kommt es triumphierend wieder von links, »du kannst aufhören, dein Gift zu verspritzen, Tortina wird dich nicht unterstützen.«

»Pfff!« Brüsk wendet sich meine Nachbarin von mir ab, und mir wird immer unbehaglicher zumute. Was habe ich getan, um dermaßen zwischen die Fronten zu geraten? Vor lauter Verlegenheit stimme ich wieder mein Liedchen an: »Ich will so bleiben, wie ich bin, will so bleiben, wie ich bin.«

»Ich nehme dir nur ungern die Hoffnung, aber das wird nicht geschehen«, sagt Porti in sanftem Tonfall und schlägt mir gleich darauf vor: »Deshalb kann ich dir nur empfehlen, dich uns anzuschließen.«

»Tja, ich weiß nicht so recht«, zögere ich, als unter und neben mir Protestschreie laut werden.

»Die wollen wir nicht dabeihaben!«

»Kommt ja gar nicht infrage!«

»Entweder sie oder ich!«

»Das wäre ja noch schöner.«

Eingeschüchtert sehe ich mich um und ernte rundherum nur feindselige Blicke.

»Aber, aber«, versucht Porti für Ruhe zu sorgen. »Warum seid ihr denn so intolerant?«

»Sie ist noch heil. Ihre Rundungen sind absolut perfekt«, heult Herrietta. »Wie soll ich mich im Meeting wohlfühlen und mich selbst annehmen, wenn eine solche Vorzeigetorte dabei ist, die mir meine eigene Unzulänglichkeit vor Augen hält?«

»Es geht nicht darum, sich mit anderen zu vergleichen«, sagt die Vorsitzende ruhig, aber bestimmt. »Tortina ist noch vollständig, ich bin halb, und von dir ist eben nur noch ein einziges Stück übrig. Akzeptiere, was du nicht ändern kannst«, fährt sie lauter fort, um das Schluchzen der Herrentorte zu übertönen. »Und außerdem waren wir doch alle mal ganz. Kannst du dich noch daran erinnern?«

Das Heulen wird noch eine Spur schriller.

»Wärest du nicht gerne auf den ersten Schnitt vorbereitet gewesen? Wir alle wissen, wie schwer das erste Stück ist, nicht wahr?« Sie schaut in die Runde, und hier und da ertönt zustimmendes Gemurmel. »Also, seid ihr immer noch dagegen, dass Tortina unserer Selbsthilfegruppe beitritt?« Anscheinend hat niemand mehr etwas dagegen, und so kann die Sitzung ohne weitere Zwischenfälle ihren Lauf nehmen. Der Reihe nach erzählen die Mitglieder von ihrem heutigen Gewichtsverlust und wie sie ihn erlebt haben. Im Anschluss daran bedankt sich Porti für das allgemeine »Sharing« und hält uns einen ausführlichen Vortrag über unsere Bestimmung. Noch immer spüre ich negative Schwingungen von Nussina ausgehen, die demonstrativ vorgibt zu schlafen. Ich lausche konzentriert Portis Ausführungen: »Unsere Bestimmung ist es, den Menschen Genuss zu verschaffen. Wir sind schön anzusehen, wir schmecken köstlich, jede auf ihre Art. Die Veränderung, der Gewichtsverlust, ist ein natürlicher Prozess unseres Daseins.«

»Aber wenn wir doch lieber bleiben wollen wie wir sind«, wirft Zitronella, die Philadelphiatorte, dazwischen, und die anderen fallen lebhaft ein.

»Ja, wir wollen bleiben, wie wir sind.«

»Ich will so bleiben, wie ich bin«, kräht Zitronella und verfehlt dabei knapp die schöne Melodie, die ich mir ausgedacht habe. Porti wirft mir einen schrägen Blick zu und wispert: »Na, vielen Dank auch.«

»Ich will so bleiben, wie ich bin. Will so bleiben, wie ich bin«, schallt es aus der Vitrine, und selbst Nussina fällt in den Gesang mit ein. Aber ich glaube, sie würde jede Revolte unterstützen, die sich gegen ihre Feindin Porti richtet.

»Ihr könnt aber nicht bleiben, wie ihr seid«, poltert diese nun los. »Freunde, Freunde, was ist denn nur los mit euch?«

»Ich will nicht gegessen werden«, ruft Zitronella. »Wir müssen uns wehren. Wir müssen die Menschen dazu bringen, Diät zu halten!«

»Du bist eine Torte, Zitronella«, dringt Porti in sie. »Was denkst du denn, was du ausrichten kannst? Nicht einmal die Frauenzeitschriften haben etwas bewirken können, und deren Feldzug dauert nun schon Jahrzehnte.«

»Aber ich will«, stößt die Herrentorte kläglich hervor.

»Das ist nur dein Ego«, sagt Porti tröstend. »Unsere Aufgabe auf dieser Welt ist es, gegessen zu werden. Und dass wir dabei an Gewicht verlieren, das ist nun einmal so. Aber stellt euch bloß einmal eine Welt ohne uns Torten vor. Eine Welt, in der jeder Mensch Diät halten würde. Wie freudlos wäre das? Zitronella, hast du das Blitzen in den Augen des Kunden gesehen, der heute drei Stücke von dir gekauft hat? War das nicht den Verlust wert?« Die Philadelphiatorte antwortet nicht.

»Rufst du deshalb immer ›hier‹, wenn jemand hereinkommt?«, frage ich schüchtern.

»Ganz genau«, sagt Porti zustimmend. »Glaubt nicht, dass es immer leicht für mich ist. Auch ich werde schwächer und weiß, dass ich in nicht allzu langer Zeit nicht mehr da sein werde. Aber wenn ich Angst davor bekomme, dann sage ich mir, dass ich mit jedem Stück, das von mir abgeschnitten wird, den Menschen eine Freude bereite. Und dann geht es mir besser! Kommt, lasst uns alle zusammen um Hilfe bitten«, fordert sie uns nach einer kurzen Pause auf, und gehorsam beginnen wir unser Sprüchlein aufzusagen: »Gib mir die Kraft, die Dinge zu ändern, die ich ändern kann. Gib mir die Gelassenheit, die Dinge hinzunehmen, die ich nicht ändern kann – und gib mir die Weisheit, das eine vom anderen zu unterscheiden.« Inbrünstig spreche ich die Worte mit und stutze plötzlich, als ich zu meiner Rechten ein Murmeln höre. Verwundert schaue ich Nussina an, die mir verlegen zulächelt.

Am nächsten Morgen fühle ich mich wie frisch gebacken. Ich bin eine köstliche, sahnige, fruchtige Torte, die den Menschen Freude bereitet.

Doch als dann tatsächlich die erste Kundin zwei Stücke von mir bestellt, verlässt mich der Mut.

»Oje, oje«, jammere ich, als das große Messer auf mich zukommt.

»Sei stark«, feuern Porti und Schokolina mich an, aber als das Messer in mich dringt, die feinen Raspel meiner Garnitur zu splittern beginnen, die Fruchtschicht, die Creme und meine Böden gnadenlos gespalten werden, glaube ich, es nicht ertragen zu können.

»Du warst sehr tapfer«, trösten sie mich, während ich mich langsam an das Gefühl der Leere an meiner rechten Seite zu gewöhnen versuche. Gegen Mittag habe ich nur noch knapp die Hälfte meines ursprünglichen Kampfgewichts. Porti versucht, mich aufzubauen: »Es geht wirklich sehr schnell bei dir. Das liegt daran, dass du so außerordentlich köstlich bist. Sieh es als Kompliment!«

»Ja, ich versuche es«, gebe ich gequält zurück.

»Es ist wirklich eins«, meint Nussina, die den Tag über sehr schweigsam war, ihr Gewicht aber gut gehalten hat. »Ich sage dir jetzt etwas im Vertrauen«, flüstert sie so leise, dass ich mich sehr anstrengen muss, sie zu verstehen. »Alle reden immer davon, dass sie bleiben wollen, wie sie sind. Dabei haben sie keine Ahnung. Dein schneller Gewichtsverlust ist eine Gnade.«

»Aber wieso?«, frage ich, verwirrt über ihren Sinneswandel.

»Schau mich doch an«, wispert sie mit einem freudlosen Lachen. »Die verfluchte Eierlikörtorte hat recht: Mein Belag beginnt tatsächlich zu bröckeln, und wenn ich nicht spätestens morgen restlos verkauft bin, wird die Sahne in meiner Füllung sauer. Dann will mich niemand mehr essen, mein Dasein ist sinnlos, und ich lande auf dem Müll«, orakelt sie düster.

»Das wird sicher nicht passieren! Du riechst noch sehr frisch«, versuche ich, sie zu trösten, und bin plötzlich insgeheim sehr stolz auf meinen hohen Gewichtsverlust.

»Das geht schneller, als man denkt. Gestern Morgen, als du noch nicht hier warst, hat Frau Bosselmann eine Karottentorte weggeschmissen, von der erst drei Stücke fehlten.«

»Ist nicht möglich«, sage ich fassungslos.

»Doch!« Erschüttert versuche ich, diese Nachricht zu verdauen, als eine junge Frau mit braunem, lustig hüpfendem Pferdeschwanz hereinkommt und ihren Blick über uns wandern lässt. Ich würde es Nussina so sehr gönnen, wenn die Wahl auf sie fiele, stattdessen sagt die Kundin: »Ist das Himbeer-Sahne? Die hätte ich gerne!« Sie meint mich.

»Wie viele Stücke?«

»Ich nehme sie ganz.« Ich glaube noch, mich verhört zu haben, da nickt mir Nussina zu: »Gratuliere, das ist wahrscheinlich ein Rekord!«

Ganz benommen sehe ich zu der jungen Frau mit dem freundlichen Lächeln hoch. Plötzlich fühle ich mich froh und dankbar, dass ich meiner Bestimmung folgen darf. Dass ich keine Angst haben muss, meine Creme könnte sauer werden. Und in diesem Moment habe ich einen Einfall: »Nussina«, wispere ich, als Frau Bosselmann schon mit dem Tortenheber auf mich zukommt. »Kannst du mir einen Gefallen tun?«

»Wenn es sein muss.«

»Bitte melde dich heute Abend beim Meeting zu Wort, und teile den anderen deine Ängste mit.«

»Niemals!«, sagt sie bestimmt.

»Bitte!«, bettele ich inbrünstig, während die Konditorin eine große Pappe bereitlegt. »Ich glaube, es würde wirklich einen Unterschied für sie machen. Zitronella müsste sich nicht mehr in den Schlaf weinen. Und Herrietta wäre stolz auf sich, statt ihr Selbstwertgefühl von dem blöden Honigkuchen untergraben zu lassen. Sie alle würden die Zeit genießen, die wir hier zusammen verbringen, ohne sich diese unnötigen Sorgen um ihr Gewicht zu machen.«

»Hm«, macht Nussina unbestimmt, als sich der Tortenheber unter mich schiebt und ich in die Lüfte gehoben werde.

»Komm schon, gib dir einen Ruck!«, fordere ich sie auf, während ich gleichzeitig Schokolina, Porti und all den anderen ein Lebewohl zuwinke. »Versprochen?«, rufe ich, als sich das braunweiße Papier über mir schließt.

»Na schön, versprochen«, antwortet sie endlich, als es dunkel um mich wird.

Ich bin nur noch ein hauchdünnes Stück Torte, als ein Strich in der Landschaft stehe ich auf der silbernen Tortenplatte, neben mir ein Kronleuchter mit sieben weißen Kerzen, die ein warmes Licht spenden. Die Frau, die mich gekauft hat, sitzt mit ihrer Freundin auf dem roten Sofa vor mir. Sie lachen und sind vergnügt. Es war ein schöner Abend. Was Schokolina wohl sagen würde, wenn sie wüsste, dass ich »Dirty Dancing« gesehen habe? Meine Käuferin verfrachtet den letzten Rest von mir auf einen Teller.

»Hier, nimm du!«

»Um Gottes willen, ich platze.«

»Teilen wir?« Die beiden grinsen sich verschwörerisch über mich hinweg an.

»Ach, was soll's?«

»Eben! Heute ist kein Tag zum Diät halten.« An zwei Stellen schieben sich ihre Kuchengabeln gleichzeitig in mich hinein, bis schließlich nur noch ein einziger Bissen von mir übrig ist. Ich werde hochgehoben, sehe perlweiße, gerade Zähne in einem rotgeschminkten, lächelnden Mund.

»Oh, ist das himmlisch«, seufzt der Mund, und ich fühle mich wunderbar leicht. Ich hatte ein gutes Leben. Ich wurde in einem Akt vollkommener Liebe und Hingabe erschaffen, ich wurde bewundert, begehrt und genossen. Und vom ersten bis zum letzten Bissen habe ich glücklich gemacht.

Steffi von Wolff

Dick und doof

Wer neun Monate lang schwanger ist, hat das Recht, auch mal an sich zu denken. Und ja, ich *habe* an mich gedacht. Eigentlich ununterbrochen. Und ich habe natürlich gut und ausreichend gegessen, während ich an mich gedacht habe. Schon damals waren die Ärzte so klug, werdenden Müttern mitzuteilen, dass es gar nicht nötig sei, Nahrung für zwei Personen aufzunehmen. Ich habe mich auch daran gehalten und nicht für zwei gegessen. Sondern für ungefähr sechs, obwohl ich nachweislich nur ein Kind erwartete.

Es kam, wie es kommen musste: Ich nahm zu und nahm zu und nahm zu. Nachdem mein Sohn da war, nahm ich ungefähr vier Kilo ab, so viel wog er nämlich. Der Rest blieb, setzte sich überall fest, ich glaube, sogar in den Haaren.

»Du musst etwas tun«, meinte meine Freundin Inge damals zu mir. Dabei tat ich doch schon so viel. Ich habe eine Zeit lang nur Kohlsuppe geschlürft, auf Kohlehydrate verzichtet (zwei Tage) und dann zur Abwechslung mal auf Fleisch (eine Stunde). Ich fand, dass das mit der Hollywood-Star-Diät eine prima Erfindung war, und habe frische Ananas zu mir genommen. Leider war das mit der Fruchtsäure ein Problem – mein Mund, ach, was rede ich, die komplette untere Gesichtshälfte glich einer einzigen offenen Wunde. Glauben Sie mir, es brennt ganz schön, wenn man dann Chips isst.

»*Was* soll ich tun?«, fragte ich Inge irgendwann entnervt.

»Ganz einfach«, meinte sie euphorisch. »Wir gehen übermorgen in diese supertolle neue Abnehmgruppe.«

Selbstverständlich hatte ich schon von dieser revolutionären

Diätvereinigung gehört. Damals, 1989, war sie gerade schwer im Kommen: Wer etwas auf sich hielt, ging hin. Man brauchte nicht einmal eine Einladung, jeder konnte mitmachen, wenn er Bargeld mitbrachte.

An einem Dienstag fuhren wir also zu einer Schnupperstunde, die in den Räumlichkeiten der Freiwilligen Feuerwehr stattfand.

»Ich bin *so aufgeregt*«, sagte Inge. »Das wird bestimmt *toll.*«

Ich konnte diese Gedanken nicht ganz nachvollziehen, und davon abgesehen fragte ich mich die ganze Zeit, wieso ausgerechnet Inge abnehmen wollte. Sie ist fast eins achtzig groß und trug damals Kleidergröße 38. Heute trägt sie übrigens Größe 36, nur falls das jemanden interessiert.

Ich bin eins achtundsechzig groß und verrate nicht, welche Kleidergröße ich damals trug. Nur so viel: Stretch war mein Freund und ein Gummizug im Hosenbund auch.

Um zehn Uhr begann die Stunde, und wir waren überpünktlich, quasi die Ersten. Vierzig schwarze Plastikklappstühle standen fein säuberlich in Reih und Glied nebeneinander und warteten darauf, dass sich übergewichtige Menschen auf ihnen niederließen. Und es war ausgerechnet die Art von Stühlen, die sofort auseinanderfallen, wenn man sie nur anschaut, ja, genau, ich rede von denen, die man nur einmal über Nacht draußen im Regen stehen lässt und die sofort anfangen, zu rosten.

Mit jedem Schritt, den ich auf die Stuhlreihen zuging, schien es mir immer stärker so, als wollten sie zurückweichen. Bestimmt hatten die Stühle Angst vor uns. Nein, nicht vor uns. *Vor mir.*

Ich traute mich nicht, mich zu setzen und sah Inge fragend an, die aber auch nicht so recht wusste, was wir jetzt machen sollten.

»Neuzugänge?«, schrie uns eine Sekunde später eine Stimme an, und eine forsche, drahtige Mittdreißigerin rannte, von der

Eingangstür kommend, im Stechschritt auf uns zu. Sie wirkte wie eine Managerin, die von ihrer Arbeit lebt und sonst nichts braucht. Ihr Nadelstreifenkostüm musste von Designerhand gefertigt worden sein, es saß wie angegossen. Die Pfennigabsätze ihrer hochhackigen Pumps hatten noch nie einen Eddingstift gesehen, mit dem abgeschubbertes Leder übermalt worden wäre, sie waren makellos. Ihre blonden Haare waren gewollt wuschelig frisiert, so ein bisschen wie die Frisur von Meg Ryan. Und dann hatte diese Frau, dieses Monster, auch noch dunkelgrüne Augen mit so komischen – ja, ich gebe es zu –, traumhaft schönen honigfarbenen Punkten. Ich achte immer auf so etwas, weiß auch nicht, warum.

Mir wurde schlecht.

Inge lief zur Hochform auf. »Ich bin ja *so aufgeregt*«, säuselte sie. »Das wird eine richtig neue Lebenserfahrung für mich. Endlich bekommt man mal erklärt, wie man *bewusst* essen kann.«

Mir war gar nicht klar gewesen, dass Inge nicht bewusst aß. Also *ich* habe immer bewusst gegessen. Ich konnte morgens immer genau aufzählen, wie viele Packungen Erdnussflips und Kräcker mit Bressot (Doppelrahmstufe natürlich) ich abends vor dem Fernseher verdrückt hatte.

Aber die Frau gab Inge recht. »Genau darauf kommt es an«, rief sie und zeigte ihre makellosen Zähne. »Bewusst essen. Bewusst. Wenn man isst, macht man nichts anderes. Man konzentriert sich auf das Essen. Auf nichts sonst. Bewusst.«

Schade. Ich meine: Gibt es etwas Schöneres, als bei Regenwetter in einem Flanellpyjama auf dem Sofa zu sitzen und »Vom Winde verweht« zu schauen, während mehrere Tafeln Vollmilch-Nuss-Schokolade dahinschwinden? Sollte ich zum Schokoladeessen etwa die Pause-Taste drücken?

»Die anderen Gruppenteilnehmerinnen und -teilnehmer werden sicher gleich eintrudeln«, meinte die mit den makellosen Schuhen. »Ach so, ich habe mich ja noch gar nicht vorgestellt.

Ich leite diese kleine Zusammenkunft. Mein Name ist Charlotte von Gernhoff-Wandelstein.«

Ja, klar. Was denn sonst.

Sie trug einen Siegelring.

Fast hätte ich einen Hofknicks gemacht.

»Ich bin Inge Hofmann«, sagte Inge ehrfürchtig. Sie sagte nicht: »Ist das aufregend.«

Ich öffnete den Mund und wollte auch etwas sagen, wurde aber ignoriert. Also schloss ich den Mund wieder. Obwohl ich viel dicker war als Inge, hatte ich das Gefühl, gar nicht da zu sein.

Beschwingt ging Charlotte, die ich innerlich ab sofort nur noch »die Gräfin« nannte, nach vorn und legte ihre Aktentasche auf den einzigen Tisch. Dann sortierte sie Unterlagen. »Wenn heute alle kommen, sind wir sechsunddreißig«, informierte sie Inge, die ihr hinterhergelaufen war.

»Wie toll«, kam es von Inge. »Ich bin ja *so aufgeregt.* Das wird eine so super Erfahrung mit dem *bewussten* Essen und der ganzen Ernährungsumstellung.«

Wie auf Befehl bekam ich Hunger. Ich hatte extra nichts gefrühstückt, um ein reines Gewissen zu haben, bevor ich zu der ersten Gruppenstunde fuhr, und das rächte sich jetzt. Mein Magen knurrte hörbar. Ich hustete, um das Geräusch zu übertönen. Aber das war gar nicht nötig, denn just in diesem Augenblick betraten ungefähr zehn Frauen den Raum, die sich alle zu kennen schienen. Um nicht wie bestellt und nicht abgeholt zu wirken, lief ich schnell nach vorn und stellte mich neben Inge.

»Da seid ihr ja!« Die Gräfin schien entzückt, lächelte und winkte den Frauen zu, während sie über das ganze Gesicht strahlte.

»Ihr fetten, schwitzenden Säue«, flüsterte sie dann ... und das erschütterte mich ein Stück weit. Mir wurde klar, dass sie nicht bemerkt hatte, wie dicht ich mittlerweile hinter ihr stand. Inge stand sowieso ein wenig abseits und konnte sie garantiert nicht hören, weil die Ankommenden doch sehr laut waren.

Nach und nach kamen immer mehr Frauen. Und ein Mann. Einerseits fand ich es mutig von ihm, hierherzukommen, andererseits fand ich es bedauerlich, dass er der einzige Mann war. Immerhin gibt es doch auch sehr viele übergewichtige Herren. Aber bei Männern gilt es ja eher als stattlich, nicht als unattraktiv, wenn sie einen Bauch vor sich hertragen, auf dem man mühelos ein Tablett abstellen kann. Bei diesem Mann war das so. Er ächzte, während er die zehn Meter vom Eingangsbereich zu den schwarzen Klappstühlen zurücklegte, und transpirierte stark und gut sichtbar. Dauernd fuhr er sich mit einem überdimensionalen Stofftaschentuch über Stirn und Hals. Sein zu eng sitzendes Polohemd hatte unter den Achseln kreisrunde Flecken. Dauernd machte er »Oh, oh, oh« oder »Ach ja«. Dann ließ er sich auf einen der Stühle sinken. Der Sitz gab nur etwa einen halben Meter unter ihm nach.

Verstohlen beobachtete ich die mittlerweile vollzählige Gruppe. Einige der Anwesenden waren jung, einige mittelalt, einige alt, aber eines hatten sie alle gemeinsam: Sie waren fett. Und alle schwitzten. Insofern hatte die Gräfin mit ihrer geflüsterten Aussage schon recht. Aber musste denn so viel Häme sein? Sie waren schließlich alle hier, um ihr Fett zu *verlieren*. Ich ja auch. Also, ich wollte es zumindest versuchen. Und dazu brauchte ich Motivation. Und zwar eine Menge.

Eilig suchten Inge und ich uns nun ebenfalls einen Platz.

Die Gräfin setzte ein unwiderstehliches Lächeln auf. »Wie schön, dass Sie alle auch heute Morgen wieder den Weg zu uns gefunden haben«, begann sie und lief mit geschmeidigen Bewegungen vor ihrem Tisch auf und ab, während sie sich ununterbrochen eine nicht vorhandene Haarsträhne hinters Ohr strich. Mit perfekt manikürten Fingernägeln, die in einem unaufdringlichen, dezenten Hellrot lackiert waren, selbstverständlich.

»Mit wem fangen wir an?«, fragte sie voller Euphorie und schaute in die Runde. »Oh, ich denke, am besten mit unseren beiden Neuzugängen.« Sie machte eine »Kommt her zu mir«-Handbewegung, und Inge sprang natürlich sofort auf. Selbstverständlich sagte sie dabei: »Ist das *aufregend.*« Mir ging dieser Satz zunehmend auf die Nerven, denn ich war der Meinung, dass es durchaus *Aufregenderes* gab, als bei einem Abnehmtreffen nach vorn gerufen zu werden. Nun ja, vielleicht irrte ich mich aber auch ...

Von achtundsechzig Augenpaaren beobachtet, erhob auch ich mich, watschelte auf die Gräfin zu und stellte mich dann neben Inge. Ich kam mir vor wie eine Litfaßsäule neben einem großzügig geschälten grünen Spargel.

Die Gräfin umkreiste uns wie eine Katze ihre Beute. Lauernd. Auf der Hut. »Stellt euch den anderen doch bitte vor«, befahl sie so süß, dass einem hätte übel werden können.

Inge trippelte (aufgeregt!) von einem Bein aufs andere. »Also, ich bin die Inge, und ich möchte gerne das bewusste Essen lernen. Ich esse zwar schon ganz viel Obst und Gemüse, und drei Liter stilles Wasser am Tag trinke ich auch, ich weiß aber nie, ob das alles so richtig ist. Oder das mit dem Sport. Also, ich mache mehrmals die Woche Sport im Fitness-Center, aber ich frage mich halt immer wieder, ob das genug ist. Ach, ist das alles *aufregend* ...«

»Wie schön!«, brüllte die Gräfin los. »Da können sich aber alle Anwesenden eine Scheibe von abschneiden, nicht wahr?!«

Ungläubiges Nicken der Gruppe, auch hasserfüllte Blicke, sogar ein dämonenhaft wirkendes Aufflackern in diversen Augenpaaren.

»Also wirklich«, fuhr die Gräfin fort, »ich muss sagen, dass Inge ein Paradebeispiel *für uns alle* ist. So wie sie sollten wir die Sache angehen. Mit Tatendrang und frohen Mutes.«

Die Fetten auf den Stühlen applaudierten. Manche nickten

dabei wohlwollend. Manche nickten so, als ob sie eigentlich gar nicht nicken *wollten*, es aber wegen des Gruppenzwangs tun *mussten*. Ich nickte auch. Resigniert.

»Und nun zu Ihnen.« Jetzt war ich dran. Die Gräfin stob an mir vorbei, und ich nahm den betörenden Duft eines sündhaft teuren Sommerparfums wahr. Nicht zu viel aufgetragen, nicht zu wenig. Sondern genau richtig. Blauer Himmel, zwitschernde Vögel, frisch gemähtes Gras. Sonnenblumen. Warmer Wind.

Die Gräfin blieb stehen und musterte mich von oben bis unten. Dann verdrehte sie die Augen, drehte sich zur Gruppe um und sagte einige Sekunden lang gar nichts. Es waren die lautesten und längsten Sekunden in meinem bis dahin dreiundzwanzigjährigen Leben. Sie kamen mir wie Jahre vor. Ach, was rede ich: wie *Jahrzehnte*.

»Wer in so jungen Jahren auseinandergeht wie ein Michelin-Männchen, bei dem muss einiges nicht stimmen«, sagte die Gräfin dann, und reichlich Gehässigkeit klang in ihren Worten mit. »Was, um alles in der Welt, stimmt also nicht mit Ihnen?«

»Ich ... äh ... ich habe vor einigen Wochen ein Kind bekommen«, brachte ich zu meiner Verteidigung hervor.

»Ja, und?«, wollte die Gräfin wissen und zog beide Augenbrauen hoch. »Ich habe sechs Kinder. Und? Sieht man mir das an?«

Sechs Kinder?!

»Nein!«, schrien die Teilnehmer. Es hörte sich wie der Auftakt zu einer Demonstration an.

»Ich schätze mal, dass Sie gut und gern Ihre hundertdreißig Kilo auf die Waage bringen«, redete die Gräfin weiter.

»Das stimmt nicht«, protestierte ich leise, aber es interessierte niemanden, was ich zu sagen hatte. Und im normalen Tonfall etwas von mir zu geben, das traute ich mich nicht.

»Stellen Sie sich einfach mal die mindestens siebzig Kilo, die

Sie zu viel haben, in Fett vor. In wabbeligem Fett. Gefällt Ihnen das?«

»Nein!«, brüllte nun die Runde.

»Das ist ein Fettberg, der richtig ekelhaft ist«, kam es von der Gräfin. »Aber so *richtig* ekelhaft.«

»Ja! JA! JA!« Gleich würden die ersten Scheiben zerspringen.

»Wir werden dafür sorgen, dass das bald schon nicht mehr so ist«, ging es weiter, und ich nickte höflich. »Hier ist ein Wochenplan. An den wird sich gehalten. An nichts sonst.«

Wieder nickte ich höflich.

»Da drauf!«, schrie die Gräfin und deutete auf eine überdimensionale Waage, die ich vorher noch gar nicht bemerkt hatte. Es war so eine von der Sorte, auf der man in der Postfiliale Pakete und anderes sperriges Zeug wiegen konnte. Das Ergebnis war haarsträubend. Die Gräfin konnte das Gewicht einer Einzelperson sehr, sehr gut einschätzen.

Sie drückte mir ein Faltblatt in die Hand, und ich nahm es entgegen. Dann wackelte ich zu meinem Stuhl zurück, und das immer stärker werdende Gefühl, von den anderen nicht gemocht zu werden, ergriff von mir Besitz. Während eine der dicken Hausfrauen aufgerufen wurde und mit schleppendem Gang nach vorn ächzte, studierte ich das Faltblatt.

Es las sich vielversprechend und schien maßgeschneidert für mich zu sein. Die Formulierung »so viel Sie wollen« spielte nämlich eine tragende Rolle. Und so erfuhr ich, dass ich »so viel Gemüse essen durfte, wie ich wollte«, und das am besten roh wegen der Vitamine. Ich durfte auch ganz viel Bewegung haben, so viel ich wollte. Und ich durfte stilles Wasser und ungesüßte Kräutertees trinken. Erraten: so viel ich wollte.

Dann aber kam das eigentlich Interessante: Man durfte pro Tag je sechs Einheiten Eiweiß und Kohlehydrate zu sich nehmen. Eine Einheit entsprach dreißig Gramm. Das sollte man dann bitte abwiegen. Und es wurde empfohlen, dass mindestens zwei dieser Eiweißportionen aus Obst bestehen sollten. Obst galt nämlich auch als Eiweiß. Das fand ich reichlich unverschämt. Die Seiten, in denen beschrieben wurde, wie man in sich gehen und richtig atmen sollte, habe ich überblättert. Ich studierte lieber die Beispielrezepte. Da gab es eine Lauch-Hackfleisch-Pfanne. Das klang ja erst mal lecker. Aber wie sollte eine Lauch-Hackfleischpfanne mit sechzig Gramm Fleisch auf ein Kilo Lauch wohl schmecken? Nach eingeschlafenen Füßen? Am liebsten hätte ich mich sinnlos betrunken, aber Alkohol war nur in Maßen erlaubt. Waren die Verfasser dieses Faltblatts eigentlich Sadisten?

Es ist überflüssig zu erwähnen, dass Pralinen oder Chips nicht einmal ansatzweise positiv erwähnt wurden. Auch keine gesalzenen Macademia-Nüsse. Heißer Kakao mit Schlagsahne auch nicht.

Inge war total begeistert. Während die Hausfrauen von der Gräfin vorn nacheinander verbal niedergestreckt wurden, setzte sie sich neben mich und studierte das Faltblatt voller Enthusiasmus. Fast hatte ich den Eindruck, sie hätte es am liebsten geküsst. *Ich* hätte es am liebsten zerrissen. In tausend kleine Fetzen.

Was soll ich sagen – am Schluss der Gruppenstunde haben sie alle geheult. Alle außer Inge und mir. Inge, weil sie es – so aufgeregt – kaum erwarten konnte, mit dem bewussten Durchführen des Diätplans anzufangen, und ich, weil ich mich nicht traute. Nicht auszudenken, wenn ich die Aufmerksamkeit der Gräfin erneut auf mich lenken würde. Vielleicht würde sie mich dann mit Tomaten bewerfen. Die ich danach vom Boden aufsammeln und essen durfte, weil sie ja roh waren.

Die Gräfin gab uns den Tipp mit auf den Weg, sofort *neu* einzukaufen und alle *schlechten* Lebensmittel aus unseren Kühlschränken zu entfernen. Damit meinte sie natürlich nicht etwa abgelaufene Sachen, sondern so leckere Dinge wie Fertiglasagne oder Salami. Man sollte nämlich hauptsächlich frisch kochen. Und keine Salami essen. Am liebsten nur Geflügelwurst oder so. Abgewogen natürlich.

Inge zerrte mich in den nächsten Supermarkt und warf wie eine Geistesgestörte literweise Wasser sowie bergeweise frisches Gemüse und Obst in ihren Einkaufswagen. Ich tat es ihr nach, weil ich schreckliche Angst davor hatte, dass Inge mich bei der Gräfin verpetzen könnte. Letztendlich landete ich mit vier prall gefüllten Plastiktüten wieder in meiner Wohnung. Prall gefüllt mit Sachen, die ich auf den Tod nicht ausstehen konnte. Ich mag weder Sellerie noch Kohlrabi noch Möhren, und das alles schon mal gar nicht roh. Und mir ist eine Leberpastete nun mal lieber als Hähnchenbrust in Aspik.

Ich begann dann erst mal mit dem Wassertrinken. Mindestens drei Liter, mindestens. Besser waren vier.

Was mir keiner gesagt hat: Wer viel Wasser trinkt, muss eigentlich ständig aufs Klo. Aber wirklich *ständig*. Kaum hatte ich ein Glas getrunken, musste ich schon wieder.

Was mir auch keiner gesagt hat, war, wie quälend Hunger sein kann. Ich konnte so viele Lauchzwiebeln oder gelbe Paprikaschoten oder klein geschnittene Möhren in mich hineinschaufeln, wie ich wollte: Der Hunger war mein ständiger Begleiter. Und er war so grausam und unbarmherzig wie der Sensenmann persönlich.

Diese erste Woche war der blanke Horror. Grauenhaft. Hätte ich die Wahl gehabt, ich hätte mich lieber mit Starkstrom foltern lassen, als dieses ständige Hungergefühl zu haben.

Inge rief mich drei Mal täglich an, um mir jubilierend mitzuteilen, dass ihr die Ernährungsumstellung so *wahnsinnig* guttun würde. Und sie klingelte vier Mal täglich, wenn sie während des bewussten Joggens an meinem Haus vorbeikam. Sie wurde von Minute zu Minute durchtrainierter und dünner. Manchmal kaute sie glücklich und mit verklärtem Blick auf einem rohen Stück Schwarzwurzel herum.

Bei mir tat sich irgendwie gar nichts.

»Das gibt es doch gar nicht«, höre ich jetzt den einen oder die andere sagen. »Sie hätte doch abnehmen müssen. Wenigstens ein bisschen.«

Na ja, sicher hätte ich abnehmen müssen. Aber ich bin am dritten Tag eingeknickt. Partiell zumindest. Ein Stück weit auch bewusst. Eine Nachbarin hatte mich zum Kaffeetrinken eingeladen, und da waren alle diese Köstlichkeiten! Rhabarberkuchen mit Vanillecreme und Baiserhaube. Bienenstich. Sachertorte. Käsekuchen mit frischen Erdbeeren.

Beim Rhabarber- sowie beim Käsekuchen mit den frischen Erdbeeren konnte ich einfach nicht Nein sagen. Das war ja auch Obst. Und Obst war gesund. Also habe ich meine kompletten Eiweißrationen für den Kuchen verbraucht und, ganz unter uns, ein paar zusätzliche noch dazu. Dass die Kuchenteige aus Mehl bestanden und Mehl zu den Kohlehydraten gehörte, habe ich ignoriert. Vom Zuckergehalt ganz zu schweigen. Wer ist schon perfekt?

Ich mache es kurz: Als die Woche vergangen war und wir zur Gräfin nach vorn gingen, um auf die Waage zu steigen, stellte sich heraus, dass ich zugenommen hatte. Genau eineinhalb Kilo. Die Gräfin war außer sich. Ich glaube, sie wäre am liebsten handgreiflich geworden. Allerdings hatte ich auch ein kleines bisschen das Gefühl, dass sie sich über die Gewichtszunahme freute. Aber möglicherweise irrte ich mich.

Inge hatte zwei Kilo abgenommen.

Die Gräfin war wieder außer sich, diesmal allerdings vor Freude. Sie stellte Inge als das Paradebeispiel der starken Frauen hin, als eine, die *wusste*, was sie wollte, als eine, die *erkannt hatte*, dass eine bewusste Ernährungsumstellung das *Nonplusultra* sei. Die Anwesenden applaudierten verhalten und latent aggressiv. Ich hatte den Eindruck, sie hätten Inge am liebsten mit stumpfen Messern erdolcht.

»Mein Ziel ist es, eine oder sogar zwei Kleidergrößen weniger zu tragen«, sagte Inge zu den Fetten, die alle ab Größe sechsundfünfzig aufwärts trugen. Ich wiederum fragte mich, was Inge dann anziehen wollte. Kinderkleider? Hätten die Fetten Pfeile gehabt, aus denen sie lähmendes Curare-Gift hätten abfeuern können, wie die Einheimischen im südamerikanischen Regenwald es zu tun pflegen, sie hätten es getan. *Ich weiß es.*

Jedenfalls hatte die Gräfin danach nichts Besseres zu tun als mich weiter zu demütigen. »Schauen Sie eigentlich gerne in den Spiegel?«, fragte sie mich beispielsweise. Oder sie sagte: »Ich bin mir nicht sicher, ob Sie den Weg zu Ihrem Stuhl ohne Atemnot schaffen.«

Selbstverständlich hätte ich über allem stehen und verächtlich grinsen können, aber so viel Selbstbewusstsein hatte ich damals nicht. Genauer gesagt hatte ich *überhaupt kein* Selbstbewusstsein. Anstatt mich zu wehren, habe ich nur debil und verzerrt gelächelt und mit den Schultern gezuckt. Nachts habe ich nicht geschlafen.

Inge auch nicht. Sie war joggen.

Natürlich hätte ich einfach sagen können: »Ich geh da nicht mehr hin. Die kann mich mal.« Aber – und jetzt sehe ich den einen oder die andere mit dem Kopf schütteln – auch das habe ich mich nicht getraut. Ich war gelähmt vor Angst, wenn ich an die Gräfin *dachte.*

Und ich dachte *dauernd* an sie.

Ich *träumte* von ihr.

Sie erschien mir, wenn ich unter der Dusche stand oder während ich Eiweiß- und Kohlehydratportionen zählte oder auch nicht. Sie war *eingemeißelt* in meinem Gehirn. Und wenn ich nicht mehr zur Gruppenstunde kam, würde sie mich suchen. Und – das war das Allerschlimmste – sie würde mich finden. Die Situation hatte etwas von Gehirnwäsche an sich.

Ich war keine gute Mutter zu dieser Zeit. Nicht, dass ich meinen Sohn hätte verwahrlosen lassen, aber ich habe ihm seine Mahlzeiten nicht gegönnt. Nur eines dieser Hipp-Gläschen ... Oder einen leckeren Brei ... Oh, es war eine schreckliche Zeit.

Und abgenommen habe ich auch nicht. Ich habe mir eingeredet, dass ich beim Schlafwandeln esse und es so nicht mitbekomme, aber das ist eine infame Lüge. Ich habe gegessen. Und nicht nur den Inhalt der Hipp-Gläschen. Je mehr ich an die Gräfin dachte, desto mehr musste ich essen.

Inge hingegen war ganz in ihrem Element. Sie sah schon bald aus wie ... ach, weiß ich jetzt auch nicht. Jedenfalls war sie sehr, sehr dünn. Ihren Ehering trug sie irgendwann an einer Kette um den Hals, weil er ihr vom Finger zu rutschen drohte. Vom Gewicht des Eherings um den Hals ging sie fortan gebeugt.

Ich auch. Aber wegen eines anderen Gewichts.

Von Woche zu Woche wurde ich fetter und unausstehlicher. Und von Woche zu Woche demütigte mich die Gräfin noch ein Stückchen mehr. Ich wäre zu gern auf sie losgegangen, aber sie wäre mit Sicherheit schneller gewesen und vor mir weggesprungen wie ein durchtrainiertes Reh. Diese zusätzliche Demütigung wollte ich mir einfach ersparen.

Den anderen aus der Gruppe ging es ähnlich wie mir. Sie wurden von der Gräfin fertiggemacht und sahen einfach nur unglücklich aus. In jeder Gruppenstunde kamen neue Sprüche. Wir seien Versager und kriegten nichts auf die Reihe. Wir sollten doch auch mal an unsere Verwandtschaft denken – schließlich müssten die unsere XXL-Särge bezahlen, wenn wir das Zeitliche gesegnet hatten. Und so weiter und so fort.

Trotzdem quälte ich mich Woche für Woche zu den Treffen, die ich psychisch gebeutelt verließ, um danach Trost bei einer ganzen Schwarzwälder Kirschtorte zu finden.

Inge kollabierte irgendwann und wurde wegen Unterernährung stationär ins Krankenhaus eingewiesen und an einen Tropf gehängt, aber selbst das war mir zu dem Zeitpunkt egal.

Auch dass sich mein Mann wegen einer Älteren von mir getrennt hat, interessierte mich nicht. Viel mehr interessierte mich die Tatsache, dass man mir in meiner Stammkonditorei täglich ab siebzehn Uhr alles zum halben Preis verkaufte. Und auf meinen Wunsch zog der Schlachter nach. Ich war eine gute Kundin. Die beste, die man sich vorstellen konnte.

Mein Leben verlief in gleichmäßigen Bahnen: Aufstehen, essen, Sohn versorgen, essen, Sohn, essen, Sohn, essen, essen, schlafen gehen.

Und jede Woche quälte ich mich in die Gruppenstunde. Ich war meinem Idealgewicht ferner als ein Zuchthäusler einem Strandurlaub.

»Heute ist mein letzter Tag«, informierte uns die Gräfin eines Tages lapidar. »Ab der nächsten Woche wird eine Kollegin die Gruppe übernehmen.«

Ich horchte auf. Moment mal. Das ging doch nicht! Seit Monaten saß ich einmal pro Woche hier, musste mir fiese Sprüche, Demütigungen und Beleidigungen anhören. Und jetzt wollte die Gräfin einfach *gehen?* Diese Tatsache brachte mich vollends aus meinem sowieso nur noch ab und an vorhandenen Gleichgewicht. Ich war fertig mit den Nerven.

Zu Hause angekommen, zog ich meine Jacke aus, verschlang eine Toblerone-Stange XXL und neun Brote mit Butter und Leberwurst, dann ging ich in die Waschküche, um mich dort mit dem dafür zweckentfremdeten Gartenschlauch abzuduschen.

Danach knotete ich zwölf Handtücher aneinander und schlang sie um mich, um wiederum danach aus dem Keller hoch ins Schlafzimmer zu ächzen, wo ich die Handtücher fallen ließ und einen Ausschnitt meines Körpers im Spiegel begutachtete.

Ich sah an mir herab und konnte meine Füße nicht einmal erahnen.

Ich schaute wieder in den Spiegel und versuchte, meinen Oberarm im Spiegelbild ausfindig zu machen.

Ich hörte meinen rasselnden Atem und musste daran denken, dass ich erst dreiundzwanzig war.

Und plötzlich bekam ich eine rasende Wut auf die Gräfin. Die Wut war so gewaltig, dass ich einen Schrei ausstieß, der sich wie das Kreischen eines unbewaffneten Urzeitmenschen angehört haben muss, der nichts ahnend und guter Dinge um eine Ecke biegt und einer etruskischen Nashornfamilie gegenübersteht, die sich in die Enge getrieben fühlt.

Eine Minute später hatte ich mich so in meine Wut auf die Gräfin hineingesteigert, dass ich sie töten wollte.

Noch eine weitere Minute später hatte ich einen ganz anderen Plan.

Ich tapste schwer atmend in die Küche und begann, sämtliche Broschüren und Wochenpläne zu lesen, die sie mir jemals gegeben hatte.

An diesem Abend aß ich nichts mehr.

Am nächsten Tag frühstückte ich ein Kilo rote und gelbe Paprika und trank dazu Buttermilch und zwei Liter Wasser.

Dann besuchte ich Inge im Krankenhaus.

Sie sah immer noch schwach und ausgemergelt aus, und ich bekam ein schlechtes Gewissen, weil ich mich so gar nicht um sie gekümmert hatte. Ich war ja nur mit Fressen beschäftigt gewesen. Inge fand das alles auch gar nicht mehr *total aufregend.*

»Eigentlich hast du als Einzige alles richtig gemacht«, sagte sie zu mir und versuchte, entkräftet und mit zitternder Hand ein Stück Kürbiskernbrötchen zum Mund zu führen. »Das war der reinste Psychoterror. Sie hat uns massiv manipuliert. Und was hatten wir davon? Nichts. Frau Grünhagen, erinnerst du dich, die Dicke, die mal im Klappstuhl feststeckte, die wiegt jetzt doppelt so viel wie am Anfang und hat Depressionen.«

Ich nickte. Und was hatte ich jetzt davon? Ich wog dreißig

Kilo mehr als zu Beginn der Gruppenstunden, und wenn ich so weitermachte, könnte ich bald das Stadtrecht für eine eigene Gemeinde beantragen. Eine mittelgroße, in die nur ich hineinpasste.

»Ich werde jetzt endlich abnehmen«, informierte ich Inge. »Aber so, wie ich es für richtig halte.«

»Wie?«, wollte sie wissen.

»Ganz einfach.« Entspannt lehnte ich mich zurück. »Jetzt, nachdem die Gräfin nicht mehr da ist, jetzt habe ich richtig Lust dazu. Außerdem habe ich noch etwas mit ihr vor.«

»Was denn?« Inge setzte sich auf. Ihre Augen leuchteten endlich wieder.

Und dann erzählte ich es ihr.

Die nächsten Wochen und Monate waren gleichzeitig schrecklich und herrlich. Schrecklich deswegen, weil ich nachts vom Knurren meines Magens geweckt wurde. Schrecklich auch deswegen, weil alles in mir nach Kartoffelchips, Sahnesoße und Buttercremetorte schrie. Herrlich deswegen, weil ich manchmal der Versuchung einfach nicht widerstehen konnte und panisch ein Pfund Erdnussflips verschlang, weil mein Körper nach Fett und Salz brüllte. Danach ging es mir eine Nanosekunde besser, und dann war ich sauer auf mich inkonsequentes Wesen.

Ich war sehr einsam in dieser Zeit. Soziale Kontakte mied ich, weil diese auch Essenseinladungen zur Folge hatten – und dann hätte ich für nichts garantieren können. Wer schaut auf einer Grillparty den Steaks und Würstchen auf dem Feuer beim Brutzeln zu, um sich selbst an Rohkost zu laben? Wer trinkt lieber noch einen Liter Wasser, anstatt sich den Teller mit Kartoffel- und Nudelsalat zu füllen?

Allein die Gerüche des Grillguts hätten mich zur Mörderin werden lassen.

Und so saß ich zu Hause, dünstete Gemüse und jodhaltigen, mageren Fisch, manchmal auch ein wenig Hähnchenbrust. Wenn ich nicht zu Hause saß, trieb ich Sport. Ja, wirklich. Ich nähte mir einen Badeanzug und zog wie ein Walross meine Bahnen, keuchend zwar und mit mir und der Atmung hadernd, aber ich *tat es*. Oder ich ging laufen, natürlich immer dann, wenn ich sicher sein konnte, dass niemand mehr im Park unterwegs war, also so gegen Mitternacht. Angst davor, überfallen zu werden, hatte ich nicht. Wer würde sich so etwas wie mich schon antun?

Die Gräfin habe ich heimlich observiert. Sie wohnte immer noch im Nachbarort, sie war immer noch dünn, und sie arbeitete jetzt mit einer anderen Diätgruppe. Einige Male habe ich mich in ein Gebüsch gequetscht und die Leute beobachtet, die nach der Gruppenstunde das Gebäude verließen. Sie sahen alle so aus, als würden sie am liebsten unverzüglich von einem Hochhaus springen.

Die Gräfin selbst sprang wie eine Junggazelle hinterher, was bei ihrer Kleidergröße 34 auch kein Problem war. Sie strahlte immer, und ebenfalls immer wirkte sie aufgeräumt, gut gelaunt und absolut gepflegt.

Nach einem Jahr hatte ich mein Ziel erreicht. Ich war nicht wiederzuerkennen. Ich wog achtundfünfzig Kilo, und meinen persönlichen Höhepunkt hatte ich an einem Mittwoch. Ich befand mich in einer Boutique, betrachtete ein Kleid, und die Verkäuferin kam und sagte: »Das ist Ihnen doch viel zu groß.«

Ich hätte sie heiraten können.

Mein Mann war im Übrigen auch wieder da. Er war stolz auf mich.

Etwas später bewarb ich mich in einem Krankenhaus als Diätberaterin. Entsprechende Kurse hatte ich erfolgreich absolviert – während meiner eigenen Diätphase.

Ich wurde genommen. Am 1. Dezember fing ich an.

Am 12. Dezember wurde die Gräfin eingeliefert.

Inge war so aufgeregt.

Ich war so ruhig.

Wenn man ein paar hundert Euro lockermacht, findet sich im Frankfurter Bahnhofsviertel immer jemand, der bereit ist, Sachen zu tun, die, nun ja, die nicht jeder so ohne Weiteres tun würde. So erklärte sich Kolja, ein sozial gestrauchelter Weißrusse, ohne Zögern dazu bereit, die Gräfin mit dem Fahrrad so anzufahren, dass ein längerer Krankenhausaufenthalt unumgänglich war. Der gute Kolja hatte von sich aus auch den Gebrauch von Messern oder Schusswaffen angeboten, doch das wollte ich nicht, da ich mich mit solchen Utensilien nicht richtig auskannte. Außerdem wollte ich die Gräfin ja nicht ermorden. Nein, das wäre doch viel zu einfach gewesen.

Sie hatte einen doppelten und komplizierten Wadenbeinbruch, und so etwas kann dauern, wie wir wissen.

»Eine schlimme Sache«, sagte ich zu ihr und sah sie mitleidig an.

Natürlich erkannte sie mich nicht. Wie auch.

»Nun müssen Sie sich erst einmal stärken.« O ja, ich war sehr fürsorglich.

Die Gräfin winkte ab. »Ich möchte die Schonkost-Menüs«, meinte sie.

»Sicher.« Ich nickte.

Zum Mittagessen gab es ein leichtes Hühnerfrikassee mit Reis. Die Gräfin war begeistert. Noch nie hatte Schonkost derart lecker geschmeckt. Angst davor, zuzunehmen, hatte sie nicht – schließlich versicherte ich ihr ununterbrochen, wie kalorienarm das Essen sei. Dass die Diätmargarine keine war und ich Butter, Olivenöl, Sahne und Zucker untermischte, als hing mein Leben davon ab, verschwieg ich ihr natürlich.

Den behandelnden Oberarzt informierte ich, dass ich mir ein wenig Sorgen um die Gräfin machen würde. Sie erschien mir als zu dünn, und ich befürchtete gesundheitliche Schäden, wenn das so weiterginge. Er stimmte mir zu und ließ mir freie Hand. Sehr gut.

Ich hielt Inge auf dem Laufenden. Sie war sehr glücklich über die Entwicklungen. Manchmal auch aufgeregt.

Und so gingen einige Wochen ins Land. Wochen, in denen der Wadenbeinbruch zwar verheilte, aber der labile Zustand der Gräfin so gar keine Besserung zeigte.

Was sich seit Wochen besserte, war meine Laune. Die war so gut wie nie zuvor!

Die Gräfin merkte zunächst nicht, dass sie zugenommen hatte. Dass etwas anders war als sonst, fiel ihr zum ersten Mal auf, als ihr Lieblingsnachthemd ihr nicht mehr passte. Ich jedoch nur, dass es wohl in der Krankenhauswäscherei zu heiß gewaschen worden sei.

»Ich bin fett geworden«, meinte sie dann eines Tages.

»Aber nein«, gab ich zurück. »Sie sehen hervorragend aus. Die Ruhe tut Ihnen sooo gut. Und die leichte Kost auch.«

»Ich bin fett geworden«, wiederholte sie.

Und sie hatte – *natürlich* – recht.

Noch ein paar Wochen später durfte die Gräfin schließlich nach Hause gehen.

Sie hatte schätzungsweise dreißig Kilo zugenommen. Dreißig herrliche Kilo pures Fett. Und *ich* hatte das bewirkt.

Ihre Haut war aufgedunsen, ihre Haare glänzten nicht länger, die Locken waren auch verschwunden, und sie duftete schon lange nicht mehr nach Wald und Wiese und Sommerblumen. Sie hatte mittlerweile sogar Hornhaut an den Füßen, aber das konnte sie nicht mehr sehen.

Ich war so glücklich.

Sie dankte mir für alles, während sie Schoko-Croissants in sich hineinstopfte. Ja, ja, das Essen war mittlerweile zu ihrer Lieblingsbeschäftigung geworden. Es interessierte sie nicht einmal mehr, dass ihr Mann sie wegen einer Älteren verlassen hatte.

Mit ihrer Familie hatte ich gesprochen, und die war im Bilde. Auf gar keinen Fall durfte die arme Gräfin abnehmen – das täte ihrem momentanen angegriffenen Zustand und ihrer psychischen Stabilität gar nicht gut. Nein, man sollte doch bitte dafür sorgen, dass sie weiterhin mit großem Appetit essen möge, das sei immens wichtig. Eine Gewichtsabnahme könnte horrende Folgen haben.

Ich war sehr, sehr fürsorglich.

Und so ging sie dann dahin. Die fette, schwitzende Sau.

Ich strahlte über das ganze Gesicht, während ich mir eine Locke hinters Ohr strich und mich über den Duft meines kürzlich erworbenen Parfums freute.

Das duftete nach blauem Himmel, zwitschernden Vögeln, frisch gemähtem Gras. Und nach Sonnenblumen und warmem Wind.

Katja Maybach

Eine Stunde im Paradies

»Man kann nie reich und nie dünn genug sein.«

Karina, das deutsche Model, dreht sich vor dem Spiegel. »Ich habe seit gestern dreihundert Gramm abgenommen.«

Der Haarstylist Roger klatscht Beifall, sein Lächeln gerät zur Grimasse, aber das liegt wohl an den stundenlangen Sonnenbank-Orgien, die die Haut lederartig gerben und keinerlei Bewegungen des Gesichts mehr erlauben.

»Ja, ja, wir kennen den Ausspruch der Herzogin von Windsor.« Eva reagiert mit spöttischer Ungeduld. Sie hat zugenommen und neidet Karina den Abschluss eines lukrativen Werbevertrags. Missmutig bietet sie ihr Gesicht dem Visagisten an, der sich über sie beugt, um ein wenig Farbe auf ihr blasses Gesicht zu zaubern.

»Isst du dein Mittagessen nicht mehr?«, fragt Claire sie. Eva schüttelt den Kopf. »Du kannst es haben, wenn du willst.« Sie schiebt den Teller mit den Karotten und dem Apfel ihrer Kollegin zu, die mit zwei Fingern nach einer Rübe greift und darauf herumkaut.

Marie, die Direktrice, steht neben mir. Kopfschüttelnd hat sie das Gespräch der Mädchen mitgehört.

»Ihr kapiert nicht«, ruft sie, »dass Menschen essen, um gesund zu bleiben und weil sie ganz einfach Freude daran haben.«

»Lass es gut sein, Marie.«

Ich bin müde. Ich habe Hunger, und mir geht ihre geballte Energie auf die Nerven. In zwei Stunden fängt die Show an, und der Countdown läuft. Nach der Show werden sich die besten Kundinnen von Emile Morceau in den Backstage-Bereich drängen, und die Journalisten werden versuchen, ein Interview mit dem Star der Haute Couture zu bekommen. Es beginnt das Nice-to-see-you, Küsschen rechts und Küsschen links. Dann wird man sich um das exzellente Büffet mit Kaviar, Champagner und Lachs drängen, das gerade hinter mir aufgebaut wird. Die Models essen nichts, und wir natürlich auch nicht.

Wir, das ist das vierköpfige Designerteam: Estelle, Serge, Judy und ich, der enge Kreis um ihn, den großen Meister. Wir müssen uns die Größe 34 erhalten, besser wäre natürlich 32, aber das schaffen wir vielleicht auch noch. Wir müssen dünn bleiben, denn sonst beleidigen wir das Auge des Meisters. Auch Serge, sein persönlicher Assistent ist schmal, beharrt aber stets darauf, dass er von Natur aus so zierlich gebaut ist. Sein Credo: »Ich kann alles essen, was ich will«, glaubt allerdings niemand von uns, denn wir wissen es besser.

Im Moment ist nichts zu tun, die große Hektik wird erst in einer Stunde beginnen. So drehe ich mich zu dem Büffet um und lasse mir von dem hübschen jungen Garçon einen Wodka mit Eis geben. Nur einen klitzekleinen. Zum Aufwärmen. Schließlich haben wir die ganze Nacht durchgearbeitet. Der Kellner ist hübsch, doch als ich ihn anlächle, sieht er durch mich hindurch. Das trifft meine Eitelkeit. Schließlich bin ich hübsch und habe die Traumfigur XS. Was gefällt ihm an mir nicht?

Jetzt kommt Serge in den Backstage-Bereich. Er versteckt sein müdes Gesicht hinter einer dunklen Brille von Dolce & Gabbana. Auch an ihm ist die vergangene Nacht nicht spurlos vorübergegangen. Mürrisch grüßt er zu den Models hin, die entlang der Spiegel sitzen, wo sie frisiert und gestylt werden. Es sind acht Mädchen für die Show, die meisten haben ihr Handy am Ohr und telefonieren mit New York oder London.

Acht?

Mon dieu, es sind nur sieben. Eine fehlt! Und das zwei Stunden vor Beginn.

»Anna!«, schreie ich. »Wo ist Anna?«

Niemand weiß es. In stummem Entsetzen blicken Serge und ich uns an. Während der Anprobe heute Nacht war Anna, das russische Model, ohnmächtig geworden. Wir legten sie im Atelier auf den Zuschneidetisch, und Marie flößte ihr Hühnersuppe ein. Am Morgen, nach unserem Abschlusswodka, gingen wir in der Gewissheit nach Hause, dass Anna uns folgen würde. Irgendwann zumindest.

»Hat eine von euch ihre Handynummer?« Beunruhigt wende ich mich an Judy und Estelle, die auf mich zukommen. Auch sie haben Annas Fehlen bemerkt. Nein, die beiden kennen ihre Nummer nicht. Wir wissen nur, dass sie in einem Appartement ihrer Agentur wohnt, wenn sie in Paris ist. Aber welcher Agentur? Judy holt ihr Handy aus der Tasche und ruft im Atelier an. Noch bewahren wir Ruhe. Immerhin sind es noch knapp zwei Stunden.

Nein, keine der Schneiderinnen hat Anna gesehen.

Nein, auch auf dem Zuschneidetisch liegt sie nicht mehr und auch nicht darunter, falls sie im Schlaf vom Tisch gerollt wäre.

Da fällt Marie ein, dass die meisten Models, die für die Couturiers laufen, aus dem Stall von »Elle« kommen. Aber wieso hat niemand Annas Nummer? Wer, bitte, hat sie gebucht? Die Atmosphäre wird angespannter, Hysterie kommt auf. Schnell noch einen Wodka, nur zum Entspannen.

»Vielleicht ist sie tot!«, schreit Serge. Er liebt Sensationen, doch auch uns ist es unverständlich, dass sie noch nicht da ist. Wenn ein Model die Show von Emile verpasst, kann nur eine Katastrophe sie daran gehindert haben. Ansonsten gibt es keinen Grund, nicht auf der Eröffnung der Couture-Shows zu laufen.

»Wenn sie tot ist ...«

»Unsinn«, fährt ihm Judy über den Mund. »Eine Putzfrau hat sie weggehen sehen.«

Sie lügt, ganz klar, aber sie will Serge und uns beruhigen. Immerhin haben wir noch eine Stunde und vierzig Minuten.

Marie steht immer noch neben mir. In aller Ruhe greift sie nach einem Toast mit getrüffelter Gänseleberpastete und schiebt ihn sich voller Genuss in den Mund.

»Musst du das essen?« Ich reagiere aggressiv. »Weißt du überhaupt, wie viele Kalorien das sind? Kannst du dich nicht zusammenreißen? Deine Speckröllchen sind kaum mehr zu übersehen.«

Marie lacht nur. »Du glaubst wohl, eine Frau, die sich normal ernährt, sei nur zu undiszipliniert, um eine Diät durchzuhalten. Aber mir schmeckt es, und meinem Mann gefalle ich, wie ich bin.«

Das kann ich nicht glauben. Sicher hat er eine Freundin mit Größe 34.

Um Marie nicht weiter beim Essen zuschauen zu müssen, beuge ich mich zu meinen Schuhen hinunter, um die Riemen fester anzuziehen. Es sind Jimmy-Choo-Sandaletten, die eintausendfünfhundert Euro kosten. Ich habe noch vierzig andere Paare in dieser Preisklasse. Schließlich arbeiten wir hart, überschreiten ständig die Grenzen unserer Belastbarkeit. Wir brauchen ganz einfach das Teure, das Edle als Ausgleich für den Stress, für die ständige Angst, zu versagen, keine Ideen mehr zu haben. Wir verzichten auf jegliches Privatleben, also ist der Luxus, den wir uns leisten, sozial nur gerecht. Die Jeans für sechshundert Euro, ein Ferrari, die kleine Wohnung mitten in Paris. Wir kennen und konsumieren jede Art von Luxus. Natürlich nicht in dem Ausmaß, wie der Meister ihn lebt und mit dem er sich umgibt. Aber wir sind nicht neidisch, wir gönnen ihm das Stadtpalais in Paris, die Villa an der Côte d'Azur, das Penthaus in New York, seinen Schmuck von Cartier, seine Gemäldesammlung, den Rolls-Royce ...

Doch einer Art von Luxus verweigern wir uns beharrlich, verachten ihn: Essen.

Wir leben von nichts. Mineralwasser, drei Liter täglich, das versteht sich von selbst. Joghurt, Knäckebrot, ein wenig Obst. Nicht zu viel, schließlich hat auch ein Apfel Kalorien. Fisch und Gemüse gehen noch, nur gedünstet natürlich. Wie sollen wir sonst unsere XS-Figuren halten? Diet forever, Tag für Tag, Jahr für Jahr. Wir kennen sie alle, die Atkins-, Apfelessig-, Mayo-Diät, die Hollywood-Star-Diät, auch die Kartoffel- und die unappetitliche Kohlsuppendiät. Dann mentales Schlankheitstraining, die Fatburner-, Fit-for-Fun-, Ayurveda- und natürlich die effektivste von allen, die Nulldiät.

Manchmal gönnen wir uns Wodka, wir brauchen ihn nach der Erstellung einer Kollektion, vor der Erstellung einer Kollektion und auch oft dazwischen, wenn es einfach nicht laufen will. Auch Champagner wird getrunken, ein Glas Weißwein, aber bitte keinen Rotwein.

Dünn ist schön, dicke Menschen sind unästhetisch, Emile kann sie einfach nicht ansehen.

»Eine Zumutung für mein Auge«, sagt er. Er lebt in einem Kosmos der Schönen, der Reichen, der Dünnen, einem Kosmos, der ihn in Luxus einhüllt und ihn längst der Außenwelt entfremdet hat, obwohl er einmal im Jahr für die AIDS-Stiftung eines alternden Hollywoodstars unter großem Medieninteresse Kleider versteigern lässt. Doch das ist natürlich reine Publicity, und die Kleider sind aus der Zweite-Wahl-Kollektion, Ausschuss, Sachen, die man nicht verkaufen kann. Denn schließlich ist Mildtätigkeit auch ein Luxus, den er sich nur leistet, wenn es ihn nichts kostet und ihm Medieninteresse einbringt.

Seit dreißig Jahren ist er im Geschäft und längst Multimillionär, auch wenn der Umsatz der Couture-Kollektion drastisch zurückgegangen ist. Doch da gibt es die Parfümlinie, produziert von einem japanischen Kosmetikgiganten, die alles ausgleicht. Und mit der Prêt-à-porter-Kollektion wird ebenfalls noch relativ guter Umsatz erzielt. Sie wird teuer verkauft, aber in Thailand von bienenfleißigen Frauen in schlecht beleuchteten, engen Räumen für einen Hungerlohn genäht. Der Meister gehört dem fröhlichen Imperialismus des einundzwanzigsten Jahrhunderts an. Doch was geht es uns an. Machen es nicht alle so?

Während ich den Visagisten Paul beobachte, der dem Model Brit die tiefen Ringe unter den Augen überschminkt, greife ich in meine große Tasche. (Gucci. Was sonst?) Ich habe Hunger, entsetzlichen Hunger. Ich hole eine Reiswaffel aus ihrem knisternden Papier. Ich bin süchtig nach den knusprigen, runden Scheiben, die nach nichts schmecken, aber den Magen füllen und kaum Kalorien haben.

»Überfriss dich nur nicht an dem Zeug.«

Warum klebt Marie heute so an mir? Kann sie nicht noch einmal die Kollektion durchsehen? Schließlich ist sie nicht hier, um sich den Magen mit Delikatessen und Champagner vollzuschlagen.

»Hast du nichts zu tun?«, fauche ich sie an.

»Bis jetzt scheint alles in Ordnung. Zwei Mädchen aus dem Atelier sitzen in Bereitschaft, falls Emile noch etwas einfällt oder etwas geändert werden muss.« Sie greift nach einem zweiten Toast mit Gänseleber.

»Du kannst ruhig was übrig lassen.« Warum bin ich so aggressiv? »Das Büffet ist für die Kundinnen und die Chefredakteurinnen da, nicht für Angestellte.«

Marie reagiert nicht, genießt wortlos.

Ich glaube, mir wird schlecht. Nicht, weil ich weiß, wie die armen Gänse gequält werden, bevor man sie schlachtet, um aus ihrer Leber eine Delikatesse zu machen, sondern weil ich hungrig bin und Gänseleberpastete eine meiner Lieblingsspeisen war. In einer ferner Vergangenheit, versteht sich.

»Arme Anna.« Mit vollem Mund bedauert Marie das Model, das noch nicht aufgetaucht ist und dem Judy, verborgen hinter einem Kleiderständer, fieberhaft hinterhertelefoniert. »Sie hat mir heute Nacht richtig leidgetan. In Sibirien konnte sie nichts essen, weil sie kein Geld hatte, hier hat sie Geld, darf aber nichts essen. Wir leben in einer perversen Gesellschaft.«

Ich sehe zu, wie sie einen großen silbernen Deckel hochhebt und sich aus der rechteckigen Terrine von den wunderbaren Tagliatelle mit Trüffel nimmt. In Sahnesauce, versteht sich. Wieder wird mir schlecht, als der Duft nach weißen Trüffeln aus der silbernen Terrine hochsteigt.

»Gänseleber und dann Trüffel, das passt ja wohl gar nicht.« Meine Stimme klingt gereizt.

»Wieso nicht? Ich lasse mir hier nichts entgehen. Willst du auch etwas?«

Heftig schüttle ich den Kopf. »Nein, nein, ich habe schon zu Hause gegessen.« Die obligatorische Lüge geht mir glatt über die Lippen.

»Natürlich, natürlich.« Die Ironie ist nicht zu überhören. »Du hast dich mit Pasta und Käse vollgestopft und dir dann noch ein Tiramisu gegönnt. Und dass du so dürr bist, liegt an deinen Genen, alle Frauen deiner Familie sind so dünn, nicht wahr?« Marie lacht laut los. Wie kann ein Mensch nur so höhnisch lachen.

Ein Klavierakkord rauscht auf: das schwarz-silberne Designerhandy von Serge. Er haucht nur ein »Oui« hinein und lässt die Hand sinken. »Emile wird in einer Stunde hier sein. Und er möchte vor der Show Anna in dem roten Abschlusskleid sehen.«

»Noch einen Wodka«, bestelle ich mit zitternder Stimme. Es ist jetzt egal, ob der Garçon mich hübsch findet, alles ist egal, denn wenn Anna nicht auftaucht, kann die Show platzen. Und Emile wird uns die Schuld geben, denn Gerechtigkeit war noch nie seine Stärke.

Wo ist Judy, hat sie Anna gefunden? Ich suche nach ihr. In der hintersten Ecke kauert sie auf Taschen, Tüten und Schuhen.

Sie springt auf und schreit uns zu: »Ich habe sie. Die Agentur hat sie endlich über ihr Handy erreicht. Anna hat ihnen die Adresse genannt, sie ist in einer Nebenstraße, nicht weit von hier. Die Dolmetscherin kommt auch. Wir treffen sie dort.«

Serge erinnert sich, dass der im Moment angesagteste Beautysalon in dieser Straße liegt. Alle bekannten Models lassen sich nach einer durchfeierten Nacht dort restaurieren. Wir sind erleichtert, Judy rennt los, wir hinterher, quer durch den Saal, in dem in genau einer Stunde und fünfzehn Minuten die Show beginnen wird. Ein paar Leute sind schon da, trinken von dem Champagner, den Emile reichen lässt. Natürlich kommt die Prominenz aus Film und Showbusiness erst kurz vor Beginn, es wird ein Schaulaufen auf dem roten Teppich werden. Emile hofft, dass alle kommen, denn das Fehlen eines großen Stars, der geladen war, bedeutet für ihn Einbußen an Popularität.

Keuchend jagen wir die Straße entlang, biegen in die Nebenstraße ein, hektisch sucht unser Blick die Hausnummern ab. Hier, wir sind da. Nummer 43.

Aber was soll das? Das kann nicht sein, das ist ein Irrtum, Judy muss sich verhört haben. Denn wir stehen vor dem Eingang eines McDonald's-Restaurants. Serge hält sich entsetzt eine Hand vor die aufgespritzten Lippen, um einen seiner berüchtigten Aufschreie zu unterdrücken. Doch da entdeckt Judy hinter der Fensterscheibe Anna, die uns fröhlich zuwinkt. Befremdet wagen wir uns in unbekannte Gefilde. Und da sehen wir sie: Das Model sitzt an einem kleinen Tisch und beißt genussvoll in einen Big Mac. Vor ihr auf dem Tisch steht ein Milchshake, und ... wir können es nicht fassen, wir wissen kaum mehr, wie sie schmecken: eine Riesenportion Pommes frites.

»Anna!«, schreit Serge. »Bist du wahnsinnig? Komm sofort mit, du passt ja sonst nicht mehr in die Kleider!«

Wir sind zutiefst schockiert, doch Anna lacht nur, schüttelt den Kopf, während sie den nächsten Hamburger in sich hineinstopft.

»Was machen wir?« Estelle ist ratlos. »Wir können sie doch nicht an den Haaren herausziehen. Sie sieht ja schrecklich aus.«

»Mon dieu, man muss ihr den Gestank aus den Haaren waschen, sie komplett neu erfinden.« Serge kann sich nicht beruhigen, und auch wir können in dem jungen ungeschminkten Mädchen kaum mehr das Supermodel Anna erkennen: Anna, die Zarte, die Elegante, die Unberührbare. Die Muse des Meisters. Nun kaut und kaut sie, schluckt, beißt erneut ab und kaut wieder. Als Serge gestenreich versucht, sie zum Mitkommen zu bewegen, schüttelt sie immer wieder den Kopf. Wo bleibt nur die Dolmetscherin? Ratlos stehen wir vor Anna. Inzwischen haben sich ein paar Leute um uns versammelt, denen das Schauspiel gefällt.

Hmm, die Pommes frites riechen gut. War mir vorhin bei dem Geruch der Gänseleber schlecht geworden, ziehe ich den würzigen, deftigen Geruch jetzt tief in meine Lungen. Endlich ist Isabelle von der Agentur da. Estelle hat sie am Eingang abgepasst. Sofort stürzt sie sich auf Anna und redet in russischer Sprache eindringlich auf sie ein. Doch Anna schüttelt immer wieder den Kopf und isst seelenruhig weiter.

»Was sagt sie?«, bedrängen wir Isabelle. Aus dem Augenwinkel bemerke ich, wie Judy gierige Augen bekommt, auch Estelles Blick wird glasig, bis beide fast gleichzeitig ihre Hand ausstrecken und in die Pommes greifen. Sogar Serge kämpft mit der Versuchung, ich sehe es ihm an. Wir blicken uns an und erkennen gegenseitig unsere Abscheu vor Knäckebrot, Karotten und Obst. Und bitte sehr, was ist Kaviar gegen eine Portion Pommes? Plötzlich hassen wir unser Leben, unsere jahrelangen Diäten, und wir hassen das ständige Hungergefühl.

Doch dann wird uns klar, was es bedeutet, dass sich Anna so kurz vor der Show mit Fast Food vollstopft.

»Ihr wird schlecht werden, sie wird nicht laufen können, es wird eine Katastrophe. Sie wird sich auf dem Laufsteg übergeben. Und Emile wird uns verantwortlich machen.«

»Gib ihr einen Wodka zur Verdauung, du hast doch sicher einen dabei.« Estelle wendet sich an mich. Es ist jetzt nicht die Zeit, die Empörte zu mimen, weil man mich für eine Alkoholikerin hält, also greife ich in meine Tasche und hole die große Flasche des berühmten französischen Wodkas heraus. Isabelle hat sich Anna gegenübergesetzt und redet in melodischem Russisch auf sie ein. Doch Anna schüttelt eigensinnig den Kopf und isst weiter. Inzwischen sind wir zum Mittelpunkt der Aufmerksamkeit geworden, noch mehr Leute stehen um uns herum und amüsieren sich köstlich. Sie sehen drei abgemagerte, gestylte Frauen, einen stark geschminkten Homosexuellen, ein großes dünnes Mädchen, unschwer als Model zu erkennen, das gierig alles in sich hineinstopft. Als alles aufgegessen ist, greift Anna sogar zu dem Tütchen Ketchup und saugt es aus! Die rote Sauce läuft ihr von den Mundwinkeln hinab bis zum Kinn und tröpfelt weiter auf ihre weiße Spitzenbluse von Valentino. Das blasse zarte Mädchen mit den langen Locken sieht aus wie eine Vampirbraut nach dem Hochzeitsmahl. Unsere Zuschauer lachen und klatschen begeistert Beifall.

»Das kann dauern«, meint Estelle. »Wisst ihr was? Ich habe Hunger. Einmal sündigen, das kann ja wohl nicht schaden.« Sie holt sich ein Tablett und stellt sich in die Reihe der Wartenden vor der Theke. »Einmal gesündigt, immer gesündigt«, kreischt Serge.

»Ach was« – bin ich das, die das sagt? – »eine kleine Portion Pommes und ein Hamburger schaden gar nicht.«

Judy nickt mir begeistert zu und stellt sich ebenfalls an.

»Nichts zu machen.« Die Frau von der Agentur wendet sich uns zu. »Die Suppe, die sie nach ihrer Ohnmacht von euch bekommen hat, schmeckte ihr so gut, dass sie wieder essen und die Karriere an den Nagel hängen will.«

»Sie hat einen Vertrag, den sie einhalten muss«, schreit Serge. Isabelle versucht, ihn unter dem Gelächter der Zuschauer zu besänftigen. »Gebt mir noch zehn Minuten, okay?«

»Sie kann eine so große Fresserei nicht unbeschadet überstehen. Ihr wird auf dem Laufsteg in den engen Sachen schlecht werden.« Serge ist außer sich. Er fürchtet den Zorn des Meisters. In seiner Verzweiflung greift er mitten in die Pommes frites hinein. Wir alle sehen ihm zu, wie er sie sich in den Mund schiebt. Unsere Zuschauer klatschen frenetisch Beifall. Plötzlich fallen bei uns alle Schranken. Wieso noch dünner werden, wieso nicht essen, wenn man Hunger hat? Wieso ein Leben fristen mit geschmacklosem, gedünstetem Fisch, Knäckebrot und Ananas? Wie auf Kommando schieben Serge und ich Stühle an den kleinen Tisch von Anna. Estelle und Judy kommen mit vollen Tabletts zurück. Köstlichkeiten lachen uns an.

»In einer Viertelstunde müssen wir los«, flüstert Serge mir zu und beißt in seinen doppelten Cheeseburger.

Wir schlingen und genießen, wir seufzen und stöhnen, die Flasche Wodka macht die Runde, und auch Anna nimmt einen kräftigen Schluck.

»Na sdorowje.« Sie erhebt sich und prostet strahlend unseren Zuschauern zu.

Eine Frau rückt ihren Stuhl an unseren Tisch. Längst haben sie uns als Leute aus der Modeszene identifiziert. Wir sind in Paris, die Mode ist überall.

»Hören Sie, warum entwerfen die Designer immer nur Mode für dürre Weiber? Warum bekommt eine Frau mit Größe 46, 48 nie ein schönes Kleid?«

Estelle zuckt ratlos mit den Schultern.

»Weil die Modelle an dünnen Frauen besser aussehen, das heißt, jeder simple Fummel sieht an ihnen noch gut aus. Bei einer rundlichen Frau müsste sich ein Modeschöpfer mehr einfallen lassen. Ein schönes Kleid für eine Frau mit Kurven zu entwerfen ist viel schwieriger, das ist es.«

Sie sieht sich in der Runde der Zuschauer um. Der Beifall gehört ihr.

»Na sdorowje«, die Frau hat recht. Noch einen Schluck, und die Welt gehört uns.

In der Zwischenzeit holt Judy noch eine Runde Pommes, dann diese wunderbaren Milchshakes und zum Abschluss Donuts. Nie war das Leben schöner.

»Wir werden Ihren Vorschlag an Emile Morceau weitergeben.« Serge ist die Liebenswürdigkeit in Person, als er sich an die Frau wendet. Kann eine Orgie mit ein paar tausend Kalorien den Charakter so positiv verändern?

Anna erzählt und erzählt, Isabelle nickt immer wieder, und als das junge Mädchen endlich schweigt, wendet sich die Dolmetscherin an uns.

»Anna sagt, sie kannte in Russland McDonald's nur aus der Erzählung einer Freundin und hat sich immer gewünscht, einmal dort zu essen. Als sie nach Paris kam, wurde ihr strengstens verboten, hierherzugehen. Sie musste Diät halten, ständig wurde ihr eine Aufpasserin zur Seite gestellt. McDonald's wurde für sie zum unerreichbaren Traum. Und nun wollte sie sich ein einziges Mal eine Stunde im Paradies gönnen.«

Die Zuschauer kreischen vor Lachen. In Paris, der Stadt mit den besten Restaurants der Welt, der *haute cuisine* und den ultimativen lukullischen Genüssen wird McDonald's für eine siebzehnjährige Russin zum Paradies.

Ein junger Mann ruft einen Satz in Jiddisch in die beständig wachsende Menge: »A scho in Ganejdn is oich gut.« Serge prostet ihm zu, er ist der Einzige, der verstanden hat und für uns übersetzt: »Auch eine Stunde im Paradies ist der Mühe wert.«

Isabelle erhebt sich, und auch Anna steht auf. Sie ist bereit für die Show. Erleichtert verabschieden wir uns, umarmen fremde

Menschen, lachen, winken ihnen zu wie gut gelaunte Schauspieler nach einer gelungenen Premiere. Mon dieu, die Premiere liegt noch vor uns. Wir wanken durch die Menge, die sich respektvoll teilt wie das Rote Meer, hasten unsicher auf die Straße hinaus, rennen und wischen die Spuren der Orgie aus unseren Gesichtern, lutschen Pfefferminz und sprühen uns mit Parfüm ein. Anna trottet hinter uns her. »Merci«, haucht sie betrunken. »Spasiba bolschoi.«

»Uns wird schlecht, ich schwöre es.« Judy ist sich sicher, dass unsere Organe einer solchen Fressorgie nicht gewachsen sind. Doch wir laufen weiter, in strömendem Regen jetzt, unsere dünnen Highheels halten einer solchen Regenflut nicht stand und unsere gestylten Haare auch nicht. Als wir ankommen, sehen wir grässlich aus.

Doch sicher wird sich der Beginn der Show verzögern, Regen in Paris, das bedeutet Stau ohne Ende, das bedeutet, dass die Stars zu spät kommen und wir natürlich auf sie warten werden.

Mit desolatem Äußeren, aber selig kichernd, kehren wir in den Backstage-Bereich zurück. Die Unterhaltung stoppt schlagartig, alle Blicke wenden sich uns voller Abscheu zu.

Doch uns geht es gut.

»Na sdorowje«, lallt Anna und rülpst.

»Ihr seid ja betrunken.« Marie schüttelt den Kopf, lächelt aber, denn nach Jahren der Zusammenarbeit haben wir eine Seite von uns gezeigt, von der wir nicht gewusst haben, dass wir sie besitzen: Wir sind menschlich geworden. Wir haben menschliche Bedürfnisse wie Hunger, Durst und die Sehnsucht nach der Leichtigkeit des Lebens und nach Spaß.

Anna setzt sich auf einen der Stühle vor den Spiegeln. Roger eilt zu ihr und gibt ihr irgendwelche Tabletten und ein Glas mit Wasser. Jean, der Art-Direktor, schaut herein und ruft uns zu, dass der Beginn der Show um eine Stunde verschoben wird.

Am Eingang drängt sich Pia an der gerade eingetroffenen

Security vorbei. Die bekannteste Journalistin der Szene steht vor uns. Pia, die Rundliche, Pia, wie immer mit einer ausgesucht schrecklichen Hutcréation auf dem Kopf. Ich muss lachen, ich kann nicht anders, ich fühle mich so gut, so befriedigt wie schon lange nicht mehr. Auch die anderen prusten los, wir wenden uns ab und beäugen das Büffet. Ein Nachtisch könnte nicht schaden.

Doch plötzlich tritt Stille ein. ER ist da. Emile, der Meister der Haute Couture. Gottesfürchtiges Schweigen empfängt ihn. Serge ist wieder blass geworden, die gute Laune weicht einem entsetzlichen Unbehagen. Emile winkt Pia herbei, küsst ihr die Hand, wendet sich an uns, und sein Blick gleitet huldvoll (ist er auf Drogen?) über seine derangierte Truppe hinweg, umfängt uns liebevoll, bevor er spricht. »Pia«, sagt er in die erwartungsvolle Stille hinein, »hat mich auf eine Idee gebracht. Ab der nächsten Saison werde ich Kleider für Frauen mit Kurven entwerfen. Diese Saison sind Busen und Hüften noch nicht meine Silhouette, aber ab dem Frühjahr werden wir diese Spezies von Frau, zu der viele meiner Kundinnen gehören, mit einer sensationellen Kollektion überraschen.«

Pia kreischt begeistert auf, flattert auf ihn zu und küsst ihn. Emile kann sicher sein, dass *Vogue* ihm ein Special widmet, ein Hoch auf ihn einstimmt, ihn, den Größten, dem Genie der Szene, dem Vorreiter eines neuen Trends. Pia, die Dicke, wird dafür sorgen.

»Bravo.« Marie klatscht begeistert. Natürlich. Sie trägt ja Elefantengröße. »Das ist wunderbar, Emile, du hast den Trend erkannt. Den Trend zur Lebensfreude, zum sinnlichen Genuss, zum Mut zu weiblichen Kurven. Herzlichen Glückwunsch.« Ihre Begeisterung ist ansteckend.

»Die Show beginnt in zwanzig Minuten«, ruft der Choreograph und klatscht in die Hände. Sofort rennen die Models zu ihren jeweiligen Kollektionsständern, die Garderobieren helfen ihnen in die Kleider für den ersten Auftritt. Alle sind an ihrem Platz, und alles läuft jetzt präzise ab. Nur Anna wird noch geschminkt, und auch sie wird hinreißend schön über den Laufsteg gleiten.

Noch ist sie zerbrechlich dünn, und das kleine angefressene Bäuchlein lässt sich durch eine Miederhose schnell wegzaubern. Emile gönnt sich ein Glas Champagner, Pia ist in den Zuschauerraum gehastet. Wir sind sicher, noch bevor die Show beginnt, wird sich die Neuigkeit wie ein Lauffeuer herumgesprochen haben.

»Emile liegt mit seiner Idee voll im Trend, er wird zum Vorreiter eines neuen Lebensgefühls, eines herrlichen Savoir-vivre, da bin ich mir sicher.« Auch der Art-Direktor gönnt sich ein Gläschen.

Serge nippt geziert an seinem Champagnerglas. Er lächelt versonnen, dann antwortet er: »Jean, du weißt nicht alles. WIR«, er zeigt auf uns, »wir leben den Trend bereits, denn WIR haben ihn erfunden.«

Na sdorowje.

Irene Rodrian

dicke-dame.de

Das Menu war vom Feinsten. Aber Marc zog natürlich schon wieder ein Gesicht. Svenja hatte keine Ahnung, wieso sie ihn überhaupt eingeladen hatte. Er war weder charmant noch ein guter Liebhaber, er sah nicht mal gut aus. Und das Allerschlimmste war, dass er nicht einen Hauch von Humor hatte.

Als Vorspeise gab es Jakobsmuscheln auf gedünsteten Lauchvierteln in Vinaigrette. Auf einen Zwischengang hatte sie vorsorglich verzichtet. Zum Hauptgericht hatte sie eine Lammschulter pariert, mit groben Meersalz und Knoblauch gewürzt und bei geringer Hitze im Ofen gegart, dazu Rosmarinkartöffelchen und ein mit Muskat und Chili gewürztes Bohnenpüree. Für den Nachtisch hatte sie ursprünglich eine *Creme bavaroise* geplant, sich dann aber für einen schlichten Obstsalat mit frischem Ingwer und viel Cointreau entschieden.

Es nützte alles nichts.

Marc kam zu spät, wie immer. Keine Ausrede, keine Entschuldigung. Er brachte nichts mit, nicht mal ein geklautes Blümchen aus dem Vorgarten. Geschweige denn Champagner und Pralinen. Er wich ihrer Umarmung aus, setzte sich sofort an den Tisch ... und maulte.

Die Jakobsmuscheln waren ihm zu durch, der Lauch zu zwiebelig, Lamm war eh nicht sein Ding, Knoblauch hasste er, und von Bohnen bekam er Blähungen.

Svenja überhörte auch diese Information und stellte den Obstsalat auf den Tisch. Marc mäkelte am Wein herum – einem trockenen Rioja –, fragte vergeblich nach Käse und holte sich dann selbst ein Bier aus dem Kühlschrank, während sie den

Tisch abräumte. Als er zum Fernsehsessel hinüberging und nach der Fernbedienung griff, warf sie ihn raus.

Sie versuchte es zumindest.

»Marc, ich denke, das wird nichts mehr mit uns beiden.«

»Da ist was dran.« Im Fernsehen lief ein Tennismatch.

»Würdest du dann bitte gehen?«

»Ja klar. Schau dir das an. Das war ja eine Wahnsinnsrückhand!«

»Ich meine sofort.«

»Klar.« Werbepause. Marc zappte weiter. Eine Talkshow. Marc lachte höhnisch, als sich die überschlanke Moderatorin nach vorne beugte, und ihre Bluse dabei etwas spannte. »Die sollte auch besser kein Weiß mehr tragen!«

Auch? Svenja trug fast immer dunkelblau oder schwarz. Die Moderatorin war noch keine vierzig. Im Gegensatz zu Svenja.

Marc hatte aus seinem Alter immer ein Geheimnis gemacht. Svenja schätzte ihn auf Ende vierzig, wenn nicht schon Anfang fünfzig. Sie hatte ihn über eine Chatline kennengelernt. Verrückterweise in leckero.de einem Feinschmeckerforum, in dem sich Leute trafen, die gerne kochten und aßen.

Marc hatte einen wohlgerundeten Waschbärbauch und einen extrem hohen Haaransatz. Anfangs hatte Svenja genau das ja gefallen. Sie glaubte, einen Freund im Geist gefunden zu haben. Marc gab sich als Genießer und Feinschmecker aus und kannte alle Kochsendungen aus dem Fernsehen.

Vor zwei Monaten hatte sich die Münchner Gruppe zum ersten Mal getroffen. Svenja war die Erste. Die Spielregel besagte, dass jeder von ihnen reihum für die anderen kochen musste. Sie waren elf, sieben Frauen und vier Männer. Bei den Männern war Marc einer der ältesten. Frank und Eddy, die Studenten hatten eine Wette verloren, und Gustl wollte seine neue Freundin beeindrucken.

Keine der Frauen war unter vierzig. Ulla und Britta waren

richtig rund. Sie konnten offensichtlich gut kochen und liebten es deftig. Sarah und Agnes kämpften gegen die Pfunde, hatten aber großen Spaß am Kochen, Essen und Trinken. Ute war die Jüngste. Sie war auf eine etwas graumäusige Art ganz hübsch und besessen von Körnern und Bio. Sie kannte die verheerende Wirkung aller chemischen Inhaltsstoffe. Mia war die Älteste, dürr wie eine Zaunlatte. Eine Drüsenstörung, behauptete sie und schaufelte für drei. Mia hatte keine Freunde. Den Männern war sie zu alt, den Frauen zu dünn.

Svenja hatte sich ein raffiniertes Menü ausgedacht, um alle gleich richtig zu beeindrucken. Riesenscampi auf Avocadocreme, Rehmedaillons mit selbst gemachten Spätzle in Portweinsoße und eine ofenwarme *tarte tatin* mit Zimteis. Auch die Weine hatte sie sorgfältig ausgesucht, den Tisch fantasievoll gedeckt und für jeden Gast ein kleines Geschenk auf den Teller gelegt.

Das alles hätte sie sich sparen können.

Für Ulla und Britta war das Essen viel zu abgehoben. Sarah und Agnes aßen und tranken fröhlich und sparten nicht mit Lob. Aber es klang aufgesagt. Ute zweifelte die Bioherkunft der Avocado an und ließ gleich ein paar politisch keineswegs korrekte Bemerkungen über das Herkunftsland ab. Mia zählte die Kalorien und Joule auf und bat zweimal um Nachschlag.

Frank und Eddy gaben sich anfangs noch Mühe, zeigten Interesse, fragten nach. Dann tranken sie sich in Windeseile durch den Wein und alberten nur noch herum. Gustl fragte brav nach den Rezepten, immer und immer wieder, und langweilte sie alle.

Nur Marc lobte sie, kannte sich aus, schien zu genießen. Jetzt, im Nachhinein, sah Svenja natürlich klarer. Fast alle hatten sie mitgemacht, weil sie hofften, locker und unverbindlich einen möglichen Partner kennenzulernen. Auch Marc war nur dabei, weil er eine Frau suchte. Eine, die für ihn kochte und auch sonst nett zu ihm war. Haha.

Während sie in der Küche mit den Scampi kämpfte und sich Sorgen um den richtigen Garpunkt des Rehbratens machte, hatte er es zuerst bei Sarah versucht, dann bei Agnes. Beide hatten ihn höflich abblitzen lassen, dann hatte er noch einen kleinen Versuch bei Ute gestartet, aber ihr obsessiver Gesundheitstick ließ sowieso kein Nebendran zu. Also schloss sich Marc den beiden Studenten bei der Weinvertilgung an.

Keiner der anderen »Feinschmecker« revanchierte sich mit einem Menu. Die Gruppe zerfiel noch während der Premiere. Der Abend endete damit, dass sich alle an Svenjas Wohnungstür umarmten und küssten und sich ein »Bis nächste Woche!« vorlogen. Nur Marc war zu besoffen. Er war schon auf dem Sofa eingeschlafen.

Svenja fand ihn ganz niedlich, wie er da lag und aus dem Mundwinkel sabberte, während sie das Dinnerchaos beseitigte. Auch als er dann in der Nacht zu ihr kam, freute sie sich. Sie kuschelte sich an ihn und glaubte, angekommen zu sein. Sie verzieh ihm, dass er nachts auf ihr neues Klickparkett kotzte, und sie sah ihm auch nach, dass sich seine morgendlichen Liebesversuche eher im konservativen Rahmen bewegten. Das ist ja erst der Anfang, dachte sie.

Morgens war ihre Wohnung besonders hell. Es war ein wunderschöner Tag, und die Sonne schien durch das Ostfenster. Svenja presste Orangen aus, toastete Brot, brühte frisch gemahlenen Kaffee auf und legte Miles Davis auf, *Sketches of Spain.*

Auch das hätte sie sich sparen können.

Marc taumelte aus dem Bett, stöhnte etwas von »Mach das Licht aus!« und »Stell den Lärm ab!«, schnappte seine Klamotten und verschwand mit einem knappen »Ich melde mich!«.

Er meldete sich nach sechs Wochen wieder. Allein das hätte Svenja zu denken geben müssen. Aber sie freute sich. Sie war von den Ausreden der anderen Gäste enttäuscht und akzeptierte seine Lüge von einer Auslandsreise. Sie gingen zweimal zusammen aus, einmal zu einem einfachen Italiener und das zweite Mal in ein Thairestaurant mit einem Tagesangebot von neun Euro neunundneunzig. Marc hatte sein Geld vergessen. »Ich bin ja so ein Schussel«, meinte er, und Svenja glaubte ihm immer noch.

Die nächsten Abende kam er zu ihr. »Deine Wohnung ist so gemütlich«, meinte er. Seine wurde angeblich gerade renoviert. Sie wollten zusammen kochen, aber es lief darauf hinaus, dass sie einkaufte und kochte, und er dazukam, als alles schon fast verbrannt war. Das verzieh er ihr dann gnädig.

Die Nächte waren meistens von zu viel Wein getrübt. Das wird schon noch, redete sich Svenja ein. So sind die Männer eben. Sie hatte viel zu lange allein gelebt und fand es jetzt einfach nur schön, einen Mann zum Verwöhnen und Umarmen zu haben.

Bis er diese Bemerkung machte.

Es war ein warmer Föhntag. Sie saßen in einem Eiscafé an der Leopoldstraße und schauten sich die vorbeiflanierenden jungen Leute an. Svenja fühlte sich ein wenig schläfrig, aber glücklich. Marc war ganz entspannt. Schlürfte seinen Eiskaffee und kommentierte die Passanten. Eine Gruppe junger Mädchen blieb stehen. Sie kicherten, tippten SMS in ihre Handys. Sie waren höchstens siebzehn, extrem schlank. In Miniröcken, bauchfreien Tops, knappen Jeans und engen Pullis.

Marc sagte nichts mehr. Glotzte. Stierte. Sabberte. Als sie weitergingen, kam ihnen eine junge Frau entgegen, dreißig vielleicht. Mit dunklen Locken, einem hübschen Herzgesicht und einer wohlgerundeten Frauenfigur. Marc sah noch immer den Mädchen hinterher.

»Uahh, hast du diese fette alte Scharteke da eben gesehen?«, fragte er dann.

Svenja war gut zehn Jahre älter und wog locker zwanzig Kilo mehr. Sie antwortete nicht, Marc erwartete auch keine

Antwort. Da spätestens wurde Svenja klar, dass Marc sie überhaupt nicht wahrnahm. Jedenfalls nicht als Frau. Aber sie schaffte es nicht, die Konsequenzen zu ziehen.

Bis zu eben diesem Abend.

Sie nahm seinen Mantel von der Garderobe und warf ihn auf ihn drauf. »Ich hatte dich gebeten, zu gehen.«

Marc verstand noch immer nicht. Räumte den Mantel zur Seite und blickte begriffsstutzig zwischen dem Fernseher und ihr hin und her.

»Jaja, schon gut.« An seinem unrasierten Kinn glänzte ein Soßenrestchen.

Svenja war wütend. So wütend wie noch nie zuvor in ihrem Leben. Sie bückte sich und packte die beiden hinteren Beine seines Sessels. Zog sie mit einem Ruck hoch. Marc knallte mit dem Gesicht auf den Couchtisch, Bier und Wein verspritzten, Oliven, Erdnüsse und Paprikachips flogen durch die Gegend. Diesmal verstand er. Und ging. Leicht verbeult und fluchend, aber endgültig.

Svenja hatte danach einige Mühe, alles wieder in Ordnung zu bringen, aber das war es wert. Endlich war es wieder ihr Zimmer. Ihre Wohnung. Sie war allein. Und das war wunderschön.

Eine Zeit lang jedenfalls.

Danach beschloss Svenja, ihr Leben gründlicher zu planen. Sie wollte nicht allein bleiben, aber sie wollte sich auch nie wieder so ausnützen lassen. Kritisch stellte sie sich vor den Spiegel. Das Gesicht? Ganz okay. Sie müsste vielleicht etwas mehr Sorgfalt auf das Make-up verwenden. Die Haare? Ein Wust von braunen Locken, die ihr allererster Freund mal als sexy bezeichnet hatte. Das war lange her. Svenja beschloss, sich einen Besuch beim Luxusfriseur zu leisten und sich umstylen zu lassen. Stufig kurz, blondiert, irgend so etwas. Und dann der Rest. Tja, da waren fraglos einige Kilos zu viel drauf.

Svenja hatte in den letzten Jahren alle Diäten dieser Welt

ausprobiert, sie kannte sich aus. Als Erstes räumte sie ihren Kühlschrank leer und stellte ihre Ernährung von Spaß und Genuss auf fettarm und entbehrungsreich um. Sie versteckte ihre Waage. Sie hasste diese täglichen Niederlagen und zielte stattdessen auf die große Überraschung alle drei Wochen. Sie begann mit Sport. Radfahren, Schwimmen, Joggen.

Der Anfang war hart und grausam. Wie immer. Nach den ersten drei Wochen hatte sie die erwarteten fünf Kilo abgenommen und sogar noch zweihundertvierundfünfzig Gramm mehr. Wider alle Erfahrung begann sie zu hoffen und holte die Waage wieder hervor. Wog sich täglich. Aber nichts geschah. Im Gegenteil, an manchen Tagen zeigte die Nadel wieder mehr an als am Tag zuvor. Selbst wenn Svenja sich zum Wiegen völlig auszog.

Sie erhöhte ihr Sportpensum. Radfahren, Schwimmen, Joggen.

Sie fuhr mit dem Rad zum Einkaufen. Sie kaufte sich einen neuen Badeanzug, der ihr nach einem weiteren Gewichtsverlust von vier bis sieben Kilo passen würde. Und sie lief jeden Samstag eine Runde durch den Englischen Garten. Unter der Woche liefen nur die ganz verbissenen Jogger, am Sonntag die Familienväter, manche sogar mit Baby im Joggingwagen! Nur am Samstag gab es eine reelle Chance, auf Singles zu treffen.

Svenja lief nun schon den fünften Samstag sinn- und erfolglos vor sich hin und spielte mit dem Gedanken, aufzugeben. Alleinsein konnte sie schließlich auch ohne Stress und Quälerei.

Sie schmeckte schon den weichen Schaum eines Cappuccino und den ersten Bissen von einem frischen Croissant.

Da sah sie Fred.

Oder Fred sah sie.

Er saß auf einer Bank in der Sonne und schien nur auf sie zu warten. Später sollte sich herausstellen, dass er wirklich auf sie gewartet hatte, aber das wusste sie da noch nicht. Sie hielt es für einen Zufall, dass dieser Mann plötzlich aufsprang und sich ihr in den Weg stellte. »Halt! Bitte, bleiben Sie stehen!«

Svenja hielt erschrocken an. Sollte dieser Typ wirklich sie meinen? Er sah verdammt gut aus. Volles Haar, dunkle Augen, scharf geschnittenes Gesicht mit einem breiten Mund. Lässige Jeans und Designersweatshirt, etwa ihr Alter.

»Ich habe auf Sie gewartet«, sagte er.

Alles passte.

Er lächelte. »Sie sind so schön!«

Nur seine Figur passte nicht. Der Kerl war nicht nur schlank, er war richtig hager.

»Darf ich Sie zu einem Kaffee einladen?«

Svenja saß bis nachts mit ihm in einer Schwabinger Kneipe, bevor sie auch nur über seine Frage hatte nachdenken können. Sie hatten den ganzen Tag zusammen verbracht. Sie hatten Kaffee getrunken, Cappuccino. Und Buttercroissants dazu gegessen. Sie waren im Kino gewesen, und sie hatten über Gott und die Welt geredet. Dann hatte er sie in die Osteria zum Essen eingeladen. Prosecco, danach *vitello tonnato*, ein leichter Gavi di Gavi zu Tagliatelle mit Steinpilzen und gegrillten Gambas. Ein trockener Syrah aus Sizilien zu Milchlamm mit Rosmarinjus, und eine wolkig üppige *zuppa romana* als Nachtisch.

Fred bestellte neu und nach. Er aß mit Genuss, prostete ihr zu, sah sie verliebt an.

»Du bist so schön! Es gibt nur ganz wenige Frauen, die so sinnlich essen wie du, die beim Essen immer noch schöner werden!« Ihre Knie berührten sich, und der berühmte Blitzstrahl fuhr durch ihren Körper. Svenja hatte endlich das fehlende Puzzleteilchen in ihrem Leben gefunden.

Die Nacht war ein Erbeben. Fred kannte sich aus. Er nahm sich Zeit, sie zu entdecken. Und er bewunderte jeden Zentimeter ihres mehr als wohlgerundeten Körpers.

Am nächsten Morgen wurde sie von frischem Kaffeeduft geweckt. Fred brachte ihr ein üppiges Luxusfrühstück ans Bett und küsste sie zärtlich. Svenja hatte keine Zeit, ins Bad zu gehen und sich wenigstens die Zähne zu putzen. Seine Liebe und Bewunderung überwältigten sie.

Svenja glaubte immer noch zu träumen, da war sie schon bei ihm eingezogen. Fred hatte eine große Altbauwohnung, mehr als genug Platz für sie beide. Die Wohnung war wunderschön eingerichtet. Hell und klassisch mit einigen originellen Einzelstücken. Svenjas Lieblingsmöbel passten perfekt. Und obwohl Fred ihr anbot, das Schlafzimmer neu einzurichten, fiel ihr nichts ein, was sie anders hätte machen wollen. Zwei Wände mit Einbauschränken und ein gewaltiges Wasserbett. So eins hatte sie sich immer schon gewünscht. Der Spiegel an der Decke irritierte sie anfangs, aber sie wollte jetzt um Himmels willen nicht spießig erscheinen.

Freds Aufmerksamkeiten ließen nicht nach. Er arbeitete freiberuflich und hatte Zeit. Er kaufte ein, er kochte, er verwöhnte sie mehr denn je. Wenn sie matt und erschöpft von ihrem Job heimkam, hatte er schon ein Schaumbad für sie eingelassen, der Tisch war mit Kerzen gedeckt, und aus der Küche duftete es verführerisch. Er brachte ihr ein Glas Champagner an die Badewanne und schrubbte ihr den Rücken. Im Bad war eine ganze Wand verspiegelt. In den ersten Tagen vermied Svenja es einfach, hinzusehen. Aber Freds Liebe und Bewunderung ließen sie allmählich lockerer damit umgehen. Sie gewöhnte sich sogar daran, dass er sie dauernd und ständig und von allen Seiten fotografierte. Er liebte sie. Er fand sie schön. Also war sie schön.

Die nächsten Wochen und Monate vergingen wie im Rausch. Und als sie eines Abends nach einem üppigen Kerzenscheindinner mit überbackenen Austern, Flugente mit Serviettenknödeln und *mousse au chocolat* einen Diamantring in ihrem

Champagnerglas fand, sagte sie »Ja«, noch bevor er vor ihr niederkniete und sie fragte, ob sie ihn heiraten wollte.

Sie bestellten das Aufgebot beim Standesamt und machten Pläne und Listen für das große Fest. Familie, Freunde, Bekannte. Svenja hätte lieber im kleinen Kreis gefeiert, aber Fred schien keine Grenzen zu kennen.

Svenja hatte ihn nie gefragt, womit er wirklich sein Geld verdiente. Er hatte ihr irgendwann erklärt, er sei Webdesigner. Offenbar konnte man damit eine ganze Menge verdienen. Davon verstand sie nicht viel. Nichts eigentlich. Er hatte jedenfalls viel Zeit und ging locker mit seinem Geld um. Als er ihr sagte, dass seine Eltern schon vor einigen Jahren gestorben waren, nahm sie an, dass er eben einfach zu dieser glücklichen Erbengeneration gehörte.

Svenja hatte eine Ausbildung als Grafikerin und träumte davon, als Kinderbuchillustratorin zu arbeiten. Sie hatte ein paar kleine Aufträge bekommen, aber um ihr Leben zu finanzieren, saß sie jeden Tag im muffigen Großraumbüro einer Versicherung.

»Wir richten dir ein Atelier ein«, versprach Fred. Die Wohnung war groß genug. Wohnzimmer mit Essecke, Schlafzimmer, Freds etwas düsteres Arbeitszimmer nach Osten und noch ein wunderschönes Eckzimmer nach Südost, hell und sonnendurchflutet, ursprünglich vermutlich einmal als Kinderzimmer gedacht.

Früher hatte Svenja öfter über eigene Kinder nachgedacht. Es hatte sich nie ergeben, und irgendwann war es sowieso zu spät gewesen. Vor Marc hatte es Männer gegeben, die das als Argument für eine Trennung nahmen. Vor Marc hatten sich eigentlich immer die Männer von ihr getrennt.

Svenja wollte nicht mehr daran zurückdenken. Fred hatte ihr schon mehrmals versichert, dass er nie Kinder haben wollte. Offenbar war seine eigene Kindheit nicht so schön verlaufen. Svenja fragte nicht nach. Falls er als Kind nicht genug Liebe bekommen hatte, so konnte er sie jedenfalls mehr als reichlich geben!

Sie räumten das Eckzimmer aus und bauten für Svenja ein wunderschönes Atelier. Mit einem verstellbaren Arbeitstisch zwischen den Fenstern, nach Maß gefertigten Regalen und Schränken mit flachen Schubladen für Papiere und Farben. Fred drängte sie, den Job bei der Versicherung zu kündigen.

»Wir gehören jetzt zusammen«, sagte er. Svenja bekam plötzlich Angst vor Abhängigkeit. Und schämte sich sofort für den Kleinmut ihrer Befürchtungen.

Fred schien ihre Gedanken lesen zu können. »Du bist großartig! Du wirst Erfolg haben. Und bis dahin sorge ich für dich.« Er richtete ihr eine Website ein. Er schrieb die Verlage an, gab einen Newsletter heraus und entwickelte eine richtige Werbe- und PR-Strategie.

Und das Wunder geschah. Es funktionierte. Die Aufträge kamen.

Svenja musste sich anfangs noch nach den Wünschen der Lektoren richten, aber dann wurde eins der von ihr illustrierten Bücher ausgezeichnet, und sie bekam mehr und mehr Freiheiten bei der Arbeit. Sie konnte ihren eigenen Stil weiterentwickeln und sich an ein eigenes Kinderbuch wagen. Hanni Hippo, die Geschichte vom frechen kleinen Nilpferd.

Svenja arbeitete viel, mehr als je zuvor. Aber sie war auch so glücklich wie noch nie zuvor in ihrem Leben. Immer, wenn sie wieder einmal Zweifel bekam und zu träumen glaubte, ließ sich Fred etwas einfallen, um ihr seine Liebe zu beweisen. Er machte sowieso den ganzen Haushalt, er kaufte ein, er kochte, er verwöhnte sie.

Inzwischen verdiente Svenja ganz gut, aber Fred ließ nicht zu, dass sie sich an den Kosten beteiligte. Im Gegenteil, er machte ihr teure Geschenke, brachte ihr neue Schuhe mit, Kleider, Unterwäsche, Schmuck. »Ich liebe dich«, sagte er immer wieder. »Für mich gibt es nur eins, ich will dich glücklich sehen!«

Svenja unterdrückte ein gewisses Unbehagen. Sie überhörte die leisen Warnsignale, sie vermied es, diese Rundumversorgung als Einschränkung zu sehen. Eigentlich mochte sie Stöckelschuhe nicht, sie trug lieber Hosen als Kleider, und sie hatte noch nie Spaß an knappen Spitzenhöschen gehabt.

Andererseits hatte sie sich auch nie getraut, ihre doch reichlich üppige Figur in sexy Kleider und erotische Dessous zu stecken. Sie hatte ja nicht einmal gewusst, dass es diese Wäsche in ihrer Größe überhaupt gab.

Und Fred liebte sie. Er fand sie erotisch und sexy, und er konnte nie genug von ihr bekommen. Noch nie in ihrem Leben hatte sich Svenja so geborgen und aufgehoben gefühlt. Es war schön, Fred den Alltag zu überlassen und sich nur auf das Zeichnen zu konzentrieren. Das war auch eine Art von Freiheit.

Fred war ein großartiger Koch. Er konnte Brot backen, Pasta herstellen und die köstlichsten Torten kreieren. Wenn Svenja in ihrem Atelier saß und manchmal bis spätnachts arbeitete, kam er immer mal wieder herein und brachte ihr kleine Tapas, wie Kartoffelkroketten, in Speck gerollte Datteln oder auch ein paar seiner neuesten Pralinen.

Manchmal, wenn Svenja gerade an einer besonders kniffligen Zeichnung arbeitete, war ihr das alles etwas zu viel. Aber sie konnte Fred doch nicht zurückweisen. Sie war ja dankbar, sie war glücklich.

Bis zu diesem Tag im September. Als sie auf der Suche nach Fotos und Unterlagen in ihren alten Kisten und Kartons herumkramte und den alten Gürtel fand. Ein alter Oversize-Ledergürtel, den sie zum Zusammenschnüren einer der Kisten benutzt hatte.

Wenn sie ihn einfach weggeworfen hätte, wäre weiter nichts

passiert. Aber Svenja legte ihn um. Schnalle und Spitze berührten sich nicht einmal mehr.

Entsetzen.

Blankes Entsetzen!

Mit diesem Gürtel hatte sie noch vor weniger als einem Jahr ihre etwas ausgeleierten Hosen zusammengehalten. Und das nicht einmal auf dem letzten Loch! Svenja stand auf, ging ins Bad, zog sich aus und stellte sich nackt vor den Spiegel der Wahrheit.

Sie hatte zugenommen.

Und zwar gewaltig.

Da konnte man wirklich nicht mehr von ein paar Pfund reden, das waren mindestens zehn Kilo. Oder sogar fünfzehn! Svenja suchte nach der Waage, fand aber keine.

Langsam zog sie sich wieder an. Eine orangeseidene Tunika. Sie hatte schon seit Monaten keinen Sport mehr gemacht, nicht einmal das absolute Minimum. Sie saß nur noch an ihrem Arbeitstisch und zeichnete. Sie ging ja nicht einmal mehr zum Einkaufen, denn das alles erledigte Fred. Auch jetzt war er auf dem Viktualienmarkt und wollte dort die Zutaten für eine ganz besondere Überraschung besorgen.

Svenja setzte sich an ihren Tisch, aber sie konnte nicht arbeiten. Das war doch unmöglich, dass sie in so wenigen Monaten derart zugenommen hatte!

Sie stand wieder auf und ging in Freds Arbeitszimmer hinüber. Das Fenster war abgedunkelt. Auf einer langen Arbeitsplatte standen fünf verschiedene PCs nebeneinander, die er wohl für seinen Job brauchte. Fred drängte sie schon lange, sich ein Notebook mit Supergrafikprogramm anzuschaffen, aber bisher hatte sie sich erfolgreich dagegen gewehrt. Jetzt setzte sie sich an den Laptop rechts außen. Das war Freds »privater« Computer. Er würde ja wohl nichts dagegen haben, wenn sie ihn sich mal kurz auslieh.

Sie fuhr ihn hoch, öffnete den Internetbrowser und gab verschiedene Suchbegriffe zum Thema Diät ein. Das Angebot war unendlich. Sie tippte den nächstbesten Begriff ein und bekam eine ganze Liste von Seiten, die Fred offenbar häufig anwählte: Diätfeinde.com, dick&rund.net, dicke-dame.de und, und, und. Svenja war integer und diskret. Sie wäre nie auf die Idee gekommen, einen fremden Brief oder auch nur eine Postkarte zu lesen. Aber jetzt war sie alarmiert. Fand Fred sie doch zu dick? Suchte er heimlich nach einer Diät für sie?

Die erste Seite öffnete sich, eine tiefrote Rose, gefolgt von verschiedenen Links. Und dann Fotos von Frauen. Frauen über Frauen. In knappen Dessous oder auch ganz nackt. Und alle waren sie dick. Richtig dick. Noch viel dicker als sie. Svenja klickte sich noch durch ein paar Seiten, bis endlich der Groschen fiel.

Das waren Erotikseiten. Sex. Für Männer, die auf dicke Damen standen. Für die dick ein absolutes Muss war, so wie für die anderen schlank. Die nicht die Frau sahen, sondern nur ihren Umfang. Je dicker, desto schöner.

Svenja fuhr den Laptop wieder herunter, klappte ihn zu und ging steifbeinig in ihr Atelier zurück. Sie zitterte. Sie schwitzte und fror gleichzeitig. Unter ihr tat sich der Boden auf und verschlang ihr Leben. Ihre Liebe. Ihr Vertrauen. Die Zeichnungen von Hanni, dem niedlichen kleinen Nilpferd kamen ihr plötzlich wie die Illustrationen zu einer besonders abgefahrenen Freakshow vor.

»Hallo, Schatz!« Sie hatte nicht gehört, dass Fred zurückgekommen war. Er stand plötzlich hinter ihr. »Schau mal, was ich bekommen habe. Die letzten Sommertrüffel und echte Gänsestopfleber aus Frankreich. Dazu ein schlotziges Risotto und hinterher vielleicht Mascarponecreme oder auch ein kleines Mokkaparfait mit Vanillesahne …«

Sie bekam keine Luft mehr. Übelkeit lähmte sie. Sie floh ins

Bad und schloss sich ein. Suchte im Medizinschränkchen nach den Magentabletten. Da sah sie das Medizinfläschchen. Digitalis. In hoher Dosis absolut tödlich. Langsam schlossen sich ihre Finger um das kleine dunkelgrüne Glas.

Fenna Williams

Frau mit Größe

Die Auswahl war überwältigend. Trockene Brötchen mit kalter Milch. Trockene Brötchen mit warmer Milch, wahlweise geschäumt oder glatt. Trockene Brötchen mit Ziegenfrischkäse, Magerstufe. Trockene Brötchen mit einem gestrichenen Esslöffel Quark, minus 99 % Fett.

Ich war in der Wirklichkeit meines Kuraufenthaltes angekommen. Hier sollte ich mich in sechs Wochen Fasten von etlichen auffallend positionierten Speckröllchen und damit von meinem ausladenden Aussehen befreien lassen.

Offizielle Lesart: Kur zur Senkung des Herzinfarktrisikos.

Inoffiziell: Mein Chef, Friedrich Bornwasser, Geschäftsführer und Gründer der Firma Bornwasser GmbH & Co. KG, legte mir an mein üppig gesichertes Herz, ich möge drastisch abschmelzen, damit er seine fähigste Mitarbeiterin auch auf Auslandsaufenthalten vorzeigen könne. Er verstieg sich sogar zu dem Hinweis, dass schlank mit klug assoziiert würde und er bei der langen Promotion-Tour der Firma durch die Türkei bis hinunter in den Oman unmöglich den Eindruck erwecken könne, er beschäftige Leute unter seinem Niveau.

Sein Niveau: eine Größe von einem Meter achtzig, durchtrainierte Muskeln und Sonnenbankbräune.

Mein Niveau: Lustköchin, Weingourmet und Kleidung für Frauen mit Größe.

Erst wollte ich kündigen, die Gewerkschaft bemühen und die Frauenbeauftragte informieren. Dann besann ich mich: Die Aussicht auf eine spektakuläre Reise in Länder, in denen unsere Produktpalette neuester Sonnentechnologie wirklich sinnvoll war, faszinierte mich. Schon in frühester Kindheit hatte ich ein Faible für Länder aus Tausendundeiner Nacht, sie selbst erleben zu können, schien mir sogar eine Diät wert. Mich fasziniert der Vordere Orient. Ich liebe bequeme, verhüllende Gewänder. Arabische Falkenjagd ist für mich der Inbegriff vergangener, mythischer Welten, und das Kamel als Reittier, das Lasten wie mich mit stoischer Ruhe über weite Strecken transportiert, ist mir hoch sympathisch. Jeden Mittwoch übe ich orientalischen Bauchtanz, gemeinsam mit anderen Frauen, die ähnlich viel Freude an fernen Klängen und geschmeidigen Bewegungen haben wie ich. Das ist der einzige Tag, an dem ich das Büro pünktlich verlasse, ganz gleich, wie viel noch zu tun ist.

Ich bin Bornwassers persönliche Sekretärin und in dieser Eigenschaft auch für das Rahmenprogramm der Vertragsverhandlungen zuständig. Ich kann mich sehr gut auf potenzielle neue Kunden einstellen und gebe ihnen gerne das Gefühl, umworben und wichtig zu sein. Bei mir läuft alles reibungslos, weil ich die richtige Umgebung für die wichtigen Gespräche zu schaffen weiß. Ich erkenne in Sekundenschnelle, in welchem Ambiente sich die Gesprächspartner besonders wohlfühlen und welches das passende Menü für sie ist, selbst wenn sie selbst das lukullische Glück bisher noch nicht kennen.

Das Wohlgefühl anderer verschafft mir sinnliches Vergnügen. Ich weiß, wo ich für Amerikaner die lockersten Knödel und für Japaner das schmackhafteste Labskaus auftue. Franzosen fressen mir bei Spundekäs und Riesling aus der Hand, und die Norweger destillieren in der örtlichen Schnapsbrennerei ihr eigenes Meisterwerk. Ganz nebenbei erfahren alle etwas über die modernste Solartechnik, auf die heute kein Land mehr verzichten sollte – vorzugsweise installiert durch die Bornwasser GmbH & Co. KG. Am Ende steht immer eine Unterschrift unter einem lukrativen Vertrag, und es gibt einen Abschlussabend, an dem ich für alle ein Festessen zubereite und jeden Augenblick vor dem Herd und am Tisch genieße. Das auf meinen Hüften sichtbare Ergebnis dieses engagierten Arbeitseinsatzes sollte mir jetzt zum Verhängnis werden?

Bornwasser und ich feilschten um Kilos. Ich handelte ihn von zwanzig auf dreizehn herunter. Meine Glückszahl. Ich kaufte mir einen arabischen Sprachführer und einen Bildband vom Oman, um meine Motivation zu steigern, und fuhr nach Knödelsreuth im Allgäu.

Knödelsreuth ist ein Ort mit dreihundertsechzig Seelen, dessen Haupteinnahmequelle darin besteht, sich bei minimaler Nahrungszufuhr für die Kurgäste den maximalen Erfolg auf den örtlichen Sparkonten zu sichern. Durch diese stetig fließenden Fettströme hatte sich das Dorf zu einem prosperierenden Luftkurort gemausert. Dank dieser Tatsache und einer kleinen Zuwendung der Bornwasser GmbH & Co. KG hielt ich mich für ausreichend motiviert, den Gefahren des Sanatoriumsalltags zu trotzen und meine Milch-Semmel-Kur erfolgreich zu absolvieren.

Vor dem Einführungsvortrag *Das richtige Verhalten in Ihrer F. X. Mayr-Kur* wagte ich einen Spaziergang durch den Ort und träumte mich an mein orientalisches Ziel: Aus dem Zwiebelturm der katholischen Kirche wurde ein Minarett, und den kleinen Bauernmarkt dichtete ich in den ersten Souk meines Lebens um. Die Ernüchterung kam mit der ersten Kontaktaufnahme. Auf meine Frage, ob der äußerst wohlriechende Käse in der Auslage aus eigener Herstellung sei, wurde ich von oben bis unten von einem mir durchaus nicht unähnlichen Bauern taxiert.

»Patienten des Sanatoriums bekommen ihre Bestellung nach erfolgreicher Beendigung der Kur an die Heimatadresse geliefert. Bezahlt wird gleich.«

Ich hatte einen Hoflieferanten des Kurheims mit der Lizenz

zum Petzen erwischt. Mein Blick schweifte über die Theke: Vollfettstufe, wohin man sah. Die würden alle zusammenhalten. Bei dem Bedarf, den die Klinik für uns Kurgäste benötigte, würde niemand seine sichere Einnahmequelle gefährden, um mir eine Kostprobe der Köstlichkeiten zuzustecken. Ich streckte die Waffen und kehrte unverrichteter Dinge und hungrig ins Kurheim zurück.

Der Einführungsvortrag der leitenden Ärztin Dr. Elfriede Obermaier entsprach der Dauer eines guten Fünf-Gänge-Menüs. Sie sprach ausdauernd über die enorme Wichtigkeit des Einspeichelns der Speisen. Ich fragte mich, woher sie die Chuzpe nahm, ein trockenes Brötchen und einen Tropfen Milch so zu bezeichnen. »Sie müssen jeden Bissen zweiunddreißig Mal kauen, bis sich die Semmel in einen klebrig-süßen Brei verwandelt hat und leicht zu schlucken ist. Dann dürfen Sie mit dem Löffel einen Schluck Milch zugeben. Als Belohnung sozusagen.«

Wir Neulinge nickten alle ergeben, und die meisten wurden brav zu ihren Jüngern. Nicht, weil das, was sie sagte, so ungeheuer neu, Genuss verheißend oder überzeugend klang, sondern weil die Dame mit einer Figur gesegnet war, derer sich manche noch aus vorpubertären Zeiten erinnern konnten.

Meine guten Vorsätze, die Vorgaben mit Inhalt zu füllen, gerieten ins Wanken, als ich die Ritter der Tafelrunde erblickte, mit denen ich von nun an täglich drei Mal die Tischzeiten verbringen sollte. Drei meiner Mitstreiter waren so dünn, dass ich sofort selbstlos Speck gespendet hätte, nur um erkennen zu können, ob es sich um weibliche oder männliche Gesprächspartner handelte. Zu meinem Entsetzen erfuhr ich, dass die Herrschaften der festen Überzeugung waren, die Hälfte ihres Körpergewichtes entbehren zu können.

Die anderen beiden Tischnachbarn waren Herren mittleren Alters mit ähnlicher Tonnage wie ich. Sie verdankten ihren

Aufenthalt erheblichem Biergenuss und einer gutmütigen Krankenkasse, hatten aber bereits vor Ankunft in Knödelsreuth das Angebot der Schnitzelgaststätte im Nachbarort auf ihren täglichen Speisezettel gesetzt. Leider ging ihre Fleischsucht noch erheblich weiter. Beide Herren verwechselten das Kurheim mit einem Ort, an dem man – losgelöst von ehelichen Pflichten – seine Kurschatten so häufig wechseln konnte wie daheim die Biersorten. Nach drei Tagen hatte ich es gründlich satt, den Berichten ihrer Fleischbeschau in und außerhalb der Klinik zuhören zu müssen.

Als ich am Tag vier den geschmacklichen Unterschied zwischen einem antiquarischen Weißmehlwecken und einem knochenharten Dinkelbrötchen schätzen lernte und gleichzeitig der derben Beschreibung draller Bäuerinnen lauschen musste, hielt ich mich nicht länger zurück. Ich wandte mich an eines der überschlanken Palmblätter an meinem Tisch und fragte: »Haben Sie bereits einen Vorschlag für eine Therapiegruppe eingebracht? Was halten Sie von einem Trommelkurs?«

Der Palmwedel war sichtlich entzückt: »Das wollte ich schon immer lernen. Aber wie kommen wir an Trommeln?«

Ich drehte langsam den Kopf und sah bedeutungsvoll auf die prall gespannten Bäuche meiner Kontrahenten: »Die Obermaier hat das doch einleuchtend erklärt. Die einzelnen Übergewichtstypen werden eingeteilt in Entenhaltung, Sämannhaltung, Großtrommelträger ...«

Ich wurde in einen Raum strafversetzt, in dem fortgeschrittene Fastenjünger dem Ende ihrer Kasteiung entgegenfieberten. Fünf Menschen und ich auf einer Wellenlänge – das sind 6 x 6000 Ideen der Kochkunst und völlige Hingabe an das Werk. Ich weiß jetzt, wo man den besten Wildbraten in ganz Deutschland bekommt, welche Anstrengungen man auf sich nehmen muss, um an frisch geräucherten Aal aus dem Steinhuder Meer zu kommen, und welche Geheimtipps es unter den ländlichen Biobauern gibt, die noch »ihr eigenes Fleisch schlachten«. Jeder Genießer bastelte in Gedanken ein zusätzliches Küchenregal für all die lebensnotwendigen Kochbücher, deren Titel wir eifrig diskutierten, notierten und bei der Heimkehr unbedingt erwerben wollten. Um diesen Tisch kursierte alles, was in der Kochkunst Rang und Namen hat – von Henriette Davidis' berühmten ersten Kochbuch der Deutschen über die von Moreno Cedroni kreierte Erdbeermarmelade mit Zitronenthymian bis hin zu Jamie Olivers bahnbrechenden Schulküchenrezepten. Eine meiner Leidensgenossinnen forderte uns alle mit sehnsuchtsvollem Blick auf, aus der Kur direkt in die Schokoladenschule von Valrhona zu flüchten. Mein direktes Gegenüber, Herr Dahlberg, war glühender Verehrer von Henriette Davidis und erklärte uns leidenschaftlich ihr ungewöhnliches Kochcredo: »Sie empfiehlt, im Leben ebenso wie beim Kochen mutig zu sein. Sollte einmal nicht gelingen, was man sich wünscht, so bleibt doch immer die Möglichkeit, zwölf Eier in einen Topf zu schlagen, Honig zuzugeben – und einen Kuchen daraus zu backen.«

Wir stimmten zu, dass eine derart patente Frau größte Huldigung und ein eigenes Museum verdiente.

Frau Dahlberg, die nicht minder enthusiastische Gattin, teilte uns im Ton einer konspirativen Verschwörung mit, dass sie bereits die Stunden zähle, bis sie die berühmte Buchweizentorte nachbacken könne, deren Zutaten im heimatlichen Kühlschrank auf die ausgezehrten Rückkehrer warteten.

Buchweizen ist immer mein Stichwort. Ich forderte Frau Dahlberg begeistert zum Zweikampf: mein Rezept aus der Lüneburger Heide gegen ihre Südtiroler Spezialität. Wir stiegen in den Ring, schüttelten uns die Hände und nickten den umsitzenden Kampfrichtern zu: »Möge das kalorienreichste Rezept gewinnen!«

Vergessen waren trockene Brötchen und wässrige Milch.

Alle rückten näher zusammen und genossen. Im Wechsel warfen Frau Dahlberg und ich uns die allerbesten Zutaten an den Kopf und reagierten bei der Vorstellung der Zubereitung mit vermehrtem Speichelfluss und erhöhtem Pulsschlag. Frau Dahlberg beschrieb, wie sie Hagebuttenmark, Buchweizenmehl, Nüsse und Vanillezucker vermischt. Ich punktete mit Rohrzucker, Zitrone und zartbitteren Schokoladenraspeln. Bei Eiermenge und Eischnee lagen wir gleichauf. Puderzucker und ein Pfund guter Butter verschafften Frau Dahlberg einen nicht unerheblichen Vorsprung.

Ich zog meinen letzten Trumpf hervor: »Sechshundert Milliliter süße Sahne ...«

»Sahne!«, echoten unsere Zuhörer.

»... mit selbst gemachter Preiselbeermarmelade sanft aufschlagen.«

»... aufschlagen«, wiederholten die Kampfrichter unisono.

Dies war der schreckliche Moment, als meine Glaubersalzzufuhr ihren Tribut forderte und ich wie von der Tarantel gestochen Richtung erlösende Toilette raste. Wer bisher nur auf der Verpackung von schlagartigem Verlangen nach Abschlag und sturzweiser Darmentleerung gelesen hat, weiß nicht, mit welchem Entsetzen eine belegte Toilette von Heilfastenden aufgenommen werden kann. Ich machte kehrt und raste quer durch den Speisesaal zum nächsten Rettungspunkt. Unterwegs versuchte ich, wichtige Sekunden zu sparen, in dem ich bereits den unerwartet kompliziert wirkenden Mechanismus meiner Gürtelschnalle öffnete. Die Toilette ordnungsgemäß zu verriegeln, dafür blieb schließlich keine Zeit mehr.

Die Erleichterung, rechtzeitig den sicheren Ankerplatz erreicht zu haben, wich der Enttäuschung den Ring vorzeitig verlassen und den Höhepunkt der Gemeinschaftsekstase verpasst zu haben. Noch zwischen sanitärem Porzellan und trister weißer Kachelwand beschloss ich, einer derart starken Gefährdung meiner Mission in Zukunft aus dem Wege zu gehen. Schließlich waren Börek, Kichererbsenbrei und göttlicher libanesischer Wein mein Ziel. Wenn ich süßen Kaffee mit Kardamom genießen wollte, dann durfte ich jetzt nicht an diesen verhängnisvollen Tisch zurückkehren, wo man mich ganz offen zum Stehlen eines Marsriegels im örtlichen Tante-Emma-Laden animierte. Ich musste standhaft bleiben und beschloss mit blutendem Herzen, mir die illustre Runde Gleichgesinnter zu verbieten, um nicht in Gefahr zu geraten, bereits am Tag der Heimkehr alle ausgetauschten Rezepte gleichzeitig auszuprobieren – und die mit Sicherheit köstlichen Ergebnisse komplett aufzuessen. Diesen Jojo-Effekt wollte ich mir erst im Orient mit Baklava, Karan-Hefeteilchen und Dattelplätzchen erlauben.

In jener Nacht träumte ich von Freiheit à la carte und einem Schlaraffenland, das eine seltsame Ähnlichkeit mit Bildern aus meinem Oman-Bildband aufwies. Um ins Paradies hineinzukommen, musste man durch ein sehr schmales Türchen passen – um ab dann für immer in der Herrlichkeit der ungescholtenen Lebenslust zu verweilen. Sämtliche Mitarbeiter der Bornwasser GmbH zogen mit glücklichem Lächeln an mir vorbei und zwängten sich durch den engen Spalt. Brigitta aus der Buchhaltung wagte es sogar, mir strahlend zuzuwinken. Ich stand mit nichts als einem trockenen Brötchen bekleidet da und wartete darauf, ebenfalls ins gelobte Land einziehen zu dürfen – als man die schmale Öffnung mit trockenen Semmeln und Milchzement zumauerte. Ich erwachte schweißgebadet und versuchte, mein rasendes Herz davon zu überzeugen, dass dies kein böses Omen für meine Zukunft sei.

Dennoch bat ich um Sonderbehandlung, um nicht weiteren Versuchungen ausgesetzt zu sein. Von diesem Zeitpunkt an durfte ich im Nebenzimmer meine Mahlzeiten einnehmen und ganz allein von Couscous und Falafel träumen.

Natürlich musste ich auch weiter das für mich vorgesehene Programm absolvieren: unangenehme Bauchbehandlungen, um die Peristaltik anzuregen, feuchtwarme Leberwickel und Heublumenpackungen, um den Stoffwechsel in Schwung zu bringen, und Ganzkörperseidenhandschuhabrieb mit Currypulver, um die Entgiftung durch die Haut zu gewährleisten.

Ich trank literweise Entwässerungs- und Fastentee, was mir den Aufenthalt außerhalb eines Toilettenbereichs nahezu unmöglich machte. Ich bekam Einläufe und kämpfte allabendlich mit einem Glaubersalzgebräu, das zwar dazu gedacht war, meine Eingeweide durchzuspülen und kräftig zu entleeren, aber nur dazu führte, dass sich meine Geschmacksknospen beleidigt verabschiedeten und sich von nun an weigerten, zwischen Milch und Gemüsebrühe einen wesentlichen Unterschied zu registrieren.

Ich war eine volle Woche im Haus »XXL«, als man mich zum zweiten Wiegetermin bat. Meine Motivation sank in den Eiskeller: Nichts hatte sich verabschiedet, als das hart erarbeitete Polster in meinem eigenen Portemonnaie. Ich baute mich in meiner Gesamtkompetenz vor dem Masseur auf, der gerade lakonisch festgestellt hatte, dass sich der Eichstrich der hochmodernen Waage um kein nennenswertes Jota in die gewünschte Richtung bewegte.

Ich deutete wütend nach unten. »Ich wünsche eine Erklärung.«

Der Masseur sah mich feindselig an. »Vielleicht liegt es daran, dass Sie sich weigern, an unserem Fitnessprogramm teilzunehmen.«

Ich bin dafür bekannt, immer ruhig und freundlich zu sein und nur bei extremer Unhöflichkeit oder vorsätzlicher Taktlosigkeit mit beißendem Sarkasmus zu reagieren. Meine Nüstern blähen sich in einem solchen Fall, und mein Lächeln lässt Eiszapfen wachsen.

»Ihr Fitnessprogramm sieht vor, dass ich vor dem Frühstück – und damit meine ich nur die Uhrzeit, nicht das, was sich auf dem Teller befindet – mit dreißig anderen schwitzenden Leibern lächerliche Verrenkungen zu überlaut wummernder, äußerst geschmackloser Musik mache. Obendrein in einem geschlossenen Raum, vor einem Spiegel, der ebenjenes Possenspiel ins Unerträgliche steigert. Und das, obwohl sich vor der Tür ein wundervoller Wald ausdehnt, in dem man in seiner eigenen Geschwindigkeit das richtige Atmen, auf das Sie es ja so abgesehen haben, auch tatsächlich vornehmen könnte und Geräusche hört, die natürlich und entspannend sind und einen halbwegs kultivierten Menschen nicht beleidigen. Ich ziehe es vor, meine eigene Runde zu drehen und als Abschluss im kleinen Café einen Tee einzunehmen, der meilenweit von Fenchel, Brennnessel und Grünem Hafer angebaut wurde – und auch das nur, um meinen Blutdruck überhaupt notdürftig am Leben zu halten. Sie können sicher sein: Ich habe das Fasten noch nicht einmal gebrochen, und dennoch bin ich dem Oman nicht einen Kilometer näher.«

Der Masseur zuckte entnervt mit den Schultern: »Vielleicht ist der Tee ...«

Ich hatte keine Lust, mich weiter mit Vermutungen aufzuhalten und unterbrach: »Ich will Dr. Obermaier sprechen.«

»Die Oberärztin ist normalerweise nicht für ...«

Weiter kam er nicht, denn ich zeigte ihm, wozu ein Resonanzkasten der Superklasse fähig ist, wenn man ihn richtig einsetzt.

»JETZT!«

Mein Schrei hallte durch die Flure, fegte an allen sich öffnenden Türen vorbei, bis er mit Wucht gegen das Tor des Allerheiligsten donnerte. Ich startete durch und stand Sekunden später vor einer höchst indignierten, verhärmten Oberärztin, an der die Schmallippigkeit noch das einladendste Merkmal war.

Sie bat mich mit einer Geste in ihr Zimmer, die ihre ganze Geringschätzung gegenüber Menschen mit zwei Gramm oberhalb des persönlichen Body-Mass-Index ausdrückte. Während sie mich von oben bis unten taxierte, wählte sie eine gönnerhafte Stimme für den Vortrag, den sie für besonders diätresistente Elemente wie mich bereithielt.

»Meine Liebe, abnehmen fängt immer im Kopf an. Offensichtlich sind Sie geistig noch nicht bereit ...«

Weiter kam die Obermaier nicht – ich war nicht bereit, mich auf das Spiel »Wir sind die Schlanken und Klugen – Ihr die zweifach Dummen« einzulassen. Ich unterbrach sie mit der gefährlich ruhigen Stimme, die ich für von anderen verursachte Katastrophenfälle bereithalte und die meine Kollegen so fürchten.

»Sie haben völlig recht, Dr. Obermaier. Ich will nicht. Sehen Sie sich doch mal an.« Ich tippte der Hungerharke an die Stelle, wo richtige Frauen Kontur zeigen. »Das ist doch widerlich, überall nur Haut und Knochen. Sie sehen nur gut aus, so lange Sie bekleidet sind, in nacktem Zustand will man Ihnen doch Pfennige in den Hut werfen.« Ich kam richtig in Fahrt. »Als ich hierherkam, hatte ich einen völlig normalen Blutdruck, jetzt muss ich ihn erst jeden Morgen aus dem Keller heraufbitten. Ich hatte keine Atembeschwerden und immer gute Laune. Hier zwingt man mich, Menschen Gesellschaft zu leisten, die sich selbst nicht lieben und misslaunig sind, weil die fehlende Nahrung offenbar ihr Gehirnzentrum für Lebenslust blockiert hat.« Ich umrundete meine Gegnerin und taxierte sie scharf von oben bis unten. »Ich will nicht werden wie Sie. Ich will genießen. Vor Eintritt in dieses Etablissement kannte ich die Freude am Leben, jetzt lebe ich mit der Vorstellung, dass zum Essen ein schlechtes Gewissen gehört. Der Gedanke, auf jede Kalorie zu schielen, die ich in den Mund stecke, und dadurch zwar hundert Jahre, aber griesgrämig und eine Belastung für meine Umwelt zu werden, finde ich wenig erstrebenswert.«

Die Obermaier wich einen großen Schritt zurück, wechselte mehrfach die Gesichtsfarbe und sammelte Kraft für einen Einwand, der die Frauenbewegung vor ihre Anfänge zurückwarf: »Aber die Anziehungskraft einer Frau auf Männer steigt mit fallendem Gewicht.«

Ich lachte laut. »Meinen Sie das wirklich? Wie kommt es dann, dass Männer zwar gerne mit schlanken Frauen ausgehen, aber sie dann nicht heiraten? Meine Bekanntschaft ist voll von üppigen Marilyn Monroes und Männern, die dem alten Schönheitsideal weit mehr abgewinnen können als einer Frau, bei der sie in einer Liebesnacht Gefahr laufen, sich ebenso unbequem zu betten wie beim Rudern.«

Die Obermaier kniff die Lippen zusammen, schob den knochigen Unterkiefer beleidigt nach vorn, sagte aber nichts.

»Außerdem: Dicke Frauen kriegen keine Falten. Bei uns füllt das Fett die Runzeln und glättet die Haut. Wir sehen ewig jung, gemütlich und einladend aus. Unsere Männer müssen uns nicht für Jüngere verlassen.« Die Obermaier sah mich mit einem wilden Ausdruck in den Augen an: »Wenn Sie auf meinen Mann anspielen – wir haben uns in gegenseitigem Einvernehmen getrennt.«

Ich brach ab. Meine Güte, jetzt hatte ich mit meinen Ausführungen mitten ins Schwarze getroffen. Zerknirscht und mitfühlend sah ich mein Gegenüber an und versuchte einen anderen Erklärungsansatz.

»Verstehen Sie denn nicht, dass es hier um die Art geht, wie ich leben möchte. Ich bin nicht der Typ ›natürliche Hungerharke‹. Ich müsste mich täglich kasteien, dabei will ich gar nicht zum Duplikat amerikanischer Seifenoper-Zicken werden. Außerdem will ich keinen Mann, der sich in mich verliebt, weil ich dem derzeitigen Schönheitsideal entspreche, sondern weil er erkannt hat, wer ich wirklich bin, und davon bezaubert ist. Ich will nicht austauschbar sein. Man soll sich nicht an mich erinnern, weil ich dick, dünn, schön oder hässlich bin. Man soll sich an mich erinnern, weil ich Kerzenschein liebe, jedes Jahr nach Norden fahre, um das Polarlicht zu sehen, an keinem Straßenmusikanten vorbeigehen kann, ohne freigiebig zu sein. Ich will gemocht werden, weil ich mit Menschen lachen und schweigen kann. Ich will dafür gemocht, respektiert und geliebt werden, weil ich bin, was ich bin und wer ich bin – Monika Hartwig.«

Die Obermaier sah mir zum ersten Mal interessiert ins Gesicht. Das besänftigte mich und drosselte mein Stimmvolumen wieder auf eine adäquate Kommunikationsstärke. »Und Sie können von Glück sagen, dass ich nicht das Geld zurückverlange, das Sie bisher zu fordern wagten. Denn ich habe in Ihrer Institution immerhin etwas gelernt: Ich will sein, wie ich bin, selbst wenn das bedeutet, dass ich nicht nach Kleinasien komme.«

Frau Dr. Obermaier hatte sich während dieser Abschlussworte meiner Rede hinter ihren Schreibtisch begeben und gesetzt. Mit einer erschöpften, aber auch wohlmeinenden Geste lud sie mich ein, ihr gegenüber Platz zu nehmen.

»Sie haben recht. Das Schönheitsideal hat sich im Laufe der Zeit geändert. Noch 1960 galt Größe 44 durchaus als schlank. Sogar dieses Haus hat in seiner hundertjährigen Geschichte verschiedene Entwicklungen durchlaufen. Und die meiste Zeit ging es nicht ums Abnehmen, sondern um die Entschlackung des Magen- und Darmtraktes zur Vermeidung von Krankheiten oder zur Wiederherstellung eines gesunden Gesamtbildes. Als mein Großvater diese Klinik gründete, verfolgte er sogar ein ganz anderes Ziel.« Lächelnd griff die Obermaier in eine Schublade und holte ein altes Fotoalbum heraus. »Das müssen Sie sich einmal ansehen«, kicherte sie.

Ich zog das Album zu mir herüber und traute meinen Augen nicht. Da war ein Werbezettel für ebendiese Klinik eingeklebt, der aus den Dreißigerjahren stammen musste und an den Rändern bereits vergilbte:

Forsanose macht vollschlank! Kommen Sie in unsere Klinik, und werden Sie glücklich. Forsanose ist die *Rettung für alle Frauen, denen es an Kontur fehlt und die sich eine weibliche und verführerische Figur wünschen.*

Mein Mund klappte auf, und ich starrte auf die alte Klinikbroschüre, als wäre sie nicht von dieser Welt.

Die Obermaier grinste: »Überraschung, was? Ein Medikament aus der Zeit, als die schlanke Linie noch nicht Pflichtfach war.«

»Und Ihr Großvater hat es hier in diesem Kurheim ...«

»Mein Großvater hätte mir das Zeug dreimal am Tag in die Sahnesoße gerührt. Und es hätte wahrscheinlich in dem Sinne geholfen, den Sie vorhin erwähnten.« Die Stimme der Ärztin wurde eine Spur trauriger. Sie zeigte mir die Rückseite der Broschüre. Hier sah man ein properes Mädel, das einem ansehnlichen jungen Mannes in die Arme flog:

Es hat geholfen. Er hat sie geheiratet.

»Das war der Werbeslogan. Unglaublich, was?«

Ich sah verblüfft zu der Obermaier hinüber: »Sie meinen, Ihr Großvater hat *damit*«, ich zeigte fassungslos auf die Werbebroschüre, »diese Klinik aufgebaut?«

Elfriede Obermaier nickte. »Erst mein Vater stellte um. Undank Minirock und Twiggy, dem dünnsten Model der damaligen Welt.«

»Aber Sie selbst sind doch auch ...«

»Ich muss mich jeden Tag knechten, damit ich nicht zunehme.« Sie seufzte. »Was denken Sie denn? Die Leiterin einer Diätklinik darf doch nicht dick sein! Ich bin schließlich mein eigenes Aushängeschild.« Sie sah mich mit erschöpften Augen an. »Meine Lieblingsspeise sind Speckknödel mit Steinpilzsahnesoße.«

Ich nickte und drückte ihre Hand. »1950 Kalorien pro Paradies.«

Elfriede und ich sahen uns in die Augen.

In diesem Moment klingelte das Telefon. Die Obermaier starrte den Telefonhörer feindselig an, nahm aber schließlich mit einem bedauernden Achselzucken in meine Richtung ab. Sie hörte einen Moment lang einer aufgeregten Männerstimme am anderen Ende mit wachsendem Erstaunen zu, zog dann beide Augenbrauen überrascht in die Höhe und gab den Hörer lächelnd an mich weiter. »Ihr Chef.«

So schnell kann man fallen. Eben noch war ich sicher, einen Sieg errungen und eine Komplizin gewonnen zu haben, da kam die Wirklichkeit dazwischen, und ich musste Farbe bekennen.

»Guten Morgen, Herr Bornwasser.«

»Monika, wunderbar, dass ich Sie erreiche. Geht es Ihnen gut?«

Obermaiers Gesichtsausdruck war nichts im Vergleich zu meiner Miene. Mein Chef, von allen nur »der Korrekte« genannt, verstieg sich zur Nennung meines Vornamens und zu einem freundlich-jovialen Ton, den wahrscheinlich nur die Menschen kannten, die gerade Vertragswerke zu seinen Gunsten unterschrieben. Ich war platt – sofern einer Dicken mit Schlankheitsauftrag dieser Ausdruck erlaubt ist. Bornwasser begann am anderen Ende, gehetzt von all den Orten zu reden, die wir auf der Orienttour besuchen würden. Es war alles dabei, wonach ich schmachtete: Istanbul, Ankara, Amman, Sana'a, Muskat ...

Ich seufzte. Natürlich hatte ich mir ausgemalt, wie es sein würde, mit all meinen Pfunden wieder im Betrieb zu erscheinen. Kein sehr angenehmes Gefühl, Bornwasser gegenüberzutreten, sich seinem Missmut zu stellen und der Reise in die 1001-ste Nacht für immer adieu zu sagen.

Ich sah die Szene bildlich vor mir: Auftritt Monika Hartwig, kugelrund und gesund.

Gegenüberstellung mit dem Chef. Der sagt zunächst kein Wort, sondern sieht nur ausgiebig an der immerwährenden Größe 50 hinauf und hinunter, kräuselt dann die Lippen und spricht: »So geht das nicht, Frau Hartwig. Wir hatten eine Vereinbarung.«

Mein Part, zerknirscht: »Ja, ich weiß. Aber es hat alles nichts genutzt. Nicht die Träume vom Oman und auch nicht der arabische Sprachführer. Ich hätte wissen müssen, dass das nichts für mich ist.«

Verachtung Bornwassers Augen: »Sie wissen, was das heißt?«

»Ich gehe zurück an meinen Schreibtisch – und Brigitta nach Kleinasien.«

»Hallo, Monika, hören Sie mir überhaupt zu?« Bornwassers Stimme holte mich aus meinem Waterloo an den Telefonhörer zurück.

»Ja, natürlich. Die Leitung ist nur so schlecht. Was sagten Sie gerade?«

»Wie viel Sie bereits abgenommen haben will ich wissen.«

Ich seufze: »40.«

»Was?«

»Gramm.«

»Na, Gott sei Dank!«

Ich sah den Hörer an und dann die Obermaier, die sich bequem in ihren Chefsessel zurückgelehnt hatte und mich gespannt beobachtete.

»Bitte, wie?«

Bornwassers Stimme klang plötzlich ruhig, erleichtert und völlig zufrieden. »Ich habe es Ihnen doch gerade erklärt. Wir hatten einen von diesen Kulturcoaches da ... Sie wissen schon, diese Leute, die einen auf alle möglichen Dinge in fremden Kulturen aufmerksam machen. Welche Konventionen sind bei der Produktwerbung zu bedenken, und wo liegen die Stolpersteine der Etikette, usw., etc., pp. Damit man keine dummen Fehler begeht, mit denen man einen erfolgreichen Vertragsabschluss gefährden könnte.«

Ich vergaß völlig, dass Bornwasser mich nicht sehen konnte, und nickte zustimmend.

»Na, und der hatte auch einen Firmenscout aus dem Oman dabei. Der wollte schon mal vorfühlen, ob wir die richtige Firma für ihre Investitionen auf dem Gebiet ›Erneuerbare Energien‹ sind. Sie wissen ja, Monika. Die Konkurrenz ist groß.«

Ich nickte wieder und schaute zu Elfriede Obermaier hinüber, die in den Tiefen ihres Schreibtisches irgendetwas zu suchen schien.

»Na, jedenfalls: Das Ergebnis war niederschmetternd.«

Ich glaubte, mich verhört zu haben. »Aber wir sind wunderbar aufgestellt. Unsere Produkte können weltweit konkurrieren, und unser Service kann sich sehen lassen. Wir sind der ideale Partner für jedes der Länder da unten.«

Bornwasser stöhnte am anderen Ende. »Das dachte ich auch. Aber der Firmenscout nicht. Der Typ schaute sich stundenlang in unserer Firma um und fragte mich dann allen Ernstes, ob es mir und meiner Firma finanziell nicht gut gehe. Ich habe natürlich vehement verneint. Aber morgen will er sich die Bücher vorlegen lassen, um Gewissheit zu haben und zu sehen, ob seine Auftraggeber keinen Fehler machen, wenn sie bei uns investieren. Er will sicher sein, dass wir nicht vor dem Ruin stehen.«

Ich verstand nicht, wovon Bornwasser sprach, war aber auch von einem einladenden Körbchen abgelenkt, das Elfriede aus dem Inneren ihres Schreibtisches zutage befördert hatte: Reiswaffeln – immerhin auf einer Seite dick mit delikater Schokolade überzogen. Wir bissen mit Genuss jede in eine knackige Scheibe.

»Und was hat das mit mir zu tun?«, fragte ich mit vollem Mund.

»Mensch, verstehen Sie denn nicht? Dem gefällt unser Aussehen nicht. In diesen Ländern gilt traditionell ein anderes Schönheitsideal. Gut situierte Menschen zeigen ihren Wohlstand auch in ihrem Äußeren. Wir sind alle zu dünn. Das sieht für den aus, als nagten wir am Hungertuch und als ginge uns ohne Investitionen die Luft aus.«

Ich hörte vor Überraschung auf zu kauen und sah, wie Elfriede langsam den Daumen hob und breit grinste.

»Monika, Sie sind unsere letzte Rettung. Lassen Sie sofort das Diäten. Sie müssen so schnell wie möglich herkommen und diesen Kunden für uns gewinnen. Und natürlich fahren Sie auch auf die Orienttour. Kommen Sie nur so schnell es geht zurück, und bleiben Sie, wie Sie sind. Das macht Eindruck. In jeder Hinsicht. Rund ist reich.«

Robert Griesbeck

Wie Männer Frauen lieben

Die Frau ließ sich Zeit. Sie wanderte durch die Boutique, langsam und bedächtig, mit den hellwachen Späheraugen einer professionellen Modekennerin. Sie war offensichtlich ein Gourmet, denn wahrer Genuss findet nicht nur auf der Zunge statt, genießen kann man auch mit den Augen und mit der Haut. Frauen wohlgemerkt, Männer sind tatsächlich auf ihre beiden länglichen, rosafarbenen Körperausstülpungen angewiesen, die sie mit mehr oder weniger Raffinesse einsetzen, um Genuss zu erfahren.

Signora Bertoni, die Inhaberin von *il mondo elegante*, einem der teuersten Modehäuser von Turin, betrachtete die Kundin mit großer Sympathie. Sie mochte Frauen, die sich Zeit ließen, die zeigten, dass sie etwas von Mode verstanden. Nicht unbedingt von der *alta moda*, auch nicht von der flippigen Boutiquenmode, die, wenn es hoch kommt, für einen Sommermonat aktuell ist. Nein, Mode, die zeitlos und überzeugend ist. Mode, die Gianna Nannini ebenso kaufen würde, wie Lucrezia Borgia sie gekauft hätte. Wenn es Anfang des 16. Jahrhunderts *il mondo elegante* schon gegeben hätte.

Signora Bertoni war gelernte Damenschneiderin, sie hatte nach ihrer Lehrzeit drei Jahre für Ferragamo gearbeitet, dann eine Saison in Florenz bei Gucci verbracht – danach wusste sie, wie ihr Modehaus auszusehen hatte. Klein, fein, alles Handarbeit. Sie fuhr zweimal im Jahr zur Modemesse nach Paris, aber nur, um Stoffe zu kaufen. Neue Designs und *la corrente* interessierten sie nicht. Sie wollte nichts von der Strömung wissen, sie war ihr eigener Kompass, was Mode anbelangte.

Die späte Besucherin – denn in zehn Minuten war immerhin Geschäftsschluss – schien von einer bestimmten Stelle im Geschäft besonders angezogen zu werden. Signora Bertoni hatte das Gefühl, die Kundin zöge ihre Kreise langsam immer enger und enger und habe dabei ständig ein bestimmtes Kleid im Auge. Es dauerte nicht lange, bis die Signora wusste, welches es war. Sie seufzte und ging auf ihre späte Kundin zu.

»Signora, ich nehme an, dieses Kleid hat es Ihnen angetan?«

»Veramente«, sagte die Kundin und errötete leicht dabei. Sie schien sich ertappt zu fühlen, stellte Signora Bertoni amüsiert fest.

»Ich kann Ihnen nur zu Ihrem ausgezeichneten Geschmack gratulieren. Jedoch ...«, sie seufzte wieder und ließ die Finger ihrer rechten Hand langsam am Rückensaum des Kleids entlang streifen, »... werde ich Sie leider enttäuschen müssen.«

Sie fasste die Kundin leicht am Ellenbogen an, als diese sich abwenden wollte.

»Es ist nicht so, dass das Kleid etwa schon verkauft wäre. Nein, es ist etwas anderes.«

Sie stockte, und die Dame, die sich ihr wieder zugewandt hatte, schaute sie fragend an.

»Sehen Sie, ich hänge dieses Kleid nun schon seit ein paar Monaten auf, dann nehme ich es wieder ab, dann hängt es ein paar Monate im Schrank, dann hänge ich es wieder auf ... kurz, ich weiß nicht, ob ich es verkaufen sollte. Oder ob ich es überhaupt verkaufen will.«

Die Kundin schwieg. Ihre Augen wanderten zwischen Signora Bertonis Gesicht und dem wunderbaren, taubenblauen Abendkleid hin und her. Der Schnitt war schlicht, aber in dieser Schlichtheit auch ungemein raffiniert, vollkommen eben. Ein perfektes ärmelloses Abendkleid ohne Schnickschnack, aber es war der Stoff, der den Blick magisch fesselte. Das stumpfe Taubenblau der Wildseide changierte in schimmernden Lichtkaskaden, wenn man an dem Kleid vorüberging. Je nach Lichteinfall flammten azurblaue Streifen auf, verblassten wieder und zogen sich zu geheimnisvollen nachtblauen Falten zusammen. Es schien, als sei das Kleid ständig in Bewegung. Wie musste es wohl wirken, wenn man selbst ein solches Kleid trug, damit über die Piazza ging, durch die Arkaden oder etwa in den Duomo di San Giovanni? Es musste wunderbar sein. Vielleicht sollte man den Dom damit lieber nicht betreten, damit ahnungslose Gläubige nicht von einer plötzlichen Marienerscheinung überwältigt würden.

»Ein zauberhafter Stoff«, sagte die Kundin andächtig.

»Das stimmt. Zauberhaft ist ein gutes Wort dafür.« Dazu sollte man vielleicht anfügen, dass das italienische *magico* in diesem Zusammenhang etwas doppeldeutig ist. Das empfand Signora Bertoni jedenfalls, als sie das Kleid betrachtete.

»Zauberhaft ist auch die Geschichte dieses Kleides«, sagte sie. »Und weil ich plötzlich ein Gefühl habe, als wäre ich Ihnen eine Entschädigung dafür schuldig, dass ich Ihnen das Kleid nicht verkaufen kann, würde ich Ihnen die Geschichte gerne erzählen. Hätten Sie vielleicht eine Viertelstunde Zeit?«

Die Frau nickte.

»Dann gehen wir doch ins Caffè Torino. Sie sind mein Gast.«

Signora Bertoni löschte die Lichter im Geschäft, schlüpfte in ihren Mantel, fuhr sich vor dem venezianischen Spiegel neben der Kasse noch kurz durch die Haare und hielt ihrer letzten Kundin des Tages die Tür auf. Draußen zog sie das Rollgitter zu Boden und sperrte das schwere Messingschloss ab. Die beiden Frauen gingen schweigend nebeneinander zur Piazza San Carlo, betraten das Caffè Torino und ließen sich einen freien Tisch zuweisen. Nachdem sie bestellt hatten und der Ober wieder gegangen war, lehnte sich Signora Bertoni zurück, schloss kurz die Augen und begann:

»Es ist jetzt vielleicht acht Jahre her, als die Geschichte mit dem Kleid begann. Aber eigentlich müsste ich sagen, die Geschichte mit den Kleidern. Eines Nachmittags kam ein äußerst netter und gut angezogener Herr in mein Geschäft, groß gewachsen, mit ein paar grauen Strähnen an den Schläfen, gute Manieren, charmant – eben ein *gentiluomo vero.*« Signora Bertoni öffnete die Augen wieder und strahlte ihr Gegenüber an.

»Er hat mir gleich gefallen, das darf ich schon sagen. Er hätte Ihnen auch gefallen. Der Mann war auf der Suche nach einem Kleid für seine Frau, die er erst vor einem Monat geheiratet hatte, wie er mir stolz erzählte. Er schien immer noch frisch verliebt zu sein, und das freute mich. Man freut sich doch schließlich, wenn man sieht, dass die Liebe blüht! Ah, der Caffè.« Die beiden Frauen nahmen jede einen Schluck des besten Cappuccinos der Stadt, und die Kundin musterte Signora Bertoni neugierig. Eine dieser patenten Geschäftsfrauen, die man so nur in Norditalien findet – charmant und schlagfertig, eiskalt und gefühlvoll, immer wie aus dem Ei gepellt und gleichzeitig mit der trägen Laszivität einer Schaufensterkatze, alles zugleich und alles in Perfektion. Vor solchen Frauen haben alle Männer Angst, und wahrscheinlich hast du das auch schon am eigenen Leib gespürt, dachte sie.

»Ecco, er suchte also ein besonders schönes Kleid für seine Frau. Ich ließ ihn durch den Laden stöbern, denn ich war gerade aus Paris zurückgekommen und hatte ein paar Stoffbahnen mitgebracht, die so wertvoll waren, dass ich sie nicht liefern lassen wollte. Darunter war – Sie ahnen es schon – auch dieser taubenblaue Seidenstoff. Es ist eine ganz besondere Seide, ein Taffettà. Das kostbare Material wird aus dem Faden des Maulbeerspinners gewoben, wobei der Schussfaden etwa fülliger als der Kettfaden ist, sodass eine leichte Ripsstruktur entsteht. Taffettà hat eine geheimnisvolle Schwere und einen schimmernden Glanz. Aber das sind nur technische Einzelheiten, ich will nicht abschweifen. Der Stoff ist selten, und ich erinnere mich noch sehr gut, wie glücklich ich war, als ich ihn bei einem Händler aus Kashmir fand. Ich zahlte seinen Preis, ohne zu verhandeln, wahrscheinlich habe ich für ihn völlig mein Gesicht verloren.« Sie lachte kurz auf und nahm einen Schluck Kaffee.

»Diesen Stoff packte ich also gerade aus, als der Mann durch das Geschäft spazierte. Er hatte schließlich ein Kleid gefunden und brachte es zur Kasse, ein schlichtes, aber raffiniertes Abendkleid ... ja, im Schnitt wie dieses. Als er den Stoff sah, war er so verzückt wie ich, als ich den Taffettà zum ersten Mal gesehen hatte. Es war Liebe auf den ersten Blick. Er wollte unbedingt das Kleid, das er ausgesucht hatte, aus diesem Stoff angefertigt haben. Selbst der Preis schreckte ihn nicht ab, denn Sie können sich vielleicht vorstellen, dass eine Maßanfertigung aus einem solchen Stoff nicht ganz billig ist. Ich setzte mich sogar selber an die Maschine, denn ich wollte keine meiner Schneiderinnen an den Stoff lassen. Es hat übrigens Spaß gemacht, nach so langer Zeit einmal wieder selbst zu nähen. Und es ist mir gelungen, das muss ich sagen.«

»Das finde ich auch«, sagte Signora Bertonis Gast. »Es ist ganz außerordentlich fein gearbeitet.«

»Ach, das Kleid meinen Sie? Nein, das war ein anderes. Warten Sie ab. Der Herr holte das Kleid ab und war begeistert. Wir unterhielten uns noch etwas, und wieder war er, wenn er auf seine Frau zu sprechen kam, wie ein verliebter Pennäler. Das Glück sprühte ihm nur so aus den Augen. Es war rührend. Ich muss zugeben, dass es mich damals gleichzeitig gefreut und verstört hat. Vielleicht, weil ich zu dieser Zeit gerade in Trennung lebte, und mein Ottavio war weiß Gott kein so sprühender Liebhaber gewesen. Niemals, nicht einmal, als wir uns kennengelernt hatten. Ich gebe es zu, vielleicht steckte der Stachel des Neids in meinem Herzen, ein ganz kleiner Splitter nur, aber man konnte ihn spüren. Aber mit der Zeit verging dieses Gefühl, und eine Woche später hatte ich die Geschichte mit dem Mann und dem Kleid aus Taffettà schon wieder vergessen.«

Signora Bertoni winkte dem Ober und bestellte zwei Aperol Sprizz, ohne ihr Gegenüber vorher zu fragen. Sie war es ganz offensichtlich gewohnt, das Sagen zu haben.

»Nur ein Glas zur Anregung«, sagte sie entschuldigend. »Was jetzt kommt, ist nämlich traurig. Der Mann tauchte wieder auf, vielleicht ein halbes Jahr später. Er hatte das Kleid dabei, sorgfältig eingewickelt in dasselbe Papier, in das ich es damals eingepackt hatte. Das war mir gleich aufgefallen. Ich wunderte mich, dass er es jetzt erst zurückbrachte.

›Hat es Ihrer Frau nicht gefallen?‹, fragte ich ihn.

›Nein, das ist es nicht. Es hat ihr sehr gefallen, sie hat es zu jeder Gelegenheit angezogen. Sie war richtig vernarrt in das Kleid!‹

›Dann verstehe ich nicht ...‹

›Lassen Sie es mich erklären. Es ist nicht so einfach. Vielleicht muss ich Ihnen sogar zuerst etwas darüber erzählen, wie Männer Frauen wirklich lieben.‹

›Das würde mich allerdings sehr interessieren‹, sagte ich. Ich hatte es ironisch gemeint, aber er schien davon nichts gemerkt zu haben.

Er sagte: ›Frauen wissen das vielleicht nicht, aber wir lieben tatsächlich ihre Seelen, wenn wir den Körper erst einmal kennengelernt haben. Zuerst berauscht man sich bei einer Frau natürlich an ihrer Oberfläche. Das ist ja ganz natürlich, denn mehr kann man aus der Ferne kaum erkennen. Man bewundert den Glanz der Haare, den Teint, das fein geschnittene Gesicht, ihre Figur, hübsche, feste Brüste, schlanke, elegante Arme, ausdrucksvolle Waden, feingliedrige Füße, den Schimmer der Augen – na, Sie wissen schon. Zuerst kommt die Optik, der Anschein, der oft nur schöner Schein ist, auch das weiß ich wohl. Ein erfahrener Mann kann schnell unterscheiden, ob die Schönheit von innen kommt oder nur eine sorgfältig aufgetragene Schicht auf einem weitaus hässlicheren Untergrund ist.

Aber wenn der Zauber von Dauer ist, wenn der Anschein mit dem Menschen übereinstimmt, dann geht es eben seinen Gang, Sie wissen schon ... Und wenn es stimmt, wird es auch immer besser. Und schließlich liebt man auch ihre Seele. Ja, so ist das ...‹

Er machte eine lange Pause, und ich merkte, dass ich bei seinen Worten den Atem angehalten hatte.

›Und nun ist es eben so gekommen, dass meine Frau etwas ... nun ja, sagen wir fülliger geworden ist. Ein paar charmante kleine Erweiterungen ihres wundervollen Körpers hier und da, eine Rundung, die mich immer schon begeistert hatte, war etwas ausgeprägter geworden. Sie wissen vielleicht, wie so etwas geht – man geht aus, man isst spät zu Abend, am Wochenende kommen Freunde, es gibt die süßen Torten, die Trüffelzeit, den Spumante und den herrlichen Barbera ...‹ Er breitete die Arme aus, als wollte er für die Gewichtszunahme seiner Frau bei mir um Verständnis bitten. ›Und so ist sie eben etwas ... ein klein wenig ... fülliger geworden.‹

›Das passiert uns allen, wenn wir nicht sehr aufpassen‹, sagte ich. ›Das ist der Lauf der Zeit.‹

›Ich weiß‹, sagte er. ›Und ich empfinde diese Zunahme des Körpers auch als Zunahme des Glücks. Man wird eben etwas reifer, so wie ein guter Taleggio. Der geht ja auch etwas auseinander, aber er schmeckt von Tag zu Tag besser! Ich mag ihre kleinen Wölbungen, ihre Weichheit, wenn ich die Hand unter ihre Bluse schiebe. Sie fühlt sich an wie der perfekte Nudelteig, wenn Sie wissen, was ich meine.‹

Ich wusste schon, was er meinte, aber etwas in mir sträubte sich gewaltig dagegen, einem netten Mann zuzuhören, wie er Intimitäten über seine Frau ausbreitete. Ich wollte zur Sache kommen.

›Mein Herr‹, sagte ich, ›ein solches Kleid kann man nicht umtauschen. Und ich kann es auch nicht weiter machen. Das ist eine Handarbeit mit Wildseide, Taftfutter, winzige Doppelnähte. Wie stellen Sie sich das eigentlich vor?‹ Ich tat zornig, dabei war ich nur traurig. Traurig für ihn, denn er war doch ein so netter Mann.

›Ich will es nicht umtauschen‹, sagte er. ›Ich hatte an etwas ganz anderes gedacht.‹ Und dann erzählte er mir von seinem Plan. Ich sollte das gleiche Kleid noch einmal schneidern, eine Nummer größer. Er würde es in den Schrank seiner Frau hängen und sie damit glücklich machen. Es war ein verrücktes Angebot, aber auch ein rührendes. Ich erklärte ihm, dass ich das alte Kleid nicht in Zahlung nehmen würde, denn ich verkaufe keine gebrauchten Kleider. Aber das war kein Problem. Er würde gerne noch einmal so viel wie beim ersten Mal zahlen, wenn damit seine Frau nur wieder glücklich und zufrieden werden würde. Ich versprach ihm, das neue Kleid so schnell wie möglich zu nähen. Er nahm das alte wieder mit und ging erleichtert nach Hause. Damit begann es.«

Der Sprizz kam, und die beiden Damen prosteten sich zu.

»Vielleicht hätte ich es nicht machen sollen, aber hinterher ist man immer schlauer. Obwohl es schließlich ... aber der Reihe nach. Zuerst holte er das zweite Kleid ab. Es war eine exakte Kopie des ursprünglichen, nur eine Nummer größer. Nachdem er gezahlt hatte, küsste er mir die Hand und sagte: ›Sie haben mich sehr glücklich gemacht und meine Frau hoffentlich auch.‹

Diesmal vergaß ich ihn nicht so schnell. Ich muss sogar zugeben – ja, das ist wirklich lächerlich –, dass ich fast jeden Tag einmal zur Tür schaute, wenn die Silhouette eines groß gewachsenen Mannes im Rahmen auftauchte, und mein Herz jedes Mal schneller schlug.

Und dann, es war ein halbes Jahr später, und ich hatte schon nicht mehr mit ihm gerechnet, stand er plötzlich wieder vor mir. In der Hand hielt er eine Tragetüte mit dem Aufdruck *il mondo elegante*, und darin – im selben Papier eingewickelt wie das erste Kleid –, lag das zweite. Ja, Sie lachen, und das war auch meine erste Reaktion damals gewesen, aber als ich in seine Augen schaute, hörte ich auf zu lachen.

›Sie hat noch etwas zugenommen?‹, fragte ich so freundlich wie möglich.

Der Mann nickte. ›Sie hat eine neue Freundin, Carla, und die schleppt sie seit ein paar Wochen ins Fitnessstudio. An sich nichts Schlechtes, vor allem, wenn man abnehmen will. Man sagt ja immer: Bewegung, Bewegung, Bewegung.‹ Er kam schon ins Schwitzen, als er das nur sagte, und ich stellte ihn mir kurz auf einem Laufband im Fitnessstudio vor. Unmöglich! Ein solcher Mann passt nicht in eine verspiegelte und nach Schweiß stinkende Halle, in der sich Menschen in grellbunter Unterwäsche stöhnend an Stahlmaschinen abplagen. Ein *gentiluomo* schwitzt nicht in der Öffentlichkeit! Während er das zweite Kleid auspackte, erzählte er weiter.

›Sie geht inzwischen jeden Tag ins Studio, immer mit dieser Carla. Die ist eine alte Feministin, Sie wissen schon, eine aus der Aufbruchzeit, den Siebzigerjahren, den schrecklichen. Als wären die Kommunisten und Faschisten nicht schlimm genug, jetzt müssen es auch noch die militanten Feministen sein! Aber sie hat nicht abgenommen – im Gegenteil. Sie hat dickere Oberarme bekommen, breitere Schultern und einen Rücken wie ein Pferd. Und sie hat auch einen Appetit wie ein Pferd. Sie isst bestimmt doppelt so viel wie früher. Aber ich liebe sie immer noch so wie am ersten Tag!‹

Ich gebe zu, das fand ich dann doch etwas übertrieben, angesichts einer Frau, die sich der Gestalt eines Pferdes näherte, in Begleitung einer männerverachtenden *feminista*.

›Ich nehme an, auch das zweite Kleid passt ihr nicht mehr‹, sagte ich etwas spitz.

›Stimmt. Es spannt inzwischen schon sehr am Rücken und an der Hüfte.‹

›Und Sie wollen sie noch einmal glücklich machen, Sie Betrüger?‹, sagte ich, und ich bemühte mich, einen lockeren Ton anzuschlagen. Er lächelte.

›Sie können es bestimmt noch einmal nähen, nur eine ... nein, vielleicht gleich zwei Nummern größer?‹

›Einmal wird es noch gehen‹, sagte ich. ›Aber dann ist der Stoff aufgebraucht. Und ich werde diese Qualität wahrscheinlich nicht wieder finden. Solche Stoffe bekommt man nur einmal im Leben in die Finger.‹

Es war also abgemacht. Mein hemmungsloser Romantiker trug das zweite Kleid nach Hause, dort, wo das erste in einem Angelkoffer versteckt lag, und wartete auf das dritte.

Eine Woche später war es fertig. Ich hatte mich beeilt, denn es war klar, dass die Angelegenheit keinen Aufschub duldete. Er holte das Kleid ab, zahlte den üblichen Preis und ging. Ich sehe ihn noch vor mir, wie er beschwingt und glücklich aus dem Geschäft geht, mir an der Tür noch zuwinkt. Tja, ich sehe ihn noch genau vor mir.«

Signora Bertoni stieß einen Seufzer aus und kippte den Rest ihres Sprizz in einem Zug herunter. Dann ließ sie den Kopf nach hinten auf das rote Leder der Lehne sinken und schloss die Augen.

Ihr Gegenüber räusperte sich.

»Ich nehme an, die Geschichte ist noch nicht zu Ende. Nein, das kann sie ja nicht sein. Schließlich hängt ja wohl eines der drei Kleider in Ihrem Geschäft. Ich frage mich nur, welches?«

Signora Bertoni öffnete die Augen und beugte sich vor. »Raten Sie doch einmal«, sagte sie. »Welches hängt dort wohl? Sie werden es nicht erraten. Alle drei sind wieder zu mir zurückgekommen! Das hätten Sie nicht gedacht, was? Aber der Reihe nach. Diesmal dauerte es nur einen Monat, bis ich ihn wiedersah. Er kam durch die Tür wie ein Gespenst. Er trat nicht mehr wie der *gentiluomo* auf, den ich einmal gekannt hatte, er schlich herein. Er trug die Tragetasche, die diesmal sehr prall gefüllt aussah.

›Es ist vorbei‹, sagte er mit einer Stimme, die wie das Scharren von Stiefeln auf einem Kiesweg klang. Er senkte den Kopf und packte aus. Drei Pakete in Seidenpapier, drei Gedichte von einem Wildseidenkleid. Ich spürte, wie eine bisher nie gekannte Aggression in mir aufstieg. Ich packte seinen Arm, schüttelte ihn und rief: ›Lassen Sie sich doch nicht so gehen, Herrgott! Sie sind doch ein Mann!‹ Fast hätte ich gesagt, ein wunderbarer, liebenswerter Mann, aber ich konnte mich gerade noch beherrschen.

Er ließ alles mit sich geschehen. Ich begriff, dass dieser Mann am Ende war, schloss meinen Laden ab und nahm den Unglücklichen mit ins Caffè Torino – ja, genau hierher, wo wir gerade sitzen. Es ist nämlich mein Lieblingscafé, wissen Sie. Ich glaube sogar ...«, Signora Bertoni legte einen Finger an die Lippen und dachte ganz offensichtlich nach, »... ja, es ist tatsächlich derselbe Tisch, an dem wir gerade sitzen. Na, so ein Zufall!« Sie winkte dem vorbeihuschenden Ober zu und bestellte einen kurzen *Vecchio Romana*, diesmal nur einen, nur für sich, wahrscheinlich, um die Nervosität zu bekämpfen.

»Hier saßen wir, als er mir alles erzählte. Und glauben Sie mir, im Lauf des Abends sind es ein paar *Vecchia* geworden! Also, seine Frau lebte mit dem neuen Kleid innerhalb von paar Tagen spürbar auf. Sie erlebte die neue Freiheit eines Körpers, der seine Fesseln endlich wieder los war. Sie meldete sich beim Fitnessstudio ab, sie war wieder wie früher, rieb sich genüsslich an ihrem Mann, ließ ihn im Bett wieder zu ihr kommen – und sie erlebte das glückliche Leben wieder, das sie einst mit ihm geführt hatte. Abends gingen sie in die *Villa Sassi* oder ins *Antica Zecca*, beides Restaurants mit einer enormen Feinschmeckerkarte. Und beide Restaurants weigerten sich standhaft, vegetarische oder Gerichte ohne Sahnezugabe anzubieten. Es gab eine zweite Flitterwoche, und wenn ich mich recht erinnere, dauerte sie nicht viel länger als die erste, die vor acht Jahren.

Das Glück zerbrach an einem sonnigen Sonntagnachmittag, als sie sich das dritte Kleid überstreifte, barfuß in die Küche tappte, um noch eine Portion des süßen Reispuddings zu holen, zusammen mit einem Glas Spumante. Als sie sich vor dem Kühlschrank bückte, denn der Reispudding stand im untersten Fach, hörte sie ein hässliches Geräusch. Ein sehr hässliches Geräusch.

Es klang so, als würde ein tasmanischer Teufel fauchen, oder ein scharfer Degen einen Wandbehang durchtrennen – aber es war nur die Naht ihres Kleides, die von oben bis unten durchriss. Nach dem ersten Schock kam die Scham. Sie zog sich die Fetzen der wunderbaren, taubenblauen Wildseide vom Körper und wollte die schrecklichen Zeugnisse ihres überdimensional angewachsenen Körpers nur schnell verstecken. Irgendwo. Sie zog einen giftgrünen Plastikkoffer unter der Spüle hervor, öffnete den Deckel und wollte die Reste des Kleides gerade hineinstopfen ...

›Sie kam ins Schlafzimmer wie eine angriffslustige Kobra‹, hatte mir der verzweifelte *gentiluomo* erzählt. ›Und sie schrie mich an, ich sei ein Verräter, ein feiger Lustmolch, ein Perverser, Abschaum, dem sie die besten Jahre ihres Lebens geopfert hatte. Ach, ihr fiel so viel ein. Ich konnte ihr nicht erklären, dass das alles nur Liebe war. Für sie war es Hohn, Hass, Betrug. Sie hatte die beiden anderen Kleider gefunden und daraus den Schluss gezogen, dass ich sie hinterlistig betrogen und gemästet hätte, für eine perverse Lust meinerseits an einer immer dicker werdenden Frau. Dabei wollte ich doch nur ihr Glück. Sie sollte sich nicht mit Diäten und Turnübungen im Fitness-Studio plagen. Ich wollte ihr das Leben ermöglichen, das jeder

Mann seiner Frau schenken will, wenn er sie vergöttert. Nie hätte ich gedacht, dass man einen liebenden Mann so leicht mit einem verlogenen, bösartigen Untier verwechseln kann. Sie warf mir die drei Kleider vor die Füße und rief ihre Freundin Carla an. Eine Stunde später waren die beiden verschwunden, zusammen mit allen Kleidern meiner Frau, ein paar Antiquitäten und meinem Scheckbuch.‹ Das alles erzählte er mir, während er die Überreste der drei Kleider langsam auf der Theke glatt strich. Ich nahm sie alle drei zurück – der Stoff ist einfach zu schön – und reparierte sie nach und nach. Das zweite Kleid haben Sie heute bei mir gesehen. Es hätte Ihnen bestimmt gepasst. Aber jetzt verstehen Sie vielleicht ...«

»Oh, ja«, sagte die Frau mit bebender Stimme. »Was für ein schreckliches Drama! Dieser arme, arme Mann. Wissen Sie, was aus ihm geworden ist?«

»Ja, ich sagte doch, dass wir hier ein paar ... Ah, da kommt er ja! Guido, Liebster, komm her. Ich sitze hier gerade mit einer Bekannten, und wir hatten uns so viel zu erzählen.«

Der gut angezogene, groß gewachsene Mann mit den grauen Strähnen an den Schläfen kam langsam näher und lächelte das Lächeln eines äußerst glücklichen *gentiluomo*.

Hannelore Mezei
Liebe in vier Gängen

»Schon wieder zugenommen? Zwickerbussi!«

Alfred kniff seine Frau vergnügt in die Taille und musterte sie amüsiert-abschätzig aus seiner untergeordneten Liebesstellung. Marlene hasste diese Position. Man müsste sie für Frauen ab vierzig glatt verbieten. Sich mit allen zu diesem Alter gehörenden körperlichen Unzulänglichkeiten der Schwerkraft dem Partner auszuliefern, erstickte jedes Lustgefühl im Keim. Aber wie sollte sie Alfred erklären, dass sie nach zweiundzwanzig Jahren genug hatte von der »Überlegenheit« beim Sex und sich eine andere Position wünschte? Das sei für sie am schönsten, hatte er einst der jungen, relativ unerfahrenen Marlene die für ihn so bequeme Stellung schmackhaft gemacht.

»Zwickerbussi«, ließ Alfred von unten glucksend vernehmen und kniff noch einmal zu, während sie sich bemühte, die Sache zu einem – wenigstens für ihn – befriedigenden Abschluss zu bringen.

Später, im Bad, betrachtete sie ihren zweiundvierzig Jahre alten Körper kritisch im Spiegel. Natürlich hatte sie wieder zugenommen. Der gängige Modeltyp war sie mit ihren eins zweiundsechzig ja nie gewesen. Aber jetzt gerieten ihre Fettpolster außer Rand und Band. Kleidergröße 44. Tendenz steigend.

Und dann noch Alfred mit seinen »Zwickerbussis« in die Taille. Nicht, dass der Sex mit ihm vor der »Zwickerbussi«-Zeit aufregender gewesen wäre.

»Jeden zweiten Tag, sonst verlernt man's«, war von Anfang an seine Devise gewesen. Und daher seit zweiundzwanzig Jahren jeden zweiten Tag. Immerhin konnte sie sicher sein, dass sie die anderen Tage ungestört lesen durfte, das war wenigstens berechenbar. So berechenbar wie Alfred Kurtz insgesamt: Steuerberater, einundfünfzig Jahre alt, ein Meter vierundachtzig groß, aschblond, hager, hohe Stirn. Und so berechenbar wie ihre Gewichtszunahme.

Marlenes Weg führte vom Bad direkt in die Küche. Sex mit Alfred machte sie hungrig. Nicht, dass sie sich bei ihren Liebesspielen körperlich verausgabte. Trotzdem kam danach jedes Mal der große Hunger über sie. Kühlschranktür auf, ein Stück Käse, etwas von der Wurst, ein Schluck Bier dazu, nachher Schokolade, und dann alles wieder von vorn. Zwischendurch vielleicht ein bisschen Müsli.

Sie musste ziemlich viel in ihren Mund stopfen, um sich nicht leer zu fühlen.

Natürlich wusste Marlene, dass diese mitternächtlichen Snacks ihrer Figur zum Verhängnis wurden. Sah man einmal von den winzigen Tortenstücken ab, die sie sich nachmittags manchmal gönnte, schaffte sie es den ganzen Tag, sich mehr oder weniger vernünftig zu ernähren. Aber dann kam der Abend, jedenfalls jeder zweite Abend. Sie wusste nicht mehr, wann dieser Hunger, diese Gier, angefangen hatte. Vor ein paar Jahren irgendwann. Damals, als sie die Erbschaft gemacht und ihren Job in der Bank aufgegeben hatte? Als die kaum vorhandene Lust auf Alfred endgültig erstarb? Oder war an ihrer Gewichtszunahme nur das fehlende Wachstumshormon schuld, das seinen figurfreundlichen Dienst versagte, wenn man um die vierzig war?

Wie auch immer: Marlene war hungrig, und das jeden zweiten Abend.

*

Parkett, zwölfte Reihe, Sitz zehn. Marlene fühlte sich ein wenig unbehaglich, was nichts mit der Traviata zu tun hatte. Ihr Unbehagen war ausschließlich körperlicher Natur.

Zum einen das Kleid. Das kleine Schwarze hatte ihr in der Übergangszeit zwischen Größe 42 und 44 mit seinem figurumspielenden Schnitt stets ausgezeichnete Dienste geleistet. Doch jetzt war es eindeutig zu eng. Bauch und Po zeichneten sich allzu deutlich ab, und auf dem Weg von der Garderobe zu ihrem Platz war auch noch ein Knopf an der umfangreichsten Stelle ihres Körpers abgesprungen.

Was den Opernabend außerdem beeinträchtigen würde, war Sitz elf. Die Mischung aus intensivstem Veilchenparfum und Mottenkugelgeruch machte ihr die Sitznachbarin seit Jahren zum Feindbild.

Denn für Marlene musste ein Opernabend perfekt sein. Kein störendes Geräusch, kein unangenehmer Geruch, nichts, was an den Alltag erinnerte. Sie wollte sich uneingeschränkt in ihrer Traumwelt verlieren.

An Opern liebte sie neben der Musik zwei Dinge: die großen tragischen Gefühle und die tröstliche Tatsache, dass auf der Bühne auch die fülligsten »Heldinnen« von Männern leidenschaftlich umworben wurden.

Mit Fülle konnte sie ja aufwarten. Aber große Gefühle und tragische Momente waren ihr mit Alfred fremd geblieben. Ein wenig Flirten, Ausgehen, Sex und dann irgendwann der Heiratsantrag. Natürlich sagte sie Ja. Sie mochte ihn, fühlte sich geschmeichelt, und schließlich konnte sie sich auf ihn verlassen. Sollte sie ewig auf einen »Opernhelden« warten? Also Hochzeit mit Alfred. Und dazu ein Opernabonnement.

Der Platz neben ihr schien leer zu bleiben. Gott sei Dank! Mittlerweile setzte schon die Ouvertüre ein. Mottenveilchen kam also nicht mehr. Marlene lehnte sich wohlig in ihrem Sessel zurück und gab sich ohne Geruchsbelästigung ganz der Musik und ihren Träumen hin.

*

»Entschuldigung«, flüsterte er, und quetschte sich auf Platz elf. Während der Ouvertüre! Unverschämt! Mit einem empörten »Pssst« drehte sich Marlene zum Nebensitz um und – verfing sich in zwei blauen Augen, die sie regelrecht unter Strom setzten. Dazu ein Lächeln, für das sie durch die Hölle gegangen wäre.

Ihr Opernheld.

Während des ersten Akts dann der erste klare Gedanke: »Scheiße, das Kleid!« Neben ihr der Traumprinz, und sie sah aus wie eine schwangere Knackwurst. Ihre kritischen Punkte mussten umgehend in Deckung gebracht werden. Links die Handtasche, in der Mitte das Programmheft, figurtarnend eingesetzt. Rechts war egal. Dort saß ein Mann, der sie an Alfred erinnerte.

Zur Ablenkung schlug Marlene ihre wohlgeformten Beine übereinander und ließ den Rock etwas höher rutschen. Man musste eben mit den Mitteln arbeiten, die man zur Verfügung hatte.

*

Der erste Akt war zu Ende, ohne dass Marlene ihn richtig mitbekommen hatte.

»Darf ich mich mit einem Glas Sekt für die Unannehmlichkeit durch mein Zuspätkommen entschuldigen?«

Sie schluckte. Was tun? Sie konnte doch nicht in dem geplatzten Kleid aufstehen und sich ihm in vollem Umfang präsentieren.

»Äh, sehr gern, aber oben im Pausenraum, da zieht es immer so. Ich meine, wenn Sie mir meinen Mantel holen könnten …«

Ganz schön frech, Marlene Kurtz! Aber die Lösung!

Selbstsicher in ihren weiten Mantel gehüllt – wenn auch ein wenig schweißgebadet – stand sie kurz darauf im überfüllten Pausenraum und betrachtete ihren Helden, der sich geduldig am Buffet anstellte: groß, kräftig, dunkles Haar, Dreitagebart, etwa Mitte vierzig, teurer Designeranzug.

Er kam mit zwei Gläsern Sekt und einem Teller voller köstlich aussehender Brötchen zurück.

»Dieses Reinplatzen während der Ouvertüre war ja ein schöner Einstand für einen neuen Abonnenten. Tut mir echt leid. Ich hoffe, Sie können mir vergeben.«

»Ausnahmsweise«, lächelte Marlene und hob ihr Glas. »Auf Ihr neues Abonnement und eine schöne Saison!«

»Ein Brötchen?«

»Nein danke.«

»Sind Sie gar nicht hungrig? Kosten Sie doch wenigstens.«

Marlene blieb standhaft. Vor einem Mann sollte man nie essen, hatte sie einmal gelesen. Und schon gar nicht, wenn man ihre Figur hatte.

*

Als sie heimkam, saß Alfred vor dem Fernseher.

»Schön gewesen?«, fragte er mehr automatisch als interessiert. Marlene nickte. In ihrem Zimmer holte sie noch einmal die Visitenkarte hervor: Leo Landauf. Ein wundervoller Name. Er hatte ihr die Karte mit der Bemerkung »Ich freue mich schon auf unseren nächsten Opernabend« überreicht.

Gott sei Dank war heute »Leseabend«, und so konnte Marlene ungestört von Leo Landauf träumen. Glücklich und ohne dem Kühlschrank einen Besuch abgestattet zu haben, schlief sie ein.

*

»Diese Firma schneidet so klein, probieren wir doch ein bisschen was Größeres«, schlug die Verkäuferin vor.

Na, super, nun war sie schon auf 44 und ein bisschen. Ja, sie hatte nachts wieder gegessen. Jetzt war es allerdings weniger die Leere nach dem Sex, sondern die Unerträglichkeit, Alfreds Zwickerbussis über sich ergehen zu lassen, während da draußen Traummann Leo wartete. Das musste mit allerhand aus dem Kühlschrank hinuntergeschluckt werden.

»Wie geht's uns mit der Größe?«

»Wunderbar«, rief Marlene der Verkäuferin erleichtert zu. Dieses Kleid passte endlich wie für sie gemacht. Als ihr dann vom Größenschild die Zahl 46 unbarmherzig ins Auge sprang, hatte sich die Freude über das Kleid allerdings rasch verflüchtigt.

Nein, so ging es nicht weiter. Ihr Entschluss stand fest.

*

Der Vierkanthof lag am paradiesischen Ende der Welt. Sanfte, hügelige Landschaft, ein Teich und natürlich das Pichlergut selbst. Ein stilsicher renovierter, alter Hof, der von einer Gräfin zu einer exklusiven Schlankheitsfarm umgebaut worden war. Hier wollte sie sich ihr neues Aussehen zulegen. Zwei Kleidergrößen weniger mussten drin sein.

Das Regime im Pichlergut war als strikt bekannt: Autoschlüssel abgeben, kein Fernseher, kein anderes Transportmittel als die eigenen Beine und keinerlei Versuchungen. Der nächste Ort lag eine halbe Stunde Fußmarsch entfernt und verfügte lediglich über eine sogenannte Gemischtwarenhandlung, die zu unregelmäßigen Zeiten geöffnet war und deren Besitzerin angeblich mit der Gräfin konspirierte ...

Nachdem sie alles ausgepackt hatte, betrachtete Marlene zärtlich die Visitenkarte und legte sie dann in die Nachttischschublade. Um siebzehn Uhr sollte sie beim Abendessen sein. Sie war gespannt.

*

Zweihundert Kalorien, die liebevoll und appetitlich auf einem kleinen Teller – dann sehen die Portionen größer aus – angerichtet waren.

»Kauen Sie jeden Bissen dreißig Mal, und legen Sie das Besteck weg, bevor Sie wieder zugreifen«, riet die Gräfin, die sich persönlich um die Gäste kümmerte. Das funktionierte irgendwie recht gut, und interessanterweise war Marlene nicht hungrig, als sie vom Tisch aufstand.

Dem frugalen Mahl folgte ein gemeinsamer Spaziergang der abnehmwilligen Damen. Marlene schloss sich mit Ilona (Größe 46) und Gudrun (Größe 44) zusammen – ebenfalls Neuankömmlinge.

»Bei mir ist es die Schokoladensucht«, gestand Ilona.

»Und mein Problem ist mein Mann oder vielmehr seine Geliebte«, erzählte Gudrun frei heraus. »Ich will ihn zurückhaben, und wenn ich dafür hundert Kilo abnehmen muss.«

»Ich habe kein Problem, ich möchte nur mir selbst besser gefallen«, log Marlene. Sie war es nicht gewohnt, mit anderen Frauen über ihre Gefühle zu sprechen. Außer mit Renate, ihrer alten Schulfreundin, pflegte sie überhaupt keine Frauenfreundschaften. Und mit Renate waren tiefschürfende Gespräche gar nicht möglich, dazu war diese viel zu oberflächlich, legte zu viel Wert auf Äußerlichkeiten. »Ist sie hübsch? Ist sie schlank?«, waren ihre Standardfragen.

Nach einer Stunde flotten Gehens in der Landluft war Marlene richtig müde.

»Das ist gut so«, bestärkte sie die Gräfin. »Der Schlaf vor Mitternacht ist der wertvollste für die Schönheit. Daher gehen hier früh die Lichter aus.«

Tatsächlich kam um neun Uhr Maria, der gute Geist des Hauses, mit einem Heuwickel für den Bauch und einer Tasse Kräutertee zum Schlafen. Marlene las noch ein bisschen und schlief um zehn Uhr tief und fest.

*

Die folgenden Tage waren streng strukturiert: Morgengymnastik, Duschen, Frühstück (zweihundert Kalorien), Waldlauf. Dann Schönheitsbehandlung, Mittagessen (zweihundert Kalorien), Ruhen, Schwimmen oder Fitnessstunde, Vorträge beziehungsweise Meditation, Abendessen (zweihundert Kalorien), Spaziergang, Heuwickel, Kräutertee, Schlafen.

Die Krise kam am fünften Tag.

»Ich halte es ohne Schokolade nicht aus«, machte Ilona den Anfang. »Ich weiß, dass es in der Gemischtwarenhandlung welche gibt. Die Gräfin muss ja nichts davon erfahren. Wer geht mit?«

»Ich weiß nicht«, schwankte Gudrun zwischen Schlanksein-wollen und verlockendem Genuss.

Marlene hingegen hielt sich zurück. »Seid ihr wahnsinnig? Da zahlen wir so viel Geld, um abzunehmen, und betrügen uns dann selbst? Wir betrügen ja nicht die Gräfin, Mädels, sondern uns!«

»Apropos betrügen«, schaltete sich Gudrun ein. »Bin ich eigentlich blöd, dass ich mich kasteie, nur um meinen untreuen Mann zurückzugewinnen? Wenn er nicht weiß, was er an mir hat, dann soll er sich gefälligst verdünnisieren. Dünn ist er ja eh schon«, kicherte sie.

»Hast du dir schon einmal überlegt, die andere aus dem Weg zu schaffen?«, erkundigte sich Ilona.

»Wie meinst du das?«

»Na ja, ich meine, die sauberste Lösung ist in so einem Fall der Tod.«

»Dir fehlen wohl deine Krimiabende im Fernsehen«, lachte Marlene. »Lenken wir uns lieber mit der neuen ›Gourmet‹ ab.«

Das Lesen von Kochrezepten und Fresszeitschriften war den dreien in den letzten Tagen zur Lieblingsbeschäftigung geworden. Statt Essen wenigstens Schauen, Lesen und Visualisieren. Auch eine Art von Genuss, und lustigerweise fühlten sie sich anschließend manchmal sogar satt.

In der nächsten halben Stunde »aßen« sich Ilona, Gudrun und Marlene gedanklich durch ein Fünf-Gang-Menü eines neuen Restaurants namens »Futterkrippe«. Nach Lektüre der Rezepte ließ Marlene ihren Blick über die Fotos des Restaurants und der diversen Köstlichkeiten schweifen. Auch einige Bilder von der Eröffnung gab es. Einige Schickimickis, die überall vertreten waren, erkannte sie.

Doch dann stockte ihr das Blut in den Adern. »Gefüttert von Leo Landauf persönlich ...« stand unter einem Bild, auf dem ihr Traumprinz zu sehen war, wie er gerade einer schlanken, wunderschönen, maximal Zwanzigjährigen einen Happen in den Mund schob. Wer war Leo Landauf, dass er auf einem Zeitungsfoto abgebildet und noch dazu namentlich genannt wurde? Vor allem aber: Wen fütterte »ihr« Leo da »persönlich«?

»Ihr« Leo? Welcher unglaublichen Illusion hatte sie sich eigentlich hingegeben? Dass dieser Mann ausgerechnet sie ... nein! Zurück ins echte Leben, Marlene!

Alles war mit einem Schlag weg. Ihr anhaltendes Glücksgefühl der letzten Tage, ihre Vorfreude auf die nächste Begegnung und ihre Motivation, für Leo abzunehmen.

»Los, gehen wir Schokolade kaufen!«, rief sie Ilona zu.

*

»Mittwoch Nachmittag geschlossen« – ein handgeschriebener Zettel auf der Eingangstür des kleinen Geschäfts holte die drei potenziellen Sünderinnen wieder in die Wirklichkeit ihres Diäturlaubs zurück.

»Scheißkaff«, empörte sich Ilona. »Das einzige Geschäft, falls es diese Bezeichnung überhaupt verdient, hat zu.«

»Es soll also nicht sein. Gehen wir!« Gudrun machte sich schon auf den Weg.

»Halt, ich habe ja meine Kreditkarte dabei«, rief Ilona.

»Na und? Erstens wissen die hier nicht einmal, was eine Kreditkarte ist, und zweitens ist geschlossen.«

»Na eben! Versteht ihr nicht? Ich könnte mit der Karte die Tür öffnen wie in den Krimis.«

Die beiden anderen starrten sie entgeistert an. Aber Ilona war bereits ans Werk gegangen und hatte binnen kurzer Zeit nach Krimi-Manier die einfache Tür, die nicht von der Straße, sondern vom Hausflur ins Geschäft führte, »geknackt«. Während sie hineinging, drei Tafeln Schokolade an sich nahm, das Geld dafür hinterlegte und die Tür wieder schloss, standen Gudrun und Marlene wie gelähmt vor dem Haus. Dann rannten sie alle drei los, was das Zeug hielt und so weit es ihre Fülle erlaubte.

Plötzlich stand die Gräfin vor ihnen.

»Um Himmels willen, meine Damen! Was machen Sie denn da?«

Alle drei wurden blass und sahen sich schon wegen Einbruchs im Gefängnis.

»Langsam laufen, meine Damen, langsam, wie wir es gelernt haben. Sie sind viel zu schnell! Immer an den Trainingspuls denken.«

Kaum war sie weg, prusteten alle drei los wie affige Teenager. Eine Dreier-Freundschaft hatte ihren Anfang genommen.

*

»Ich habe die »Futterkrippe« vor einem halben Jahr gekauft und komplett umgebaut. Mittags koche ich, abends meistens der Chefkoch, den ich angestellt habe. Dadurch kann ich mir die Abende oft freinehmen. Zum Beispiel für einen Opernbesuch oder um mit Ihnen essen zu gehen. Noch einen Bissen?«

Leo hielt ihr ein Amuse-Gueule-Häppchen hin, dem sie nicht widerstand. Immerhin konnte sie es sich jetzt leisten! Acht Kilo abgenommen und zurück auf Kleidergröße 40 – ohne das »bisschen« hinten dran. Er hatte sie nach der Oper in sein Restaurant eingeladen, und diesmal hatte sie keine Hemmungen, sich ihm mit einem neuen Kleid zu zeigen.

Während der Vorspeise gestand er ihr, wie sehr er sich auf jeden Opernabend mit ihr freute.

Bei der Hauptspeise strich er ihr mit der Hand leicht über die Wange.

Zum Nachtisch küsste er sie zart.

*

»Ich will mit dir leben!«

Leo wurde in den letzten Wochen immer drängender. Er wollte, dass sie Alfred reinen Wein einschenkte und zu ihm übersiedelte. So lange sollten sie mit dem Sex warten.

Bisher musste sie sich mit dem Vorgeschmack zufrieden geben: verführerische Menüs in der »Futterkrippe«, Küsse, Streicheln, Reden. Marlene war verrückt nach ihm, und das Warten machte sie noch verrückter. Trotzdem hatte sie Angst, Alfred zu verlassen. Nach zweiundzwanzig Jahren. Sie war ihn so gewöhnt, er gab ihr so viel Sicherheit, und er hatte ihr ja nichts Böses getan. Er war treu, nett, verlässlich.

»Pack dein Glück beim Schopf!«, rieten ihr Ilona und Gudrun, ihre neuen Freundinnen. »Der Traummann begegnet einem nicht alle Tage.«

Renate hatte sie davon noch nichts erzählt.

Schließlich war es Alfred, der ihr die Entscheidung abnahm. Als sie ihn unangemeldet im Büro besuchte, überraschte sie ihn tatsächlich beim Knutschen mit der Sekretärin. Wie klischeehaft, wie langweilig, wie typisch für Alfred!

Noch am selben Tag zog Marlene bei Leo ein.

Er hieß sie mit einem grandiosen Menü willkommen (Lachsterrine auf Spargelvinaigrette, Kraftbrühe mit Markcroutons, Grenadin vom Kalb mit Roquefortsauce und hausgemachten Nudeln und zum Nachtisch eine Schokomousse in Herzform – dazu durchweg Champagner) und schien sich ehrlich zu freuen, dass es ihr schmeckte.

Während Leo Marlene beim Essen beobachtete, strahlten seine Augen einen Vorgeschmack dessen aus, was nun kommen würde: Leidenschaft, Lust, Sex.

Ein Mann, vor dem man genussvoll essen konnte!

Ein Mann, der die Erotik in Person war!

Ein Mann, der dann auch hielt, was er verhieß!

Marlene schwebte auf Wolke sieben.

*

»Du bist zu dünn!«

Marlene wäre bei dieser Bemerkung Leos beinahe von der Waage gekippt. Zu dünn? Sie, Marlene Kurtz?

»Schau doch auf die Waage, Leo. Ich habe bereits drei Kilo zugenommen, seit ich mit dir lebe.«

»Das ist gut so! Ich liebe jedes Gramm an dir. Du willst doch nicht wie diese ausgetrockneten, dürren Frauen sein, die nicht genießen können und nur an einem mickrigen Salatblatt kauen. Du musst essen, Marlene, richtig gut essen! Ich mag es, wenn ich mich in dir vergraben kann.«

Und wie jeden Abend nach der Nachspeise »vergrub« er sich ...

*

Wachtelbrüstchen auf Feldsalat mit Trüffeln – kalte Lauch-Kartoffelsuppe – Fricassé vom Karpfen auf Rote-Bete-Schaum – Nusssoufflé mit Champagnersauce

»Ich liebe es, dir beim Essen zuzusehen, Marlenchen.« Seine tiefblauen Augen bekamen einen fast fiebrigen Glanz, seine Hände zitterten leicht. Die Luft schien erfüllt von seiner Leidenschaft, die ihr gleichzeitig ein leicht mulmiges Gefühl bescherte. Denn da war auch etwas Sonderbares an ihm, das sie nicht zu deuten wusste.

Und nach dem Dessert entführte er sie wieder in einen Himmel, den sie nie gekannt hatte.

*

Kaninchennieren in Trüffelsauce – Rieslingcremesuppe mit Hechtnocken – Kalbsbries auf grünen Nudeln – Malakofftorte

»Noch eine Portion?«

»Nein danke!« Das Essen war selbst für Marlenes Geschmack etwas üppig gewesen. Außerdem war sie schon wieder zwei Größen nach oben gerutscht. Sie musste sich in Zukunft zurückhalten. Vielleicht sollte sie wieder aufs Pichlergut gehen ...

Aber andererseits wollte sie keinen Tag, oder besser gesagt keine Nacht mit Leo missen.

»Wieso nimmst du nichts mehr davon? Schmeckt es dir nicht?«, kam es beleidigt von Leo. »Ich habe nur für dich gekocht.«

Was das Essen anging, konnte er manchmal ganz schön penetrant sein. Aber was würde sie nicht alles in Kauf nehmen für diese Nächte ...

»Es war super, Leo. Aber vielleicht ein bisschen zu üppig.«

»Üppig!?!« Leos wunderschöne blaue Augen blickten mit einem Schlag eiskalt. »Möchte Madame vielleicht ein Blättchen Rucola?«, fragte er süffisant. »Wenn du so weitermachst, wirst du eines Tages wie ein Stück Bündnerfleisch aussehen, meine Liebe. Dürr, ausgetrocknet, leer.« Sein vorwurfsvoller Blick ließ sie keinen Moment los, während er ihr noch ein Stück Torte auf den Teller zwang. Marlene schob den Teller ruhig, aber bestimmt zur Seite. Daraufhin stand er wütend auf, warf dabei ein Weinglas um, dessen Inhalt sich über Marlenes Kleid ergoss, und stürmte aus dem Zimmer. Marlene blieb irritiert sitzen. Das war ihr Leo?

Seine spätere Entschuldigung war überschwänglich. Allerdings konnte er ihr nicht erklären, warum er plötzlich so ausgeflippt war. Immerhin gab ihm Marlene eine Nacht lang die Chance, alles wiedergutzumachen. Und das tat er.

*

Sauerkrautravioli mit Speck – Kartoffelsuppe mit weißen Trüffeln – Cordon Bleu – Eierlikörkuchen

»Ich muss mich in Zukunft beim Essen einschränken. Mir passen meine Kleider nicht mehr.«

Leo bekam einen roten Kopf und schien sich nur mühsam zu beherrschen.

»Na und? Wozu brauchst du Kleider?«, kam es forsch. »Mir gefällst du ohnehin nackt am besten«, versuchte er sich dann in einem gezwungenen Scherz.

»Aber ich kann ja nicht gut nackt auf die Straße gehen.«

»Du musst auch nicht auf die Straße gehen. Bleib doch zu Hause, ich bringe dir alles, was du möchtest. Ich will ohnehin nicht, dass du dich mit diesen magersüchtigen Weibern vom Pichlergut triffst. Die haben einen schlechten Einfluss auf dich.« Mit jedem Satz wurde sein Ton unbeherrschter. »Du gehörst mir, mir allein!« Sein Atem ging schwer, und Schweißperlen standen ihm auf der Stirn. Marlene bekam es mit der Angst zu tun.

Aber dann lachte er plötzlich auf, als wäre alles nur ein Witz gewesen, nahm sie in seine Arme und führte sie ins Schlafzimmer.

*

Das Telefon riss Marlene aus ihrem Nickerchen. Seit Leo für sie kochte, hatte sie nicht nur Größe 50 erreicht, sondern war auch ständig müde. Sie aß einfach viel zu viel und zu schwer. Das raubte ihr jede Energie.

»Wo bist du? Ich warte auf dich«, schnauzte Alfred ins Telefon.

»Alfred? Wieso? Was ist los?«

»Hat dir dein Leo nicht ausgerichtet, dass du heute Nachmittag deine restlichen Sachen aus der Wohnung holen sollst? Ich ziehe nämlich um. Also komm her, oder ich werfe alles weg.«

*

Die Vertrautheit von zweiundzwanzig Jahren traf sie wie ein Schlag, als sie die Wohnung betrat. Doch Alfred half ihr, die Wehmut rasch abzuschütteln.

»An Unterernährung leidest du ja nicht gerade«, versuchte er gar nicht erst, sein Entsetzen über ihr Aussehen zu verbergen.

»Leo liebt jedes Gramm an mir«, konterte sie trotzig.

»Na dann! Alles bestens. Ich gehe jetzt. Um sechs solltest du fertig sein, dann komme ich wieder. Und zwar nicht allein.«

»Noch was, Alfred! Ich habe den besten Sex meines Lebens. Und zwar jeden Tag!«, rief sie ihm nach.

*

Das Packen ging ziemlich schnell. Die Kleidung wanderte samt und sonders in Säcke für das Rote Kreuz. Da passte garantiert nichts mehr, aber wenigstens die Schuhe konnte sie behalten. Noch ein paar Bücher, CDs und ein bisschen Krimskrams.

Mein Gott, was sie alles gesammelt hatte! Unzählige Bücher und Zeitungsausschnitte, die von großer Liebe handelten. Fast alle Artikel über diese romantische Beziehung zwischen José Carreras und der Vorarlbergerin.

Das konnte sie alles wegwerfen. Jetzt hatte sie schließlich ihr eigenes Leben, Ersatz war nicht mehr nötig. Mit Carreras (er war in einer großformatigen Zeitung erschienen) konnte man immerhin noch sehr gut Schuhe einwickeln.

Dabei fiel ihr Blick auf einen Artikel mit dem Foto einer sehr dicken Frau, noch dicker als Marlene:

Der mysteriöse Tod von Hedwig K., 34, scheint geklärt. Es war kein Mord, wie anfänglich vermutet. Die Frau starb an Herzversagen, verursacht durch ihr extremes Übergewicht. Offenbar wurde sie von ihrem Freund regelrecht zu Tode gefüttert. Er gehört zum Kreis der sogenannten Feeders ...

Ende der Zeitungsseite.

Marlenes Knie gaben etwas nach. Sie musste sich auf das Bett setzen, in dem sie so viele frustrierende Nächte verbracht hatte. Noch einmal las sie den unvollständigen Artikel. Zu Tode gefüttert. Herzversagen. Das Brennen in der Brust bildete sie sich wohl gerade ein?! Sie hatte noch nie von den *Feeders* gehört. Den Artikel wollte sie unbedingt zu Ende lesen und mehr über diesen Freund erfahren. Sie würde Renate anrufen, die in einem Zeitungsarchiv arbeitete.

*

»Renate, hier Marlene. Du, ich habe eine Frage ...«

»Da schau her, dass du dich einmal meldest! Alfred hat mir erzählt, dass du ihn verlassen hast. Ich habe ja nicht einmal eine Telefonnummer von dir.«

»Tut mir echt leid. Aber ich war, ich meine, ich *bin* zum ersten Mal richtig verliebt und lebe mit Leo zusammen, und da bin ich bisher irgendwie zu gar nichts gekommen. Du, Renate, warum ich dich anrufe: Ich habe da einen Artikel gelesen ...«

»Ist er fesch?«

»Wie? Leo? Ja, ja. Aber weißt du ...«

»Ist er schlank?«

»Ja. Hör zu Renate ...«

»Das find ich ja irre. Dass ausgerechnet du immer schlanke Männer kriegst. Stört ihn denn nicht, dass du so dick bist?«

Renate, seit ihrer Jugend dürre Größe 36 – »Bündnerfleisch« würde Leo sagen – war immer schon unverblümt gewesen. Ob aus Dummheit oder Bosheit, wusste Marlene bis heute nicht. Jedenfalls versprach sie, den Artikel zu suchen.

*

Gänseleberparfait mit Traminergelee – Sauerrahmsuppe mit Käsekrusteln – Schweinsrücken mit Grammelstrudel – Gundelpalatschinken

»Warum isst du das Gänseleberparfait nicht?«

»Ich mag keine Gänseleber. Mir tun die Tiere leid, die dafür gestopft werden«, trotzte Marlene Leos strengem Ton.

»Stopfen ist eine königliche Disziplin, Marlene, das A und O jeder guten Gänseleber. Stopfen ist wichtig.« Dabei sah er sie mit einem Blick an, der Marlene Schauer über den Rücken jagte. »Du musst das Parfait essen.«

»Nein, Leo, ich möchte nicht.«

»Das machst du absichtlich!«, brüllte er. »Was ist in letzter Zeit eigentlich los mit dir? So ein Gänseleberparfait stehen lassen, weil einem die armen Gänslein leidtun. Ja, spinnst du total? Du wirst noch lernen, Gänseleber zu genießen, das sage ich dir! Ich werde es dir Bissen für Bissen beibringen, Marlene. Und jetzt iss gefälligst auf!«

»Ich will nicht! Ich esse keine Gänseleber.« Marlene bekam Angst vor dem irren Ausdruck, den sein Gesicht jetzt annahm.

»Ich esse keine Gänseleber«, äffte er sie nach. »Meine Gänseleber ess ich nicht. So nicht, Marlene! Du isst jetzt. Iss, Marlene, iss!«

Noch während sie vom Tisch aufstand, betete er das Wort wie ein Mantra vor sich hin: »Iss, iss, iss.«

*

»*... zu Tode gefüttert. Er gehört zum Kreis der sogenannten* Feeders«, las Marlene nun den vollständigen Artikel, den Renate ihr geschickt hatte. »*Dabei handelt es sich um Männer, die extrem dicke Frauen lieben und hauptsächlich durch das Füttern ihrer Partnerin sexuell erregt werden. Der Bekanntenkreis der Frau ließ verlauten, dass Hedwig K. noch vor einem Jahr das war, was man allgemein als vollschlank bezeichnet. Seit sie mit ihrem Freund zusammenlebte, hatte sie jedoch mindestens vierzig Kilo zugenommen und sich völlig von Familie und früheren Freunden zurückgezogen. Da der Freund des Opfers die Frau vermutlich* *nicht absichtlich zu Tode gefüttert hat, kam es zu keiner Mordanklage. Allerdings befindet er sich in psychiatrischer Behandlung.«*

Nach der Lektüre des Artikels fiel Marlene (mittlerweile Größe 52) ernüchtert von Wolke sieben auf die Erde. War Leo ein *Feeder*? War er ein Psychopath? Oder kochte er nur gerne und liebte füllige Frauen? Warum benahm er sich dann so seltsam und wurde aggressiv, wenn sie nicht essen wollte? Jedenfalls fasste sie einen Entschluss: Sie würde sich bei der Gräfin zu einer weiteren Schlankheitskur anmelden.

*

Wo hatte sie nur die Nummer vom Pichlergut hingetan? Gudrun und Ilona waren nicht zu erreichen, die wüssten die Nummer bestimmt. Irgendwo musste sie noch die Rechnung von ihrem letzten Aufenthalt haben. Da stand die Telefonnummer sicher drauf. Durch Alfred hatte sie sich immerhin angewöhnt, alles penibel in Ordnern abzulegen. Jetzt war sie zwar nachlässiger geworden, aber die alten Ordner existierten noch. Sie hatte sie irgendwo im Wohnzimmerschrank eingeräumt.

Mühsam erhob sie sich von dem Sofa, was ihr immer schwerer fiel. Höchste Zeit fürs Pichlergut! Sie öffnete den Schrank. Da waren ein paar Kochbücher, einige Mappen von Leo – vermutlich Rezepte – und dazwischen auch ihre Papiere. Sie wollte sie gerade herausnehmen, als ihr Blick auf einen Ordner fiel, der mit »Marlene« beschriftet war.

Neugierig begann sie, darin zu blättern. Fotos aus ihrer Anfangszeit, ein paar Zettel mit Liebesbotschaften, die sie ihm hin und wieder hinterlassen hatte, waren eingeklebt. Wie lieb er doch sein konnte!

Dann gab es Menübeschreibungen, die ihr bekannt vorkamen. Ja, es waren die Menüs, die Leo für sie gekocht hatte. Na schön. Und noch Daten und Zahlen. Was hatten die Zahlen zu bedeuten? Es dauerte eine Weile, bis es Marlene dämmerte: Das war ihr Gewicht! Leo hatte penibelste Aufzeichnungen über ihre Gewichtszunahme geführt …

*

Marlene hatte die nötigsten Sachen rasch gepackt, um fort zu sein, wenn Leo nach Hause kam. Ob er nun ein *Feeder* war oder nicht: Sie hatte Angst vor ihrem einstigen Traummann. Für Wehmut blieb keine Zeit, als die Wohnungstür hinter ihr ins Schloss fiel. Sie zerrte ihren Koffer eben aus der Haustür und über die drei Stufen in den Vorgarten, als Leo durch das Gartentor kam. In der Hand ein Glas mit Gänseleber.

»Überraschung! Allererste Qualität! Beste Gänseleber im Eigenfett. Nur für dich.« Wieder der fiebrige Glanz in seinen Augen. »Wo gehst du hin?«

Erst jetzt sah er ihren Koffer. »Mein Gott, Marlene, nein! Wohin willst du? Bleib! Verlass mich doch nicht!«

Wortlos ging sie an ihm vorbei.

Er versuchte, sie mit einer Hand zurückzuhalten, doch als es ihr gelang, sich loszureißen, fiel ihm das Glas aus der anderen Hand zu Boden und zerbrach in tausend Scherben. Zwischen den Glasscherben klebten überall Klumpen von Gänseleber und Fett, Fett, Fett. Marlene musste sich bei diesem Anblick beinahe übergeben, daher ging sie weiter, ohne sich umzusehen. So schnell sie konnte. Immer weiter, immer weiter, fort von Leo, fort von dieser verdammten Gänseleber, fort von den schönsten Nächten ihres Lebens.

*

»Bleib hier! Geh nicht!«, rief Leo ihr verzweifelt nach und machte einen Schritt nach vorn, um sie einzuholen. Doch Marlene, eins zweiundsechzig, Größe 52, mühte sich tapfer mit ihrem Koffer die Straße entlang, ohne ihm einen weiteren Blick zu gönnen.

Und so sah sie nicht, wie Leo auf die fette glitschige Masse trat, vergeblich in der Luft Halt suchte, es ihm mit Schwung die Füße wegzog und er im Fallen mit dem Hinterkopf auf den gepflasterten Gehweg krachte. Sie sah auch nicht, wie das Blut aus Leos Hinterkopf sickerte und sich langsam mit Glasscherben, Gänseleber und Gänsefett mischte.

*

»Halb so schlimm, nur eine Platzwunde. Das sieht oft schlimmer aus als es ist«, sagte der Arzt beruhigend

»Trotzdem haben Sie mir das Leben gerettet«, strahlte Leo die schlanke junge Frau an, die ihn vor dem Gartentor aufgelesen und ins Spital gebracht hatte. »Darf ich mich revanchieren und Sie zum Essen einladen?«

Stella Conrad

Schlaraffenland

Patrick ist sofort hellwach, als Fleurs Wecker um drei Uhr nachts klingelt. Fleur bewegt sich, macht aber keine Anstalten, das nervtötende Fiepen des Weckers zu beenden. Patrick richtet sich auf, beugt sich über sie, knipst ihre Nachttischlampe an und stellt den Alarm aus. Er berührt sie an der Schulter und sagt: »Steh auf, Liebes, du darfst deinen Flug nicht verpassen.«

Fleur, die Augen noch geschlossen, schlägt seine Hand weg und faucht: »Ja, ja, isch werde diese Scheiß-Flieger schon erwischen, merde alors! Isch 'abe genug Zeit!« Sie wirft ihre Decke zurück und sitzt noch einen Moment auf der Bettkante, bevor sie auf ihren langen Beinen ins angrenzende Bad stelzt. Augenblicke später hört er die Dusche rauschen.

Patrick verschränkt die Arme hinter dem Kopf und betrachtet Fleurs Porträt an der Wand. Das Bild stammt aus der Modestrecke eines Hochglanzmagazins. Fleur starrt den Betrachter hochmütig an. Ihr extrem toupiertes Haar umwogt ihr schmales Gesicht mit den leicht schräg stehenden, dramatisch geschminkten Augen. Sie trägt ein Modell aus der Kollektion, der er seinen endgültigen Durchbruch verdankt. Bei dieser Produktion waren sie sich begegnet: er, der junge Designer, und Fleur, das heiße, neue Model aus Frankreich, das nur aus endlos langen Beinen, hohen Wangenknochen und Katzenaugen zu bestehen schien. Vier Jahre ist das jetzt her. Erst wurde sie seine Muse, dann, vor einem Jahr, seine Geliebte. Sie waren sofort das schillerndste Paar der Modebranche, die Lieblinge der Klatschspalten. Auf den roten Teppichen aller wichtigen Veranstaltungen sorgten seine Kleider für Furore, getragen von

Filmdiven, It-Girls (wie er diese verwöhnten, strohdummen Gören hasste!) und Society-Ladys. Durch seine Kreationen wirkte selbst die magerste Figur weiblich und sexy zugleich.

Aus dem Bad ertönt ein schriller Schrei. Fleur kommt ins Schlafzimmer gestürmt, knipst das Licht an und lässt vor dem deckenhohen Spiegel das Handtuch fallen. Ihre Schulterblätter und Rückenwirbel stehen spitz hervor. Hektisch kneift sie sich in die Taille und quetscht die Haut zwischen ihren Fingern.

»Isch bin fett! Fett und 'ässlisch!«, schreit sie hysterisch. Sie wirbelt herum und zeigt mit dem Finger auf ihn. »Du bist schuld! Isch 'asse disch! Merde, warum 'abe isch misch überreden lassen, diese fettische Mist zu essen?«

Patrick seufzt innerlich. Ging das schon wieder los! Er hat doch nur verhindern wollen, dass sie wegen Mangelernährung einen Schwächeanfall erlitt, und am Abend zuvor ihren kleinen Schwips genutzt, sie zu einer Portion Tortellini alla panna zu überreden. Die Gier, mit der sie die Nudeln in sich hineingestopft hatte, sprach eine deutliche Sprache. Patrick war es leid, dass ihr gemeinsamer Kühlschrank nichts zu bieten hatte außer Karotten, stillem Mineralwasser und fettarmem Joghurt.

Einmal, zu Beginn ihrer Beziehung, hatte er den Frühstückstisch mit Köstlichkeiten gedeckt: verschiedene Sorten Käse, Butter, italienische Mortadella, Pfälzer Leberwurst, knusprige Buttercroissants, dazu Eier im Glas, Stücke frischer Früchte auf Sahnejoghurt ...

Sie hatte beim Anblick des Tisches einen hysterischen Anfall gekriegt und alles in den Müllschlucker geworfen. Danach hatte sie zwei Tage geweint.

Patrick stützt sich auf den Ellenbogen und sagt: »Unsinn. Du bist nicht zu fett.« Er kann ihre Rippen zählen, ihre Brüste sind winzig. Sie als mager zu bezeichnen, wäre schon ein Euphemismus. Sie ist dürr. Zu dürr. Und sie interessiert sich für nichts anderes als ihr Gewicht.

Fleur zerrt an der Haut über ihren Hüftknochen. »Da! Siehst du? Isch 'abbe sechs'undert Gramm zugenommen! Sechs'undert Gramm! Isch werde aussehen wie eine Würst in zu enge Pelle!« Sie bricht in Tränen aus.

Er kann es nicht mehr hören. Am liebsten würde er Fleur schütteln und ohrfeigen. Stattdessen steht er auf, nimmt sie in den Arm und streicht ihr über die honigblonden Haare.

»Du bist wunderschön. Ihr werdet großartige Fotos machen. Und bei meiner nächsten Schau wirst du eine Sensation sein.« Er lässt sie los und gibt ihr einen Klaps auf den Hintern. »Jetzt zieh dich an, dein Taxi kommt in zehn Minuten.«

Sie verschwindet im Ankleideraum und taucht in Jeans und überdimensionalem Rollkragenpullover wieder auf. Eine riesige Sonnenbrille bedeckt ihr halbes Gesicht.

Fleur gibt ihm einen flüchtigen Kuss. »Was machst du 'eute?«, fragt sie desinteressiert, während sie sich im Spiegel mustert.

Er antwortet nicht, sondern schiebt sie zur Wohnungstür, an der ihr gepackter Trolley wartet. Es klingelt. Während er dem Fahrer durch die Sprechanlage mitteilt, dass sein Fahrgast auf dem Weg sei, fällt die Tür hinter ihr mit einem Knall ins Schloss. Als wolle er sich vergewissern, dass sie auch wirklich abfährt, geht er auf die Dachterrasse seines Penthouses hinaus und sieht hinunter auf die Straße.

Endlich fährt das Taxi los.

Patrick rennt in die Wohnung zurück und duscht hastig. Ein Blick auf die Uhr zeigt ihm, dass er sich beeilen muss, er ist schon spät dran.

Zehn Minuten später verlässt er ebenfalls das Haus. Er geht rasch durch die stillen nächtlichen Straßen, biegt um ein paar Ecken und steht schließlich an einer hohen Ziegelmauer mit einer geschlossenen Pforte. Vorsichtig drückt er die Klinke herunter, und die Holztür öffnet sich mit einem leisen Quietschen in einen kleinen Innenhof, der von dem Licht, das aus einem

Fenster dringt, spärlich erhellt wird. Mit ein paar schnellen Schritten erreicht er das erleuchtete Rechteck und späht hinein.

Sein Blick geht in eine Backstube. Ein paar Männer sind bei der Arbeit. Sie tragen weiße T-Shirts und Schürzen, karierte Hosen und kleine, weiße Käppis. Die Luft in der Backstube ist staubig von Mehlpartikeln. Patrick tritt schnell einen Schritt zurück, als sich eine Tür zu dem Raum öffnet. Eine junge Frau kommt herein und wird von den Männern fröhlich begrüßt.

Endlich. Patrick geht ein paar Schritte weiter zu einem Fenster, das noch dunkel ist, und setzt sich auf einen Mauervorsprung. Von hier aus hat er, solange es noch dunkel ist, einen guten Blick in den Raum, ohne dass er gesehen werden kann. Das Licht geht an. Die junge Frau nimmt sich eine der weißen Schürzen von einem Haken an der Tür und schlingt sie sich um die Taille. Sie ist jung, vielleicht Mitte zwanzig, ihre dunklen Locken hat sie mit einem bunten, im Nacken geknoteten Tuch gebändigt. Sie trägt ein weißes T-Shirt mit einem Ausschnitt, der den Ansatz ihrer Brüste zeigt. Alles an ihr ist weich und gerundet.

Wie schon so oft, beobachtet Patrick die junge Konditorin bei der Arbeit. Sie setzt eine große Metallschüssel, in der sie große Brocken Schokolade schmelzen lässt, in ein Wasserbad auf den Herd. Von Zeit zu Zeit rührt sie darin. Parallel fertigt sie schaumige Cremes an, die sie mit Alkohol aromatisiert oder mit frischen Obststückchen anreichert. Nach und nach baut sie auf ihrer Arbeitsfläche verschiedene Behälter auf, kleine Schälchen mit gehackten Nüssen, Pistazien, schokolierten Kaffeebohnen und Kokosflocken, Schüsseln mit den Cremes, einen großen, hölzernen Pfefferstreuer und diverse Küchenwerkzeuge. Dann geht sie zum Herd und hebt die Schüssel mit der schon leicht abgekühlten, geschmolzenen Schokolade aus dem Wasserbad. Ihr rundes, rotwangiges Gesicht rötet sich noch ein bisschen mehr vor Anstrengung. Sie ist klein und pummelig. Patrick findet, dass er selten etwas Schöneres gesehen hat als diese junge Frau, die mit so viel Sorgfalt und Liebe bei der Arbeit ist. Sie schöpft einen Teil der Schokoladenconche in eine Schüssel, lässt Pfeffer darüber rieseln und rührt kräftig um. Dann füllt sie die Masse in einen Spritzbeutel und beginnt, kleine Ornamente auf ein mit Backpapier ausgelegtes Blech zu legen. Sie arbeitet konzentriert und versunken. Eine Locke löst sich aus dem Kopftuch und fällt ihr ins Gesicht. Sie streicht die Haarsträhne mit dem Handrücken zurück und hinterlässt auf ihrer Stirn etwas Mehl. Als der Spritzbeutel leer ist, stellt sie das Backblech in einen großen Kühlschrank, dem sie gleich darauf weitere Schüsseln entnimmt, in denen gefärbtes Marzipan auf seine Verarbeitung wartet. Sie legt einen großen Laib knallrotes Marzipan vor sich auf die Arbeitsplatte. Mit einer Teigrolle beginnt sie, die Masse hauchdünn auszurollen. Dabei beugt sie sich immer wieder tief über den Tisch und prüft die Dicke der stetig größer werdenden Marzipanplatte. Als sie zufrieden ist, schneidet sie mit einem kleinen Messer Streifen ab, die sie routiniert und flink zu Rosenblüten formt. Aus dem grünen Marzipan schnitzt sie Blütenblätter. In der Zwischenzeit hat einer ihrer Kollegen aus dem Nebenraum große Backbleche mit gebackenen Mürbeteigböden hereingebracht. Ein Blech ist mit kleinen Würfeln gefüllt, die wie Bauklötze aussehen. Als sie einen davon in die Hand nimmt, sieht Patrick, dass er in drei Schichten zerteilt ist. Sein Herz klopft schneller. Er hat Glück – sie wird Petit Fours machen. Dabei beobachtet er sie am liebsten.

Einmal im Monat gönnt er sich diesen heimlichen Ausflug ins Reich der Sinne. Je später die Sonne aufgeht, desto länger kann er sich am Anblick dieser jungen Frau erfreuen.

Er sieht auf das erleuchtete Ziffernblatt seiner Armbanduhr. Noch eine knappe halbe Stunde, dann wird er sich zurückziehen müssen.

Die Konditorin benutzt die vorbereiteten Cremes, um die einzelnen Schichten der Teigwürfel zu bestreichen. Wenn ein Stück fertig ist, überzieht sie es mit hauchdünnem, farbigem Marzipan oder taucht es mit Hilfe einer filigranen Zange in die flüssige, hellbraune Schokolade. Sie begutachtet jeden dieser glänzendbraunen, tropfenden Würfel von allen Seiten, bevor sie ihn fast zärtlich zum Abtropfen auf ein engmaschiges Kuchengitter absetzt. Dann werden die kleinen Würfel verziert, entweder mit einer Marzipanrose und zwei oder drei grünen Blättern, mit gehackten Pistazien und Schokobohnen oder mit einem eleganten Klecks einer der Cremes, den sie mit einem Spritzbeutel aufbringt. Gekrönt werden diese Cremerosetten mit einem der Schokoladenornamente, die in der Zwischenzeit im Kühlschrank ausgehärtet sind und die sie vorsichtig vom Backpapier löst. Ihre Bewegungen sind anmutig und fließend. Sie erinnert ihn an eine hingebungsvoll tanzende Ballerina.

Patrick bemerkt, dass es zu dämmern beginnt. Es wird Zeit für ihn, seinen Beobachtungsposten zu verlassen und weiterzuziehen. Er wirft einen letzten Blick auf die Konditorin und verlässt den Hinterhof.

Es wird rasch heller. Er geht die Straße hinunter, voller Vorfreude auf die Genüsse, die auf ihn warten. Am Ende der Straße biegt er rechts ab und bleibt dann einen Moment stehen, um die Szenerie ganz in sich aufzunehmen. Der Wochenmarkt ist rund um das Rathaus aufgebaut, und trotz der frühen Stunde herrscht bereits reges Treiben. Die ersten Sonnenstrahlen fallen auf die Marktstände, an denen die ausgelegten Waren auf ihre Käufer warten. Patrick zögert. Sein Magen knurrt. Der Markt muss noch warten.

Er steuert eine Bäckerei an, vor der man Tische und Stühle auf dem Bürgersteig aufgestellt hat. Er betritt das Ladenlokal. Es duftet warm und schwer nach frischem Brot. Vor der Theke drängen sich die Kunden. Patrick macht es nichts aus, zu warten, im Gegenteil: Umso länger kann er den Verkäuferinnen, drei Frauen mittleren Alters, bei ihrer Arbeit zusehen. Alle drei tragen gestärkte, rot gestreifte Latzschürzen mit Rüschen. Sie sind freundlich und flink, plaudern mit den Kunden, füllen Brötchen in Papiertüten, verpacken frische Brotlaibe in rote Stoffbeutel und füllen Kaffee in Porzellantassen oder Pappbecher mit Deckel.

Am liebsten sieht Patrick dabei zu, wenn eine Verkäuferin ein Kuchentablett zusammenstellt, wenn sie duftige Windbeutel, Hefeteilchen und dreieckige, hohe Stücke verschwenderisch dekorierter Torten einzeln mit hauchzarter, transparenter Folie umhüllt, sie dann vorsichtig auf ein Papptablett stellt und alles sorgfältig in das bunt bedruckte Papier der Bäckerei einschlägt.

Als Patrick an der Reihe ist, fragt ihn die mütterlich wirkende Verkäuferin: »Was darf ich Ihnen geben, junger Mann?«

»Einen großen Milchkaffee, aber mit Espresso, bitte. Und zwei, nein, drei Croissants. Haben Sie Laugencroissants?«

Die Verkäuferin lächelt. »Aber sicher. Gerade ganz frisch aus der Backstube. Zum Mitnehmen?«

»Nein, ich setze mich nach draußen.«

»Gern«, sagt die Verkäuferin. »Setzen Sie sich doch schon mal hin, ich bringe Ihnen gleich alles raus.«

Patrick bedankt sich mit einem Nicken und verlässt den Laden, um sich an einem der noch freien Tische niederzulassen. Er sucht weder Gesellschaft noch ein Gespräch. Er will die Ruhe dieses Tages in seinem heimlichen Schlaraffenland mit allen Sinnen genießen. Viel zu selten sind diese Gelegenheiten. Bei seinem vollen Terminkalender muss er oft Wochen im Voraus planen.

Der Aschenbecher auf dem Tischchen erinnert ihn daran, dass er an diesem Tag noch keine Zigarette geraucht hat. Er hat sich das Rauchen angewöhnt, weil er bei seiner Arbeit fast nie zum Essen kommt. In seiner Branche ist Übergewicht der größtmögliche Makel. Niemand wagt auch nur den Vorschlag zu machen, etwas zu essen.

Er greift nach seinem Zigarettenetui, lässt es dann aber doch in seiner Jackentasche stecken. Seine Geschmacksnerven und seine Nase sind vorbereitet, vibrieren vor Ungeduld und Vorfreude, er will sich den Genuss nicht verderben. Er schließt die Augen und lauscht den Geräuschen des Marktes: den Stimmen der Händler und ihrer Kunden, dem leisen, kichernden Tratsch zweier Frauen, die ganz in seiner Nähe stehen.

»Hier, bitte schön, guten Appetit.«

Patrick öffnet die Augen. »Seine« Verkäuferin beugt sich zu ihm und stellt seine Bestellung auf das kleine, runde Marmortischchen. Sie nickt ihm lächelnd zu und verschwindet wieder im Geschäft.

Patrick beugt sich über seine Tasse und schnuppert. Leicht bitterer Kaffeeduft, das cremige Aroma geschlagener, heißer Milch, der scharfe Hauch von Kakaopulver, das über den Milchschaum gestäubt ist.

Patrick greift nach dem Zuckerstreuer und lässt die weißen Kristalle in die Milchkaffeeschale rieseln. Der Zucker reißt einen Krater in den Schaum, bevor er im heißen, schwarzen Espresso versinkt. Patrick rührt vorsichtig um, langsam und stetig, bis Milchschaum und Kaffee komplett verschmolzen sind.

Wieder beugt er sich herunter und schnuppert. Perfekt. Der aufsteigende Dampf duftet süß. Er nimmt die Schale mit beiden Händen – heiß! – und führt sie an seine Lippen. Seine Nase inhaliert das Aroma, das immer intensiver wird, bis er den Genuss endlich mit einem kleinen Schluck aus der Schale krönt. Heiß und bitter und süß und cremig ...

Und dann der erste Biss in das butterzarte, leicht salzige Croissant. Fast hätte Patrick laut aufgestöhnt. Noch ein Schluck Milchkaffee, dann wieder in das Croissant beißen, außen knusprig mit salziger, dunkelbrauner Haut, innen zarte Teigblätter, leicht fettig, exquisiter Geschmack.

Patrick stellt sich Fleurs Gesicht vor, wenn sie ihm jetzt ge-

genübersäße. Angeekelt würde sie an ihm vorbei ins Nirgendwo starren, die Lippen zu schmalen Strichen zusammengepresst. Diesen Gesichtsausdruck bekommt er immer dann zu sehen, wenn er die Dinge isst, die auf ihrer schwarzen Liste stehen – und das ist alles, was schmeckt.

Er verscheucht den Gedanken an Fleur und beendet sein Frühstück langsam, Bissen für Bissen und Schluck für Schluck.

Er geht in den Laden, um zu bezahlen. Die Verkäuferin wünscht ihm gut gelaunt einen schönen Tag.

Patrick überquert die Straße, um den Markt zu erkunden, wie ein Kunstliebhaber, der ein Museum durchstreift, dann und wann vor einem Bild verharrend, um darin zu versinken. Jeder Stand ein Kunstwerk von Arcimboldo, das der Betrachter nicht nur sehen, sondern zusätzlich riechen, schmecken und fühlen kann.

Eine Auslage mit Fisch, stromlinienförmige Körper auf Bergen aus gestoßenem Eis, silbern geschuppt, mit glänzenden Augen und blutroten Kiemen, der Duft von Meerwasser und Frische. Dicke, saftige Filets, weiß schimmernd und mit gelben, kreisrunden Zitronenscheibensonnen garniert.

Lebende Hummer und Krebse mit zusammengebundenen Scheren, Langusten, Garnelen mit roten und braunen Panzern wie aus Metall, die Füße bewegen sich langsam. Patrick fühlt kurzes Bedauern bei diesem Anblick, das bei dem Gedanken an gratinierten Hummer allerdings schlagartig wieder verfliegt. Sein Blick gleitet weiter über gebeizten Lachs, Matjesfilets, appetitanregende Meeresfruchtsalate, geräucherte Aale und Heilbuttstücke ... Patrick spürt, wie ihm der Speichel im Mund zusammenläuft. Aber diesmal wird er nichts einkaufen, obwohl Fleur erst übermorgen wiederkommt. Für diesen Abend hat er etwas Besonderes geplant, er freut sich schon seit Wochen darauf.

Er geht weiter über den Markt, an einem Blumenstand vorbei, an einer Orgie aus Farben und Düften, schwellend und betäubend, umsummt von Hummeln, deren flauschige Körper von Blüte zu Blüte fliegen, die Hinterbeine mit kleinen gelben Pumphosen aus Blütenstaub versehen.

Ein Obststand, glänzende, pralle Früchte, samtige Pfirsiche, lange Rispen von Johannisbeeren, rot und schwarz, Stücke von Wassermelonen, in Folie verpackt, Bananen, Pflaumen, Kirschen, Erdbeeren, jede Frucht ein besonderer Duft, mal zart, mal kräftiger, immer süß. Selbst eine Zitrone duftet betörend süß.

Ein Stand mit Gemüse. Alles sieht prall, gesund und kräftig aus, der dunkelgrüne Wirsing wie gemalt, die Schale der kleinen, hellen Frühkartoffeln dünn wie Pergament, der Duft der Pilze erdig und dunkel, die Kräuter frisch und von intensivem Aroma, die rotglänzenden Tomaten und tiefvioletten Auberginen zu Hügeln aufgetürmt.

Patrick lässt sich Zeit. Er wandert, die Hände in den Hosentaschen, von Stand zu Stand, alle Sinne auf Empfang geschaltet. Eine Verkäuferin wählt sorgfältig eine Aprikose nach der anderen aus, um sie dann der Kundin zu präsentieren, bevor sie die Früchte vorsichtig in die braune Spitztüte aus grobem Packpapier packt, die in der Schale der abgenutzten, altmodischen Waage liegt. Eine Hausfrau lässt sich an einem Metzgereistand Fleisch und Wurst zeigen, bedenkt jede Entscheidung lange, tauscht sich dabei intensiv mit der geduldigen, freundlichen Verkäuferin aus und arbeitet langsam und konzentriert ihre Einkaufsliste ab. Patrick beneidet den Ehemann, der sich auf die saftigen Koteletts freuen kann, die gerade in der Einkaufstasche der Kundin verschwinden. Er sieht auch der Blumenfrau zu, die für ihre Kunden nach deren Wünschen kleine und große Sträuße bindet, manche kunterbunt und wild, andere pastellfarben und filigran. Patrick beschließt, auf dem Rückweg die passende Dekoration für den Abend zu kaufen. Frische Blumen werden ihn vollkommen machen.

Er steuert den nahe gelegenen Stadtpark an und nutzt den warmen, sonnigen Herbsttag zu einem ausgedehnten Spaziergang. Die raschelnden Blätter zu seinen Füßen lassen ihn an seine Jugend denken, als er mit seinen Freunden im Park das herabgefallene Laub zu großen Haufen schichtete, um sich dann juchzend hineinzuwerfen und zu durchwühlen. Wenn sie sich müde getobt hatten, sind sie zum nächsten Kiosk gerannt, um dort ihr Taschengeld für süße Lollis mit sauer-prickelndem Brausekern, Mäusespeck, Kaugummi oder Sammelbildchen von Fußballern auszugeben.

Eine Zeit lang sitzt er am großzügig angelegten Teich und sieht einer herumwuselnden Kindergartengruppe beim Entenfüttern zu. Auf dem Teich scheint es sich herumgesprochen zu haben, dass es Futter gibt, denn aus allen Richtungen paddeln Wasservögel heran. Patrick wüsste nicht zu sagen, wer lauter kreischt und schnattert – die Kinder oder die hungrigen Teichbewohner.

Er blickt auf die Uhr. Es ist Mittag geworden. Er verlässt den Park und geht durch die Straßen, bis er vor einer dunkelgrün lackierten Eingangstür stehen bleibt. Patrick drückt auf die Klingel, nach ein paar Sekunden öffnet sich die Tür. Ein weißhaariger Mann in schwarzem Anzug bittet ihn herein und führt ihn durch einen holzgetäfelten Gang. Es ist still im Haus, das Geräusch der Schritte wird vom dicken Teppich geschluckt. Eine weitere dunkelgrüne Tür öffnet sich in einen großen, dunkel getäfelten Raum. Mit einer einladenden Geste bedeutet der Mann Patrick, einzutreten und fragt mit gedämpfter Stimme: »Das Übliche, mein Herr?« Patrick nickt und betritt den Raum, während sich die Tür geräuschlos hinter ihm schließt.

Würziger Zigarrenduft steigt ihm in die Nase. Einige der schweren, dunklen Sessel in den lockeren Sitzgruppen sind besetzt. Erfreut bemerkt Patrick die Anwesenheit einer Frau – ein seltenes Vergnügen. Sie ist mindestens Mitte fünfzig, vielleicht sogar älter, sehr gepflegt, ihr mokkabrauner, maßgeschneiderter Hosenanzug hat lindgrüne Nadelstreifen. Sie zieht mit geschlossenen Augen an ihrer Zigarre. Patrick sucht sich einen Sessel, der halb von den Palmwedeln einer riesigen Topfpflanze verdeckt ist, so kann er sie unauffälliger beobachten. Sie legt die Zigarre ab und wendet sich wieder der *Financial Times* zu, die auf ihrem Schoß liegt.

Der weißhaarige Mann kommt lautlos herein, stellt ein silbernes Tablett auf dem kleinen Tischchen neben Patricks Sessel ab und verschwindet wieder. Patrick greift nach der Tasse und probiert einen kleinen Schluck. Brasilianischer Espresso – für ihn der perfekte Begleiter einer handgerollten brasilianischen Zigarre. Er nimmt den Roundcutter vom Tablett und schneidet mit der scharfen, runden Klinge ein Loch in die Zigarre. Er reißt eins der überlangen Streichhölzer an, wartet, bis der Schwefelkopf verbrannt ist, und dreht die Zigarre knapp oberhalb der Flamme, um die Ränder zu rösten. Dann zieht er an der Zigarre, bis schließlich der gesamte Querschnitt glimmt.

Patrick lehnt sich in seinen Sessel zurück und pafft langsam, während er durch die Wedel der Palme weiterhin die Frau in Nadelstreifen beobachtet. Neben dem gelegentlichen Räuspern der anderen Anwesenden ist ihr Umblättern der Zeitung das einzige Geräusch, das die Stille von Zeit zu Zeit unterbricht. Patrick genießt die Ruhe und den Anblick der Frau, die dort, perfekt gekleidet und selbstbewusst, ihre Zigarre raucht. Wieder spürt Patrick Neid, diesmal auf den Schneider, der das Vergnügen hat, die weibliche, wohlgerundete Figur dieser Frau einzukleiden.

Als die Uhr über dem Kamin viermal schlägt, verlässt Patrick den Zigarrenclub. Er will pünktlich sein. Unterwegs bleibt er an einem Kiosk stehen und kauft sich eine Tüte Süßigkeiten, die Hochgenüsse seiner Kindheit. Für einen kurzen Moment ist er der Junge von früher, der kaum an die winzige Luke heranreicht, hinter der all diese wunderbaren Köstlichkeiten darauf warten, in kleine spitze Papiertüten zu wandern. Damals dachte Patrick immer, Kioskbesitzer müssten die glücklichsten Menschen der Welt sein.

Patrick steckt die Tüte in seine Jackentasche und greift von Zeit zu Zeit hinein, um sich eine Geleehimbeere oder einen sauren Drops in den Mund zu stecken. In einem Blumenladen sieht er sich ausgiebig um und entscheidet sich dann für Gladiolen: je zehn in Apricot, Zyclam und Dunkelviolett. Er trägt schwer an den Blumen, aber er freut sich darauf, sie in seiner Wohnung zu verteilen. Besonders die Küche will er damit schmücken.

In seinem Penthouse bleiben ihm noch fünfzehn Minuten, um Vasen mit Wasser zu füllen, die Blumen darin zu arrangieren und an die dafür vorgesehenen Plätze zu stellen. Patrick ist aufgeregt. Sein Herz schlägt schnell. Er würde gern duschen, aber sein Besuch wird jeden Moment kommen.

Es klingelt. Endlich!

Patrick eilt zur Wohnungstür und drückt den Knopf der Gegensprechanlage.

»Ja bitte?«

»Die Köchin ist da!« Selbst durch das Knistern der Anlage klingt die Stimme jung und fröhlich.

Patrick betätigt den Türöffner. Es dauert einige Zeit, dann hört er den Fahrstuhl.

Patrick steht in seiner Wohnungstür, als sich die Aufzugtüren öffnen. Die dunkelhaarige Frau im Fahrstuhl bückt sich gerade, um die beiden vollgepackten Einkaufskörbe zu ihren Füßen hochzuheben. Die Locken fliegen zurück, als die Frau sich aufrichtet. Patrick hält den Atem an: Es ist die Konditorin, die er morgens beobachtet hat. Sie kommt aus dem Fahrstuhl und lächelt ihn strahlend an.

»Hallo. Sie sind Herr Huth? Ich bin Helene Bernauer, Ihre Köchin für heute Abend«, sagt sie.

»Helene Bernauer«, murmelt Patrick und tritt einen Schritt zurück, um für sie den Weg in seine Wohnung freizumachen.

»Einfach Helene, bitte«, sagt sie im Vorbeigehen. Sie duftet süß. Nach ein paar Schritten bleibt sie stehen, dreht sich zu ihm um und sieht ihn fragend an.

Patrick steht noch immer in der offenen Wohnungstür und kann sie nur anstarren. Sie ist klein, reicht ihm gerade bis zum Kinn. Sie trägt einen unförmigen, olivgrünen Parka, der bis zum Kinn geschlossen ist, ausgewaschene Jeans und weiße Turnschuhe. Ihre dunklen, schulterlangen Haare kringeln sich in kleinen Locken. Sie ist völlig ungeschminkt, ihre Wangen sind gerötet, und ihre grünen Augen leuchten.

»Herr Huth?«

»Patrick, bitte«, sagt Patrick, nur um etwas zu sagen. Hat sie ihm eine Frage gestellt? Er ist sich nicht sicher.

Sie lächelt. »Okay, Patrick. Wo ist denn Ihre Küche?«

Patrick schüttelt seine Erstarrung ab, schließt endlich die Wohnungstür und geht ihr voraus in die Küche. Sie stellt die Körbe auf den Holztisch und zieht den Parka aus, den Patrick zur Flurgarderobe bringt. Als er zurückkommt, ist sie dabei, seine Küche zu erkunden. Sie öffnet Schubladen und Schranktüren, inspiziert seinen Herd, setzt einmal kurz die Dunstabzugshaube in Gang und guckt in den Kühlschrank. Sie dreht sich um und sieht ihn am Küchentisch stehen.

»Schöne Küche«, sagt sie. »Sind Sie hier gerade erst eingezogen?«

Patrick schüttelt den Kopf. »Ich bin aus beruflichen Gründen viel unterwegs. Haben Sie alles, was Sie brauchen?«

»Alles bestens«, sagt sie, während sie eine weiße Schürze aus einem der Körbe holt und sich umbindet. Sie zieht ein Haargummi aus ihrer Hosentasche und bändigt ihre widerspenstigen Locken mit routinierten Handgriffen zu einem Zopf. Sie blickt sich um. »Wirklich klasse, Ihre Küche. Da macht es richtig Spaß, zu kochen. Wunderbar. Kochen Sie gern, Patrick?« Sie beginnt, die Körbe auszupacken, hält dann inne. »Moment, Sie haben ein Überraschungsmenu bestellt, stimmt's? Wenn Sie sich die Überraschung erhalten wollen, sollten Sie jetzt nicht zuschauen.«

Patrick ist hin- und hergerissen. Er kann sich nicht entscheiden, welches das größere Vergnügen ist: sie zu beobachten oder ...

»Ich muss sowieso noch duschen und mich umziehen, ich bin erst kurz vor Ihnen nach Hause gekommen«, sagt er und verlässt die Küche. Er geht durch das Schlafzimmer ins Bad. Er zieht sich aus und wirft seine Kleidung direkt in den Wäschekorb. Lange steht er unter der warmen Dusche.

Helene, seine Konditorin. In seiner Küche.

Er trocknet sich ab und achtet beim Deo, genau wie beim Duschgel, darauf, dass es unparfümiert ist. Als er sich im Schlafzimmer anzieht, hört er sie in der Küche werkeln. Er ist unruhig, weiß nicht, wie er sich beschäftigen soll. Kurz entschlossen geht er in die Küche. »Helene?«

Sie sieht von der Poularde auf, die sie gerade mit einer Geflügelschere zerteilt. »Ja?«

Patrick ist verlegen, aber sein Wunsch, in ihrer Nähe zu sein, ist stärker. »Darf ich Ihnen zusehen? Ich setze mich einfach hier an den Tisch, ich störe Sie bestimmt nicht. Und wenn Sie Hilfe brauchen ...«

Sie lacht und legt die Geflügelschere zur Seite. »So weit kommt das noch, dass ich mir von einem Kunden helfen und ihn auch noch dafür bezahlen lasse. Da würde ich schönen Ärger kriegen. Aber zuschauen können Sie gerne. Und wenn ich Ihnen etwas erklären soll ...«

Patrick setzt sich an den Küchentisch. »Wer macht Ihnen denn Ärger, wenn Sie mich mitarbeiten lassen?«

Sie legt die Poulardenteile mit der Haut nach oben vor sich in einen Bräter, den sie in den Kühlschrank stellt. »Wer mir Ärger macht? Mein Chef!« Sie nimmt zwei Zitronen und rollt sie mit festem Druck des Handballens auf dem Schneidebrett hin und her. Dann schneidet sie die Früchte in der Mitte durch und presst den Saft mit der Hand in eine kleine Schüssel. Sie fügt einige Esslöffel Honig dazu und verrührt beides. Dann schneidet sie eine rote Peperoni in winzige Würfel und gibt diese in die sämige Flüssigkeit.

»Machen Sie das hier hauptberuflich?«, fragt Patrick, obwohl er die Antwort kennt.

Sie schüttelt den Kopf. »Ich bin Konditorin, das heißt, ich bin gelernte Köchin, habe aber schon während meiner Lehre gemerkt, dass mir Süßspeisen am liebsten sind. Also habe ich eine Konditorlehre drangehängt.« Sie rührt energisch in der kleinen Schüssel und fügt hinzu: »Ich stehe vor der Meisterprüfung.«

»Und was machen Sie dann hier? Jetzt?«

Sie lächelt und geht zum Kühlschrank. Sie kommt mit drei Körbchen Himbeeren und einem Topf Mascarpone zurück an den Tisch. »Ich verdiene Geld. Ich spare für ein eigenes Geschäft. Na ja, wohl eher für ein bisschen Startkapital.«

Sie verrührt die Mascarpone mit Puderzucker und Orangensaft, den sie frisch auspresst.

»Was für ein Geschäft möchten Sie aufmachen? Ein Restaurant?«

»Ein Restaurant? Niemals! Ich bin doch nicht verrückt! Nein«, sie hält inne und strahlt ihn an, »ich träume von einem Laden. Ganz klein. *Die Zuckerbäckerin* soll er heißen. Und dort soll es die wunderbarsten Dinge geben. Außergewöhnliche Pralinen, exquisite Torten ... Verstehen Sie? Das ist mein größter Traum.«

Patrick nickt. Sein Mund ist trocken. Und das Allerwunderbarste in diesem Laden bist du, Helene, denkt er. Er sieht sie vor seinem geistigen Auge, strahlend, hinter einer altmodischen Theke, in der bunte, glasierte und verzierte Köstlichkeiten auf ihre Käufer warten. Helene, die Zuckerbäckerin, süß und sinnlich und verführerisch und voller Pläne. Er denkt an Fleur, ihre permanente Langeweile, ihr Desinteresse an allem außer sich selbst.

»Möchten Sie?« Helene hält ihm den Rührlöffel hin, der dick mit Mascarpone bedeckt ist. Erfreut greift Patrick zu. Wie früher, wenn er seiner Oma beim Kuchenbacken zugesehen hat und er dann den Rührlöffel bekam und – welche Wonne! – manchmal sogar die ganze Schüssel auslecken durfte. Mit dem Finger! Die Creme schmeckt süß und ganz leicht nach Orange, sie ist kühl und sahnig.

Helene legt eine flache, rechteckige Porzellanform mit Scheiben von Honigkuchen aus, die sie mit bitterem Orangenlikör beträufelt. Darüber verstreicht sie die Mascarpone-Creme. Dann setzt sie als oberste Schicht die Himbeeren, dicht an dicht.

Patrick stellt fest, dass es sie überhaupt nicht zu irritieren scheint, dass er sie bei der Arbeit beobachtet. Sie ist routiniert, gelassen und entspannt.

Jetzt schält sie Kartoffeln und viertelt sie. Helene wäscht die Kartoffelspalten unter fließendem Wasser und wälzt sie dann kurz in Öl und Rosmarin, bevor sie sie auf ein Backblech verteilt.

»Werden Sie allein essen?«, fragt sie. Sie schaltet den Backofen ein, dessen Ventilator leise summend anspringt.

Patrick zögert kurz und sagt dann: »Haben Sie Lust, mir beim Essen Gesellschaft zu leisten, Helene? Oder haben Sie schon etwas anderes vor?«

Sie schnaubt. »Außer lernen, meinen Sie? Nein, das nicht.« Sie guckt ihn neugierig an und zögert.

Patrick hat das Gefühl, dass er mit seiner Frage zu weit gegangen ist. Er räuspert sich verlegen. »Tut mir leid, ich wollte Ihnen nicht zu nahetreten. Aber ich würde mich wirklich freuen. Kochen Sie gerade etwas, das Ihnen schmeckt?«

Sie grinst. »Um ehrlich zu sein, das ist mein Lieblingsessen.

Zitronenhühnchen mit Rosmarinkartoffeln, ein leichter Salat vorneweg und ein Himbeertrifle zum Nachtisch. Könnte ich jeden Tag essen.« Sie tätschelt sich die Hüfte. »Und ich sehe auch so aus, als würde ich es jeden Tag essen. Besonders den Trifle.«

Sie deutet auf eine Fotoserie von Fleur, die hinter ihm an der Wand hängt. »Auf so ein Foto würde ich es wohl nie schaffen.« Sie sieht ihn nachdenklich an. »Also gut, warum eigentlich nicht. Ich nehme Ihre Einladung zum Essen an.«

Sie holt den Bräter mit den Poulardenstücken aus dem Kühlschrank und bestreicht die Haut des Geflügels mit der Marinade aus Honig, Zitrone und Peperoni. Sie achtelt drei Zitronen und legt die Schnitze und ein paar kleine Zweige Rosmarin mit in den Bräter. Dann schiebt sie die Poularde und die Kartoffeln in den Backofen und stellt einen Küchenwecker auf vierzig Minuten ein.

»Ich decke den Tisch«, sagt Patrick. Sie nickt, und während sie mit dem Kopfsalat für die Vorspeise beschäftigt ist, legt Patrick schöne Tischsets auf. Er holt die beiden sündteuren Designer-Blockkerzen, die Fleur niemals anzünden würde, aus dem Wohnzimmer, sucht den Koffer mit dem besten Besteck hervor. Immer, wenn er in die Küche kommt, sieht sie ihn an und lächelt. Sie lässt ihn die Joghurtsauce für den Kopfsalat probieren, fragt ihn, ob er Croutons über seinen Salat möchte. Für diesen wunderbaren Moment will Patrick sich einbilden, dass dies sein normales Leben ist, dass diese wunderschöne Frau immer in seiner Küche steht und für ihn – für sie beide – kocht.

»Was machen Sie beruflich?«, fragt sie, als sie sich schließlich beim Salat gegenübersitzen.

»Ich entwerfe Kleider«, sagt er und ist auf ihre Reaktion gespannt.

Ihr Blick wandert über seinen Kopf zu den Fotos an der Wand, dann wieder zurück zu seinem Gesicht.

»Ja, genau«, sagt er. »Die sind von mir.«

Ihr Blick gleitet wieder zu den Fotos. Sie sieht sie lange an, eins nach dem anderen. Er weiß, was sie sieht. Fleur in einer alten, ungenutzten Fabrikhalle, vor gigantischen, verrosteten Zahnrädern posierend. Fleur in bodenlangem, engem Knallrot, mit dunkellila Federn am Saum, ihr Gesicht wie immer steinern und hochmütig. Fleur in grasgrünen Pailletten, schmal wie ein Grashalm, darüber eine dicke Mohairstrickjacke in Kobaltblau. Fleur in dunkelroter Samtcorsage mit Federn am Dekolleté und weiten Marlenehosen.

Helene sieht ihn ernst an. »Gibt es die auch in Größe 44?«, fragt sie und prustet los. Sie steht kichernd auf und beugt sich über den Tisch, um nach seinem Teller zu greifen.

»Ich würde sehr gern etwas für Sie entwerfen«, sagt Patrick schüchtern.

Sie sieht ihn prüfend an und fragt dann: »Das meinen Sie ernst, oder? Danke für das Angebot. Aber ich will meine bescheidenen Ersparnisse für meinen Traum aufheben.«

Patrick ärgert sich über sich selbst. Warum konnte er nicht die Klappe halten?

Sie scheint es ihm aber nicht übel zu nehmen, sie plaudert weiter mit ihm, ungezwungen wie zuvor. Gemeinsam genießen sie das aromatische Zitronenhühnchen und die knusprigen Ofenkartoffeln, danach den sahnigen, kühlen und fruchtigen Himbeertrifle. Sie essen sehr langsam, lassen sich Zeit, Bissen für Bissen ein Genuss.

Patrick wird nervös bei dem Gedanken, dass der Abend nach dem Dessert vorbei sein wird. Er will nicht, dass sie geht. Aber er weiß nicht, wie er es verhindern soll. Wenn er nur ein kleines Zeichen bekäme, das ihm hilft, das ihm Mut macht, etwas zu verändern, eine Entscheidung zu treffen.

»Ich habe noch eine kleine Überraschung zum Abschluss«, hört er ihre Stimme. »Ich bin mal gespannt, das mag nämlich nicht jeder. Möchten Sie einen Espresso dazu, Patrick?«

Patrick nickt. Ihm ist alles recht, was ihren Aufenthalt bei ihm verlängert. Er entschuldigt sich kurz, um ins Bad zu gehen. Er muss ein paar Minuten nachdenken.

Als er zurückkommt, stehen zwei Tässchen Espresso auf dem Tisch. Außerdem eine kleine Platte mit einer Auswahl bunter Petit Fours. Patrick kennt diese Petit Fours. Sie sind mit Rosen aus Marzipan oder einem Klecks süßer Creme und filigranen Schokoladenfiguren dekoriert.

Als er sich setzt, erwacht sein Handy, das er aus alter Gewohnheit neben seinen Teller gelegt hat, zum Leben und wandert summend über den Tisch. Auf dem Display blinkt Fleurs Name. Er nimmt das Handy und stellt es aus, legt es wieder hin. Helene sieht ihn fragend an.

»Das ist nicht mehr wichtig«, sagt Patrick und greift nach dem ersten kleinen Törtchen.

Christine Grän

Kuh oder Ziege?

Es gab die Croissant-Zeiten, gefolgt von der Semmeln-mit-Marmelade-Ära, danach Vollkornbrot mit Honig, und jetzt sind wir beim Frischkornmüsli angekommen. Ich bereite das Müsli in der weißen Küche zu. Die elektrische Getreidemühle mahlt Dinkelkörner, während ich Äpfel und Birnen schneide, Aprikosen und Pinienkerne hacke und das ganze Zeug mit Zitronensaft beträufle. Das geschrotete Getreide verrühre ich mit kaltem Wasser zu Brei, während ich von Croissants träume. Nachdem die Pampe zwanzig Minuten gequellt ist – in dieser Zeit absolviere ich meine Pilates-Übungen –, mische ich alle Zutaten und serviere dieses Frühstück mit grünem Tee.

Herbert liest beim Frühstück die Zeitung. Er löffelt lesend, die Zeitung wie ein Schutzschild gegen mich erhoben. Wenn ich ihn morgens nicht sehe, dann abends in den Fernsehnachrichten, die er so routiniert abliest, dass ich vergeblich auf einen Versprecher warte, ein kleines, winziges Zeichen der Schwäche, die ich einmal an ihm geliebt habe. Er sieht immer noch gut aus mit vierundvierzig, in der Mitte des Lebens, und er wird noch weitere sechzehn Jahre seine Nachrichten abspulen und sich am Ende mit diesem routinierten Lächeln verabschieden, das die älteren Damen vor den Fernsehapparaten so entzückt.

Mir haben sie die Gelbe Karte gezeigt. Ich moderiere eine Lifestyle-Sendung, in der es um Themen geht, die alle Facetten trivialer Sehnsüchte erfüllen. Klatsch und Plunder. Es geht um Prominente und solche, die wir dafür halten, um Mode, Kosmetik und Diäten natürlich. Was Frauen wollen – nach Ansicht unseres Abteilungsleiters, der sich kürzlich scheiden ließ und seither mit einer fleischgewordenen Barbiepuppe herumläuft.

Nina sollte sich Fett vom Arsch absaugen und ins Gesicht spritzen lassen. Das waren seine Worte. Nicht in mein arschfettfreies Gesicht natürlich, doch böse Nachrichten verbreiten sich schnell im Sender, den man sich als Irrenhaus vorstellen muss, in dem sich Paranoiker, Sadisten und Schizophrene von Einschaltquoten ernähren.

Die Zukunft war früher auch besser, wie Karl Valentin sagte, der so spindeldürr war, dass er praktisch verhungert ist. Ich blicke in den Spiegel und sehe nichts dergleichen. Der Familienfluch, wir sind alle quadratisch oder diätverformt, je nach Genusssucht oder Selbstdisziplin.

»Findest du, dass ich alt aussehe?«

Herbert senkt die Zeitung um ein paar Millimeter. Er zermalmt einen Mundvoll Dinkel, bevor er antwortet: »Nein, du hast dich ganz gut gehalten.«

Ganz gut klingt ganz schlecht.

»Wie kannst du das behaupten, wenn du mich nie mehr richtig ansiehst?«

Ein Müslistreit. Ich merke selbst, dass meine Stimme wie das Mahlwerk in der Küche schneidet. In den Croissantmonaten haben wir einander unserer immerwährenden Liebe versichert, und selbst in der Semmelzeit unterhielten wir uns noch angeregt über Tagesthemen. Wann hat der Niedergang begonnen? In der Vollkornphase?

Herbert senkt die Zeitung und sieht mich über seine Brille hinweg milde an. »Kriegst du deine Tage?«

O Gott, können sie kein Klischee auslassen? Analysieren jeden Tag die globalen Probleme, und wenn es um Frauen geht, werden sie zu Analphabeten.

»Wenn du mit mir schlafen würdest, wüsstest du, dass ich sie gerade hinter mir habe.«

Der Sex war früher auch besser. An den Croissants kann es nicht gelegen haben, vielmehr daran, dass alles *frisch* war – unsere Liebe, unser Leben, das Gefühl, dass jeder Tag ein neues Abenteuer bergen könnte. Inzwischen ist ja alles zur Gewohnheit verkommen.

Herbert verschanzt sich wieder hinter der Zeitung und murmelt: »Du könntest vielleicht ein bisschen abnehmen. Du weißt ja, die Kamera bläht auf.«

Volltreffer. *Du könntest ein bisschen abnehmen*. Das denke ich jeden Tag, wenn ich mich ausziehe oder anziehe. Das denke ich, seit ich denken kann. Ich bin nicht fett. Ich bin ganz normal. Eine normale Frau, groß, gut geformt, vielleicht ein wenig breit in den Hüften. Der Familienfluch. Meine Mutter hat den Kampf vor zehn Jahren aufgegeben, meinen Vater verlassen und lebt seither in wilder Ehe mit einem italienischen Koch, der knödelförmige Frauen anbetet. Sie sagt, dass sie sehr glücklich sei, was ich ihr nicht abnehme. Die Krux liegt im Plural. Er mag alle Knödelfrauen, und sie sind williges Fleisch in seinen Händen.

Das Glücksgefühl, von dem meine Mutter faselt, ist mir abhandengekommen. Herbert und ich sind seit sechzehn Jahren verheiratet. Wir haben uns im Sender kennengelernt und seither eine Fernsehehe geführt. Keine Kinder, dafür schien es nie den richtigen Zeitpunkt zu geben. Jetzt bin ich über vierzig und versuche nur noch, den grassierenden Jugendwahn zu überleben. Hip und jung und dynamisch ist angesagt, bei den Frauen natürlich. Ich bin vierundvierzig und ein Schlachtross. Nicht in dem Metier, in dem sie dir das Gnadenbrot gewähren. Macht sowieso dick.

Du könntest ein bisschen abnehmen, Nina. Ich lasse die Hälfte des Müslis stehen, obwohl der Grad der Sättigung noch nicht erreicht ist, und zünde mir eine Zigarette an.

Herbert senkt die Zeitung. »Musst du so früh schon rauchen?«

Er hat eine öffentliche und eine private Stimme. Letztere ist durchaus quengelig zu nennen.

»Nichtrauchen schädigt die Figur«, erwidere ich kühl und blase ihm Rauch ins Gesicht.

Wir hatten seit Wochen keinen Sex mehr, oder sind es Monate? Wir reden nicht mehr miteinander, abgesehen von alltäglichen Sprechblasen und Gemeinheiten. Ein Fremder sitzt vor mir, attraktiv, aufgeblasen und so gleichgültig, dass ich mich genauso gut in Luft auflösen könnte. Drei Salamisemmeln essen oder Croissants mit Schokoladencreme. Stattdessen töte ich die Zigarette im Aschenbecher und räume die Müslischalen in die Spülmaschine. Ich spüre Herberts Blicke in meinem Rücken, während ich gebückt vor der Maschine stehe. Arschblicke. Objektiv und erbarmungslos, wie ich annehme. Schön bist du nur, wenn du geliebt wirst. Und während ich die Tür zuknalle, denke ich diesen Satz zum ersten Mal: *Du könntest ihn ein bisschen verlassen.*

Und dann? Während ich im Biomarkt einkaufe, gesund und fettarm, stelle ich mir das Singleleben über vierzig vor. Zwei Kolleginnen im Sender sind geschieden und auf der immerwährenden Jagd nach dem Prinzen, der sie aus ihrer Einsamkeit erlösen könnte. In der Zwischenzeit begnügen sie sich mit Affären und Männern, die verheiratet sind. Doch der Nachwuchs wildert in ihrem Revier – die jungen Mädchen, karrieregeil und ziemlich skrupellos. Ihre Devise ist: Nimm, was du kriegen kannst, außer fetten Mahlzeiten und Verlierern, die nach billigem Aftershave riechen.

Ich greife nach dem Emmentaler und zucke zurück. Fettarmer Käse schmeckt wie Gummi, und doch lege ich den Zehnprozentigen in den Einkaufskorb. Diät hat etwas so Freudloses, dass es nur noch von meiner Ehe zu überbieten ist. Sie hat die Qualität von ausgeleiertem Gummi.

Eine Stimme neben mir sagt: »So einen Scheiß wollen Sie doch nicht essen.«

Eine weibliche Stimme. Ich blicke von ihrem Einkaufswagen, der prall gefüllt ist mit allem, was auch mein Herz begehrte, hoch in ihr Gesicht. Es ist nicht mehr jung, doch prall gepolstert, wie ein vollreifer Apfel sieht sie aus, denke ich, und komme dann zum Körper, der in einen Kaftan gehüllt ist.

Ich schätze Frauen, die dicker sind als ich. Und sie ist reichlich rund auf eine Weise, die schön sein könnte, wenn man so etwas mag. Ihr Lächeln hat etwas Strahlendes.

»Ich bin Marion«, sagt sie, »die Freundin Ihres Mannes.«

Sehr erfreut wäre eine unpassende Antwort auf diesen Frontalangriff. Doch mir fällt nichts ein, das ich sagen könnte, weil mein Kopf plötzlich so leer ist. Ihr Kaftan ist in Rosatönen wild gemustert, und in den dunkelbraunen, langen Haaren trägt sie ein rosa Haarband, was in Anbetracht ihres Alters schon ziemlich mutig ist. Wir teilen denselben Biomarkt und denselben Mann. Wahrscheinlich wohnt sie in unserer Nähe, denke ich, und dass Herbert in allem, was er tut, so praktisch veranlagt ist.

»Oh, ich wollte Sie nicht überfallen. Ich dachte nur, dass Sie ohnehin Bescheid wissen. Herbert sagt, Sie beide führen eine offene Ehe. Und weil ich Sie vom Fernsehen kenne, dachte ich ...«

»Sie könnten ein bisschen abnehmen.« Habe ich das wirklich gesagt, bevor ich mich umdrehte und zur Kasse flüchtete?

Dem Schock folgte die Scham über meine selbst verordnete Blindheit. Ich habe es die ganze Zeit gewusst und verdrängt wie so vieles, das Schmerzen bereiten könnte. Ich habe eine Sendung zum Thema Untreue moderiert, mit Psychologen und mit betrogenen Ehefrauen gesprochen. Jede Vierte, sagt die Statistik, doch ich glaube, dass die Dunkelziffer hoch ist. Männer sind verschwiegen, wenn es ums Grab der Liebe geht.

Sie heißt Marion und ist weder jünger noch schöner als ich. Aber frisch. So appetitlich wie ein gewachster Apfel. Fallobst für einen wie Herbert, der seinen Charme auf- und abdrehen kann wie ein hormongesteuerter Computer.

Wir haben keine offene Ehe geführt, sondern eine geschlossene. Eingesperrt in verlogenem Schweigen und frustriert von der Diät der Selbstverleugnung. Vielleicht ist der Herbert, den Marion kennt, ein ganz anderer Mensch. Einer, der sie mit fettem Käse füttert und ihr Eiscreme von den Kurven schleckt. Der Mann, den ich einmal liebte – und dieses Gefühl habe ich im Lauf der Jahre geschrotet, zermalmt, durch die Mühlen des Alltags gedreht und in den Einzelteilen nicht wieder gefunden.

Wir könnten alle ein bisschen mehr Wahrheit vertragen. Meine Wahrheit ist, dass ich Marion verdient habe. Herbert wollte ein Kind, früher einmal, und es war sein Traum, in Island zu wandern und Steine zu sammeln. Auch die Fressreise durch Frankreich, die er sich wünschte, haben wir immer wieder verschoben. Meine Karriereziele, meine Aktivurlaube, meine Fitnesscentertage, die Yoga- und Pilates-Kurse, die Diäten, die ich uns verordnete.

Mein phlegmatisches Dickerchen, das ich immer wieder angetrieben habe, bis er zum smarten Nachrichtensprecher wurde, mit Waschbrettbauch und strahlend falschen Zähnen. Der perfekte Mann, den ich nach meinem Bild formte, passend in mein diszipliniertes Leben zwischen Sender und Designerwohnung.

Der Pesthauch der Selbsterkenntnis ist gut, doch ich fühle mich schlecht. Die Wahrheit ist, dass ich keine Ahnung habe, wie es weitergehen soll. Zunächst werfe ich einen Großteil der Einkäufe in den Müll, gefolgt von der Getreidemühle. Sie war teuer, wie fast alle Dinge in unserer Wohnung. Ich habe immer nur das Beste gekauft, und immer, wenn ich Hunger hatte, überfiel mich diese Gier nach schönen Dingen. Der Kühlschrank ist ein Prachtstück, doch er ist fast leer. Diätnahrung grinst mir entgegen und flüstert: *Du könntest ein bisschen abnehmen.*

Ab vierzig musst du dich entscheiden, ob du Kuh oder Ziege werden willst. Dieser Satz stammt von meiner Mutter, der dummen Kuh, die sich von einem italienischen Pizzabäcker betrügen lässt.

Aber vielleicht, ich ziehe es zum ersten Mal in Erwägung, ist sie trotzdem glücklich in ihrem neuen Leben? Mein Vater war ein Mann, der jede Abweichung von Perfektion verachtenswert fand. Wie ich ihn bekämpft habe in meiner Jugend, um dann – unmerklich – in seine Fußstapfen zu treten. Ich bin die Einzige in der Familie, die ihn besuchen darf. Er ist ein einsamer, alter Mann geworden, ein verbittertes, zynisches Monster.

Ich rufe meine Mutter an, um ihr zu sagen, dass ich sie lieb habe. Es scheint sie zu überraschen.

»Ist etwas passiert, Nina?«, fragt sie, und anstelle einer Antwort schluchze ich ins Telefon. Danach folgt die Marion-Geschichte, die ich ihr gar nicht erzählen wollte, und Mutter reagiert darauf mit einem Kichern, das ich unziemlich finde. Sie ist kindisch geworden, und findet fast alles zum Lachen, seit sie Vater verlassen hat.

»Ich war schon mal komischer, Mama.«

»Nein, warst du nicht. Du hast dich zu einer freudlosen Ziege entwickelt. Das wollte ich dir schon lange mal sagen. Mich wundert es nicht, dass Herbert zum Wilderer geworden ist. Vielleicht solltest du ihn verlassen und dir einen Diätkoch suchen. Oder einen Fitnesstrainer, irgendwas in der Art.«

»Halt die Klappe, Mutter.« Wir könnten alle mehr Wahrheit vertragen, schaffen es aber nicht. Die Lüge ist der Leim, der uns zusammenhält. Für eine Weile wenigstens.

»Tut mir leid, Baby, aber was hast du erwartet? Dass du die berühmte Ausnahme von der Regel bist? Monogamie überfordert Männer nun einmal. Frauen auch, aber die denken weiter. Was willst du jetzt tun?«

»Ich habe keine Ahnung. Ich könnte es ignorieren, so tun, als ob nichts wäre.«

»Ganz dein Stil, und er ist furchtbar. Du musst ihm eine grandiose Szene hinlegen – und ihn dann zu einem sexy Essen einladen.«

»Machst du es immer so?«

Kurzes Schweigen.

»Jeder muss für sich allein kämpfen«, sagt sie schließlich. »Doch ja, Casanova und ich haben unsere italienischen Momente.«

Sie ist schamlos, und er heißt wirklich so, ihr Koch, und seine Eltern werden schon gewusst haben, was sie ihm und den Frauen damit antun.

»Herbert und ich haben gar nichts mehr an irgendwelchen Momenten. Ich glaube, wir sollten uns trennen.«

»Dann tue es – aber bleib in Form für den nächsten Kandidaten. Na ja, das wirst du schon hinkriegen. Wie ist sie überhaupt, die andere?«

»Hübsch und rund«, sage ich mit aller Fairness, die ich aufbringen kann. »Etwa in meinem Alter, so der Typ verrückte Frohnatur.«

»Wahrscheinlich haben sie viel Spaß miteinander.«

Das ist der Satz, nach dem ich auflege. Salz in meine Wunden zu streuen, darin liegt Mutters große Begabung.

Das Komische ist, dass ich keine Wut aufbringe, weder auf sie, Marion oder Herbert. Ich müsste wütend sein. Vielleicht bin ich schon tot und habe es nicht gemerkt? Ein gut konservierter Leichnam, den mein Mann neben sich duldet? Ich bin ja nicht anstrengend, nur ab und zu sehr gemein. Wenn der Kühlschrank der Spiegel meiner Seele ist, entdecke ich gähnende Leere und fettarme Langeweile.

Auf dem Weg zum Sender halte ich beim Bäcker und esse zwei Croissants im Stehen. Das Gefühl, meinem Hintern beim Wachsen zusehen zu können, verdränge ich und genieße den kurzen, unvollkommenen Moment des Glücks, als ich in die Köstlichkeiten reinbeiße. Hinterher ist mir schlecht, und ich trinke drei Magenbitter in der Kantine, die von Heuchlern, Speichelleckern und Stuhlsägern bevölkert ist. Einer von ihnen sagt mir, wie *wundervoll* meine letzte Sendung war, besonders der Beitrag über Diätnahrung für Haustiere.

Entdecke ich Ironie in seinen Worten? Nein, er hat eine fette Katze, wir haben alle unser Päckchen zu tragen und ächzen und stöhnen unter der winzigen Last, weil wir Idioten sind. Ich rate ihm, mit seiner Katze zu joggen, trinke noch einen Magenbitter, weil er so schön in der Kehle brennt, und gehe dann ins Büro des Abteilungsleiters, an der Sekretärin vorbei, die ihre Nägel manikürt, während sie auf ihren Prinzen wartet. Sie sagt »Huch«, und ich sage »Kusch«. Ich fühle mich gut, in einer Phase großer Wahrheitsliebe, vielleicht auch Zerstörungswut, und ich setze mich ungefragt in den Besucherstuhl und schleudere dem Abteilungsleiter entgegen, dass ich nicht die Absicht habe, mir Arschfett ins Gesicht zu holen, nur weil er glaubt, dass alle Frauen wie Barbiepuppen aussehen müssen.

Er war einmal ein netter Mann, bevor er Abteilungsleiter und von der Einschaltquotenkrankheit infiziert wurde. Ein tödliches Virus, das ihn in den Zustand permanenter Angst versetzt, die er durch Machtgehabe kompensiert. Er streitet natürlich ab, dass er diesen Satz je ausgesprochen hat. Aber doch, ein wenig zugelegt hätte ich in den letzten Jahren schon, bloß nicht bei den Einschaltquoten, und darauf komme es schließlich an. Man wollte die Sendung modernisieren, verjüngen, und denke mittelfristig über ein Seniorenformat nach. Ob ich daran vielleicht Interesse habe?

Die Wut, die ich bisher vermisste, konzentriert sich jetzt auf die Person im dunkelblauen Anzug mit blassrosa Krawatte.

»Lass mich raten: Deine Barbiepuppe übernimmt in Zukunft meine Sendung, und ich werde ins Archiv versetzt, bis ich alt genug bin, eine Seniorensendung zu moderieren.«

Es gäbe, erwidert er kühl, auch die Möglichkeit der betriebsbedingten Kündigung. »Du bist ja kein Sozialfall, Nina, dein Mann ist gut bei uns im Geschäft. Männer altern graziöser, ist dir das schon aufgefallen?«

Der letzte Satz löst etwas aus, das ich nicht mehr unter Kontrolle habe. Ich springe von meinem Stuhl auf, beuge mich über den Schreibtisch und packe ihn an der Krawatte, mittels derer ich sein Gesicht ganz nah an meines bringe. »Du aber nicht, du fettes Arschgesicht. Du hast eine wunderbare Frau gegen eine Puppe eingetauscht, und dasselbe machst du jetzt mit mir. Dafür werde ich dir dein Leben zur Hölle machen, ganz egal, ob du mich nun feuerst oder nicht.«

Sein Gesicht ist rot angelaufen, und er schnappt nach Luft, also lasse ich die Krawatte los. Er sinkt in seinen Stuhl zurück, immer noch japsend, und greift an die Stelle, wo sein Herz zu vermuten ist. Es scheint ihn im Stich zu lassen, und ich stehe vor ihm und denke, dass die Wahrheit seltsame Prozesse auslöst. Doch die Wut, sie ist kalt geworden, und als er seine Augen verdreht, rufe ich doch nach der Sekretärin und verständige den Notarzt.

Die Sekretärin ruiniert sich ihre frisch lackierten Nägel, weil sie in der Schublade hektisch nach seinen Herztropfen sucht. »Sie haben ihn aufgeregt«, flüstert sie, während sie ihm die Medizin in den Mund träufelt.

Er sieht wirklich erbärmlich aus, der mächtige Mann, und ich fühle mich gut bei dem Gedanken, dass er meinetwegen sterben könnte. So furchtbar das klingt, das ist die Wahrheit, vor der wir uns selbst in Gedanken fürchten, wenn sie moralisch unkorrekt ist.

Sie fahren ihn mit Sirenengeheul ins Krankenhaus, während die Speichellecker in Gruppen in den Fluren stehen und vorgeben, sich um den Herzkandidaten zu sorgen. Die Frage, wer sein Nachfolger werden könnte, schwebt unausgesprochen durch die Räume, und ich gehe in die Kantine, um auf das Wohl des Abteilungsleiters noch einen Magenbitter zu schlucken.

Herbert tippt mir von hinten auf die Schulter. »Seit wann trinkst du vor Sonnenuntergang?«

Ich drehe mich langsam zu ihm um.

»Für mich ist sie schon versunken. Totale Finsternis. Der Fettsack will mich feuern, und vorher habe ich noch Marion kennengelernt.«

»Oh«, sagt Herbert. Ich sehe ihm an, dass er jetzt am liebsten flüchten oder einen Herzinfarkt kriegen möchte, allerdings nicht mit tödlichem Ausgang.

»Ihr habt bestimmt viel Spaß miteinander«, wiederhole ich den Satz meiner Mutter, und jetzt schmerzt er wirklich.

»Na ja«, sagt Herbert und sieht aus wie bei Nachrichten mit mindestens zehn Toten. »Ich finde, das ist weder der richtige Ort noch die richtige Zeit, dieses Thema zu diskutieren. Ich muss auch gleich zurück in die Redaktion. Was hast du dem Abteilungsleiter gesagt, dass er gleich umkippte?«

Nettes Ablenkungsmanöver.

»Du bleibst jetzt hier. Ich habe ihm die Wahrheit gesagt. Du weißt schon, das ist das, wovor wir uns alle fürchten wie vor beschissenen Einschaltquoten. Vor Speck und Falten. Offenen Ehen und untreuen Männern. Vor Sprachlosigkeit. Einsamkeit. Dem Gefühl, ein Verlierer zu sein. Die Wahrheit, jetzt: Habe ich dich verloren?«

Als ich ihn kennenlernte, trug er sein Herz auf der Zunge. Wir schworen einander, uns immer zu lieben und nie aus Bequemlichkeit zu lügen. Das war vor langer, langer Zeit. Jetzt steht er vor mir und sinnt nach Ausflüchten, nach der treffenden Formulierung, die keinen von uns beiden verletzen sollte.

Mein Blick tötet, doch Herberts Herz ist sehr stabil. »In gewisser Weise schon«, sagt er schließlich.

Die Übersetzung lautet, dass es vorbei ist. Gewusst habe ich es schon länger, bloß nicht zur Kenntnis genommen. Wir glauben doch alle, dass es ein richtiges Leben im falschen gäbe.

»Ein schlichtes Ja wäre mir lieber gewesen. Du kannst dich jetzt entfernen.«

Herbert legt mir die Hand auf die Schulter und drückt einmal zu, bevor er sich abwendet und geht. Eine Geste der Anerkennung meines Schmerzes?

Oh, ich bin gut. Ein wenig betrunken, ein wenig zu breit an den Hüften. Aber ich schaffe es, das Herz des Abteilungsleiters zu ruinieren und meines, ohne umzufallen. Herberts Herz geht mich nichts mehr an, weshalb eine Szene sinnlos gewesen wäre.

Erhobenen Hauptes und energischen Schrittes verlasse ich die Kantine, verfolgt von neugierigen Blicken, die einerseits meinen Chef und andererseits meinen Mann betreffen. Exmänner.

Im Büro versperre ich die Tür, lasse das Telefon läuten und lege mich auf den Teppich, um an die Decke zu starren. Sie ist grau, das war einmal meine Lieblingsfarbe. Alles war einmal, und es war schön und schrecklich und leider überwiegend belanglos. Kein Grund zu Selbstmitleid, doch du entkommst ihm nicht, und endlich, endlich kann ich weinen.

Der Abteilungsleiter hat überlebt, meine Ehe nicht. Wir haben die Eigentumswohnung verkauft, und ich habe den Sender mit einer hübschen Abfindung verlassen, die ich in einen kleinen

Feinkostladen investierte. Meine Mutter hat ihrem Casanova den Laufpass gegeben und ist mit von der Partie, doch das meiste gehört immer noch der Bank. Vermutlich werde ich in Schulden sterben, doch das kümmert mich nicht.

»Soul Food« heißt der Laden, und wir bieten nur kalorienarme Köstlichkeiten an, Salate und Fertiggerichte, die dem Wahn der Zeit entsprechen. Die Kundschaft ist überwiegend weiblich und, wann immer Zeit ist, führen wir interessante Gespräche über Essen, die Liebe und das Leben. Ich habe vor, irgendwann ein Buch zu schreiben, das sich mit dem Thema »Diät und Wahrheit« befasst, doch zurzeit sammle ich noch, und viele Frauen im »Soul Food« helfen mir dabei, ohne es zu wissen.

Die meisten kennen mich aus meiner Zeit beim Fernsehen, und sie meinen, dass ich eine kluge Ratgeberin sei. Marion, die seit Kurzem zu unserer Klientel zählt, glaubt das auch. Sie fastet jetzt, weil sie fürchtet, dass Herbert sie so, wie sie ist, nicht heiraten wird. Ich bestärke sie in diesem Irrglauben, weil ein bisschen Rache ja durchaus weiblich ist. Schlecht sieht sie aus, und von ihrer Fröhlichkeit bei unserer ersten Begegnung ist wenig geblieben. Verminderte Kalorienzufuhr erzeugt eine gewisse Reizbarkeit, die Herbert schon an mir gehasst hat. Ich glaube nicht, dass diese Liebe ewig währen wird. Andererseits, welche Liebe tut das schon?

Ich sehe Herbert noch regelmäßig in den Nachrichten und ärgere mich immer noch über den Satz, dass Männer graziöser altern. Den Abteilungsleiter haben sie in den vorzeitigen Ruhestand geschickt, worauf ihn die Barbiepuppe verließ. Meine Sendung wird jetzt von einem Mädchen moderiert, die meine magersüchtige Tochter sein könnte, doch sie macht es gut, wenn ich ehrlich bin.

Der fatale Hang zur ungeschminkten Wahrheit hat sich ein wenig abgeschliffen, doch reicht er immer noch für Streitereien zwischen mir und Mutter, bei denen es erstens um Geld und zweitens um Männer geht. Ab und zu wird sie mit Casanova rückfällig, doch würde sie nie wieder zu ihm ziehen und bleibt mir als Partnerin erhalten. Es gibt sicher Schlimmeres, nur weiß ich nicht, wie es aussehen könnte.

Die Besuche bei meinem Vater habe ich eingestellt, nachdem ich ihm beim letzten Mal sagte, dass seine unerbittliche Contenance – nichts anderes als Gefühlskälte – meiner Mutter und mir viel Zeit und Kraft gestohlen habe. Wir nutzen sie jetzt für deftige Wortwechsel und kalorienreiche Versöhnungsorgien.

Kein Prinz ist in mein Leben getreten, obwohl ich hier und da Sex mit unbedeutenden Kerlen habe, von denen mir der Bäcker von gegenüber noch der liebste ist. Er riecht so gut, und jeden Morgen bringt er die frischen Croissants persönlich vorbei. Den Rest des Tages ernähre ich mich aus unserem schlanken Angebot, wenn Mutter nicht gerade eines ihrer wunderbaren Versöhnungsessen kocht. Ihr Osso Bucco und ihre Cremeschnitten sind ein Gedicht.

Ich könnte ein bisschen abnehmen.

Lotte Minck
Rache ist sahnig

Es war so weit. Ein lautes Poltern nebenan, das Klirren von zersplitterndem Geschirr, eine Sekunde lang völlige Stille, dann Stimmen, die hysterisch durcheinanderschrien. Sabine hielt inne und lauschte.

»Vater, um Gottes willen! Wo ist das Nitrospray?«

»Erich, mein Gott, Erich! So tut doch was!«

»Wir brauchen einen Arzt!«

Ein Lächeln breitete sich auf Sabines Gesicht aus. Sie wusste genau, wo das Nitrospray ihres Schwiegervaters war, sie hatte es nämlich vor drei Stunden mit einem Fußtritt unter den schweren Eichenschrank befördert.

Hätte Erich von Braunsberg nicht diesen dummen Extrawunsch gehabt ... Und hätte sich die Familie nicht deshalb vor dem Essen draußen mit Schießübungen vergnügt ...

Wie leichtsinnig, die Jacke mit der lebensrettenden Medizin aus den Augen zu lassen.

Und wie tragisch, dass man die kleine Flasche nicht rechtzeitig finden würde.

Sabine wischte sich die Hände an einem Geschirrtuch ab und ging nach nebenan zu den anderen. Die Szene war exakt so wie erwartet: Erich von Braunsberg lag bewusstlos auf dem Boden, sein Gesicht grau und schweißnass, sein Atem flach. Sein Kopf lag auf dem Schoß seiner schluchzenden Ehefrau, während seine drei Söhne, unter ihnen Sabines Ehemann Matthias, immer und immer wieder Erichs Jacken-, Hosen- und Hemdtaschen nach seinem Nitrospray durchsuchten. Svetlana und Clarice, die Gattinnen von Matthias' Brüdern Stefan und Jörg, klammerten sich bleich und stumm aneinander und beobachteten alles aus sicherer Entfernung.

»Um Himmels willen! Was ist passiert?«, rief Sabine – sie achtete darauf, angemessen erschrocken zu klingen – und kniete sich neben Barbara von Braunsberg auf den Boden, deren lautes Schluchzen langsam zu einem dünnen, hohen Wimmern verebbte.

»Sabine, hast du Vaters Nitrospray gesehen? Es ist nirgends zu finden!« Matthias stand mitten im Raum, ratlos, wo er noch suchen sollte.

»Hm.« Sabine runzelte die Stirn, als dächte sie angestrengt nach. »Wer hat es denn zuletzt in der Hand gehabt? Und wann? Er hatte es doch bestimmt auf eurem Spaziergang dabei, oder? Kann er es verloren haben?«

»Das könnte sein! Ich laufe den Weg noch einmal ab!« Jörg riss seine robuste Lodenjacke vom Garderobenhaken neben der Tür und stürzte hinaus.

»Hat jemand schon einen Arzt oder einen Krankenwagen gerufen?«, fragte Sabine in die Runde.

»Herrgott, wir haben hier keinen Empfang, das weißt du doch!«, fauchte Clarice, ohne den Blick von Erichs bleichem Gesicht abwenden zu können.

»Und warum ist dann noch niemand mit dem Auto unterwegs, um Hilfe zu holen?«

»Sabine hat recht!«, schrie Stefan. »Svetlana, schwing deinen Hintern in den Jeep, los!«

Svetlana löste sich widerstrebend von ihrer Schwägerin. »Und wo soll ich hinfahren?« Sie klang beleidigt.

Stefan drückte seiner Frau den Autoschlüssel in die Hand und schob sie an den Schultern zur Tür hinaus. »Fahr den verdammten Waldweg zurück bis zur Straße, und dann guckst du nach, ob du dort Empfang hast. Das wirst du ja wohl schaffen!«

»Und dann?«, maulte Svetlana und strich sich eine Strähne

ihres perfekt honigblond gefärbten Haars aus dem Gesicht. Sie stand wie festgewachsen in der offenen Tür.

Für einen kurzen Moment sah Stefan aus, als wollte er seine Frau schlagen. Er ballte die Fäuste und ging einen Schritt auf Svetlana zu. Er atmete tief aus und sagte beherrscht: »Und dann wählst du den verdammten Notruf. Eins-eins-zwei. Das ist die verdammte Feuerwehr. Wie kann man sich nur so dämlich anstellen?«

Svetlana zuckte mit den Achseln und rührte sich noch immer nicht vom Fleck.

»Vielleicht könnte Clarice mitfahren?«, schlug Sabine vor. »Dann kann sie das Handy im Auge behalten und sieht sofort, wenn es Empfang gibt.«

Stefan warf ihr einen dankbaren Blick zu. »Danke, Sabine. Das ist eine gute Idee. Du bist wirklich die Stimme der Vernunft in diesem Chaos. Los, Clarice, beweg dich.« Als Clarice ihn nur dümmlich anstarrte, schrie er unbeherrscht: »Beweg deinen mageren Arsch, du dumme Kuh, wird's bald?«

Clarice schnappte nach Luft und presste ihre Lippen zusammen. Dann sagte sie: »Wenn Jörg hier wäre, würdest du es nicht wagen, so mit mir zu sprechen.« Herausfordernd starrte sie Stefan an, aber er wandte sich ab, nachdem er mit dem Daumen auf die offene Tür gezeigt hatte. Empört marschierte Clarice zur Tür und folgte Svetlana, die schon auf dem Weg zum Auto war. Sabine sah den beiden hinterher. Von hinten sahen ihre Schwägerinnen aus wie Mitte zwanzig, ganz im Gegensatz zu ihr. Nun, ihre Gatten konnten es sich leisten, ihre Ehefrauen bei jeder neuen Falte und jedem Gramm zu viel zum besten plastischen Chirurgen des Landes zu schicken. Geld spielte schließlich keine Rolle.

Sekunden später startete vor der Jagdhütte derer von Braunsberg endlich der Motor von Stefans Geländewagen. Das Auto fuhr mit quietschenden Reifen los.

Sabine legte ihrer Schwiegermutter sanft den Arm um die Schultern und murmelte: »Barbara, hörst du mich? Die beiden holen Hilfe.«

Die weinende Frau wandte sich Sabine zu und sagte: »Es ist zu spät. Er atmet nicht mehr. Erich atmet nicht mehr. Es ist zu spät.« Sie ließ den Kopf ihres Mannes, den sie in ihrem Schoß gehalten hatte, los, schüttelte Sabines Arm ab und erhob sich langsam. Erich von Braunsbergs massiger Schädel landete mit einem dumpfen Geräusch auf dem Holzfußboden. Seine Augen blickten starr zur Decke. Kein noch so flacher Atem hob seine breite Brust. Er war offensichtlich tot.

Sabine kam mühsam auf die Beine und sah sich um. Stefan stand noch immer in der offenen Eingangstür und starrte die Leiche seines Vaters an, Matthias saß mit gesenktem Kopf auf dem Sofa neben seiner Mutter, die jetzt mit leerem Blick einen halb gefüllten Cognacschwenker umklammert hielt.

Sabine richtete ächzend den schweren Lehnstuhl auf, den Erich bei seinem Sturz umgerissen hatte. Neben dem Tisch lagen Scherben von Kaffeetassen und Kuchentellern, Erich hatte sich offenbar am Tischtuch festgeklammert, als der Infarkt ihn erwischt hatte. Die Familie hatte sich gerade zur Kaffeetafel niedergelassen, als das schreckliche Unglück passiert war.

»Ausgerechnet an Vaters Geburtstag«, murmelte Stefan, während er durch den Raum zur Bar ging, um sich ebenfalls einen Cognac einzuschenken. Sabine fragte sich kurz, warum Stefan eigentlich nicht selbst in den Wagen gestiegen war, um Hilfe zu holen. Aber ein von Braunsberg war wohl derart daran gewöhnt, Anweisungen zu erteilen und Untergebene herumzuscheuchen, dass ihm dieser naheliegende Gedanke gar nicht erst gekommen war.

»Kannst du nicht mal ein Kissen holen, Matthias?«, wimmerte Barbara von Braunsberg leise. »Papa liegt doch so gern bequem. Und eine Decke ... ihm ist doch so leicht kalt.« Wie in Zeitlupe hob sie den Cognacschwenker an den Mund und leerte ihn mit einem Schluck.

Matthias erhob sich sofort und holte aus dem angrenzenden Schlafzimmer zwei dicke Kopfkissen und ein Kaschmirplaid. Er bückte sich, hob den Kopf seines toten Vaters an und bettete ihn sanft auf die Kissen. Dann breitete er die Decke über ihn aus. Er schien unschlüssig, ob er das Gesicht der Leiche bedecken sollte, entschied sich dann aber dagegen. »Jemand sollte hier ein bisschen aufräumen«, sagte er und sah Sabine an.

»Jemand«, damit war in dieser Familie immer sie, Sabine, gemeint. »Jemand sollte einen Kaffee machen.« Oder: »Jemand müsste mal den Tisch abräumen.«

Sabine, die graue Maus. Sabine, die ungeliebte Schwiegertochter. Sabine, die Dicke. Sabine, für die sich der jüngste Sohn derer von Braunsberg, Stahldynastie seit 1847, zum Entsetzen der gesamten Familie entschieden hatte. Die unattraktive, übergewichtige Gattin von Matthias, dem schwarzen Schaf. Dem einzigen Sohn, der keine sichere, hoch bezahlte Managerkarriere im Familienkonzern durchlaufen hatte, sondern auf eigenen Füßen stehen wollte.

Als Matthias sie damals seinen Eltern vorstellte, hatte Erich von Braunsberg wie wahnsinnig getobt und seinem Sohn umgehend jegliche finanzielle Unterstützung gestrichen. Seine Eltern hatten mehrere passende Partien für ihren Jüngsten im Auge gehabt, natürlich aus untadeligem Haus, dünn und von bester Erziehung. Schon damals war Erich herzkrank, und als sein Gesicht vor Zorn blau anlief, hatte Barbara ihm eilig das Nitrospray gereicht.

Muss an dieser Stelle extra erwähnt werden, dass Erich von Braunsberg selbst stark übergewichtig war? Er brachte zurzeit mindestens einhundertsiebzig Kilo auf die Waage, bei einer Größe von vielleicht einem Meter achtzig. Sein Schneider hatte alle Hände voll zu tun, ständig seine Anzüge weiter zu machen. Gab es keine Nähte mehr auszulassen, wurden neue Anzüge geschneidert. Seine Ärzte hatten längst Alarm geschlagen und rieten dringend zu konsequenter Umstellung seiner Ernährung. Wenn er so weitermachte, würde er sein fünfundsiebzigstes Lebensjahr nicht mehr erleben, denn seine Cholesterin- und Blutzuckerwerte waren katastrophal. Man war sich nur nicht einig, ob er an einem Herzinfarkt oder einem Schlaganfall krepieren würde. Aber letztendlich war das wohl egal. Sterben würde er auf jeden Fall, und zwar bald, daran hatten sie keinen Zweifel.

Aber Männer, zumal in prominenter Position, waren ja niemals fett, sie waren »stattlich«. Ein stattlicher Mann. Eine fette Frau. So einfach war das. Ein dicker Mann hatte »ordentlich was auf den Rippen«, eine dicke Frau war undiszipliniert und achtete nicht auf sich. Ein fetter Mann mit einer dürren Ehefrau war der Normalfall. Barbara von Braunsberg, knapp über anderthalb Meter groß, wog höchstens fünfundvierzig Kilo und wirkte neben ihrem Gatten wie ein Kind.

Ein dünner Mann mit einer dicken Frau dagegen wurde bedauert, und jeder fragte sich, warum er das Walross an seiner Seite liebte oder gar wohlmöglich sexy und attraktiv fand. Und natürlich ging jeder davon aus, dass die Frau wenigstens zum Zeitpunkt des Kennenlernens noch dünn und hübsch gewesen war und erst dann – endlich einen Mann an der Angel – ihrer Fressgier freien Lauf gelassen hatte. Der arme Mann! Hätte er sich doch bloß vorher seine Schwiegermutter genau angesehen, die bestimmt genauso fett war! Dann hätte er doch schon ahnen können, welch schlimmes und peinliches Schicksal ihm blühte. Aber vielleicht hatte die Frau ja Geld, das war die einzig vorstellbare Begründung.

Auch Stefan und Jörg von Braunsberg waren – im Gegensatz zu Matthias – übergewichtig. Noch nicht so stark wie ihr Vater, aber das war nur eine Frage der Zeit. Beide hatten bereits deutlich sichtbare Schmerbäuche und drei Kinne. Trotzdem gehörten natürlich auch sie zu der Kategorie Männer, vor deren hämischen Bemerkungen keine Frau mit auch nur drei Kilo »Übergewicht« sicher war, ein Phänomen, das Sabine nie begriffen hatte. Allenfalls durfte eine pummelige Frau mit dem zweifelhaften Kompliment »Immerhin hat sie ein hübsches Gesicht« rechnen. Ansonsten hatte sie sich in wallende Gewänder zu hüllen, damit man vom Anblick ihrer Speckrollen gefälligst nicht belästigt wurde.

Interessant war, dass es ab einer gewissen gesellschaftlichen Position mit entsprechendem Einkommen kaum noch übergewichtige Frauen zu geben schien. Ob es daran lag, dass sich diese Frauen ganz auf ihre Figur und ihr Aussehen konzentrieren konnten? Sich Personal Trainer und teure Fastenkuren leisteten? Sich ihr Leben lang nur gedünstete Möhrchen und pochierten Fisch gönnten, aus Angst, ihr Gatte würde sie beim kleinsten Anzeichen von Übergewicht sofort abschießen und sich eine repräsentablere Frau suchen?

Sabine war nur die Tochter eines Bergarbeiters, der sich schon mit Ende vierzig ins Grab geschuftet hatte. Seine untröstliche Ehefrau hatte sich ein Jahr später das Leben genommen. Sabine war nie dünn gewesen, schon als Baby proper und rund. Ihre Mutter hatte sie nur mit dem Besten gefüttert, was der Markt zu bieten hatte, dafür hatte das bisschen Geld immer gereicht. Und sie musste immer den Teller leer essen, bis auf den letzten Krümel. Diese Konditionierung hatte sie leider nie ablegen können: Die Mahlzeit war erst zu Ende, wenn der Teller blitzblank war.

Matthias und Sabine hatten sich kurz nach dem Selbstmord von Sabines Mutter auf der Universität kennen- und liebengelernt. Er, der magere Student, hatte sich in sie, die an der Essensausgabe in der Mensa arbeitete, Hals über Kopf verliebt. Matthias liebte ihre Rundungen. »Das gehört alles mir«, sagte er immer selig, wenn er sie umarmte. Zu ihrer Hochzeit, einem fünfzehnminütigen, rein formalen Akt auf dem Standesamt, war natürlich niemand von seiner Familie erschienen. Das anschließende Hochzeitsmahl von der Mittagskarte eines einfachen Chinarestaurants wäre ihnen sowieso zu niveaulos gewesen.

All das hatte Sabine und Matthias nichts ausgemacht, sie waren glücklich miteinander. Dass sie nie Kinder bekommen hatten, hatte sie nur noch enger zusammengeschweißt. Sie lebten in einem kleinen Zechenhaus, das sie sich mühsam zusammengespart hatten. Mittlerweile wurden sie immerhin zu Geburtstagen und zum Weihnachtsessen eingeladen.

Matthias arbeitete als Angestellter einer Bank, sie, Sabine, war gelernte Köchin. Eines Tages hatte Barbara von Braunsberg sie gefragt, ob sie nicht bei ihr arbeiten wolle. Der alte Koch des Hauses, berühmt für seine – sehr wohlschmeckende – schwere und fettreiche Hausmannskost, hatte sich empört geweigert, auf Diätküche umzusteigen. Sabine hatte lange überlegen müssen, aber letzten Endes hatte Matthias sie überredet.

»Mein Vater wird sich umbringen, wenn er so weitermacht. Er braucht Hilfe. Bitte, Sabine, mach es, mir und meiner Mutter zuliebe.« Außerdem bekam Sabine für drei Stunden Arbeit täglich genauso viel wie für acht Stunden in der Mensa, in der sie auch nach der Hochzeit gearbeitet hatte.

Natürlich reagierte Erich von Braunsberg nicht gerade begeistert auf seine neue Köchin, zumal er außerstande war, zwischen ihr als Person und den von ihr umgesetzten Anweisungen seiner Ärzte zu differenzieren.

»Bin ich ein Karnickel?«, pflegte er wütend zu brüllen, wenn ein Salat serviert wurde. Empört stocherte er in gedünstetem

Fisch und gedämpftem Gemüse herum, nannte seine Ärzte »unfähige Quacksalber« und hasste Sabine noch inbrünstiger als zuvor.

Schnell hatte es sich eingebürgert, dass sie die Familie auch beim traditionellen Jagdhütten-Ausflug zu Erich von Braunsbergs Geburtstag bekochte und versorgte – so, als müsse sie sich durch ihre Arbeit das Recht auf ihre Anwesenheit verdienen. Offiziell war dies, neben dem Weihnachtsessen, die einzige Gelegenheit, bei der ihr Schwiegervater über die Stränge schlagen und sich ein Menu wünschen durfte, so fett wie er nur wollte. Cremige Sahnesaucen, Berge von Knödeln, Buttercremetorte, fettige Schweinebraten. Aber natürlich wusste Sabine, dass Erich wie ein Kind heimlich naschte, denn die Umstellung seiner Ernährung seit vier Jahren hätte längst zu deutlich sichtbarer Gewichtsabnahme führen müssen. Stattdessen nahm er immer mehr zu. Natürlich schob er es auf ihre mangelnde Kompetenz als Köchin. Der beste Beweis dafür war, seiner Ansicht nach, ihr eigenes Übergewicht. Eine fette Diätköchin, darüber konnte sich Erich schier kaputtlachen, das fand er wahrlich paradox.

In Wirklichkeit aß er vermutlich bei seinen zahlreichen Geschäftsessen mittlerweile doppelte Portionen, um die Defizite durch Sabines Küche auszugleichen. Sabine glaubte ihm auch nicht, dass er seinen Alkoholkonsum eingeschränkt hatte, wie die Ärzte ihn beschworen hatten. Erich von Braunsberg war systematisch dabei, sich zu Tode zu fressen und zu saufen.

Jedes Jahr im Juni versammelten sich also die Söhne mit ihren Ehefrauen – die Enkel waren bei diesen Treffen nicht erwünscht und wurden der Obhut der jeweiligen Kindermädchen anvertraut – und feierten den Geburtstag des Patriarchen in der Hütte. Eine große Feier mit Geschäftsfreunden und anderen wichtigen Leuten gab es dann ein paar Tage später in der Villa der Familie, ohne Matthias und Sabine.

Sabine bedauert es nicht, zu diesem gesellschaftlichen Ereignis nie eingeladen zu sein. Sie verfügte weder über die angemessene Garderobe noch das Aussehen der geladenen Society-Damen, die samt und sonders blond, dürr und braun gebrannt waren. Sabine trug Kleider von der Stange, färbte sich die ergrauenden Haare nicht und ließ sich nicht alle drei Tage die Fingernägel maniküren. Sie kam sich in dieser Gesellschaft plump und hässlich vor.

Erich von Braunsberg hatte nie einen Hehl daraus gemacht, dass er sie verabscheute. Er behandelte sie herablassend und liebte es, ihr Aussehen mit dem seiner anderen Schwiegertöchter zu vergleichen. Es war ihm auch jetzt, wie immer, egal, dass seine laute Stimme in der kleinen Küche der Jagdhütte für Sabine sehr wohl zu hören war.

»Mein Gott, Matthias«, hörte sie ihn dröhnen, »sieh zu, dass du diesen hässlichen, fetten Trampel endlich loswirst. Du könntest doch jede haben. Du bist und bleibst ein von Braunsberg. Wie konntest du dich nur mit diesem Weib einlassen?« Dann rief er Svetlana und Clarice zu sich. »Guck sie dir an, Matthias. Das sind schöne Frauen. Ehefrauen sollten sich schön machen für ihre Männer und nur für sie da sein. Und ein Ehemann sollte sich seiner Frau nicht schämen müssen.«

»Bitte, Erich, sie kann dich doch hören!« Selbst Barbara von Braunsbergs Flüstern drang bis zu Sabine und machte eins klar: Es ging ihrer Schwiegermutter lediglich darum, dass Erich leiser sprechen sollte, und nicht etwa darum, ihre Schwiegertochter in Schutz zu nehmen. Barbara bemühte sich zwar um Höflichkeit Sabine gegenüber, aber auch sie konnte ihren abschätzigen Blick nicht verbergen, mit dem sie Sabine bei jeder Begegnung bedachte. Obwohl sie Sabine dankbar war, dass sie für Erich kochte, konnte sie die jahrelange Konditionierung nicht einfach abstreifen. Für Barbara war die Tatsache, dass eine Frau Kleidergröße 48 trug, ein deutliches Anzeichen für mangelnde Disziplin und falsche Prioritäten. An das hämische Tuscheln und Kichern ihrer Schwägerinnen hatte sich Sabine längst gewöhnt. Beide sahen aus wie Models, wenn auch mittlerweile durch die Kunst von Friseuren, Visagisten und Chirurgen.

Ihre Kinder, beide Ehepaare hatten je ein Mädchen und einen Jungen, wuchsen in teuren Internaten auf. Die Frauen waren gleichzeitig schwanger gewesen, bei beiden Kindern. Nach den Geburten hatten Svetlana und Clarice geradezu hysterisch darum gewetteifert, wer ihre Kilos schneller wieder loswerden würde. Beide trainierten wie besessen, gingen täglich schwimmen und joggen, ließen sich regelmäßig massieren, verbrauchten Tonnen von sündhaft teuren, hautstraffenden Cremes. Wochenlang lebten sie von lauwarmem Wasser, Salatblättern und hauchdünnen Scheibchen von gedünstetem Putenfleisch. Und wenn das alles nicht schnell genug half, verabschiedete man sich für einige Zeit in eine Schönheitsklinik und ließ sich das bisschen Fett zu viel absaugen oder wegschneiden. Sie ließen sich erst wieder in der Öffentlichkeit blicken, wenn sie es sich ihrer Ansicht nach »leisten« konnten, figurbetonte Kleider mit tiefem Rückenausschnitt zu tragen. Selbstverständlich wurden die Kinder nicht gestillt, die sorgfältig modellierten Silikonbrüste hätten ja aus der Form geraten können. Und ebenso selbstverständlich weigerten sie sich kategorisch, weitere Nachkommen zu gebären, ihre Figur war wichtiger. Ihrer Ansicht nach hatten sie mit zwei Kindern ihre Pflicht mehr als erfüllt, und nicht einmal die Angewohnheit ihres Schwiegervaters, ihnen zu jeder Geburt ein kostspieliges Schmuckstück zu schenken, hatte sie umstimmen können.

Die jährlichen Ausflüge auf die Jagdhütte waren eine Qual

für Sabine, aber Matthias zuliebe fuhr sie mit. Hinterher versuchte er immer, sie für die erlittenen Beleidigungen und Demütigungen zu trösten – aber in Anwesenheit der Familie schaffte er es nicht, sie zu verteidigen.

Zu seinem Geburtstag bestimmte Erich das Menu. Sabine kaufte die benötigten Zutaten ein, was dann später penibel mit Barbara abgerechnet werden musste. Auf den Cent genau.

In diesem Jahr sollte es Hirschragout geben, mit dicker Burgundersahnesauce, Rotkraut und selbst gemachten Semmelknödeln. Das Fleisch stammte von einem Tier, das Erich einige Tage vorher bei einem Jagdausflug mit Geschäftsfreunden selbst erlegt hatte. Die Keule war gut abgehangen und roch streng nach Wild. Als Vorsuppe verlangte er eine klare Rinderconsommé, überraschend für Sabine, denn eigentlich hatte sie eher mit einer Pilzrahmsuppe gerechnet. Dafür wollte er zum Nachtisch Waffeln mit heißen Kirschen, Vanilleeis und Sahne. Sabine wusste, dass er mindestens drei Portionen davon verspeisen würde, egal, wie viel Braten und Klöße er vorher gegessen hatte. Und zum Kaffee? Natürlich eine Buttercremetorte, diesmal mit Mokkageschmack.

Wie jedes Jahr ging die Familie im Wald spazieren, während Sabine das Essen zubereitete. Sie genoss diese Stunden, immerhin ging ihr so lange niemand von dieser sauberen Bande auf die Nerven. Die Torte hatte Sabine bereits bei sich zu Hause gemacht, sie musste nur noch dekoriert werden – natürlich mit Unmengen schokolierter Mokkabohnen und einer Lawine geraspelter Vollmilchschokolade. Alles war so weit fertig, als die von Braunsbergs in die Hütte zurückgekehrt waren.

Gerade wollte Sabine die klare Rinderbrühe in eine Terrine füllen, als ihre Schwiegermutter in die Küche kam und ihr einen kleinen Korb voller Blätter in die Hand drückte. Barbara nahm immer ein Körbchen in den Wald mit, um Pilze, Beeren oder Ähnliches zu sammeln. Sie gefiel sich als Hobbybotanikerin und nannte Pflanzen grundsätzlich bei ihren lateinischen Namen.

»Wir haben *allium ursinum* gefunden, Sabine. Bärlauch. Machst du bitte eine Suppe für meinen Mann? Er möchte so gern ein Bärlauch-Süppchen essen. Ruhig mit viel Sahne. Du hast doch Sahne? Wir waren nämlich letzte Woche bei einem Sternekoch essen, und da gab es als Vorspeise ...«

Während Barbara weiterplapperte, nahm Sabine die mitgebrachten Blätter näher in Augenschein. Das konnte kein Bärlauch sein – das waren Maiglöckchen-Blätter. Giftige Maiglöckchen-Blätter. Tödlich für Menschen mit Angina pectoris. *Convallaria majalis*, liebe Barbara. Du kennst offenbar doch nicht jede Pflanze, dachte Sabine, du willst deinen Mann wohl umbringen. Sie nahm ein Blatt und rieb es leicht zwischen den Fingern. Wie erwartet – kein Knoblauchgeruch. Also: mit Sicherheit kein Bärlauch.

Sie wandte sich ihrer Schwiegermutter zu und sagte: »Barbara, schau, die Rinderbrühe ist doch schon fertig. Wir können sofort essen. Außerdem ist das kein ...«

»Was ist hier los?« Erich von Braunsberg stand in der Küchentür und musterte Sabine ebenso ungeduldig wie verächtlich. »Sabine, wenn es zu viel verlangt ist, mir zu meinem siebzigsten Geburtstag den kleinen Wunsch nach einem Bärlauch-Süppchen zu erfüllen ...«

Sabine verdrehte innerlich die Augen. War denn jede blöde Suppe heutzutage ein »Süppchen«?

Barbara warf Sabine einen flehenden Blick zu und drängte ihren Mann aus der Küche, während sie sagte: »Nein, nein, Papa, Sabine kocht dir das Süppchen. Mit viel Sahne, so wie du es liebst. Heute ist schließlich dein Geburtstag. Das tut sie gern, hat sie gesagt. Nicht wahr, Sabine, das hast du doch gesagt.«

»Und warum glotzt sie dann so dämlich? Noch nie Bärlauch

gesehen?«, polterte Erich, während er sich dem sanften Griff seiner Frau entwand und zurück in die Küche kam. »Ich denke, du bist gelernte Köchin, Sabine? Du bist doch Köchin? Oder bist du eine von denen, die nur Tüten aufreißen und Pulver zusammenrühren können? Würde mich nicht wundern. Vermutlich übersteigt mein kleiner Wunsch deine Fähigkeiten bei Weitem. Das beweist du schließlich täglich mit dem miesen Fraß, den du mir vorsetzt.« Er starrte sie herausfordernd an. »Obwohl, so, wie du aussiehst, hast du schon immer gern mit viel Sahne gekocht, möchte ich wetten. Also, was ist jetzt? Bekomme ich mein Süppchen oder nicht? Oder muss ich betteln? Ist es das, was du willst?«

Sabine lächelte mit einem Blick auf das frische Grün und sagte sanft: »Aber nein, Schwiegervater, ich mache dir gern die Suppe. In dreißig Minuten steht alles auf dem Tisch. Sag bitte den anderen Bescheid, dass ich noch etwas Zeit brauche.«

Es erstaunte sie nicht, dass sie keinerlei Gewissensbisse hatte, ihren Schwiegervater umzubringen. Er hatte es verdient. Er demütigte sie schon seit Jahren. Und er steuerte sowieso offenen Auges auf einen frühen Tod zu, an dem er sehr aktiv mitarbeitete.

Ohne ein Wort des Dankes verließ Erich die Küche. Summend machte sich Sabine daran, die Blätter zu waschen, in feine Streifen zu schneiden und mit ein wenig Olivenöl im Mixer zu einer Paste zu verarbeiten. Zusätzlich fügte sie Knoblauch hinzu, damit Erich nicht auffiel, dass der typische Geschmack fehlte. Dann schwitzte sie Schalottenwürfel an, löschte sie mit Weißwein ab und goss die Suppe mit etwas Sahne und Gemüsefond auf. Die Flüssigkeit blubberte leise im Topf, der aufsteigende Dampf duftete köstlich. Zum Abschluss gab sie die »Bärlauch«-Paste dazu und schlug alles mit dem Mixer schaumig. Sabine lächelte. Die Suppe war perfekt. Zur Sicherheit hatte sie wirklich nur eine Portion gemacht – nicht, dass noch einer von den anderen auf die Idee kam, ebenfalls etwas von der Suppe zu wollen.

Während des Essens war ihre Laune mit jeder Minute besser geworden, obwohl die tafelnde Familie auch diesmal kein Wort der Anerkennung für sie übrig hatte. Sabine aß mit großem Appetit. Sonst ließen die abschätzigen Blicke der anderen sie immer nur winzige Portionen essen, aber diesmal war es ihr egal. Sollten Clarice und Svetlana doch nach jeder Mahlzeit kotzen gehen oder sich alle paar Monate Fett absaugen lassen. Als sich Sabine eine zweite Portion auftat, wechselten die beiden einen schnellen Blick, der Bände sprach. Sie hätten es genauso gut laut aussprechen können. »Typisch«, sagte der Blick, »so fett, wie sie ist, frisst sie natürlich wie ein Schwein. Ekelhaft.«

Sabine war es schnuppe. Sie hatte nur noch abwarten müssen, bis Erichs Körper auf das Gift reagierte, während sie später in der Küche das Geschirr vom Mittagessen spülte und danach in aller Ruhe die Buttercremetorte fertigstellte. Sie raspelte die Schokolade und warf sie geschickt an die Seite der Torte. Danach schrieb sie mit Mokkabohnen »Erich« und die Zahl 70 in die Mitte. Mit einer Spritztüte setzte sie elegante Häufchen Buttercreme an den Rand, die sie jeweils mit einer weiteren Mokkabohne krönte. Gerade als sie damit fertig war, hatte sie das Poltern im Nebenraum gehört und gewusst, dass es endlich so weit war.

Sabine hoffte, dass niemand ihr vor Glück glühendes Gesicht bemerkte, als sie mit Handfeger und Kehrblech in den Raum zurückkehrte, wo die Leiche von Erich von Braunsberg lag. Mittlerweile war Jörg von seiner erfolglosen Suche nach dem Nitrospray aus dem Wald zurückgekehrt und kniete vor seiner weinenden Mutter, deren Hände er hielt. Stefan stand in der offenen Tür und starrte in den Wald, Matthias hockte zusammengesunken am Tisch und drehte einen leeren Cognacschwenker zwischen seinen zitternden Händen.

Sabine kniete sich auf den Boden und fegte um die Leiche ihres Schwiegervaters herum die Scherben auf das Kehrblech. In der Ferne jaulte die Sirene des Krankenwagens.

Susanne Ayoub

Rosis Bauch – Flaumig wie Flan

Die Sonne schien, das Ruderboot schaukelte auf dem Kaiserwasser dahin.

»Schatz«, durchbrach Tom die plätschernde Schläfrigkeit des Sonntagnachmittags. Es war zu heiß, um zu sprechen. Rosi blinzelte nur einmal, zum Zeichen, dass sie gehört hatte. Ihr Mittagsimbiss, die Waldviertler Würste, die sie beim Bootsverleih verschlungen hatte, drückten ein wenig. Dafür hatten sie aber herrlich geschmeckt. Schwarz mit einem fast violetten Schimmer auf ihrer Räucherhaut. Nicht zu vergleichen mit den schlappen, weißlich-rosafarbenen Frankfurtern, die sich Tom in Ermangelung von Gesünderem einverleibt hatte.

»Mein Schatz, Romy«, meldete er sich noch einmal zu Wort.

Rosi richtete sich ein wenig aus ihrer Rückenlage auf und warf ihm einen fragenden Blick zu. Wann hatte er sie das letzte Mal Romy genannt? Die Sonnenbrille spiegelte das Licht. Seine Miene war undurchdringlich, jedenfalls zu ernst für den freundlichen Nachmittag.

»Ist dir nicht gut? Diese Würstel haben mir gleich nicht gefallen.«

»Kannst du nur ans Essen denken?« Er wandte den Kopf ab. Seine Stimme klang vorwurfsvoll. »Damit sind wir übrigens schon beim Thema.«

Auf einen Schlag war das selbstvergessene Dahinträumen vorbei.

»Essen?«, echote Rosi.

Tom ließ seinen Arm über den Bootsrand ins Wasser hängen. »Ich habe mich erinnert«, sagte er.

Erst nach einer Pause antwortete Rosi: »Ich verstehe kein Wort.«

»Ich glaube doch.«

Plötzlich schob Tom die Sonnenbrille hoch. Er war gleichmäßig braun gebrannt wie ein Laib Brot, nicht vom Badeausflug, seine Bräune kam aus dem Solarium. Die Alte Donau besuchten sie heute nur ausnahmsweise. Bis zu dieser Minute hatte sie gedacht, Tom wolle ihr eine Freude machen. Sie schwamm für ihr Leben gern. Er dagegen ...

Tom schaute Rosi fest in die Augen. »Du musst abnehmen.«

»Heeey!« Rosi verschluckte sich an ihrem heftigen Atemzug. »Ich muss was?!«

»Du platzt schon beinahe«, setzte er ungerührt fort.

»Wie ... wie redest du denn mit mir?«, brachte sie schließlich hervor.

»Offen. Etwas anderes verstehst du leider nicht.«

Endlich fand sie ihre Fassung wieder, nur um sie gleich wieder zu verlieren.

»Ich?«

»Dieser Badeanzug sieht aus wie eine Zeltstadt«, setzte er unbeirrt fort. »Ist dir das nicht peinlich, in aller Öffentlichkeit wie ein Schwein im Trikot herumzustolzieren?«

Mit einem Satz war Rosi in der Höhe, ungeachtet der Tatsache, dass sie sich auf unsicherem Boden befanden. Tom, der auf der Bugseite des Boots hockte, geriet aus dem Gleichgewicht.

»Vorsicht!«, warnte Tom. Er versuchte, sich festzuhalten, aber da war Rosi schon über ihm. Sie versetzte ihm einen Stoß.

»Hilfe!« Er ruderte heftig mit den Armen, um sein Gleichgewicht wiederzuerlangen. Vergeblich. Mit einer gewaltigen Rolle rückwärts fiel Tom ins Wasser und verschwand.

Rosi folgte mit einem mühelosen Kopfsprung. Ohne sich auch nur einmal umzuschauen, schwamm sie davon. Erst als sie den weichen Uferschlamm unter ihren Füßen spürte, hielt sie inne und atmete tief durch. Das Boot trieb unbemannt auf dem Wasser. Aber da tauchte Toms klatschnasser Kopf schon auf. Sollte er doch zum Teufel gehen!

Sie watete an Land, zog sich an und verließ den Badestrand. Nur den Autoschlüssel schob sie in Toms Hosentasche. Zwar hätte er als Strafe für seine Unverschämtheit eine Straßenbahnfahrt quer durch die Stadt verdient, andererseits war er nach dem unfreiwilligen Bad bestimmt geschwächt. Tom mied offene Gewässer, er zog sogar die Dusche dem Wannenbad vor.

Das Kaiserwasser gleißte im Sonnenlicht, aber davon tränten ihre Augen nicht. Mit großen Schritten lief sie über die Brücke, auf der Suche nach Schatten und einem Trost, der die Kränkung ein wenig gutmachte. Die *Gelateria della Nonna* in der Vorgartenstraße war dazu genau der richtige Ort. Dort gab es Rosis Lieblingseissorten, Maroni, Zimt und Amarenakirsche mit Walnusssplittern, und selbst gebackene Eiswaffeln, einzigartig in ganz Wien.

Als sie zu Hause ankam, schleuderte Rosi zuerst ihre hochhackigen Schuhe von den Füßen. Ihre Katze Mia sprang erschrocken von ihrem sommerlich-kühlen Ruheplatz auf dem Marmortischchen hoch. Sie schaute Rosi vorwurfsvoll an und öffnete ihr rosarotes Mäulchen zu einem lautlosen Miauen, bevor sie sich sprechenden Blicks Richtung Küche wandte. Rosi tat, als bemerkte sie Mias Appell nicht. In der Wohnung roch es durchdringend nach Popcorn, ein Zeichen, dass Jasmin nicht weit war.

»Hallo, Jazzi!«, flötete Rosi. Sie guckte ins Wohnzimmer. Die Tür zur Loggia stand offen, aber Jasmin lag auf dem Sofa vor dem Fernseher, eine mit Popcorn gefüllte Riesenschüssel auf dem Bauch geparkt.

»Du sollst mich nicht so nennen. Kindisch ist das!« Jasmins

Stimme war beinahe männlich tief, was in merkwürdigem Gegensatz zu ihrer Rehgestalt stand.

»Aber, Schatzerl!«

Nun kam Bewegung in die Sofalandschaft. Jasmin stellte die Schüssel auf den Tisch.

»Was hast du mit Papa gemacht?«, fragte sie inquisitorisch und warf sich eine weitere Handvoll Popcorn in den Mund. »Was Ernstes?«

Rosi wiegte unglücklich den Kopf. Mia erschien und schlängelte sich schmeichelnd um Jasmins Knöchel.

»In eurem Alter solltet ihr langsam Vernunft annehmen«, sagte Jasmin streng. »Wie können Eltern ihren Kindern ein Vorbild sein, wenn sie nicht imstande sind, in Frieden zu leben?« Sie schubste Mia weg, die den Kopf in die Popcornschüssel stecken wollte.

»Hör auf, hör auf, es reicht!« Rosi ging zur Treppe, die zum Schlafzimmer im Obergeschoss der Maisonettewohnung führte. »Es ist schlimm genug.«

»Was denn? Keiner erzählt mir, was eigentlich los ist!«, rief Jasmin ihr nach.

Rosi blieb auf dem Treppenabsatz stehen.

»Diät!«, klagte sie.

Jasmins Interesse erlosch. »Ach so.« Sie zuckte die Achseln. »Du hast gesagt, was Ernstes.«

Sie erhob sich und schlenderte in die Küche, um Popcorn nachzufüllen. Rosi sah ihr nach. Einen Meter zweiundachtzig groß und zweiundfünfzig Kilo, ohne Diät, im Gegenteil, Jasmin war ein Kühlschranktiger, eine Whopper- und Pommes-Liebhaberin, die fleischgewordene Verspottung aller Schlankheitsratgeber. Dass sie und Tom dieses Wesen hervorgebracht hatten, erfüllte sie immer noch mit Staunen. Gezeugt zu den Klängen von Fatty Georges genialer Jazztrompete, woher auch der ungeliebte Kosename Jazzi kam.

»Du bist heute mit dem Füttern dran«, erinnerte Rosi.

»Hab ich schon«, kam die Antwort

Lüge, miaute Mia anklagend. Wenn Jasmin Katzenpflicht hatte, war die arme Mia oft auf Diät. Dennoch liebte das dumme Vieh sie inniglich.

Rosi klopfte zart an die Schlafzimmertür. Keine Antwort. Sie drehte den Türknopf. Abgesperrt. Noch einmal klopfte sie, lauter und länger. Er öffnete nicht.

Na, dann eben nicht. Schließlich wollte er etwas von ihr, nicht umgekehrt. Leben und leben lassen, war Rosis Devise, was Tom charakterlos nannte. Sie kehrte ins Erdgeschoss zurück, wo Mia sie schon sehnsüchtig erwartete. Rosi bückte sich, um die Katze an ihrer Lieblingsstelle im Genick zu kraulen, aber Mia war nicht auf Zärtlichkeiten aus. Sie zuckte ungnädig und starrte Rosie mit ihren großen, hellgrünen Augen unverwandt an.

»Ja, du hast es gut. Von dir verlangt keiner Dinner Cancelling.« Sie holte eine Dose Lachs mit Karotten aus dem Vorratsschrank.

Nein danke, das nicht, rief Mia in der Katzensprache, aber Rosi ignorierte sie und füllte Fressnapf und Wasserschüssel.

»Was für eine idiotische Idee, das Abendessen auszulassen, das schmeckt doch am besten!«

Erst als Mia sich zu ihrer Mahlzeit bequemte, nahm sich Rosi den Kühlschrank vor. Sie brauchte Butter. Wo kam eigentlich die Lightmargarine her? Rosi schob sie nach hinten, außer Sichtweite. Salami. Schinken. Und welcher Käse? Gorgonzola! Dazu passten hervorragend die Muskatellertrauben, na, bitte, aß sie etwa kein Obst? Und Macadamia-Nüsse. Zum Trinken? Der Bordeaux war noch da, für die besonderen Gelegenheiten. Das konnte Rosi ohnehin nicht leiden, die besondere Gelegenheit war immer die nächste. Aber wer wusste schon, wann und ob überhaupt eine andere folgen würde, nicht wahr? Sie entkorkte den edlen Tropfen, verzichtete aufs Lüften und schenkte sich gleich ein Glas ein.

»Wieder versöhnt?«, fragte Jasmin, ohne den Blick vom Bildschirm zu wenden.

Rosi schüttelte nur den Kopf. Als Lektüre zu ihrem kleinen Abendessen holte sie sich ein Buch aus dem Regal. *Gifte und wie sie wirken*. Rosi konsultierte es gern. Man konnte seine Feinde sterben lassen, ohne dafür ins Gefängnis zu gehen. Sie kannte kein besseres Mittel gegen seelische Verstimmung.

»Was war denn mit dir los? Wie konntest du mich so behandeln? Ich hätte ertrinken können!« Zwei Fragen, eine Anklage prasselten auf Rosi herab, bevor sie noch recht aufgewacht war. Ihr Kopf brummte. Das Sofa war ein äußerst unbequemes Nachtlager. Rosis Blick fiel auf das Tischchen davor, auf dem noch die Überreste ihres Betthupferls herumlagen. Goldene, grüne und rosa Stanniolpapierkugeln, die vorher ihre kleinen Lieblinge umhüllt hatten. *Die beste Mischung* der Confiserie am Neuen Markt. Ohne sie wäre sie auf dem harten Samtsofa kaum eingeschlafen.

»Hast du schon gefrühstückt?« Mit steifem Rücken rappelte sie sich hoch.

»Kannst du nur ans Essen denken?«

O Gott. Tom stand fertig angekleidet vor ihr. Ein kleiner Kaffeebart milderte den Todernst seines Auftritts, doch das wusste er nicht.

Er war immer schon ein Morgenmuffel gewesen. Einer von denen, die weder verschlafen noch tatendurstig, sondern missmutig in den Tag treten. Seit seiner Metamorphose zum Gesundheitsapparatschik hatte sich alles verschlimmert. In der Früh, wenn sie beinahe noch schlief, wollte er schon die Welt, Rosis Welt nämlich, verbessern.

Ohne weiteren Kommentar trat sie den Weg in die Küche an.

»Überlege dir, was du tust!«, sagte er drohend in ihrem Rücken.

»Erst brauche ich ein Frühstück.«

Rosi setzte die Kaffeemaschine auf, eine italienische, die sie noch von ihrer Großmutter bekommen hatte. Während der Kaffee durch die Maschine lief, toastete sie Weißbrot, bestrich es mit Butter und einem Hauch selbst gemachter Erdbeermarmelade und presste frischen Orangensaft. Tom sah ihr mit steinerner Miene zu.

»Willst du auch einen Juice?«

Toast bot sie ihm nicht an. Sein Hunger-Guru plädierte für Rohkosternährung. Keine Kohlehydrate. Der Mensch sei das einzige Säugetier, das seine Nahrung gekocht zu sich nehme, davon leitete er alles Übel ab. Leider verabscheute Rosi Rohkost. Tom auch, aber er aß inzwischen ohnehin nur mehr seiner Figur zuliebe.

Vor fünf Jahren, als sie sich mithilfe des Gurus gemeinsam das Rauchen abgewöhnt hatten, war es Rosi leichtgefallen. Tom dagegen musste lange gegen seine Sucht ankämpfen. Damals war es mit den morgendlichen Lektionen losgegangen. Rosi konnte sich als Pharmaberaterin ihre Arbeitszeit weitgehend frei einteilen, ein Privileg, das sie zu einem ausgiebigen Frühstück nutzte. Tom musste spätestens um neun Uhr in seinem Amt erscheinen. Seit die Gewerkschaft die Stechuhr auch für den Beamtenstand nicht hatte verhindern können, musste er sogar pünktlich sein. Er neidete ihr das gemütliche Frühstück. Was er zwar nicht zugab, aber sie sah es ihm an.

In der Diele hörte Rosi ihre Tochter rumoren. Jasmin benötigte jede Sekunde der Zeit, bis sie losmusste in die Schule, für ihre Morgentoilette. Die Frisur war mit ein paar Bürstenstrichen erledigt, aber das Make-up! Rosi fand, dass Jasmin ohne Compact, Gloss, X-Large-Lashes und seit Kurzem auch noch Smokey Eyes hübscher aussah, wie sie selbst nämlich, nicht wie die anderen zehn Mädchen, die mit ihr in die Klasse gingen und dieselben Schönheitsmagazine lasen. Doch Rosi hielt den Mund. Ein Weltverbesserer in der Familie reichte.

Tom sah auf die Uhr. Zu ihrem Orangensaft-Angebot hatte er sich nicht geäußert. Sie setzte sich zum Kaffeetrinken an den Tisch. Mia sprang ihr freundlich in den Schoß, bekam ein Stück Toast – wieder ein zorniger Blick von Tom – und dehnte sich zufrieden auf dem Fensterbrett aus.

»Entweder du tust es, oder ich lasse mich scheiden!«

Rosi stellte ihre Tasse weg, ungläubig.

»Wenn ich was nicht tue?«

Zwanzig Jahre waren sie verheiratet. Die Sonne schien auf sein Haar. An den Schläfen hatte es grau gesprenkelte Strähnen, vorn wurde es dünn. In die Augen hatte sie sich verliebt, sie waren so außergewöhnlich, gelb und grün. »Kannst du auch im Dunkeln sehen?«, war ihre erste Frage an ihn gewesen. An einen großen, freundlichen Kater hatte er sie erinnert. Gemütlich und später, mit den Jahren, ein wenig rundlich. Das war lange vorbei. War die Liebe nur die Erinnerung an vergangene, bessere Tage?

O Gott, nein! Beinahe wäre Rosi zu ihm gelaufen, hätte ihn umarmt und ausgerufen, dass das doch nicht sie waren, ein altes Paar, das sich nur mehr angrantelte und bei jedem Ärger mit Scheidung drohte! Damit durften sie gar nicht erst anfangen!

So wie Tom dreinsah, hätte der Appell aber nicht viel Sinn. Er wollte streiten – und sie wollte frühstücken.

»Versuche es wenigstens!«

Rosi schluckte den letzten Bissen ihres Toasts hinunter, trank den Orangensaft aus und nahm ihre Kaffeetasse mit, als sie die Küche verließ.

»Wiedersehen!«, rief Jasmin in die Küche. Die Wohnungstür fiel zu.

Rosi ging ins Badezimmer. Kurz darauf hörte sie die Wohnungstür ein zweites Mal. Rosi stellte ihren Kaffee auf dem Rand der Badewanne ab und öffnete das Fenster, um den Dampf hinauszulassen.

Die Sonne schien unerbittlich vom Himmel, dabei war es kaum acht Uhr.

Am Abend ging es weiter. Rosi kam nach Hause, mit müden, heißen Füßen und einem in Körbchenform geflochtenen slowakischen Käse vom Markt sowie einer weiß gepuderten Dauerwurst, die den Abend nicht überdauern würde. Ihr Trost nach einem langen Tag im Dienste des Schlafmittels *Traumal.* Tom war schon da, er saß in der Loggia mit einem Glas Prosecco in der Hand, was sie wieder hoffen ließ. Oder war es nur Mineralwasser in einer Sektflöte? Verträumt schweifte sein Blick über das Häusermeer unter ihnen.

»Ein schöner Abend, wollen wir noch hinauf aufs Dach eine Runde schwimmen gehen?« Rosi war ziemlich sicher, dass Tom nicht zur Tagesordnung übergehen würde, aber ein Versuch konnte nicht schaden. Sie hasste Streit. Wofür? Menschen änderten sich nicht. Also ich auf jeden Fall nicht, dachte sie trotzig, als er sie kurz und scharf über die Schulter ansah und ablehnend den Kopf schüttelte.

»Redest du jetzt nicht mehr mit mir, weil ich keine Traumfigur habe?«, fragte sie.

Einer von Rosis Kunden, der sie heftig verehrte, hatte sie erst vor wenigen Tagen angefleht, ja keine Diät zu halten. »Um Gottes willen, jedes Kilo ist anbetungswürdig!«

Tom stellte sein Glas ab.

»Traumfigur?«, wiederholte er bissig. »Hast du je eine Traumfigur besessen?«

»Kommt darauf an, wovon man träumt«, erwiderte Rosi.

Sie verließ die Loggia, aber Tom folgte ihr auf dem Fuß.

»Ich habe mich in Romy mit Kleidergröße 38 und 55 Kilo verliebt«, hielt er ihr vor.

Sie drehte sich ungläubig um. Das konnte er nicht ernst meinen.

»Wenn du ihr einmal begegnest, sag ihr, ich würde sie gern wiedersehen.«

Sollte sie ihn schlagen? Ihm den Inhalt seines Glases ins Gesicht schütten? Die Duelle von anno dazumal, irgendwie hatten sie schon einen Sinn gehabt.

Doch Rosi wollte Ruhe, keinen Ärger. Ihr Magen knurrte. Wenn Tom grollte, würde er ihr beim Abendessen wenigstens nicht über die Schulter schauen und Kalorien zählen. Sie schloss die Küchentür hinter sich, ganz leise und bestimmt.

»Papa, so kommst du nicht weiter.«

»Misch du dich nicht ein!«

»Du bist so ein schlechter Psychologe, du verdirbst alles mit deiner Oberlehrer-Mentalität.«

»Hör zu, du junges Gemüse ...«

»Nicht so laut, du weckst sie ja auf! Jetzt hör du einmal zur Abwechslung mir zu!«

Rosi lag längst hellwach auf ihrem knochenharten Lager. Wer hatte in Umlauf gebracht, harte Matratzen seien gesund?

»Du musst ihr etwas geben, nicht etwas wegnehmen«, hörte sie ihre Tochter. Diesmal widersprach Tom nicht. Rosi sah seine Miene lebhaft vor sich, die ernst in Falten gezogene Stirn und den neugierig gespitzten Mund.

»Also«, kam die zögernde Antwort. »Was schlägst du vor, Fräulein Naseweis? Bonbonniere mit Abführmittel oder Allan Carrs gesammelte Werke im Gemüsemantel? Einen Gutschein für einen Spitalaufenthalt zum Magenverkleinern?«

»Du bist aber gar nicht nett. Manchmal frage ich mich, ob du die Mami vielleicht gar nicht mehr magst.«

Rosi hielt den Atem an, damit ihr kein Wort entging. Nach einem Schweigen, das viel zu lange dauerte, räusperte sich Tom und setzte mit betont munterer Stimme fort: »Wo bleibt nun dein Ratschlag, Jasmin? Ich bin ganz Ohr.«

»Moment.« Jasmin steckte den Kopf zur Wohnzimmertür herein, als Rosi sich gerade umdrehte. Sie schickte ihrer Mutter eine lautlose Kusshand und zog sich wieder zurück. »Gehen wir. Das besprechen wir unterwegs«, hörte Rosi und dann nichts mehr.

Tom, der nicht immer Tom geheißen hatte, sondern liebevoll Tomo genannt wurde, und der nicht nur gesundheitsbewusst, sondern vor allem lebensfroh gewesen war, ihre Jugendliebe, war wie ihre Garderobe zu eng geworden. Sollte sie ihm vorhalten, dass sie den ersten Speck einst in den Sommerferien bei seiner Mutter in Zadar angesetzt hatte? Sarma, Krautrouladen mit geselchten Rippchen, zugedeckt mit Speck und mit dickem Rahm begossen. Drei Riesenrollen und dazu das warme, selbst gebackene Brot. Dunkelroten Plavac und danach, wenn das schwere Essen drückte, einen Slibovits, damit noch Platz für die Nachspeise frei wurde. Rivane, Grieskuchen mit sechs Eiern gebacken, in Sirup getunkt und mit Schlagobers überzogen. Wenn Rosi sagte, sie könne keinen Bissen mehr verdrücken, lachte Mama Angelina, dass ihre Goldzähne blitzten. In Rosis Alter habe sie noch einen anderen Appetit gehabt.

»Wie beim Essen, so im Bett, heißt es bei uns.«

Und Rosi, die sich keinesfalls der Prüderie verdächtig machen wollte, ließ sich noch einen Kuchenkanten auf den Teller türmen, gefolgt von mehreren Schnäpsen, weil sie nun wirklich Magenbeschwerden bekam. Dass sie nach so einem Mahl noch im Meer schwimmen ging, konnte Toms Clan nicht verstehen, doch wurde das als liebenswerte Marotte hingenommen, solange sie bei den Mahlzeiten nicht zurückblieb. Angelina und ihr Ehemann Goran, ein Hüne mit gewaltigem Bauch vom Essen und vom Pivo, waren in ihrer Gastfreundschaft unerbittlich. Heikelsein und Appetitlosigkeit wurden allenfalls einem Kind nachgesehen, einer potenziellen Ehefrau niemals.

Damals hatte Tom geschlemmt, bis ihm die Hosenknöpfe absprangen und die Nähte der Hemden platzten. Er trug stattdessen Ruderleibchen und Shorts mit Gummizug. Es waren Rosis letzte Tage in Größe 38. Zwar machte sie nach den Ferien ernstliche Anstrengungen, ihr altes Gewicht wiederzuerlangen, aber richtig bequem saßen die Kleider nie wieder. Tom lachte nur darüber. Er kaufte ihr neue Garderobe und sagte, sie sei noch schöner als vorher. Ob er heute daran dachte, womöglich mit sich haderte, weil er die Weichen falsch gestellt hatte?

»Nein! Er ist verrückt geworden, und ich werde es nicht ausbaden. So schaut's aus.«

Rosi stolperte über Mia, die selbstbewusst vor dem Sofa stand und nicht glauben konnte, dass man sie übersah. Mit einem empörten Protestlaut, halb Schnaufen, halb Fauchen setzte sie über Rosis Füße hinweg, nicht ohne wie zufällig mit einer Kralle an ihrem Rist hängen zu bleiben. Katzenrache, Rosi kannte die Taktik. Sie tat nun ihrerseits, als bemerkte sie Mia nicht, und studierte eingehend ihr Spiegelbild. Liebte Tom nicht mehr, was sie da sah?

Der Busen, wogend. Das Doppelkinn ebenso. Der Bauch ragte rund und hellbraun wie ein Haselnusspudding aus ihrer Pyjamajacke hervor. Wie war die, verdammt, so klein geworden? Beim Waschen eingegangen. Nein, sie hatte wieder zugelegt. Die Hose spannte kaum. Gummizug. Rosi kaufte mit Umsicht. Unterwäsche und Nachtgewand sollten natürlich hübsch aussehen, vor allem aber bequem sein.

»Denn sexy bin ich sowieso!« Sie lächelte sich aufmunternd zu. Das Lächeln noch immer auf den Lippen, begab sich Rosi dann mit Mia in die Küche.

Der Ernst des Lebens wartete hinter der Kühlschranktür.

Die Kalbspariser, verschwunden. Auch die Salami. Kein Käse, keine Butter, keine Milch. Nur eine Parade Fruchtjoghurtbecher, von Erdbeer bis Pfirsich-Maracuja schaute sie an. Verächtlich las Rosi: »0,1 % Fett. Ideal zum Fasten!«

Nichts wegnehmen, Mami etwas schenken? Aber doch nicht Diätjoghurt, pfui Teufel! Rosi stampfte mit dem Fuß auf, bis Mia vor ihr floh.

»Das wird euch noch leidtun, ihr Salatschnecken!«, schrie Rosi voll Wut. »Ihr Körnerzähler! Salzstangen mit Schultern! Ich lasse mich nicht unterkriegen!«

Die SMS kam um Punkt drei Uhr. Rosi stand im achten Stock der Uniklinik neben Doktor Madegra am Fenster. In der Ferne grüßten die sonnenbeschienenen Weinberge des Kahlenbergs.

»Hundert Kartons?«, fragte Rosi sanft, um den Internisten nicht aus seiner Träumerei zu reißen.

Doktor Madegra, der Liebhaber ihrer Extrakilos, war ein großzügiger Kunde, doch wenn er sich gedrängt fühlte, wurde er leicht störrisch. Rosis Handy registrierte den Eingang der Mitteilung mit einem bohrenden Doppelsignal. Madegra zuckte zusammen.

»Rosi, meine Liebe, immer so beschäftigt und zu neuen Taten unterwegs. Sie sollten den Namen eines Schmetterlings tragen.« Er nahm ihre Hand in seine, die kühl und ein wenig feucht war. »Und Sie sind gar nicht neugierig, wer Ihnen schreibt?«, fragte er leise spottend.

Aber Rosi ließ sich nicht fangen. Das Handy blieb in der Tasche. Madegra drückte einen zarten Kuss auf Rosis Fingerspitzen. Ohne seine Bestellungen müsste sie sich ihr Brot weit schwerer verdienen, nicht nur deshalb behandelte sie ihn mit Nachsicht. Seine Ergebenheit war jedenfalls angenehmer als die ständigen Ermahnungen ihres Ehemanns.

»Lassen Sie mich kein Wort mehr vom Abnehmen hören. Magersüchtige Vertreterinnen gibt's wie Sand am Meer. Sie sind eine Augenweide. In Gold würde ich Sie aufwiegen«, schloss er mit einem leidenschaftlichen Seufzen, das sein Spitzbäuchlein in Bewegung brachte.

Rosi malte sich aus, was Tom von diesem Bekenntnis halten würde. Dabei hatte er nicht die geringste Ahnung von ihrem wahren Gewicht. Madegra wusste dagegen genau, wovon er sprach. Als Internist hatte er einen fachmännischen Blick für Übergewicht.

»Aber wären ein paar Kilo weniger nicht vernünftiger? Nach dem Body-Mass-Index zähle ich zu den Fettleibigen mit schwerstem Gesundheitsrisiko. Mein Mann ...«

»Ihr Mann«, unterbrach Doktor Madegra eifersüchtig, »der soll mir einmal über den Weg laufen. Dem werde ich was erzählen.« Er küsste noch einmal Rosis Hand, diesmal die Innenseite ihres Handgelenks, wo der Puls heftig schlug.

Sein Bart kitzelte, und er roch allzu gut, als hätte er irrtümlich das Maiglöckchenparfum seiner Frau erwischt. Oder seiner Mutter? Sie wusste nicht einmal, ob er verheiratet war. Und – leider! – führte er sie so gar nicht in Versuchung. Spitzbauch und Spitzbart, die Kombination war nicht ihr Fall.

»Hundert Kartons *Traumal* gehen in Ordnung?«

Madegra nickte schwermütig.

»Wenn das die einzige Möglichkeit ist, Ihre Nähe zu genießen, muss ich wohl wieder bestellen.«

Rosi füllte das Formular aus. Bevor Madegra zu einer weiteren Hymne anheben konnte, verabschiedete sie sich. »Im September rufe ich wieder an.«

»Auf Wiedersehen, meine schöne Rose!«

Die Schwesternschülerinnen, die gerade vorbeikamen, kicherten, und Rosi wurde rot.

»Ich bin eben ein Romantiker«, entschuldigte sich Madegra.

Sein Pager begann zu piepsen. »Wenn man mich lässt.« Er winkte Rosi und enteilte zur Vormittagsvisite.

Sofort fischte Rosi ihr Handy heraus. Tom? Ja, es war seine Nummer.

»Röslein, verzeihe mir, dass ich nicht lieb bin zu dir. Ich will sein: ewig dein!«, schrieb er. Der Reim hinkte, doch darauf kam es nicht an. Rosi war gerührt. »Es gibt noch eine Überraschung!«, stand am Ende. Rosi dachte an Jasmins morgendliche Heimlichtuerei. Hatte sie sich das ausgedacht? Und die Diätjoghurtinvasion? Rosi liebte Überraschungen nicht. Vor allem, wenn es sich um ein Geschenk handelte, mussten die Beschenkten dann geistesgegenwärtig genug sein, Freude zu heucheln, auch wenn die Überraschung das Gegenteil bedeutete.

Nach den Grobheiten, die Tom ihr geliefert hatte, verdiente er eigentlich, dass sie ihn noch eine Weile im Ungewissen ließ. Aber Rosi war zu froh, dass der Streit ein Ende hatte. Und neugierig, das natürlich auch. Sie eilte heimwärts.

»Du riechst nach Maiglöckchen«, stellte Tom fest.

»Und du nach Schweinsbraten.« Rosi drückte ihre Nase gegen sein T-Shirt. »Besser als jedes Parfum!« Bildete sie sich ein, dass sein Lachen ein wenig gequält klang?

Toms letzter Schweinsbraten musste noch im vorigen Jahrtausend verdaut worden sein. Damals, als er noch rund und gemütlich gewesen war, statt muskelgestählt und missionarisch unterwegs. Doch heute Friede, Freude – Eierkuchen natürlich nicht.

»Worüber grinst du?«, fragte Tom. »Ich habe für uns Gemüsespaghetti gekocht.«

»Mhm.« Rosi löste sich aus Toms Armen. Dicht gefolgt von der erwartungsvoll miauenden Mia ging sie zum Herd. Vollkornnudeln, eh klar. Das Gemüse ... Nein, bitte nicht Karotten mit Erbsen, das hatte sie schon als Kind ... O ja, leider doch. Sie kostete die Gabelvoll, die Tom ihr entgegenhielt.

»Mit Ingwer gewürzt«, erklärte er stolz. »Wer sagt, dass vegetarisch langweilig sein muss?« Er probierte selbst. »Das Rezept ist von einer Kollegin. Lecker, oder?«

»Es ist sicher sehr gesund«, antwortete Rosi diplomatisch. »Gibt's ein Bier?«

Tom lächelte geheimnisvoll. »Heute einmal kein Bier für mein Röslein.« Er holte eine Flasche aus dem Kühlschrank.

Champagner! Wie gut hätte er zu dem Räucherlachs gepasst, den Rosi nach Toms letzter Entschlackungskur hinter den Sauerkrautpaketen im Gemüsefach verborgen hatte. Sie wagte keinen Vorschlag in diese Richtung, sondern freute sich am Sonnenuntergang über den Dächern von Meidling, an Toms verheißungsvollen Küssen und der Aussicht auf einen nächtlichen Ausflug zum Lachsversteck. Jasmin war mit Kinogeld versehen aus dem Haus geschickt worden, die Schlafzimmertür stand einladend offen, die Gläser warteten schon und sogar ein Schälchen mit Erdnüssen, fettfrei geröstet, doch immerhin ein Zeichen, dass Tom den Genuss noch nicht ganz und gar vergessen hatte. Der Korken flog, hoch hinauf zu den geschliffenen Tropfen des Kristalllüsters, Mama Angelinas zeitlos hässlichem Hochzeitsgeschenk.

»O je!«, sagte Rosi ohne Bedauern, als ein schwer getroffener Kristall abstürzte und aufs Bett fiel.

Tom tat, als machte es ihm nichts aus. Er reichte Rosi ein Glas. Sie stießen an.

»Auf die Liebe, mein Roserl.«

»Auf die Liebe«, wiederholte Rosi.

Es war herrlich. Der kalte Champagner! Die heißen Küsse! Ein sanftes Lüftchen, das die Vorhänge wallen ließ. Zwischen den Laken war es fast kühl. Toms Hände glitten über ihre Brüste, ihren Bauch, ihre Hüften, hielten inne. Prüfend? Wiegend?

Er legte seinen Mund an ihre Halsbeuge. Sein Atem blies warm und zärtlich auf ihre Haut. Die Hände bewegten sich weiter, die Seiten entlang, nach hinten, den Rücken hinauf. Das waren ihre Schwachstellen, eine Ziehharmonika, ein Röllchen nach dem anderen, und Tom ließ keines aus. Zählte er sie? Nur nicht daran rühren, keine Frage stellen. Hob der Ärger einmal sein Haupt, würde sie gleich wieder unten auf dem harten Brett von Sofa liegen. Wenn auch eigentlich er mit dem Ausziehen dran wäre. Was wälzte sie für Gedanken, kaum dass sie auf die Liebe getrunken hatten? Jetzt wartete ja noch die Überraschung ...

Endlich war Tom an der richtigen Stelle angekommen. Rosi schloss die Augen.

»Romy?«

»Ja, mein Tom.«

»Liebst du mich noch?«

»Wenn ich das wüsste ...«

»Rosemarie!«

»Tom, ich wollte sagen, ja! Hör zu, bitte, ich wollte doch nicht ...«

Rosi riss die Augen auf. Nur ein Traum, zum Glück! Draußen war Nacht, eine laue Sommernacht.

»Sentimental journey«, sang eine Männerstimme. Das grüne Auge des alten Radios leuchtete im Dunkel.

Vor der Tür leise Schritte. Jasmin kam nach Hause. Was für ein Traum! Den ganzen lauschigen Abend hatte sie auf die Frage gewartet, aber er hatte sie nicht gestellt. Tom rührte sich neben ihr. Als sie sich nach ihm umdrehte, streckte er die Arme aus und zog sie an sich.

»Die Überraschung, mein Schatz«, flüsterte er. »Bist du gar nicht neugierig?«

»Und wie«, antwortete sie, ein wenig bang.

»Wir verreisen. Ein Wochenende Wellness für uns zwei, Ayurveda, Lomi-Lomi-Massage, Head'sche Reflexzonen, Tai Chi, japanisches Wassertreten, alles einfach zum Wohlfühlen.«

Rosi schluckte. War das eine Sternschnuppe, die draußen vom Himmel fiel? Dann hatte man, hieß es, einen Wunsch frei.

»Toll.«

Ihr Magen knurrte so laut, dass Tom es unmöglich überhören konnte. Er sagte nichts, und sie tastete nach ihrem Champagnerglas und malte sich aus, wie sie später, wenn er schlief, den Lachs verzehren würde, nur mit Zitrone und ein paar Kapern, dazu zwei Scheiben gebutterter Toast.

Das Sympathischste an Bad Bromberg war der Platz vor dem Kurzentrum, den ein Springbrunnen beherrschte. Rundherum reihte sich Lokal an Lokal, ein Grieche, ein Italiener und ein Chinese, außerdem ein Würstelstand, ein Eissalon und mehrere kleine Cafés. Den Grund für die florierende Gastronomie fand Rosi schnell heraus: Innerhalb der Kuranstalt gab es nichts Vernünftiges zu essen. Jede Menge Wasser, heiß oder kalt, kohlesäurehältig, geschwefelt, mit Essenzen versetzt, geölt, gesalzen und was den Gesundheitsaposteln noch eingefallen war. Die Speisekarte erläuterte zu jedem Essen die wichtigsten Inhaltsstoffe – Folsäure, Vitamin E – und bot weitere Köstlichkeiten an, wie beispielsweise Hanfsamen zur Vorbeugung von Prostataleiden. Wer seinem Körper etwas besonders Gutes tun wollte, konnte die Nahrung in Breiform bestellen. Die Kommentare verfolgten offenbar den Zweck, den Gästen den Appetit zu verderben. Aber sie waren ja keine Gäste, sondern Patienten! Dazu gehörte, dass das Hotel um einundzwanzig Uhr die Pforten schloss. Rosi fand diese Information auf ihrem Kopfkissen, zusammen mit einem Willkommensgruß von Bad Bromberg. Die bunte Kugel sah aus wie ein Bonbon, aber sie enthielt keine Schokolade, sondern eine bröselige, leicht salzig schmeckende Substanz. Gedüngte Gartenerde?

»Was bedeutet diese Ankündigung, dass um einundzwanzig Uhr zugesperrt wird? Bekommt man keinen Schlüssel? Werden wir an unser Bett gefesselt, damit wir auch nichts Verbotenes tun?«

Tom wirkte auf einmal verlegen. Rosi, die gerade überlegte, wo sie den Rest des angebrochenen Abends zubringen würden, stutzte: »Tom? Was soll das bedeuten? Du willst doch nicht sagen ...«

Tom wollte sie in die Arme nehmen, aber sie wich ihm aus.

»Es ist nur zu deinem Besten, mein Schatz. Damit die Versuchung ...«

»Welche Versuchung?«

»Wenn du nach drei Tagen mit zwei Kilo weniger ...«

Die schwarze Kugel kam geflogen und traf ihn mitten auf die Stirn, wo sie in kleine Brocken zerbrach. Ein roter Fleck blieb zurück.

Tom ignorierte die Attacke.

»Ohne Änderung der Essgewohnheiten gibt es keine Gewichtsreduktion«, predigte er.

»Aber vielleicht will ich gar nicht abnehmen.«

»Das kann nicht sein. Schau dich einmal im Spiegel an.«

»Du denkst, ich werde mich in Zukunft von Hafer und Dinkel ernähren, damit ich schön genug für dich bin?«

»Du könntest es wenigstens einmal versuchen.«

Tom strich über seinen Bauch, der flach war wie der Flatscreen des Fernsehapparates, auf dem ein schlankes Mädchen für Bad Bromberg warb. Sie lächelte, obwohl sie von einem Inder mit Turban mit Öl begossen wurde.

»Na gut, dann habe ich jetzt auch eine Überraschung für dich.« Rosi sah auf ihre Uhr. »Es ist gleich einundzwanzig Uhr. Ich warte auf dich beim Italiener. Bis zweiundzwanzig Uhr hast du Zeit, dir zu überlegen, ob du nachkommen willst.«

»Aber, Rosi, warum?«

Rosi nahm ihre Reisetasche. »Weil es mir reicht. Meine Diät für heute ist Pizza und Tiramisu. Und morgen Speckknödel mit Sauerkraut und Schokoladentorte. Den Sonntagsschmaus lasse ich mir noch einfallen. Weniger als dreitausend Kalorien hat er keinesfalls.«

Sie ließ ihn stehen. Beinahe tat er ihr leid, aber sie musste nur an die Hanfsamen und Ölbäder denken, und schon verhärtete sich ihr Herz. Knapp vor Torschluss kam sie in die Hotelhalle.

»Jetzt können Sie nicht mehr hinaus«, rief ihr der Mann in weißem Arbeitsmantel, halb Portier, halb Gefängniswärter entgegen. »Wir schließen.«

»Ja, tun Sie das.«

Rosi trat ins Freie. Hinter ihr fiel rasselnd das Scherengitter herunter. So war es also entschieden, er drinnen, sie draußen. Ein wenig traurig war es schon. Und ein ganz klein wenig schlug es ihr auch auf den Appetit. Nach der Pizza Royal – ein Drittel größer als die normale Portion – konnte sie ihr Tiramisu nicht aufessen.

Zwei Frauen saßen an den Einzeltischen links und rechts von ihr. Beide mit stattlicher Figur. Die eine las ein Magazin, die andere einen Liebesroman. Zu ihrer Lektüre löffelten sie langsam und genießerisch ihre Desserts. Die eine mochte fünfundzwanzig sein, die andere war alterslos. Fünfunddreißig? Fünfundvierzig? Auch fünfundfünfzig nicht ausgeschlossen. Wie hübsch sie aussahen. Wie angenehm müsste doch für einen Mann die Vorstellung sein, sich von ihren runden Armen umfassen zu lassen, an diesen üppigen Busen zu ruhen, zwischen den mächtigen Schenkeln zu versinken. Und welche Verirrung des männlichen Geschmacks, ihnen ein fleischloses Klappergestell vorzuziehen. Denn was wartete hinter Kleidergröße 34, das nicht besser verhüllt bliebe?

Die Kugel, das Erdenrund, die perfekte Form, aus der sich alles andere herleitete. Und ihr Bauch sollte nichts wert sein, als lästiges Anhängsel bekämpft und vernichtet werden und mit ihm aller Liebreiz der Weiblichkeit?

Nostalgische Gefühle befielen Rosi. Die weiche, behaarte Kugel von Toms jugendlichem Bauch tauchte vor ihrem inneren Auge auf. Lebensfroh und liebestoll waren sie gewesen! Als sie zu rauchen aufhörten, begann die Veränderung. Bei ihr ging es mit dem Gewicht aufwärts, stetig und rasch. Dann die Diäten: Weintrauben, Semmeln, Ahornsirup, Mayr, Trennkost. Teure, aber folgenlose Jahre mit den Weight Watchers. Sport. Zimmerrad. Stepper. Von dem Ding, mit dem man beim Fernsehen rudern konnte, erlöste sie schließlich der Bandscheibenvorfall.

Tom aber strampelte unbeirrt dem Idealgewicht entgegen. Je schlanker, desto verbissener. Nun standen sie am Scheideweg. Waschbrett gegen Schwimmreifen, Sahne gegen Sojamilch. Ein Kampf, den einer von ihnen verlieren musste.

Draußen vor dem Fenster ging eine gebeugte Gestalt vorbei. Ein Gleichgesinnter, der aus dem Hungerzentrum entsprungen war? Er musste seine Flucht mit ein paar Gläsern zu viel gefeiert haben, denn er taumelte mehr, als er ging, während er auf die Pizzeria zusteuerte. Erst als er eintrat, erkannte sie ihn.

»Tom? Wie hast du es geschafft, herauszukommen?«

Er stolperte ihr entgegen. So schnell konnte er sich keinen Rausch angetrunken haben.

»Ich bin über den Balkon geklettert, im Sprint hierhergelaufen. Die Distanz schaffe ich sonst locker jeden Tag. Aber weil ich nicht aufgewärmt war ... Aaah!«

Er stieß einen lang gezogenen Schmerzenslaut aus. Die dicken Damen ließen ihre Lektüre sinken.

»Das ist der Meniskus«, meldete sich die Ältere im Expertenton. »Typisch vom Sport.«

»Ja, zuerst kommt der Sport«, sagte die andere mit mildem Spott, »und dann der Krankenwagen.« Sie holte ihr Handy hervor und rief den Notarzt an.

Die Diagnose der Dicken traf zu: Meniskus-Einriss.

»Und nicht der erste«, rügte der Orthopäde in der Uniklinik. »Die Leute glauben, sie tun dem Körper etwas Gutes, dabei beschleunigen sie nur seinen Untergang.« Der Arzt hatte hochrote Wangen, einen halben Zentner Übergewicht und fiel nach den Regeln der Vorsorgemedizin in die Kategorie Todeskandidat. Früher hätte Tom so einem wie ihm nicht einmal zugehört. Jetzt blieb ihm nichts anderes übrig. Das Knie verweigerte den Dienst. Unglücklich saß er im Strecksessel. Rosi drückte mitfühlend, aber in stillem Triumph seine Hand.

»Wie geht es jetzt weiter?«, fragte sie.

»Operation, was sonst? Er kann von Glück reden, dass er kein neues Kniegelenk braucht«, antwortete der Orthopäde. »In Ihrem Alter!«, herrschte er Tom an. »So eine Schande! Skifahren gehen Sie wahrscheinlich auch noch?!«

Tom brachte kein Wort hervor.

»Am liebsten Tiefschnee«, bekannte Rosi an seiner Stelle.

»Damit ist jetzt Schluss!«, donnerte der Orthopäde. »Kein Laufsport, kein Walken, Klettern und ähnliche Dummheiten. Und jetzt, runter mit der Hose!«

Er verpasste Tom eine Injektion, die ihn, wenigstens für kurze Zeit, schmerzfrei machte. Hinter Toms Rücken zwinkerte er Rosi schalkhaft zu.

Erleichtert kam Rosi nach Hause. Tom hatte sie im Krankenhaus zurücklassen müssen, aber versprochen, ihn gleich am nächsten Morgen zu besuchen. Der gute Doktor Madegra! Er hatte den Orthopäden wärmstens empfohlen. Nun gab es neue Hoffnung. Die Joghurts standen unberührt im Kühlschrank. Unter Mias lautstarkem Beifall holte Rosi die Mascarponecreme aus dem Versteck. Sie füllte eine Tortenspritze mit der fettreichen Köstlichkeit. Dann nahm sie sich die Fastenbrigade vor. Vorsichtig hob sie den Aludeckel in die Höhe, spritzte einen Schuss

Mascarpone ins Joghurt, rührte mit einem Strohhalm um und verschloss den Deckel wieder.

Jasmin steckte den Kopf zur Küchentür herein.

»Was ist jetzt passiert? Muss ich euch schon wieder versöhnen?«

»Alles in Ordnung, Jazzi!«

»Nenn mich nicht immer so, Mama!«

Rosi schleckte den Rest vom Strohhalm ab. Köstlich. Das würde auch dem armen Tom munden. Wenn sie es nicht schaffte, abzunehmen, dann vielleicht, dass er zunahm. Wie hatte Tom zu ihr gesagt: Sie konnte es wenigstens versuchen.

Jutta Kessler

Die innere Mitte

»Hmpf«, ist das Einzige, was ich in dieser misslichen Lage noch sagen kann. Rund um meinen Hals dampft es, ich sitze in unserer Diele in einer Schwitzbox, die aussieht, als hätte jemand eine Luftmatratze quer zusammengerollt. Ein Reißverschluss verschließt dieses Ungetüm gegen die Außenwelt, nur ein kleiner Ausschnitt lässt Platz für meinen Kopf. Irgendwo hinter mir, außerhalb der Box, gurgelt ein Wasserkocher und entlässt kochendheißen Wasserdampf direkt unter meinen Allerwertesten in die Folterkammer. Ich selbst sitze auf einem Höckerchen in diesem Unding und ertrage nur schwer den zunehmenden Personenverkehr, der sich in unserer Diele entwickelt. Meine Tochter schlendert feixend in den Flur.

»O Mama, das sieht echt bescheuert aus, weißt du das? Wie bist du denn an dieses Ding gekommen?«

Na, wie wohl – Gabi natürlich.

»Also, da musst du was dran tun.« Gabi zwickte mit Zeigefinger und Daumen in die Haut meines Oberarms und ließ sie hin und her wackeln. Dass sie aber auch immer an meinen Problemzonen rumfummeln musste! Wobei, wenn man es genau nahm, bestand ich vornehmlich aus Problemzonen.

Gabi ist meine Retterin, mein Guru. Sie ist Masseurin und hat mir in Zeiten meines Bandscheibenleidens das Leben mit ayurvedischen Anwendungen erträglich gemacht. Öl und Kräuterbeutelmassage für einen malträtierten Rücken. Wann immer ich von ihr kam, begrüßte mich mein Mann als seinen »Lieblingsbrühwürfel«, denn die Öle sind – sagen wir mal – eher streng im Geruch. Egal, wenn's hilft, lasse ich mir auch Maggi auf den Buckel streichen. Inzwischen geht es mir wieder deutlich besser, aber ich höre immer noch auf das, was Gabi sagt – zumindest meistens.

Ich rutschte auf ihrer wohlig-warmen Liege in eine halb aufrechte Position und blickte sie fragend an: »An was hattest du speziell gedacht? Ich meine, ich komme regelmäßig zu dir, ich turne, was soll ich denn noch machen?«

Ihre Augen blickten mitleidvoll, als sie mit der Hand über die Haut meines Rückens strich.

»Siehst du? Keine Spannung! Dein Bindegewebe ist eigentlich nicht vorhanden. Du bist labberig und teigig, du wiegst zu viel, und ich schätze mal, dass dein Körper voller Gifte steckt. Da müssen wir unbedingt was dran tun, sonst bekommst du wieder Probleme mit dem Rücken.«

Mein Stichwort. Rücken. Ich bin ja hartleibig bei allem, was mit Abnehmen und Sport zu tun hat, aber wenn einer das Stichwort »Rücken« nennt, dann geht mein Gehirn auf Condition Red und setzt alles, was anschließend gesagt wird, auf der Prioritätenliste ganz nach oben.

»Was muss ich tun?« Der Termin, bislang dominiert vom warmen Öl und einer kräftigen Massage, bekam urplötzlich einen bedrohlichen Beigeschmack.

»Keine Panik«, beruhigte mich mein Ayurveda-Guru. »Ich weiß, was du tun kannst. Du musst eine Zeit lang deine Ernährung umstellen, dabei entgiften, das würde schon mal helfen. Na ja, und dann ist da noch Yoga, damit solltest du anfangen.«

Natürlich. Das hörte sich nach einem grandiosen Plan an, allerdings nicht nach einem Plan, der mir jemals selbst eingefallen wäre. Ich stand von der Liege auf und schenkte ihr einen zweifelnden Blick. Ernährung umstellen? Diät etwa?

»Soll ich jetzt fasten?«, fragte ich.

Das Wort »fasten« wird in meiner Familie nicht so gerne gehört. Unsere immer übergewichtige Mutter, die mir freundlicherweise ihren Hang zum »Kilo-horten« vererbt hat, hat, so lange ich denken kann, »gefastet«. An den Gerüchen, die aus der Küche drangen, konnte man jeweils den Beginn einer neuen Ära erkennen. Mit vor Begeisterung roten Wangen teilte sie uns dann die neuesten ernährungstechnischen Erkenntnisse mit, an deren bahnbrechender Wirkung sie künftig teilhaben würde. So lernten wir die Lehren von Dr. Atkins und seinen Kollegen kennen, erfuhren alles über die magische (aber leider blähende) Wirkung der Kohlsuppendiät, ertrugen über Wochen den schwefeligen Geruch frisch gekochter Eier oder wuchteten zentnerweise Kartoffeln für Mutters Kartoffel-Diät in den Vorratskeller. Ein anderes Mal erlebten wir gar eine kochfreie Zeit, als sie dank Dr. Schnitzler zur Rohkostexpertin wurde.

Die Erfolge ihrer lebenslangen Diät-Odyssee hielten indes nie allzu lange, weil meine Mutter nach Beendigung ihrer zeitlich begrenzten Askese-Phasen jedes Mal zu ihren gewohnten Sahnesoßen zurückkehrte. Meine Mutter ist die Erfinderin des Jojo-Effekts.

Mein Verhältnis zu Diäten ist also eher gespannt. Nach etlichen eigenen Versuchen bin ich zu der Erkenntnis gelangt, zu der jede übergewichtige Frau irgendwann einmal kommt: Entscheidend ist doch, dass man sich so mag, wie man ist, denn wie sollte man sonst erwarten, dass einen jemand anders gerne hat, wenn man dieses Kunststück noch nicht mal selbst hinbekommt ...

Die Augen meiner Ayurveda-Heilerin ruhten unbarmherzig auf meinem unvollkommenen Leib. Ihre Stirn legte sich leicht in Falten. Die Frau hat rote Haare, mit der ist nicht zu spaßen. Wenn sie etwas sagt, dann meint sie es auch so. Sollte ich durch unangebrachte Renitenz meine zukünftigen Ölmassagen aufs Spiel setzen? Ich entschied blitzartig, dass es besser wäre, auf ihren Rat zu hören – vorerst. »Was muss ich tun?«, ergab ich mich in mein Schicksal.

Gabi hielt mir ein weißes Döschen hin, in dem braune Tabletten herumkullerten. Irgendwie erinnerten sie mich an das, was Mistkäfer mit großem Aufwand zusammenrollen, bevor sie darin ihre Eier ablegen ... Oder Holzpellets für eine Heizung ...

»Was'n das?«, fragte ich verzweifelt.

»Die sind zum Entgiften. Dann nimmst du noch dieses Öl zum Einreiben. Außerdem leihe ich dir meine Schwitzbox.«

Und so sitze ich – drei Tage später – in unserer Diele auf der ersten Etage und hatte mir doch wirklich eingebildet, niemand würde mich in dieser entwürdigenden Haltung zu sehen bekommen. Weit gefehlt. Die Trommeln innerhalb meines Familienclans funktionieren besser als die Telekom es jemals getan hat. Schon kurz nachdem ich mein feucht-heißes Domizil bezogen habe, finden sich die ersten Schaulustigen ein. Unter den mitleidigen Blicken meiner Familie harre ich eine geschlagene halbe Stunde in dieser Folterbox aus.

Dann beschließe ich, dass es sicher noch eine Reihe anderer unangenehmer Dinge gibt, die ich zu Gunsten meines Rückens unternehmen kann. Ja, die gibt es: Ernährungsumstellung und Yoga, genau in dieser Reihenfolge.

Nach dem reinigenden Schwitzbad unterziehe ich meinen gefühlt fast vollständig entgifteten Körper einer genauen Begutachtung. Okay, meine Hüften sind noch nie schmal gewesen, aber ist das nicht auch für Männer ein Zeichen, dass ein Weibchen gebärfreudig ist und somit einen besonderen Anreiz bietet? Gut, bauchfrei zu tragen wäre sicher nur nach vorheriger Fettabsaugung in größerem Umfang denkbar, aber wer will es überhaupt den bauch-, hirnfreien Geschlechtsgenossinnen gleichtun? Außerdem, mal ehrlich, mit über vierzig bin ich für so etwas zu alt, das wäre doch lächerlich. Meine Oberschenkel geben mir allerdings hin und wieder Anlass zur Sorge, besonders dann, wenn ich mich entscheide, eine neue Hose zu kaufen. Dann sind sie irgendwie immer im Weg, passen nicht zum Gesamtkonzept, tanzen bei gut sitzenden Hosen als einzige Quertreiber aus der Reihe und quellen, wenn ich sie mit sanfter Gewalt integrieren will, in Richtung Hosenbund und verstärken meine Hüften mehr, als ihnen guttut.

Meine Haut ist weich und geschmeidig. Sicher, man könnte bei genauem Hinsehen eine Tendenz zur Schwammigkeit attestieren, aber ist es nicht schön, an einen weichen Busen gebettet zu liegen?

In einem Anflug von Realismus betrachte ich mein Äußeres und gestehe mir im Schutz des abgeschlossenen Badezimmers ein, das Gabi irgendwie recht hat und ich dringend an meiner Konstitution arbeiten muss. Also entscheide ich, dass es Zeit für einen Besuch beim Buchhändler ist.

Manche Frauen gehen zum Friseur, wenn sie spüren, dass ein neuer Lebensabschnitt naht, andere konsultieren die Kosmetikerin ihres Vertrauens, ich normalerweise auch, aber so weit will ich im Moment noch nicht gehen. Einen gelben Punkt male ich mir noch nicht auf die Stirn, ich bin ja gerade erst entgiftet. Was nicht bedeutet, dass ich mich nicht über die geplanten Maßnahmen umfassend informieren sollte. Und wer könnte mich besser in diesem Ansinnen unterstützen, als der ortsansässige Buchhändler, der ein erhellend umfangreiches Sortiment an Büchern über jedwede Ernährungsform vorrätig hat?

Ich wühle mich also durch die einschlägige Literatur und erstehe sämtliche Werke über ayurvedische Küche, derer ich habhaft werden kann. Sehr exotisch, sehr indisch. Die Bilder von ayurvedischen Gerichten bestechen durch appetitliche Farben, die einem das Wasser im Munde zusammenlaufen lassen. Also, wenn ich auf diese Art und Weise abnehmen kann, soll mir das mehr als recht sein, denke ich.

In einem meiner erstandenen Werke finde ich einen Test, den ich umgehend ausfülle. Nicht, weil ich Gabi misstraue, sondern weil ich wissen will, mit welchen kulinarischen Freuden ich zukünftig rechnen darf. Das Ergebnis ist ernüchternd: Ich scheine ein Kapha-Typ zu sein, und der Kapha-Typ isst bitter, sauer, scharf und trocken. Na toll, leider verloren.

Eine Ernährungsumstellung setzt natürlich voraus, dass man nicht nur die Ernährung selbst umstellt, sondern auch seine Lieferanten. Besondere Situationen erfordern besondere Maßnahmen, und so sieht mich die Welt erstmalig ernsthaft in einem Reformhaus einkaufen. Angesichts der horrenden Preise frage ich mich allerdings, ob der gewichtreduzierende Effekt wirklich aus der veränderten Ernährung resultiert oder ob schlichtes Verhungern aus Kostengründen nicht viel eher die Ursache für einen drastischen Gewichtsverlust sein würde. Die erste Konsultation dieses Gesundheitstempels kostet mich dann auch schlappe fünfzig Euro, die allein draufgehen, um mich mit den nötigsten Grundnahrungsmitteln auszustatten. Mitten im Reformhaus stehend, konsultiere ich die Gesundheitsfraß-Fachexpertin: »Hören Sie bitte, ich darf keine Kuhmilch zu mir nehmen, gibt es da Alternativen?«

Die freundliche Gesundesserin wirft mir einen vernichtenden Blick zu. »Natürlich gibt es die. Soja oder Ziege?«

Ich wusste nicht recht, was sie meinte. »Wie, Soja oder Ziege? Wie muss ich das verstehen?«

Zwischen mehreren abgrundtiefen Seufzern erklärt mir die Mutter aller Geduld, dass es eine ganze Palette von Soja- und Ziegenmilchprodukten gebe. »Was meinen Sie denn, was die Kuhmilchallergiker trinken? Wasser? Für die gibt es Soja- oder Ziegenmilch, die müssen doch auch etwas in den Kaffee tun können.«

Kaffee! O Gott. Ein eisiger Schreck durchfährt mich. Alles, alles können sie mir nehmen, aber doch nicht meinen Kaffee, blond und süß … Der Gedanke, dass ab sofort Sojamilch die Tasse mit meinem heiß geliebten, handaufgebrühten Kaffee teilen soll, verursacht in mir einen leichten Panikanfall. Bevor ich jedoch beschließen kann, diesen Teil der Vorschriften zu ignorieren, dröhnt es in meinem Unterbewusstsein: »Sonst bekommst du Probleme mit deinem Rücken!« Geschlagen greife ich nach je einem Liter Soja- und Ziegenmilch.

Zu Hause veranstalte ich eine Blindverkostung. Alle drei Sorten Milch stehen, optisch nicht voneinander zu unterscheiden, harmlos auf der Küchenplatte. Der Reihe nach testet meine Familie das Angebot. Ich weiß es nicht, aber irgendwie hatte ich gehofft, dass sie zu dem Schluss gelangen würden, wenigstens eine der angebotenen Alternativen sei erträglich. Meine Hoffnung trügt, alle sind sich einig: »Bäh, was ist das denn? Also, die hier schmeckt wie aufgelöstes, aber nicht gekochtes Puddingpulver, und die …«, alle Finger zeigen einhellig auf die unschuldig im Glas dümpelnde Ziegenmilch, »schmeckt ziemlich streng. Also, entweder ist die schlecht, oder es ist Ziegenmilch.«

Stimmt, aber angesichts des drohenden Rückenleidens wird die Ziegenmilch dann doch meine Kaffeemilch, denn bei Licht betrachtet ist der Einsatz von Sojamilch im Kaffee ein Schritt über das hinaus, was ich zu ertragen in der Lage bin. Der Gedanke, dass am Ende einer Tasse Kaffee eine schleimige, leicht angedickte Masse auf mich wartet, würde mich davon abhalten, jemals wieder eine Tasse Kaffee anzurühren. Es geht also immer noch schlimmer, deshalb wähle ich das in meinen Augen kleinere Übel.

Denn gesund würde ich werden und schlank, entgiftet war ich ja jetzt schon. Guten Appetit. Ich fühlte mich schon fast besser.

Die Zubereitung meines ersten ayurvedischen Abendessens gestaltet sich etwas aufwendiger als gedacht. »Ein gutes Curry sollte jedes Mal speziell hergestellt werden, jede Familie in Indien hat ihr eigenes Rezept, insbesondere die ayurvedische Küche legt großen Wert auf die Zubereitung von Currys, die mit den einzelnen Doshas harmonieren«, heißt es in meinem Kochbuch. Hä? Muss ich jetzt auch Kundalini-Musik beim Kochen hören? Doshas?

Ich entscheide, dass ich das nicht verstehen muss, und sehe einfach nur nach, was in meiner Tabelle steht. Das für Kapha-Typen geeignete Curry zeichnet sich durch einen hohen Anteil von Bockshornkleesamen aus. Dieser sorgt für den bitteren Beigeschmack, der uns Kaphas wieder zur ausgeglichenen Körperschwingung verhelfen soll. Buähh. War mir mal wieder klar, dass mein Curry scheiße schmecken würde.

Wie auch immer, ich mörsere mir tapfer eine Blase am rechten Daumen bei dem Versuch, getrocknete Chilis zu Pulver zu verarbeiten. Ein Tipp an dieser Stelle für alle, die nach mir kommen: Es geht nicht.

Aber schweißtreibende Betätigungen sind gut für Kaphas, also habe ich mit meiner Mörser-Einlage schon mal einen Schritt in die richtige Richtung getan. Die Küchentür öffnet sich einen Spaltbreit und die Nase meines fünfzehnjährigen Sohnes erscheint, angelockt von den Zwiebeln, die im Ghee, dem indischem Butterfett, gemütlich und duftend vor sich hinbrutzeln.

»Was machst du da?«, will er scheinheilig wissen.

»Na, wonach sieht es denn aus?«, kontere ich. Jason schiebt sich nun vollständig in die Küche und hält seinen Kopf über die tiefe Pfanne, in der mein Abendessen Gestalt annehmen wird. »Ich koche mein Abendessen.«

»*Dein* Abendessen?« Aus seiner Stimme kann ich die Fassungslosigkeit allzu deutlich heraushören.

»Ja, mein Abendessen. Ich werde nämlich etwas anderes essen als ihr alle, ich mache jetzt eine Ayurveda-Kur, das ist wegen meiner Haut und wegen meines Rückens, und außerdem werde ich davon abnehmen, jawohl.«

Jasons Augen wechseln zwischen den verführerisch duftenden Zwiebeln in der Pfanne und mir hin und her.

»Das«, sagt er und deutet ungläubig auf die bräunenden Zwiebeln, »ist für die Diät?«

Ich verschränke die Arme und betrachte meinen Sohn, an den meine Mutter und ich offensichtlich den Staffelstab des Übergewichts weitergereicht haben.

»Dir würde es auch nicht schaden, wenn du mich fragst«, foppe ich ihn.

»Ich frage dich aber nicht.« Seine Miene versteinert. Ja, ich weiß, mit fünfzehn ist man ziemlich empfindlich und kann es überhaupt nicht haben, wenn man zu den allgegenwärtigen Hautunreinheiten und den immer drängender werden Kommunikationsproblemen mit dem anderen Geschlecht auch noch auf Unzulänglichkeiten des eigenen Körpers hingewiesen wird. Aber was soll ich machen? Alle Versuche, ihn vom Kampf-Mampfen bei McDonald's fern- oder vom dritten Nachschlag abzuhalten, schlagen regelmäßig fehl. Wenn ich ihn jetzt irgendwie mit einer Portion emotionalem Druck auf meine Seite ziehen könnte, hätte ich zwei Fliegen mit einer Klappe geschlagen. Erstens täte es ihm und seiner armen pubertären Männerseele gut, wenn sein Körper etwas straffer würde, andererseits wäre ich mit meinen Bemühungen nicht ganz allein.

Ich gehe zum Angriff über. »Magst du nicht mitmachen? Ich meine, ich koche ja sowieso für mich, da macht es mir nichts aus, für dich mitzukochen.«

Er wirft mir einen misstrauischen Seitenblick zu. »Hmm, was darf ich denn dann essen und was nicht? Und wie lange soll der Spaß dauern?«

Ich wedele wegwerfend mit der Hand. »Och, also ich denke, so ungefähr drei Monate, mehr nicht.«

»Drei Monate?«, entfährt es ihm entsetzt. »Das ist ja ganz schön lange, oder nicht?«

Ich schüttele vehement den Kopf, als mir schlagartig klar wird, dass er recht hat. Drei Monate sind wirklich eine unglaublich lange Zeit. So mache ich nicht nur ihm, sondern auch mir Mut, als ich im Brustton der Überzeugung trompete: »Ich bitte dich, das ist doch ein Klacks. Was meinst du, wie schnell die Zeit vorbei ist!«

Jason schließt sich meinem Ayurveda-Kreuzzug an, und ich bin nicht mehr allein. Hurra.

Im Gegensatz zu mir, die sich immer irgendwo etwas zu essen besorgen kann, steht er allerdings mit den Informationen aus unserer Essens-Fibel in der ersten Zeit ganz allein da. So finde ich ihn am dritten Tag, offensichtlich geschwächt, auf dem Sofa vor, wo er den halben Nachmittag schlafend verbracht hat.

»Ich wusste nicht, was ich essen durfte, da habe ich lieber gar nichts gegessen«, haucht er schwach.

Männer! Das ist mal wieder typisch! Können nichts ab. Gut, ein Teenager im Wachstum von immerhin schon über einem Meter achtzig hat sicher den gefühlten Kalorienbedarf der Belegschaft eines mittelständischen Unternehmens. In den vergangenen Jahren hat mein Sohn, offenbar in Erwartung schlechter Zeiten, diese Dosis um ein Vielfaches überschritten. Gemessen daran gleicht der Beginn seines persönlichen Ayurveda-Erlebnisses natürlich dem Beginn einer Hungersnot. Sein Körper schaltet auf Sparflamme.

Meiner im Übrigen auch.

In den ersten Tagen will sich der erhoffte Energieschub partout nicht einstellen, eher komme ich mir vor wie in einem schlechten Traum. Ich kann an nichts anderes denken als daran, etwas zu essen. Ich verbringe ewig viel Zeit mit dem Schmökern in meinen Kochbüchern und lese mich an den Rezepten für die beneidenswerten Vata- und Pitta-Typen satt.

Unser Haus riecht nach Curry. Der Rückstand verbrannter

Chilis legt sich als feiner Belag auf unsere Schränke, Sofas und Kleider. Es riecht wie im Trans-Indien-Express, also zumindest so, wie ich es mir vorstelle, ein bisschen wie Garküche. Jason und ich beherrschen den Kühlschrankinhalt, man ahnt ja gar nicht, was es alles von der Ziege gibt und in wie vielen Variationen sich Hühnerfleisch zu schmackhaftem Aufschnitt verarbeiten lässt. Insgesamt erweist sich diese Kur als nicht ganz so einschneidend wie befürchtet, nur ziemlich trocken und bitter, das muss ich zugeben. Für die Angehörigen von Ayurveda-Kurenden bleibt die Ernährungsumstellung ihrer Lieben allerdings erwartungsgemäß nicht ohne einschneidende Veränderungen. Außer Jason und mir leben noch drei weitere Personen in unserem Haushalt. Normale Personen, nicht übergewichtig, schlank geradezu. Mein Mann, meine Tochter und meine Schwester. Alle drei in der beneidenswerten Lage, bauchfrei tragen zu können, wobei mein Mann dieser Moderichtung ohnehin nicht folgen will. Aber grundsätzlich laufen die drei wie ein Mahnmal durch unser gemeinsames Haus und demonstrieren jeden Tag, den Shiva, oder wer auch immer für die ayurvedische Lehre verantwortlich war, werden lässt, dass man auch mit ungesunder Ernährung und gelegentlichen Fressattacken eine beneidenswerte Figur haben kann. Nun sitzen sie auf dem Sofa und blicken angesichts unserer kulinarischen Experimente zuweilen etwas sparsam drein, aber da ich bei ihnen die Kokosmilch gegen die gute Sahne von der Kuh austausche und insbesondere bei meiner Tochter von der Verwendung von Ziegenjoghurt Abstand nehme, leiden sie meist stumm mit, wenn ich wieder einmal eine neue Möglichkeit finde, ein einheimisches Gemüse zu einem Curry zu verarbeiten.

»Ich will mal wieder Nudeln mit Spinat und Sahnesoße, Mama!«, nörgelt mein Sohn. Ich werfe ihm einen traurigen Blick zu. Ich auch, Jason, ich auch …

Aber da lässt sich doch bestimmt etwas machen. Ich vertiefe

mich in die Essensregeln und laufe, angespornt vom Gedanken an italienische Küche, zu ganz großer Form auf. Die Sahne, von der reichlich in die »normale« Soße gehört, tausche ich gegen Kokosmilch aus und »überwürze« den dadurch entstandenen süßlichen Geschmack mit einer abenteuerlichen Dosis von allem, was das Regal mit den Gewürzen hergibt. An diesem Abend, ich schiebe gerade die letzte Gabel Maisnudeln in den Mund (hatte ich schon erwähnt, dass wir auch keinen Weizen essen dürfen?), habe ich nach all den Wochen erstmalig das Gefühl von Normalität.

Es wird nun Zeit für meinen Yogaunterricht, schließlich ist die Liste von Gabi noch nicht abgearbeitet. In den letzten beiden Jahren habe ich dank meiner beschädigten Wirbelsäule die unterschiedlichsten Formen der Leibesertüchtigung mit Zielsetzung: *Stabilität des Rückens* erfahren dürfen. Ich mühte mich mit ständig wachsendem Gewicht auf langweiligen Fitnessgeräten ab. Ich besuchte einen Kurs in Wirbelsäulengymnastik, bei dem ich sehr schnell einsehen musste, dass der eher für Personen geeignet war, die gerne ein Problem mit der Wirbelsäule bekommen wollten, und nicht für Menschen mit vorgeschädigtem Rücken. Ich spannte beim Pilates-Kurs »meinen Diamanten« an (ich gehe hier nicht näher drauf ein, wo der sich befindet, das ist privat). Ich begann, auf meinem Cross-Trainer zu laufen, wobei ich das nur ertragen kann, wenn im Fernsehen *Herr der Ringe* läuft, was meine Kinder inzwischen als seelische Grausamkeit empfinden.

Meine Sorge, ich müsste nun allein zum Yoga gehen und dort in der Gesellschaft von durchtrainierten, vergeistigten Damen meine steifen Gelenke quälen, erweist sich als unbegründet. Nein, meine Mädels kommen mit! Sowohl Fiona, deren Schultage immer länger werden und die dadurch immer seltener zum Sport kommt, als auch meine Schwester, die sich, wahrscheinlich halb betäubt durch die stetige Bedampfung mit halb verbrannten indischen Gewürzmischungen, plötzlich für einen Yoga-Kurs interessiert.

So marschieren Konfektionsgröße 36, 38 und 44, bepackt mit warmen Decken und einer gehörigen Portion Skepsis am ersten Abend in die örtliche Yogaschule.

Ich gebe zu, trotz intensivem Currykonsum und zeitweiliger Unterzuckerung hat sich bislang bei mir kein Gefühl der inneren Reinigung eingestellt. Das einzige Gefühl, das ich mit unverminderter Stärke empfinde, ist das des Verlustes. Wenn ich an ein frisches Brathähnchen denke, könnte ich weinen. Die Vorstellung eines Weizenbrötchens, belegt mit Schinken und Käse treibt mir vermehrten Speichel in den Mund.

Meine Waage demotiviert mich eher. Während Jason vor meinen Augen immer weniger wird, er hat bereits vier Kilogramm abgenommen, bleibt es bei zwei Kilo, die ich verloren habe, kein Gramm mehr.

»Da hilft nur Sport, mein Schatz«, meint mein schlanker Mann, der selbst seit Monaten kein Sportstudio mehr von innen gesehen hat.

Natürlich, mein Schatz, auch das. Ich mache ja jetzt Yoga, dann wird alles gut.

Vor dem ersten Yogaabend habe ich ziemliche Angst. Gabi hatte angedeutet, dass in dieser Schule eine Form des Yogas betrieben würde, die sehr athletisch sei. Passt ja ganz genau zu mir, wo ich doch die Hochleistungssportlerin unter den Übergewichtigen bin. Dass es überhaupt eine Yogaschule in meinem Heimatort gibt, grenzt an ein Wunder, schließlich ist es ein ziemlich kleines Nest, also kann ich mir nicht auch noch den Yogastil aussuchen. Ich wusste, ehrlich gesagt, bislang gar nicht, dass es da unterschiedliche Stilrichtungen gibt. Für mich ist Yoga eine Gummimatte auf flachem Boden vor einem traumhaften Hintergrund, schlanke, durchtrainierte Menschen bewegen sich in fließender Langsamkeit und Anmut unter tropischer Sonne, bestenfalls ist auch noch Meer zu sehen, das wiederum mindestens dreißig Grad warm ist.

Ich betrete das Yogastudio und finde sofort, dass es schrecklich kalt dort ist. Kein traumhafter Strand, kein Meeresrauschen. Aber vielleicht entzündet sich ja mein inneres Feuer, wenn ich nur tüchtig übe? Ich lehne den grünen Tee ab, der mir angeboten wird – nein, Tee nur bei schwerer Krankheit – und bette meinen Kapha-Leib auf eine der Gummimatten. Immerhin, Gummimatten. Was dann folgt, gleicht mehr dem Versuch einer Grenzerfahrung als einer Turnstunde. Schwitzend beobachte ich aus tränenverhangenen Augenwinkeln die durchtrainierten, vergeistigten, schlanken Damen, die sich anmutig in abenteuerliche Positionen begeben.

»So, nun machen wir die Position Sirodanasanamahabrana-bumm eins und zwei, wobei eins eher leicht ist und zwei schon etwas anspruchsvoller.«

Etwas anspruchsvoller? Keuchend biege ich mich zu meinen Füßen hinunter, meine Wirbelsäule fühlt sich an, als würde sie gleich in ihre Einzelteile zerfallen. Mein begnadeter Yogameister tritt von der Seite an mich heran und übt mit der flachen Hand leichten Druck auf das aus, was von meinem unvollkommenen Körper noch übrig ist.

»Atmen nicht vergessen«, strahlt er und verstärkt den Druck noch ein kleines bisschen. Wie soll ich jemals wieder aus dieser Position in die Senkrechte kommen? Habe ich meine Bandscheibe jetzt in die Position zurückgebracht, in der sie vor meiner Operation lag? Muss ich wieder ins Krankenhaus? Muss ich wieder operiert werden? Diese ermunternden Gedanken gehen mir durch den Kopf, und ich erinnere mich an einen Witz, den ich gehört habe. Wenn man schon mal hier unten ist, sollte man sich überlegen, was es hier sonst noch zu tun gibt, wer weiß, wann man noch mal vorbeikommt ...

Meine Schwester macht Handstand, wow. Nach nur zwei Versuchen lehnt ihr schlanker Körper an der Wand, nur getragen von ihren Händen. Sie ist sogar in der Lage, ihre Beine rechts und links herabgleiten zu lassen, sodass es anschließend wie eine Grätsche aussieht. Ich bin beeindruckt. Ich hingegen fühle mich in den Sportunterricht in der Realschule zurückversetzt und höre im Geist die Stimme meines Lehrers, der nie ausreichend Verständnis für die Schüler aufbrachte, die sich nicht affengleich kopfüber in die Welt stürzen konnten. Meine Versuche, diese Übung zu machen, die mir noch nie im Leben gelungen ist, erinnern an einen Bulldozer, der versucht, sich an einer Wand hochzustemmen. Neben mir kommt gerade meine Tochter in den Handstand und jauchzt. Ich jauchze nicht, ich schwitze. Schwitzt außer mir eigentlich noch jemand? Ich glaube nicht.

Als es zu den Entspannungsübungen kommt, freue ich mich, ich habe den ersten Abend fast überstanden! Gemächlich lasse ich mich in eine bequeme Position gleiten, ja, das kann ich, da macht mir so schnell niemand etwas vor. Doch meinem Yogameister erscheint meine Lage offenbar etwas zu entspannt, denn mit beherztem Griff bäumt er meinen Oberkörper auf, drückt meine Brustwirbelsäule von hinten hoch und lässt mich dann, verkrampft wie selten zuvor in meinem Leben, auf meiner Matte zurück.

»So, und nun atmen wir tief und gleichmäßig ein und aus. Konzentriert euch auf eure Beine, euren Rumpf, eure Arme …«

Ich versuche, heimlich in eine weniger schmerzhafte Stellung zu gelangen. Ich spüre die Augen des Yogalehrers auf mir und finde mich damit ab, dass ich mich wohl besser darauf konzentrieren sollte, keinen Krampf in der Brustwirbelsäule zu bekommen. Man will ja nicht gleich am ersten Tag schreiend auf der Matte liegen, die vergangenen anderthalb Stunden waren schon peinlich genug.

Mein Rücken fühlt sich nach dieser erhellenden Erfahrung an, als seien die vergangenen anderthalb Jahre Wirbelsäulengymnastik für die Katz gewesen. Ich glaube, ich bin kaputt. Mein Mann lächelt mich an und meint: »Und, hast du schön geturnt?« Ich könnte ihn erwürgen. Vielleicht senkt das ja mein Kapha?

Ich schleppe mich in die erste Etage, dorthin, wo mein Bett ist und falle trotz der Angst vor dem nächsten Morgen in einen erschöpften, traumlosen Schlaf. Meine Befürchtungen bewahrheiten sich mit grauenhafter Intensität. Als ich versuche, das Bett zu verlassen, reagiert mein Körper zunächst überhaupt nicht. Er bleibt einfach liegen und kümmert sich einen Dreck um die Tatsache, dass ich innerhalb einer Stunde vier Personen abmarschbereit haben muss, gewaschen, gekämmt und abgefüttert.

»Ihr seid meine Beine, ich bin die Chefin, also jetzt, los!« Nur unter Protestschmerz erklärt sich mein geschundener Körper bereit, zunächst wohl eher auf Probe, mit mir zusammenzuarbeiten. Wie kann man das auf Dauer aushalten? Ich schwanke ins Bad und halte mich Hilfe suchend am Waschbecken fest. Na, das kann ja heiter werden. Ich hatte keine Ahnung, wie schmerzhaft Zähneputzen sein kann. Ich gehe heute ungekämmt, mein Arm schafft es nicht so weit nach oben.

Das Frühstück bereite ich schweigend zu, meine Familie begegnet mir mit Verständnis.

»Tut es weh, Mama?«, fragt meine Tochter scheinbar besorgt.

»Hmm«, antworte ich und wundere mich, dass das Sprechen noch schmerzfrei funktioniert.

Das Fatale an dieser Yogageschichte ist, dass immer wenn ich es schaffe, den Schmerz in meiner Muskulatur auf ein erträgliches Maß zu reduzieren, sich mein Yogameister entschließt, nun einer anderen Muskelgruppe seine ungeteilte Aufmerksamkeit zu schenken. Binnen mehrerer Wochen lerne ich so meinen Körper besser kennen, als ich es je wollte, und erfahre von Muskelgruppen, die an Stellen angebracht sind, an denen ich überhaupt keinen Platz mehr für sie vermutet hätte. Ein neuerliches Treffen mit meinem Spiegelbild offenbart mir nach vier Wochen, dass ich etwas dazugewonnen habe. Nämlich die Erkenntnis, dass es in diesem Körper nicht nur Fettpölsterchen gibt, sondern auch eine ganze Reihe von nützlichen und überflüssigen Muskeln. Von außen nach wie vor vollkommen unsichtbar erfüllen sie Aufgaben, von denen ich vorher keine Ahnung hatte. Ich drehe mich vor dem Spiegel und wundere mich über die Vollkommenheit der Natur. Als damals, vor vierundvierzig Jahren, eine Eizelle und ein Spermium beschlossen, ein Projekt zu starten, das meinen Namen tragen sollte, konnten sie doch nicht ahnen, dass dieses Projekt irgendwann einmal Yoga machen würde, oder doch? All die Jahre existierten Muskeln an manchen Stellen allein auf die minimale Chance hin, dass es mir in den Sinn kommen könnte, mich einer fernöstlichen Leibesertüchtigung hinzugeben. Was für eine unglaubliche Verschwendung. Muskeln sind doch schwer, was das allein wiegt! Schön wäre es nur, wenn man von ihrer Existenz auch äußerlich etwas wahrnehmen könnte. Ich dachte, irgendwie müsste sich ihr Vorhandensein, wo ich doch jetzt von ihnen weiß, auch für den Außenstehenden bemerkbar machen. Ich drehe mich wie ein Brummkreisel im Badezimmer vor dem unbarmherzigen Spiegel und hoffe, einen Blick auf einen angespannten Muskel zu erhaschen. Vergeblich. Alles, was ich spüre, ist meine Verspannung, und zwar deutlich. Meine innere Mitte muss irgendwo anders sein. In diesem Körper, der sich vor dem Spiegel dreht, ist sie jedenfalls nicht.

Ich schätze, ich sollte Gabi mal um Rat fragen.

Zwei Wochen und etliche Behandlungen durch Gabi später gelange ich zu der Erkenntnis, dass ich allein schon vom Kulturkreis her nicht zur ayurvedischen Ernährungsform passe. Mal ganz ehrlich, in einem Land, in dem es nie weniger als dreißig Grad werden, kann ich mir schon vorstellen, dass man so essen kann. Aber hier? Ich meine, hier wird es wirklich kalt im Winter, und wo bitte soll ich da meine Energie herholen? Soll ich schlotternd wie meine bemitleidenswerte schlanke Schwester auf der Terrasse stehen, wenn ich eine Zigarette rauche? Und überhaupt, dieses Yoga. Das kann unmöglich gesund sein, wenn man Körperteile zusammenbringt, die sich normalerweise am entgegengesetzten Ende des Körpers befinden. Wie, um alles in der Welt, soll ich angesichts eines drohenden Verlustes meiner Molekularstruktur meine innere Mitte finden? Ich beschließe, dass es Zeit für eine Bestandsaufnahme ist. Man muss realistisch bleiben. Eine Frau in meinem Alter hat dafür Sorge zu tragen, dass ihre Haut nicht wie ein Lederbeutel an ihr herunterhängt. Keine Sorge, das ist bei mir nicht der Fall, ich bin prall gefüllt. Ich beuge mit hohen Dosen von Olivenöl drohender Arterienverkalkung vor und ernähre mich mediterran. Schmeckt sowieso besser. Nur mein Sohn macht mir Sorgen. Gestern sah ich ihn in der Diele etwa fünf Zentimeter über dem Boden schweben ...

Edda Minck

Kalorienbomben

»Ich bin der Herr, dein Sahnetörtchen. Du sollst keine kalorienreduzierten Lebensmittel dulden neben mir …«

Entsetzlich, dieses gebetsmühlenartige Gemurmel zwei Etagen über mir im Kühlschrank. Ich muss nichts vor mich hinmurmeln, um mich besser zu fühlen, ich weiß schließlich, wer ich bin und wo. Ich muss mein Fach mit niemandem teilen – als erstklassiges Gemüse hat man das nicht nötig. Gut, dass Madame das weiß. Im Supermarkt hat sie es ihrer Freundin schließlich erklärt: »*Stangensellerie dies, Stangensellerie das … Die neue ›Für-immer-schlank-Diät‹ hat es gerade wieder propagiert. Stangensellerie entschlackt und entwässert … mit kalorienreduziertem Dipp als Zwischenmahlzeit.*« Ich hatte Grund genug zu der Annahme, dass ich in einem Haushalt landen würde, der mich zu schätzen weiß. Seitdem sind allerdings drei Tage vergangen, und ich fühle mich ein bisschen schlapp. Na ja, und ein wenig einsam ist es schon, so alleine im Gemüsefach.

Papperlapapp! Ich werde doch wohl nicht weich werden und mich nach der Gesellschaft einer Tomate oder einer Paprika sehnen. Gott bewahre! Paprika – lächerlich rustikal.

Na endlich, die Kühlschranktür geht auf. Madame zieht die Gemüseschublade auf. Warum macht sie so ein skeptisches Gesicht? Ich lächele sie an: »Hallo-o, hier bin ich! Dipp? Leckeren Dipp, vielleicht? Ich und Dipp – zusammen nur dreißig Kalorien. Wie wär's?«

Sie hört mir nicht zu. Ihr Blick gleitet suchend über meine ungeliebten Mitbewohner, von denen mich nur eine Glasplatte trennt. Den ganzen Tag grinst mich der breite Hintern der Buttermamsell über mir an. Ein Wunder, dass ich noch nicht blind bin.

Madame beißt sich auf die Unterlippe, schiebt die Gemüseschublade zu, und meine grünen Stangen werden durcheinandergerüttelt. Über mir schießt der Schatten ihrer rechten Hand in die obere Etage. Mousse au Chocolat! Na klar! Habe ich etwas anderes erwartet? Die Tür klappt zu, und es ist wieder dunkel. Ich versuche, nicht an Selbstmord zu denken, als die Buttermamsell, blond und feist in ihrem rosa gepunkteten Keramiktöpfchen über mir herumwalzt und wieder mit ihrer Psalmodiererei anfängt: »Ich bin der Herr, dein Sahnetörtchen ...«

»Sie schafft es sowieso nicht. Kannst mit deinen Beschwörungen aufhören«, mault die Bananenmilch, vollfett mit achtundzwanzig Löffeln Zucker auf hundert Milliliter.

»Sie hat es aber gesagt. Mehrmals. Ich hab doch am Telefon gehört, wie sie ihrer Freundin erzählt hat, dass sie eine Diät macht. Ab Montag!«, jammert die Buttermamsell.

»Aber das ist doch nix Neues. Macht sie jede Woche einmal«, mischt sich der Fleischsalat ein. »He, was meinst du, Cremetörtchen, wie siehst du das?«

Das Mokkatörtchen raschelt im dezent gold-gemusterten Papier der teuersten Konditorei am Platze: »Da müsste sie erst einmal an mir vorbei.«

»Richtig, das müsste sie«, brummt der Fleischsalat. »Da hast du's, du ängstliches Butterfass. An Mokkasahne vorbei, ha, ha, das will ich sehen.«

Im Drei-Sterne-Gefrierfach sind sie auch schon wach geworden. Das Häagen-Dazs-Team, bestehend aus Chocolate Midnight Cookies, Multipac Macadamia Brittle und Pralines and Cream, ist auch der Meinung, dass eine Fastenkur in weiter Ferne liegt, beinahe im Bereich des Unmöglichen. Macadamia

Brittle murmelt etwas von: »... easier for a camel to go through the eye of a needle ...« und schnarcht gleich weiter.

Für nichts als sämig geschlagene Milch mit künstlichem Aroma reißt der sein Maul aber ganz schön weit auf.

Nur der Sahnequark lässt sich nicht so schnell beruhigen: »Sie hat gesagt, sie geht voll auf fettfrei, und dieses Mal klang es wirklich, wirklich ernst.«

»Das meine ich ja«, sagt die Buttermamsell. »Sie klang diesmal anders und ...«, ihre Stimme wird zu einem Flüstern, »... ich sage nur: der Stangensellerie.«

Ein Raunen geht durch die vier Etagen des Kühlschranks. Die glauben wohl, ich kriege das nicht mit. Ha! Wartet nur ab, möchte ich ihnen am liebsten zurufen. Kleingeschnittener Stangensellerie mit Zitronensaft und gedämpftem Fisch! Von einer solchen Geschmackskomposition könnt ihr doch nur träumen.

»Und wo erstmal ein Stangensellerie ist, da kommt schnell noch mehr von dem Zeug. Magermilch, igitt! Bratfettersatz, bäh!«, tönt es aus dem Gefrierfach, weil die Tiefkühlpommes auch ihren Senf abgeben müssen.

»Vollkornmüsli, aaarrrgh«, ereifert sich der Ketchup.

»Nullfett-Salatcreme aus Soja«, piepst die Mayonnaise.

»Salat!«, schnarrt die Erdnussbutter und schüttelt sich.

»Vollkornreis«, raschelt die Tüte Backofen-Pommes.

»Nie mehr Pommes rot-weiß mit gebratenen Hühnerschlegeln. Mit knuspriger Haut!«, jault es aus allen Ecken.

Die gehen mir echt auf die Nerven. Sehen sie denn nicht, wie rund Madame schon geworden ist? Haben die gar kein Schamgefühl? Kein Verantwortungsbewusstsein? So eine junge Frau und auf dem bestem Weg zu Bluthochdruck, Herzverfettung und Infarkt. Jeden Abend mit den Pralinen aufs Sofa. Man höre und staune: Sie hat ein Praliné-Abonnement. Aus dem Internet. Jede Woche 500 Gramm. Erst gestern kam wieder eine Ladung Champagnertrüffel an.

»Meine Güte, habt ihr denn gar kein Herz?«, mische ich mich ein. »Es geht um ihre Gesundheit!«

»Ah, ha, ha, hört euch den Besserwisser an. Mister Stangensellerie, die olle Schwuchtel. Kaum zwei Kalorien auf den Rippen, aber 'ne dicke Lippe riskieren.«

»Halt dich mal geschlossen da, im Gemüsefach. Dich hat doch überhaupt keiner gefragt. Sie hat dich aus Versehen gekauft.«

»Stangensellerie, du bist so dürr wie nie ...«, tiriliert ein Becher Milchreis mit Zimt und Zucker.

»Unsere Süße fällt nicht auf so einen Diätschwachsinn herein. Die wird kein Hungerhaken à la Hollywood. Die weiß, was schmeckt.«

»Und das bist definitiv nicht du!«, mischt sich plötzlich der Brie ein. »Wenn es nach dir ginge, müsste sie sogar die Fettränder von einem Kalbskotelett abschneiden.«

»Das wäre nur vernünftig, du ... du ...«

»Achtung, Deckung, da kommt sie«, quiekt die Buttermamsell.

Die Kühlschranktür geht auf, das Licht geht an. Die schiere Lust im Blick, betastet sie den nächsten Becher Mousse au Chocolat, und diese Hure wirft sich in die Brust, biedert sich an und summt ihr klebriges Lied: »Ja, nimm mich, ich bin Schoko, ich bin Sahne, ich zergehe auf der Zunge. Deine Geschmacksnerven werden explodieren. Schoko, Schoko, Saaaaaaahne.«

Madame greift zu, und die Kühlschranktür schließt sich mit einem schmatzenden Geräusch.

Ich hätte das verhindern müssen.

Applaus brandet auf, und alle reden auf mich ein: »Hey, die Mousse hat's voll drauf, hey, hey, hey.«

»Na, Stangensellerie, das kannst du nicht! Du nicht! Mit deinem dünnen, schmallippigen Diätliedchen. Damit kommst du nicht durch. Sing mal, hey, sing mal, Schwachhannes, oder bist du gar kein Soulman?«, triumphiert die Erdnussbutter – echt amerikanisch, gesalzen, versteht sich – und grölt: »Sexbomb, sexbomb – I'm your sexbomb – and baby I can turn you on ...«

»And baby we can turn you on ...«, echot es aus dem Gefrierfach.

»Ihr Idioten bringt sie um! Ihr seid Killer! Vor allem das Fetteis da oben. Hey, Häagen Dazs, halt die Klappe, sonst dreh ich den Temperaturregler auf Null«, brülle ich zurück. »Gott hat ihr eine Zunge gegeben und einen Magen, was glaubst du, hat er damit vorgehabt?«

»Genau, Diätagitator, du machst sie krank. Diät, Jojoeffekt, Diät, Jojoeffekt, das macht krank, ist wissenschaftlich erwiesen.«

Ich könnte aus der Haut fahren. Die Argumente dieser Kühlschrankterroristen sind immer dieselben. Die Wissenschaft hat *dies*, die Wissenschaft hat *das*. Fünf Mahlzeiten am Tag, nein, doch lieber nur drei, nichts mehr essen nach achtzehn Uhr, morgens nur Obst, gute Kohlenhydrate, böse Kohlenhydrate, Body-Mass-Index, Idealgewicht usw., usf. Aber eines vergessen sie dabei immer: die blanke Vernunft! Und Übergewicht hat mit Vernunft nichts zu tun. Idealgewicht hat mit vernünftiger Fettreduktion zu tun. Darum geht's. Ich muss es ja wissen! Bin ich rank und schlank? Ja. Ist Fett an mir? Nein.

»Außerdem«, unterbricht die Buttermamsell meine Gedanken, »fühlt sie sich wohl in ihrer Haut. Sie ist rund. Na und!?«

»Es geht doch nicht ums Wohlfühlen. Vernünftige Ernährung ist kein Wunschkonzert.«

»Ach, worum geht's denn dann? Dass alle so aussehen müssen wie du? Schlechte Laune inklusive?«

Bevor ich der gelben Pest in ihrem Keramiktöpfchen ein paar ordentliche Argumente um die Ohren hauen kann, geht die Tür schon wieder auf. Was sucht sie diesmal, sie hatte doch gerade erst …? Ich ergreife meine Chance und flüstere: »Na, mal was Herzhaftes gefällig? Nur drei Kalorien, denken Sie an Ihr Herz, an Ihre Gesundheit. Ich wirke entwässernd, da wären in drei Tagen schon die ersten zweihundert Gramm runter. Versprochen. Sie dürfen sogar Frischkäse-Dipp dazu nehmen. Versuchen Sie es mal.«

Die Gemüseschublade wird aufgezogen. Ihre Hand greift nach mir und holt mich raus. Triumphierend winke ich mit meinen Blättern. Da seht ihr es, sie wird endlich vernünftig.

Ihre Finger umklammern meine Stängel wie eine Schraubzwinge. Mit letzter Kraft versuche ich, frisch und knackig auszusehen. Ich setze mein strahlendstes Lächeln auf. Ich gebe alles. »In sechs Wochen, Madame, können Sie in jede Boutique gehen. In jede.«

Kaum haben sich die anderen von dem Schock erholt, dass sie mich gewählt hat, legen sie auch schon mit ihrem Sirenengesang los: »Du willst gar nicht in eine Boutique – die dürren, arroganten Zicken da brauchst du nicht. Glaub ihm nicht! Hey, der schmeckt nach gar nichts. Einem Nahrungsmittel, das dich siezt, ist nicht zu trauen. 95 % Wasser. Der hat nix zu bieten für den Gaumen. Du wirst spucken. So viel Dipp kannst du gar nicht essen, um die Bitterkeit von diesem dünnen Lappen zu übertünchen. Hey, ungeküsst sollst du nicht schlafen gehen. Frag deine Zunge …«

Madame riecht an mir, verzieht das Gesicht, und schon liege ich wieder im Gemüsegrab. Sie greift nach Eiern, Speck und Butter. Ich kann es nicht fassen. »Das sind mindestens achthundert Kalorien. Das wollen Sie nicht!«, rufe ich ihr hinterher. »Nicht am Abend, das können Sie sich gleich auf die Hüfte tackern …« Aber die Kühlschranktür ist schon wieder zu. »Madame. Ihr Cholesterinwert, um Himmels willen!«

Ich liege geschlagen in der Finsternis. Die Kalorienbomben haben wieder mal gesiegt. Ihre Einflüsterungen, schmierig, süß und sanft wie Buttercreme, haben sie aus der Bahn geworfen.

Aus dem Gefrierfach dringt noch immer Applaus. Der blanke Hohn in meinen Ohren.

Die Buttermamsell und die Speckwürfel werden zurückgestellt, der Mief gebratenen Specks dringt in den Kühlschrank.

»Freunde, da hängt ein Diätplan an der Wand! Ich habe es doch gesagt. Ein Diätplan. Das ist die letzte Nacht vor der Nulldiät«, beschwört die Butter ihre Mitbewohner, und die Speckwürfel sind vor Schreck ganz blass geworden.

Für mich sind das entschieden gute Aussichten.

»Was sollen wir denn deiner Meinung nach tun?«, will der Ketchup wissen.

»Ach, Quatsch. Nulldiät, Diätplan, den liest sie sowieso nicht. Macht euch mal nicht in die Hosen.«

»Der Brie weiß mal wieder alles besser. Aber ich bestehe darauf: Wir brauchen eine Strategie! Los, die Marmelade muss nach vorne. Los, los, Beeilung«, befiehlt die Buttermamsell.

»Ich gehe an die Front«, quiekt das Mokkatörtchen. »Und die Marmelade direkt hinter mir. Die Speckwürfel und die Mayonnaise geben mir an den Flanken Feuerschutz. Hey, wo ist eigentlich die Blutwurst, wenn man sie braucht?«

»Gegessen«, brummt der Ketchup. »Wie wäre es, wenn die Lasagne im Gefrierfach auch mal was machen würde?«

»Ich bin noch haltbar bis November 2010. Ich habe keine Eile, und bitte, war ich nicht vor einem halben Jahr eure letzte Rettung?«

»Stimmt«, sagt die Buttermamsell. »Du bleibst in Deckung, bis wir dich brauchen.«

Das halte ich nicht mehr aus. Nicht eine Sekunde länger ertrage ich diese bornierten Schwätzer ... Mir reicht es!

Ich strecke den ersten Stängel aus dem Gemüsefach und schiebe die Schublade ein wenig auf. Viel Platz ist nicht, um mich nach oben auf die erste Glasplatte zu wuchten und von da aus weiter auf die Gitterböden. Aber wozu bin ich der schlanke, biegsame Stangensellerie?

Kaum hat das Mokkatörtchen mich gesehen, schreit es kurz und spitz auf. Ich verpasse der Kalorienbombe einen Hieb. Noch bin ich nicht so welk, dass ich nicht zuschlagen könnte. Die Cremeschnitte wirft eine Mokkabohne nach mir, aber ich weiche geschmeidig aus. Der Ketchup rückt vor und will sich auf mich werfen. Wenn der glaubt, ich hätte Angst vor ihm ... Ich schnappe mir die Mayonnaise als Geisel. »So, Ketchup, was machst du jetzt?«

Vom Geschrei der Mayonnaise werden plötzlich zwei Becher Schlagsahne wach und versuchen, mich in die Zange zu nehmen. »Lass das Cremetörtchen in Ruhe!«

»Der will mich umbringen!«, quiekt die Mokkaschnitte.

»Lass mich los. Er soll mich sofort loslassen«, kreischt die Mayonnaise.

Ich stoße sie weg und stürze mich auf die Ketchupflasche. »*Dürrer Stangensellerie*?! Ich zeig dir jetzt mal was.« Die Ketchupflasche fällt um und landet auf dem Cremetörtchen. Ihre hellbraune Masse quillt unschön unter der Flasche hervor. Ekelhaft süße Mokka-Schwaden machen sich im Kühlschrank breit. Ich könnte ohnmächtig werden.

»What the hell is going on there?«

Ah, die Amerikaner intervenieren. Wollen aber auch auf allen Kriegsschauplätzen dieser Welt dabei sein. Bevor jemand mitkriegt, was ich vorhabe, greife ich mir die Tafel Schweizer Vollmilch-Krokant-Schokolade, auf Neutralität kann ich jetzt keine Rücksicht mehr nehmen, und klemme sie zwischen das Türchen des Gefrierfaches und die Innenseite der Kühlschranktür. Ha! Ausgesperrt. Verrottet doch in eurem Luxuskühler.

Die Lasagne wirft sich krachend gegen die Tür, aber die bewegt sich keinen Millimeter. Die Schoki stöhnt vor Schmerz. Tja, so ist das, wenn der Krokant bröselt.

Meine Wut verleiht mir ungeahnte Kräfte, ich gehe auf die Buttermamsell los und stemme mich mit aller Kraft gegen den Keramiktopf, um sie umzuwerfen. Während die beiden Sahnebecher hinter der Marmelade Schutz suchen, wirft sich der Fleischsalat auf mich, aber ich bin schneller, reiße seinen Stanniolдeckel auf und stemme ihn hoch. Für einen Moment schwebt die klebrige Masse über der schwankenden Buttermamsell. Mit einem dumpfen Blubb, rutscht der Fleischsalat aus seinem Plastikbecher.

Plötzlich ist es im Kühlschrank sehr still. Die Buttermamsell wischt sich Gurke und Fleischwurststückchen ab, sieht ihren Freund in seine Bestandteile zerlegt und fällt in Ohnmacht. Wer ist hier der Schwachmat?

Ich wende mich um und stürze mich auf die Mayonnaise, die sich wimmernd in eine Ecke zurückgezogen hat. Sie ist grau vor Angst.

»Nein, bitte, nein, wir könnten doch zusammen ... verstehst du ... ich als Dipp, und du als ...«

»Das hättest du wohl gerne«, sage ich und schraube ihren Deckel auf. Die Sahnezwillinge reißen an meinen Blättern, aber zu spät. Das Mayonnaiseglas stürzt ab und zerschmettert krachend den Glasboden der Gemüsefachabdeckung.

Erschöpft suche ich Halt. Einer meiner Stängel erwischt den Temperaturregler. Kaum wieder zu Atem gekommen, betrachte ich zufrieden die Ergebnisse meines Feldzuges und drehe, kalt lächelnd, den Regler langsam auf Null. »Adieu, Macadamia Brittle, bon voyage, Chocolate Midnight Cookies ...«

»Nicht in meinem Kühlschrank!«

Ich fahre herum, der fette, überreife Brie reckt und streckt sich in seiner Holzschachtel. Vierzig Prozent Fett in Trockenmasse setzen sich stöhnend in Bewegung und walzen auf mich zu.

Ich mobilisiere meine letzten Kräfte und schlage mit allen Stangen zu. Aber der Brie in seinem Holzpanzer ist unverwundbar. Einer meiner Stängel bricht, und ich sehe mit Entsetzen, dass meine Blätter braun geworden sind.

Das tot geglaubte Mokkatörtchen bäumt sich auf und befreit die eingeklemmte Schokolade. Pommes frites und Pizza rollen aus dem Gefrierfach auf mich zu, schubsen die Bananenmilch um, und klebrig süßer Schleim raubt mir den Atem. Das ist das Ende. Sellerie und Banane geht gar nicht.

Von oben höre ich die Häagen-Dazs-Fraktion skandieren: »We are the champions ...«

»Verreckt doch, ihr drei Schmand-Tenöre! Feiglinge, kommt runter, wenn ihr was von mir wollt.«

Ich gebe es zu, ich stehe mit dem Rücken an der Wand, aber so leicht gebe ich die Schlacht nicht verloren. Während ich fieberhaft nach einem Ausweg suche, öffnet sich die Kühlschranktür im richtigen Moment.

»Hol mich hier raus, bitte, bitte! Diese Irren haben ... schau mal, was sie angerichtet haben.«

Zwei weit aufgerissene Augen starren mich an. Ich falle vor Madame auf die Knie: »Nimm mich, nur drei Kalorien. Ich wirke entwässernd ...«

Ja, sie hebt mich empor. Sie rettet mich. Die Bananenmilch tropft auf den Fußboden.

»Madame, es ist noch nicht zu spät für eine Gemüsesuppe.«

Vielleicht war sie einkaufen? Ja, so muss es gewesen sein. Gleich sehe ich meine Freunde wieder: Porree und Möhren, ach, wie ich euch vermisst habe. Und vielleicht, ich wage gar nicht zu hoffen, sind die Kartoffeln auch da und ein paar lustige Bohnenschoten.

Es ist dunkel. Ich kann mich nicht aufrichten, meine Stängel sind schlaff, und ich finde nirgendwo Halt. »Porree, alter Freund, wo bist du?«, will ich rufen, bringe aber keinen Laut heraus, so schwach fühle ich mich.

»Da hast du es, du Besserwisser!«

»Ah, Monsieur Stangensellerie, von den Toten auferstanden. Schade, eigentlich.«

Wer spricht denn da?

Ich verspüre einen schrecklichen Schmerz und blicke in das tödliche Grinsen einer Glasscherbe, an der noch Ketchup und ein amputierter Stängel von mir klebt.

»Wo bin ich?«

»Ah, ha, ha! *Wo bin ich*? Gute Frage. Du bist im Mülleimer, du stinkender Schwachmat.«

Wie konnte das passieren? Ich habe doch alles gegeben. Und jetzt das. Verzweiflung macht sich breit, bis ich sehe, dass ein paar von den Kalorienbomben mit draufgegangen sind. Mein Kampf war nicht ganz umsonst. Jetzt, da der Kühlschrank leer ist, muss Madame in den Supermarkt. Vielleicht erkennt sie die Chance, noch mal von vorn anzufangen? Vielleicht habe ich Glück, und sie setzt endlich ihr Vorhaben in die Tat um – vernünftige, gesunde Kost. Es muss ja nicht gleich eine stramme Diät sein. Nur eine Woche, das wäre doch schon etwas.

Sie hat eine Chance, eine kleine, aber dafür muss sie unbeschadet an der Konditorei vorbeikommen. Der Gedanke daran trübt meine Zuversicht. Und an den Chören von Windbeuteln und brüllenden Bienenstichbataillonen. Aber selbst wenn ... Im Supermarkt muss sie gegen die italienischen Arien der Pizza-Mafia ankommen. Sie sollte sich die Ohren mit Wachs verstopfen, wie es Odysseus bei den Sirenen getan hat.

Wenn sie die Tiefkühltheke heil hinter sich gelassen hat, lauert an der nächsten Ecke die Feinschmeckerabteilung. Ich kann es schon hören, das Terzett von Foie gras, Baguette und Trüffelbutter. Tiroler Schinken, Camembert und Feigenconfit. Und dann die Nougatstangen, die, noch in dickstes Stanniolpapier eingepackt, ihr Aphrodisiakum aussenden ... Um dem zu widerstehen, müsste man tot sein.

Wenn ich es recht bedenke ... Bis sie bei den gesunden Sachen ankommt, ist sie längst taub für jedes vernünftige Argument. Das Madrigal in der Gemüsetheke wird an ihren Ohren vorbeirauschen. An der Bio- und Vollkornabteilung wird sie bereits komatös der Kasse entgegentaumeln und sich eine Tüte Amarettini schnappen, weil sie gänzlich unterzuckert ist. Da könnten die Vitamine nackt vor ihr herumtanzen. Und was eine unschuldige Tüte Vollkornspaghetti nach dieser Tour de Force noch ausrichten soll, ich weiß es nicht. Niemand achtet mehr auf die inneren Werte. Niemand.

Es wird hell, eine ölige Masse wird in den Mülleimer geschoben und fällt direkt auf mich.

»Hey, Süßer, haben wir uns also doch noch gefunden.«

Oh, mein Gott, die Mayonnaise. Ich liege platt auf dem Rücken und kann mich nicht aus ihrer fettigen Masse befreien. Sie liegt auf mir, ich ersticke, o je, sie ist überall, zwischen meinen Blättern, auf meinen Stängeln. Ihr Fett setzt sich in meine Poren, ich bin zu schwach, um sie abzuwehren. Sie ist einfach ... überall.

»Ja, stopf ihm das Maul«, giften die Speckwürfel und werfen sich ebenfalls auf mich.

»Gott sei Dank, hält der endlich die Klappe.«

Das war doch jetzt der Fleischsalat? Lebt der etwa noch?

»Ich hatte es mir geschworen, und wenn es das Letzte ist, was ich tue. Ich fette dich ein, Stangensellerie, ich verpasse dir eine Ladung Geschmack. Was? Du kannst nicht mehr schreien? Macht nichts!«

Ich bin geliefert. Weit und breit keine Tomate oder ein Blumenkohl, der mir zur Hilfe kommen könnte.

»Was ist eigentlich mit dem Häagen-Dazs-Team?«, fragt der Ketchup betont cool und schleimt sich an die Mayonnaise ran.

»Sind noch im Spiel. Ein bisschen angetaut, aber sonst fehlt ihnen nichts.«

»Na, dann ist ja alles in Butter«, gackert die Buttermamsell hysterisch.

»Ob sie wohl auf dem Weg in den Supermarkt ist?«, fragen die Speckwürfel, während sie auf meinen fettigen Stängeln herumhopsen und Pirouetten drehen.

»Ist sie. Und sie hat dieses Glitzern in den Augen. Ich tippe auf Schwarzwälder Kirsch. Stressabbau – normal auf den Schreck. Sie hat gedacht, der Kühlschrank hätte den Geist aufgegeben. Das arme Kind! Wenn das mal reicht, um den Schock zu überwinden.«

»Riecht ihr das? Die Lasagne ist im Backofen. Also, die schafft es doch immer wieder. Drei Lagen Käse müsste man haben«, seufzt der Fleischsalat.

»Applaus für die Lara Croft der Convenience-Food-Abteilung, haha!«, röhrt der Ketchup. »Und zum Nachtisch gibt es Tiramisu.«

Ich will auf der Stelle ohnmächtig werden.

»Schade, dass wir das nicht mehr mit ansehen können«, gluckst die Mayonnaise.

»Und wem haben wir das zu verdanken?«, höhnt es von allen Seiten.

»DEM STANGENSELLERIE!«

»Merk dir eins, bevor du den Löffel abgibst!«, zischt die Mayonnaise. »Das Gegenteil von gut gelaufen, ist gut gemeint, du erbärmliches GEMÜSE. Fahr zur Hölle!«

»Und jetzt lasset uns beten, auch für unseren wenig geliebten Mitbewohner«, hebt mit sonorer Stimme der Brie an. »Ich bin der Herr, dein Sahnetörtchen. Du sollst keine kalorienreduzierten Lebensmittel dulden neben mir ...«

Tatjana Greiner

Big in Hollywood

»*Wie die dicke Lilly die Welt rettete* ist eine tolle Geschichte«, sagte der Studioboss Joe Smith. Er saß hinter seinem Schreibtisch und lächelte mich an. Sein Lächeln sprach weniger von Menschlichkeit als von selbstbewusstem Kalkül. Er wusste, was er wollte, mit wem er warum zu Mittag essen und wie viele Minuten seiner knapp bemessenen Zeit er mir bewilligen würde. Die minimalistische Einrichtung seines Büros war geschmackvoll, aber kühl. Große Fenster gaben den Blick auf einen der von schlanken, hochwüchsigen Palmen gesäumten Boulevards frei, die scheinbar ins Endlose verliefen. Es war klar, dass Joe Smith ein Mensch war, der auf Einfluss und Macht stand. Und um mächtig zu sein, das wusste man in dieser Stadt, musste man das Spiel der Mächtigen spielen.

»Es gibt nur ein Problem«, wandte er ein.

Damit hatte ich gerechnet. Seit Wochen bereitete ich mich auf dieses Meeting vor. Nachdem ich mit *Wie die dicke Lilly die Welt rettete* einen renommierten nationalen Kurzgeschichten-Wettbewerb gewonnen hatte, stand mein Telefon nicht mehr still. Hollywood war auf mich aufmerksam geworden. Joe Smith, der einem der größten Studios angehörte, wollte meine Lilly. Es ist nichts Neues, dass man in Hollywood umschreiben muss. Ich hatte das Wenn und Aber dieser Problematik in langen Spaziergängen am Meer und schlaflosen Nächten mit mir ausgehandelt und war zu dem Entschluss gekommen, dass es keine Schande war, erst einmal etwas Geld zu verdienen. Für den großen Roman der Weltliteratur, der mich überdauern würde, blieb später immer noch Zeit. Ja, ich würde meine Geschichte, wenn es sein musste, umschreiben. Sie handelte von einem molligen Mädchen, das in der Schule stets von seinen hübschen, schlanken Mitschülerinnen gehänselt wird und dann zur Heldin avanciert, die die Welt rettet (ein pummeliger, weiblicher Clark Kent).

Ich würde Lilly dort Bomben explodieren lassen, wo sie bisher mit klugen Worten verhandelt hatte. Ich würde heiße Sex-Szenen für ihre vollbusigen, blondierten Gegenspielerinnen schreiben, die gerade erst das Alter hinter sich gelassen hatten, in dem man eigentlich noch mit Minderwertigkeitskomplexen kämpfte. Meinetwegen konnten sie verlangen, dass ich sprechende Hunde, fundamentalistische Friedensnobelpreisträger und einen auferstandenen, schlanken Elvis in mein Manuskript einfügte, aber meine Lilly würde es auf die Leinwand schaffen.

»Hollywood und Literatur«, sagte Joe Smith, »sind zwei verschiedene Paar Schuhe.«

Ich nippte an meinem Wasser und nickte.

Er lehnte sich in seinem Designer-Bürostuhl zurück und warf einen kurzen prüfenden Blick in den eleganten Spiegel, der an der Wand neben seinem Schreibtisch hing. »Dicke«, sagte er leise, als könnte das bloße Aussprechen des Wortes bereits unvorhersehbare Konsequenzen haben, »Dicke haben in der Filmindustrie keinen Platz. Im Fernsehen mag das ja gehen, aber selbst da halte ich es für eine Zumutung, mit ansehen zu müssen, wie sich fette Menschen darum bemühen, ein paar klägliche Pfunde purzeln zu lassen.«

Da war es also, das Haar in meiner Suppe.

Wenn Fettleibigkeit die Epidemie des modernen Amerikas war, war Hollywood die letzte Hochburg, die sich mit einem pathologischen Schlankheitswahn dagegen verteidigte.

Doch nun sollte auch meine Lilly dem zum Opfer fallen?

»Aber«, stotterte ich, »wenn Lilly nicht mehr dick ist, verliert die Geschichte doch ihren Sinn.«

Joe Smith schnippte ungeduldig mit den Fingern. »Wo ist der Handlungsbogen, wenn sie dick ist und dick bleibt? Sie müssen in Einspielquoten denken, Laura. Think *big*, aber nicht, wenn's um die Kleidergröße geht.« Er klopfte sich amüsiert auf die Schenkel und bestätigte mir wieder einmal, warum ich Menschen, die über ihre eigenen, schlechten Witze lachten, nicht leiden konnte.

»Wissen Sie«, sagte er mit vertraulicher Stimme, »Pamela Anderson wäre für die Rolle der erwachsenen Lilly perfekt.« Er ballte bei dem Gedanken die Fäuste, presste die Lippen zusammen und schien sich einem imaginären Genuss völlig hinzugeben. »Stellen Sie sich Pam bitte mal im schwarzen Lack-Outfit vor.« Er stöhnte auf und spannte die durchtrainierten Muskeln an. Dann wurde er wieder sachlich. »Ich weiß zufällig, dass sie gerade so ein Projekt sucht. Weibliche Superheldin, aber eben mit Ihrem menschlichen Touch, Laura.«

Er stand auf und reichte mir die Hand »Also, sind wir uns einig?«

Ich stand ebenfalls auf und war nun auf Augenhöhe mit Joe Smith.

Wie sagt man doch seit Elizabeth Gilbert? Gott knallt dir keine Tür vor der Nase zu, ohne dir eine Schachtel Pralinen hinzustellen.

Ich schlug ein.

»Schlaues Mädchen«, sagte er. »Für die Kunst bleibt Ihnen später noch Zeit. Sie müssen dranbleiben, solange Sie noch jung sind und passabel aussehen. Ab dreißig finden Schreiber in Hollywood kaum noch Jobs.«

Es war gar nicht so einfach, die mollige, gutmütige Lilly aus meiner Kurzgeschichte für die Leinwand in eine Femme fatale mit Size Zero zu verwandeln. Meine ursprüngliche Lilly war weder hübsch noch sexy, doch sie war klug und hatte Herz. Je dünner und blonder ich sie in meinem Drehbuch machte, dessen Fortschritt Joe Smith und seine Sekretärin mit regelmäßigen Anrufen überwachten, desto mehr veränderte sie ihre Persönlichkeit. Sie wurde mir fremd und unsympathisch.

Natürlich erzählte ich Joe Smith und seiner Sekretärin nichts von meinen Problemen. Stattdessen tigerte ich ständig an meine Küchenschränke, wo mein Mann Tom, der nach seinem Auszug vor ein paar Wochen nun bald mein Exmann sein würde, sein übliches Arsenal an Junk-Food hinterlassen hatte. Dafür, dass mich Schokolade bisher mehr oder weniger kaltgelassen hatte, verspürte ich plötzlich einen zunehmenden Heißhunger darauf. Während ich in meiner ausgeleierten Jogginghose und einem von Toms alten T-Shirts Tag und Nacht an meinem Computer daran feilte, meiner Lilly ein kommerzielleres Format zu verpassen, griff ich immer öfter zum Telefon, um Bestellungen beim Supermarkt an der Ecke aufzugeben. Das Drehbuch musste in wenigen Wochen fertig sein. Man hatte mir einen großzügigen Vorschuss gezahlt, der mir erlaubte, meinen Kellnerinnenjob zu kündigen und hauptberuflich an Lilly arbeiten zu können. Das Haus verließ ich, abgesehen von nächtlichen Spaziergängen und dem gelegentlichen Besuch beim Donut-Autorestaurant, so gut wie nie.

Aber es gab noch einen weiteren Grund, warum es mich nach immer mehr süßen Versuchungen in allen Variationen gelüstete: Gerardo, der schöne, fitnessgestählte, peruanische Lieferant. Dass er jünger war als ich, war offensichtlich. Wie viele Jahre genau wusste ich nicht, noch wollte ich es wissen. Wenn man in Los Angeles lebt, lernt man schnell, zwei numerische Angaben für immer aus seinem Bewusstsein zu streichen: sein Alter und sein Gewicht.

Gerardo schien dem gleichen Prinzip zu folgen. Seit er mir das erste Mal die Tüten mit meinen Lebensmitteln in die Küche stellte, flirtete er mit mir, als sei ich die letzte Frau, die er in seinem Leben an seinen Waschbrettbauch drücken würde. Während Lilly zwischen Superheldin und Supertussi schwebend versauerte, malte ich mir aus, wie ich diese südamerikanische Verlockung das nächste Mal mit strategisch verteilten Sahnehäubchen auf meinem Körper empfangen würde. Gewöhnlich rissen mich dann Joe Smith und seine Sekretärin aus diesen Fantasien, und ich kehrte gehorsam an meinen Schreibtisch zurück, löffelte die Schlagsahne in mich hinein und arbeitete daran, Lillys H- in eine X-Linie zu verwandeln.

Es muss rund eine Woche vor Abgabetermin gewesen sein, als ich Gerardo wieder einmal die Tür öffnete. Ich hatte ihn seit einer Weile nicht gesehen und bereits geglaubt, er habe den Job gewechselt. Vielleicht war er beim Film gelandet. In dieser Stadt war schließlich jeder ein Schauspieler, der auf die große Rolle seines Lebens wartete. Letztendlich hatte ich nicht weiter über ihn nachgedacht, da ich große Fortschritte mit Lilly alias Pamela Anderson verzeichnen konnte. Meine Heldin war nun aus einem anderen Stoff gestrickt und mit der ursprünglichen Lilly kaum noch vergleichbar. Ihre Gutmütigkeit und Bodenständigkeit, die, wie ich nun glaubte, auf einer gewissen Trägheit und Willensschwäche basierten, waren einer schon beinahe gefährlichen Cleverness gewichen. Sie war raffiniert und sehr, sehr sexy. Smith würde begeistert sein.

Gerardo beachtete mich kaum, als er meine Tüten in die Küche trug. Während er mich sonst mit seinen Blicken halb ausgezogen hatte, wich er mir nun aus.

»Alles in Ordnung?«, fragte ich, während ich sein Geld abzählte.

»Ja, Ma'am, alles okay. Ich muss nur gleich wieder los.« Er eilte davon, als hätte er ein Gespenst gesehen, und ließ die Tür mit einem lauten Knall ins Schloss fallen.

Ma'am? Hatte er mich allen Ernstes *Ma'am* genannt? So was sagte ein Typ wie er doch nur zu sehr alten oder sehr reichen Frauen. Vielleicht hatte er inzwischen eine Freundin, beruhigte ich mich. Oder die Supermarktkette hatte ihm eine Warnung erteilt. Wenn er mit mir flirtete, tat er das bestimmt auch anderswo.

Von Gerardo abgewiesen zu werden, verletzte mich auf irrationale Weise fast mehr als meine gescheiterte Ehe. Mit Tom waren die Dinge in einem Tempo auseinandergefallen, mit dem man Schritt halten konnte. Doch Gerardo hatte etwas in seinem Blick gehabt, das mich in anderer Weise traf. Es war eine Mischung aus Entsetzen und Verlegenheit, fast so, als schämte er sich für mich.

Ich riss die Packung Oreo-Kekse mit Extramilchfüllung auf, nahm gleich die ganze Schachtel mit und öffnete die Tür zu meinem Kleiderschrank. Ich zog die seidene Unterwäsche aus der Schublade, die ich mir für meine Hochzeitsreise gekauft hatte. Sie war sinnlich und zeitlos schön, aber im Verlauf meiner Ehe war sie nur noch in immer größer werdenden Abständen inszeniert worden. Es war lange her, dass ich mich sexy gefühlt hatte. Von Tom hörte ich nur noch über seinen Anwalt in unserem Scheidungsdrama, das sich stetig steigerte. Und mein letzter Kontakt zur Männerwelt war mit Gerardo nun offensichtlich auch versiegt, denn Joe Smith zählte nicht.

Ich steckte mir einen Keks in den Mund und zog mich aus. Doch weder die spektakuläre Korsage mit eingebautem Wonderbra noch das mit zarter Spitze eingefasste Höschen erfüllten die Erwartungen von einst. Das Höschen blieb mir an den Oberschenkeln hängen und der Keks im Hals stecken.

Natürlich hatte ich gemerkt, dass ich in den letzten Wochen ein paar Pfunde zugenommen hatte, aber wie sehr ich auseinandergegangen war, kam erst jetzt zutage, als ich meine Aufmerksamkeit ausnahmsweise mal wieder auf meine statt auf Lillys Figur richtete.

Ich hatte keine Waage im Haus, denn ich glaubte nicht daran, dass man sich täglich unnötig quälen musste, um festzustellen, wie man sich grammweise in die eine oder die andere Richtung verändert hatte, bloß, weil man mal ein Glas Wein zu viel getrunken oder an Weihnachten geschlemmt hatte. Es war völlig ausreichend, ein oder zwei Jeanshosen zu besitzen, die, wenn sie im Bund zu eng wurden, verlässlich signalisierten, dass es mal wieder Zeit für ein paar Extrarunden auf dem Laufband im Fitnessstudio war. Andererseits hatte ich noch nie zu den Frauen gehört, die sich ernsthafte Sorgen machen mussten. Ich hatte meine athletische Statur mit Kleidergröße 38 aus Collegezeiten behalten. In LA, wo es magersüchtige Modelschönheiten wie Sand am Meer gab, hatte ich mein schwächelndes Selbstbewusstsein mal mehr, mal weniger erfolgreich wieder aufgerichtet, indem ich mir versicherte, dass man die richtigen Männer durch kluge Unterhaltungen und Humor länger halten konnte als mit einem großen Busen und schlanken Beinen.

Verzweifelt riss ich meine treueste Jeans vom Bügel – doch auch hier die Kapitulation. Mit dem Verkauf meines ersten Drehbuchs war also nicht nur meine Ehe, sondern auch meine Figur auseinandergegangen.

Vor lauter Frust aß ich noch einen Keks. Tränen strömten mir über das Gesicht, nur das Klingeln des Telefons verhinderte einen mittelschweren hysterischen Anfall.

»Laura?«, erklang Joe Smiths Stimme auf meinem Anrufbeantworter. »Heben Sie ab. Ich muss mit Ihnen sprechen.«

»Ja bitte?«, schluchzte ich in den Hörer, doch Joes Radar war nicht auf Sentimentalitäten eingestellt.

»Wie sieht's aus? Können Sie den Termin in einer Woche einhalten?«

»Okay«, antwortete ich abwesend, während ich meine walfischartigen Ausmaße betrachtete.

»Gut«, sagte Joe. »Wir sehen Sie dann am dreiundzwanzigsten um neun Uhr in meinem Büro.«

»Wieso wollen Sie mich denn sehen?«

»Na, um mit Ihnen das Drehbuch zu besprechen.«

»Kann ich das nicht mailen?«

»Sicher, Dummerchen, das machen Sie zwei Tage vorher. In unserem Haus wird kein Projekt ohne ein letztes persönliches Gespräch abgesegnet.«

Ich legte auf und starrte wie gelähmt auf meine nackten, von Zellulitis gezeichneten Beine, die sich in der Tür meines Kleiderschranks widerspiegelten: zwei aufgequollene Baumstämme, an denen ein sündhaft teures Spitzenhöschen hängen geblieben war.

Zum ersten Mal seit Wochen sah ich mich wirklich an. Meine Brüste waren so groß geworden wie die von Pamela Anderson nach ihrer letzten Schönheitsoperation, bloß hingen meine schlaff herunter. Um meinen bisher relativ schlanken Bauch lag ein unattraktiver Rettungsring aus Fett. Meine Waden hatten den Umfang meiner ehemaligen Oberschenkel angenommen, meine Oberarme schlabberten. Ich hatte sogar ein Doppelkinn bekommen. Ich warf mich auf die Knie und verfiel in ein Ganzkörperschluchzen, das mir den Atem nahm.

Ich konnte mir lebhaft vorstellen, wie ich nächste Woche in Joe Smiths Penthouse-Büro blankes Entsetzen hervorrufen würde. Sekretärinnen würden in Ohnmacht fallen, anorektische Schauspielerinnen, die in den Vorräumen der Büros warteten oder mir im Aufzug begegneten, würden schreiend das Gebäude verlassen.

Ich hatte sie betrogen. Ich war die Verräterin, die nachts heimlich ihre Kühlschranktüren geöffnet und all die kulinarischen Sünden begangen hatte, die sie sich täglich versagten.

Männer würden mir mit einer Mischung aus Scham und perverser Neugier nachstarren und sich schaudernd ausmalen, wie es wäre, nach einer durchfeierten Nacht neben mir aufzuwachen.

Joe Smith und seine Partner würden mich von Sicherheitsbeamten vom Gelände eskortieren lassen. Wie die *Nashörner* von Ionesco war ich zum Symbol einer kollektiven Neurose geworden. Ich war der Albtraum: die Ehefrau, die bei der Hochzeit noch rank und schlank ist, doch kurz danach Pfunde zunimmt, die sie nie wieder verliert. Der die Gummibänder ihrer Socken die Blutzirkulation in den Beinen abklemmen und rote Ränder ins Fleisch brennen. Die auch bei Minustemperaturen schwitzt und von mehrgängigen Menüs statt von Sex träumt.

Ich war zur Geächteten mutiert.

Ich zog mich an und stürmte aus dem Haus, auf der Suche nach einem Schuldigen.

Man konnte keine zwei Meter gehen, ohne Plakatwänden mit unterernährten Berühmtheiten zu begegnen, die in verführerischen Posen alle nur erdenklichen Abenteuer und Glückseligkeiten versprachen. Selbst die Reklameflächen auf den öffentlichen Verkehrsmitteln warben für den Size-Zero-Kult, der erwachsene Frauen dazu trieb, sich in die Kleidergröße zwölfjähriger Mädchen zu zwängen.

Schließlich kam ich bei BeautyMe vorbei.

Melissa, die Inhaberin, saß auf einem Drehhocker, die Beine übereinandergeschlagen. Mit der linken Hand zupfte sie ihre trendige Zottelmähne zurecht, mit der rechten hielt sie ihr Handy ans Ohr, auf das sie einen Redeschwall niederprasseln ließ. Sie trug ein schwarzes T-Shirt, das ihre Oberweite und die Wespentaille betonte und auf dem in roten Buchstaben *B.I.T.C.H. – Babe In Total Control of Herself* stand. Ihre aufgespritzten Botox-Lippen waren ein niemals versiegendes Streitthema zwischen Tom und mir gewesen. Er fand, dass sie ihr etwas »Warmes« gaben, das sie wie einen »glücklichen Menschen« aussehen ließ. Ich hätte nie gedacht, dass Tom jemals mit einer Frau wie Melissa eine Affäre anfangen würde, aber sie hatte auf ihn reagiert wie ein Stück Butter auf ein heißes Steak. Und er hatte mir schon seit einiger Zeit vorgeworfen, keine »echte Frau« mehr zu sein, weil ich mehr Zeit in meinen Beruf investierte als in ihn.

Ihr Salon war wie immer gut besucht. An jedem der kleinen weißen Tischchen saßen schlanke, langhaarige Frauen, die sich künstliche Fingernägel ankleben oder eine French Manicure machen ließen. Jede von ihnen war hübsch, aber die eine hätte ein Klon der anderen sein können.

Wütend hämmerte ich mit den Fäusten gegen die mit Kussmündern verzierte Glasscheibe. Zwanzig Augenpaare, der Barbie-Look durch Wimpernverlängerung perfektioniert, wandten sich mir zu. Mit meiner dunklen Sonnenbrille, dem langen schwarzen Mantel und dem schwarzen Kopftuch, mit dem ich mich vorsichtshalber vermummt hatte, sah ich wahrscheinlich wie eine in Vergessenheit geratene Schauspielerin aus, die aus einer der anonymen Schlankheitsfarmen in Palm Springs entflohen war.

Melissa verdrehte die Augen und stöckelte mit ihrem perfektionierten Hüftschwung auf mich zu. Sie öffnete die Türe. »Kann ich Ihnen helfen?«

Sie hatte mich nicht erkannt. Es war eine Weile her, seit ich bei ihr zur Pediküre gewesen war. Ich nahm die Sonnenbrille ab.

»Was ist denn mit dir passiert?«, prustete sie. Sie hielt sich die Hand vor den Mund. »Du bist ja …«

»Ich weiß«, unterbrach ich sie.

»Ich ruf dich gleich zurück«, gluckste sie in ihr Handy und legte auf. Sie zog die Tür hinter sich zu und stellte sich zu mir auf den Bürgersteig, den Augenblick sichtlich genießend.

Gerne hätte ich die Melissas dieser Welt für die Misere der modernen Frau verantwortlich gemacht. Magersucht und sonstige seelische Störungen, nur weil wir nicht wie Victoria Beckham aussahen?

Doch die Ursache lag woanders. Schlank zu sein war das neue Statussymbol, der Body-Mass-Index die neue Religion. Man traf sich mit seiner besten Freundin auf einen Martini und einen gemischten Salat und steckte sich anschließend gemeinsam auf dem Klo den Finger in den Hals. Wollust, Habgier, Trägheit, Zorn, Neid und Hochmut ließen sich erfolgreich zu Geld machen. Es gab nur eine Todsünde, die hier nicht geduldet wurde.

Was war mit uns passiert? In anderen Kulturen wurden kräftige, kurvenreiche Frauen begehrt. Was sagte es über unsere Gesellschaft aus, wenn ein paar Extrapfunde tiefe emotionale Krisen auslösen?

Ich ließ Melissa stehen, denn im Grunde genommen war sie doch auch nur ein Opfer.

»Lass dir den Magen verkleinern!«, rief sie mir nach. »Ist das Neueste. Ich hab meinen schon so weit, dass ich nach fünf Erbsen bereits satt bin.«

Als ich wieder zu Hause angekommen war, setzte ich mich, noch im Mantel, an meinen Schreibtisch und schaltete meinen Laptop ein. Das Drehbuch war fast fertig. Alles, was ich an Sex-Appeal je in mir gehabt hatte, war inzwischen bei Superlilly gelandet. Aus ihr war eine Sirene geworden, auf die Hollywood stolz sein würde. Das Einzige, was ihr noch fehlte, war eine gewisse Schamlosigkeit, mit der sie über Leichen ging.

Doch dazu würde es nicht mehr kommen.

Hastig suchte ich mit der Maus die Absätze im Manuskript, in denen ich Lillys Eigenschaften beschrieben hatte. Als ich begann, die ersten Worte umzuschreiben, fing mein Bildschirm an zu flackern. Der Computer brummte und vibrierte, als sei er kurz davor, zu explodieren.

Dann stürzte er ab. Der Bildschirm wurde schwarz.

Ein blaues, sphärenartiges Licht füllte den Raum. Und auf einmal stand Lilly vor mir, lebensgroß und zum Anfassen schön.

Smith hatte recht gehabt. Sie war eine Erscheinung, ein Wesen aus einer anderen Welt. Sie verkörperte Verheißung, Perfektion.

Niemand konnte ihr äußerlich gleichen, ohne einen hohen Preis dafür zu zahlen. Sie war eine Maya, Göttin des Scheins und der Täuschung.

»Du hast gute Arbeit geleistet«, hauchte sie. »Ich bin zufrieden.«

Ich folgte ihr, während sie durch meine Wohnung stolzierte und sich desinteressiert umsah. Vor dem Schlafzimmerspiegel blieb sie stehen und prüfte ihre perfekte Figur.

»Du hättest mir ein besseres Kinn geben können«, nörgelte sie. »Wenn ich nicht aufpasse, sieht meins bald aus wie deins.« Sie hob mein Seidenhöschen mit spitzen Fingern vom Boden auf und hielt es sich an. Sie war so schlank, dass sie gleich zweimal hineingepasst hätte. Naserümpfend ließ sie es gleich wieder fallen.

Dann setzte sie sich auf meinen Schreibtisch und schlug ihre langen, in schwarzen Lack gehüllten Beine übereinander.

»Um in Hollywood groß rauszukommen«, sagte sie, »hast du deine Ehe und deine Figur geopfert. Aber sieh doch nur, was du geschaffen hast.« Sie schüttelte ihre beachtliche Mähne und lächelte das fantastische Lächeln, das ich ihr geschenkt hatte. Männer würden ihr nicht widerstehen können. Frauen würden sie bis ins Detail kopieren.

»Du brauchst mich, Laura«, sagte sie und versuchte, mich weiter in ihren Bann zu ziehen. »So wie du jetzt aussiehst, wird dir so schnell kein Mann mehr nachschauen.« Ihre Augen funkelten. »Aber mit meiner Hilfe werden dir alle Türen offen stehen. Fortsetzungen, Millionen-Dollar-Verträge, ein Oscar. So kurz vor dem Ziel willst du doch nicht etwa aufgeben, oder?«

Einsicht vortäuschend, schüttelte ich den Kopf und setzte mich an meinen Schreibtisch. Ich musste vorsichtig sein. Wenn Lilly mit dieser samtenen, ruhigen Stimme sprach, war sie besonders gefährlich.

Sie schob mir das Stück Schokoladentorte hin, das ich stehen lassen hatte. »Hier«, sagte sie. »Du schreibst besser, wenn du auf einem Zuckerhoch bist. Und während du dabei bist, unternimm gefälligst etwas gegen meinen Hintern. Für den würde sich ja selbst J. Lo schämen.«

Sie baute sich hinter mir auf und trommelte ungeduldig mit den Fingern auf die Stuhllehne. »Schreib!«, befahl sie, ganz die starke, bedrohliche Amazone, die ich erschaffen hatte.

Doch ich hatte ihr schon genug von mir gegeben. Auf ihre trügerische Schönheit fiel ich nicht herein. Und ohne mich konnte sie nicht existieren.

»Versuch ja nicht wieder, mich in deine erbärmliche Kurzgeschichtenkreatur zurückzuverwandeln«, fauchte sie und lehnte sich zu mir herab. Ich spürte ihren Atem an meinem Hals, während sie mir dabei zusah, wie ich den Computer neu startete.

Als sie einen kleinen Taschenspiegel aus ihrem Ausschnitt zog und sich die Lippen nachzog, stieß ich ihr mit aller Kraft meinen Stuhl gegen die Beine. Es fiel mir nicht leicht, mit anzusehen, wie mein perfektes Geschöpf rücklings zu Boden fiel und mit dem Kopf auf dem Wohnzimmertisch aufschlug. Aber es musste sein. Die Welt braucht andere Ideale.

Lilly stöhnte, regte sich sonst aber nicht. Eile war geboten. Im Drehbuch gab ich ihr Schritt für Schritt ihre ursprünglichen Qualitäten zurück. Mit jedem überarbeiteten Wort veränderte sich ihr Aussehen. Ihr Busen wurde kleiner, ihr platinumblondes langes Haar schmutzig-braun. Gerade als ich dabei war, sie mit Bescheidenheit auszustatten, verspürte ich einen stechenden Schmerz am Hinterkopf. Superlilly, oder das, was noch von ihr übrig geblieben war, war zu sich gekommen und hatte mich am Schopf gepackt. Mit der ihr noch verbliebenen Kraft zog sie mich vom Stuhl. Ihre Beine, die bereits zwei Kleidergrößen zugenommen hatten, waren immer noch stark. Sie legte sie um meinen Hals und drückte zu. Mir wurde schwindlig.

Doch ich war entschlossen, Lilly zu besiegen. Mit letzter Kraft riss ich mich aus ihrer Umklammerung, stieß sie von mir, schaffte es zurück an meinen Schreibtisch und tippte hastig die Worte, die ihr eine gute Portion Selbstlosigkeit verpassten.

Superlillys Körper zuckte.

Und dann erlosch das blaue Licht. Außer mir war niemand mehr im Raum.

Nach einer Weile griff ich zum Hörer und wählte die Telefonnummer, unter der man Joe Smith nach Geschäftsschluss erreichen konnte. Tausende von Autoren hätten, wie auch ich einst, alles darum gegeben, in den Besitz dieser Nummer zu kommen.

»Na?«, flötete die Sekretärin am anderen Ende der Leitung. »Wie geht's denn unserer Lilly?«

»Es ging ihr noch nie besser«, sagte ich.

»Glückwunsch«, antwortete sie und stellte mich zu Joe Smith durch.

Er würde seine Superheldin auch von einem anderen Schreiber bekommen. Mich würde er, nachdem er aufgelegt hatte, schlicht und einfach vergessen. Aber damit konnte ich leben. Ich hatte jedenfalls kein weiteres Medienbild produziert, das das Selbstbewusstsein von Millionen Frauen untergrub. Bestimmt hatte ich heute nicht die Welt gerettet, aber vielleicht hatte ich dazu beigetragen, sie ein kleines bisschen besser zu machen. Ich schob mir ein Stück Schokotorte in den Mund und lächelte.

Gerlinde Jänicke

Schokoladenhimmel

Normalerweise ist Gold eine meiner Lieblingsfarben. Gold wie das knisternde Stanniolpapier edler Zartbitterschokolade, Gold wie die zerlaufende Butter in der Pfanne, damit der Speck richtig knusprig wird, Gold wie die Farbe von frisch geröstetem Toastbrot. Doch das Gold der großen Buchstaben, die hoch über mir in den Himmel ragen, erinnert mich eher an den Dreizack des Teufels. »Wolff und Partner«, die verdammt noch mal größte Werbeagentur Berlins. In meinem Kopf das Mantra: »Das Vorstellungsgespräch deines Lebens. Das Vorstellungsgespräch deines Lebens.« Ich bin kurz davor, umzudrehen. Aber was, wenn es doch kein Scherz ist? Wenn die mich wirklich wollen? Wenn ich nicht dabei bin, die größte Peinlichkeit meines Lebens zu begehen?

Jetzt werde ich trotzig. Gott, kann ich trotzig sein. Trotzig wie ein Kind, das seine Schokolade will, sich auf den Boden wirft und schwört, solange die Luft anzuhalten, bis es die Süßigkeit bekommt. Ich starre an mir herab und verfluche im Geist meine Mutter dafür, dass sie mir immer nachgegeben hat. Egal. Was auch passiert, ich mach das jetzt, ich geh da rein, ich bin ganz cool und ganz Bruce Willis. In fett, aber in lässig.

Der Anblick der Eingangshalle raubt mir den Atem. Das zwanzigstöckige Gebäude am Potsdamer Platz ist ein Glaspalast mit der Ausstrahlung eines Luxushotels. Weiche, schokoladenbraune Ledersessel, crèmefarbene, kunstbehangene Wände und knöcheltiefe, kuschelige Teppiche in warmem Bordeaux auf sahnefarbenem Marmor. Wasserfälle und kleine Springbrunnen, dazu leise Musik, wohlwollender Jazz. Das Einzige, was hier definitiv nicht reinpasst, bin ich. Und das liegt nicht nur an den üblichen Kaffeeflecken auf meiner Bluse, an den zerkratzten Absätzen meiner Schuhe und an der Handtasche, die keinen Markennamen trägt. Ich bin hier so falsch wie ein Elefant auf dem Laufsteg. Ich schaue auf die Uhr. Fünfzehn Minuten zu spät. Zehn Schritte zum Empfangstresen. Niemand sieht mich an. Ich kann mich nicht rühren. Das hier ist alles, was ich wollte. Und während ich mich umsehe, die Hektikflecken in meinem Gesicht vermutlich immer größer werden und ich mit den Tränen kämpfe, weiß ich, dass meine Zeit in dieser Branche nicht erst seit fünfzehn Minuten abgelaufen ist.

»Tick, Klack, Tick, Klack …«, dieses Geräusch scheint immer lauter zu werden. Absätze, so hoch wie Springstäbe, an zierlichen Füßen, an Beinen, so dünn wie Storchenstelzen. Röcke, die tadellos sitzen, Blusen an schmalen Oberkörpern mit wunderschön geformten Apfelbrüsten, Ärmchen wie die eines Kindes, an denen goldene Armreifen glitzern. Hochsteckfrisuren, so perfekt, als hätten berühmte Starcoiffeure Hand angelegt. Zähne, so weiß, dass ich die Augen zukneifen muss, um nicht geblendet zu werden.

Um mich herum tanzen Size-Zero-Frauen, wie ich sie sonst nur aus Modemagazinen kenne, sie tanzen und singen: »Wer hat Angst vor der fetten Anne! Wer hat Angst vor der fetten Anne!« Sie werfen mir Schokoladenriegel ins Gesicht, und aus ihren zierlichen, weißen Händen werden Klauen, die mich zerreißen wollen. Sie lachen schallend, aus ihren makellosen Zähnen werden Reißzähne, die mir die Kleider vom Leib zu zerren versuchen.

Ich stelle fest, dass ich die Augen geschlossen habe und öffne sie blinzelnd. Keine Klauen, keine Reißzähne. Aber immer noch unfassbar schöne junge Frauen, sehr beschäftigt, mit Aktenköfferchen in der Hand, die an mir vorbeistolzieren und den Duft des Erfolges an meiner Nase vorbeiziehen lassen. Ich sehe auch Männer, attraktive Männer, mit perfekt sitzenden Ben-Sherman-Anzügen, die ich erkenne, denn ich lese »Elle« und »Vogue«. Und dazwischen ich: Anne Arnhold, neunundzwanzig Jahre alt, Single, zu fett für diese Welt, zu fett für diese Branche, zu fett für ihre Hose. Und dabei habe ich seit zwei Monaten alles dafür getan, um mich auf diesen Tag vorzubereiten ...

»Ohne Witz, die wollen dich wirklich kennenlernen.«

Als Marc Habermann diese Worte damals sagte, lachte ich ihn aus. Wir saßen in einem Café am Savignyplatz, ich hatte sowohl meinen als auch seinen Zimtkeks zum Latte Macchiato verdrückt und betete nun den besten Käsekuchen der Stadt vor meiner Nase an. Wieder diese wunderschöne Farbe, Goldgelb, dazu der frische Duft von Sahne und zuckersüßer Milch. Es war kurz nach Feierabend, und auf dem Weg nach Hause hatte mich Marc angerufen: »Wir müssen uns schnell sehen.«

Ich hatte ganz kurz zu hoffen gewagt, Marc hätte endlich erkannt, dass er ohne mich nicht mehr leben kann und dass aus dem Flirt, den wir hatten, etwas Ernstes werden könnte. Ich wurde schnell eines Besseren belehrt. Ich kam zu spät, wie meistens, und sah, wie eine rothaarige Schönheit ihre Telefonnummer auf seine Serviette schrieb.

»Hey, Schatz!«, begrüßte ich ihn und küsste ihn auf die Wange.

Wenn ihn die Unterbrechung ärgerte, zeigte er es nicht. Die unbekannte Schöne schmollte und zog Leine.

»Na, endlich. Setz dich, ist wichtig. Geht schnell.«

Aha. Also ging es definitiv nicht um uns.

Marc und ich kennen uns aus einer kleinen Kreuzberger Agentur, bei der ich als Texterin für so spannende Produkte wie lokale Sprudelhersteller und Bürobedarf zuständig bin. Zwischen Berliner »Hoppla«-Brause und Taschenrechnern mit Kalorientabellen freundeten wir uns an. Ein tolles, kollegiales Verhältnis – bis ich mich verliebte, für ihn kochte, ihn jeden Morgen auf dem Weg zur Arbeit trotz Umweg abholte, ihn anrief, wenn ich am Abend einsam war. Als ich merkte, dass sowohl Angie aus der Buchhaltung als auch unsere Praktikantin Kathi für ihn kochten, ihn umherfuhren und ihm lächelnd in der Kaffeeküche an den Hintern fassten, ersetzte ich die abendlichen Gespräche mit Marc wieder durch meine treuen Freunde Dr. Pizza und Monsieur Merlot. Aber ich konnte es kaum ertragen, Marc jeden Tag im Büro zu sehen. Ich ignorierte ihn, wenn ich es konnte, sprach nur, wenn ich musste. Er versuchte mehrfach, mich zu einem Treffen zu überreden, ich ignorierte ihn. Das verletzte offensichtlich seinen Stolz, und er ließ es mich spüren. Als eines Tages ein wichtiges Dokument für eine Präsentation von meinem Tisch verschwand, verdächtigte ich ihn. Ich brüllte durch das Büro, so laut ich konnte, wie unprofessionell sein Verhalten sei, er sei kindisch, ein Idiot. Ich warf ihm vor der gesamten Belegschaft vor, er würde mit eben selbiger schlafen. Und schrie umso lauter, dass ich *nie* mit ihm schlafen würde, und er das wüsste und deswegen meine Sachen gestohlen hätte. Das sei Mobbing! Und ich sei verdammt froh, mir von ihm noch keine Syphilis geholt zu haben.

Seit diesem Tag sprach er kein Wort mehr mit mir, genauso wenig wie Angie und Kathi mit ihm. Das Dokument fand ich übrigens eine halbe Stunde nach meinem Anfall in meiner Schreibtischschublade. Ich hatte es selbst dort hineingelegt, um Kaffeeflecken zu vermeiden. Ich warf es heimlich weg und verfluchte mein Karma.

Im Grunde meines Herzen kannte ich mein Problem, und wusste, warum sich Marc nicht Hals über Kopf in mich verlieben konnte: Ich war zu fett. Männer hassen fette Frauen. Wenn sie mit einer fetten Frau zusammen sind, dann sagen sie natürlich, sie fänden Frauen schön, an denen »etwas dran« ist – aber nur, weil sie keine von den Dünnen abgekriegt haben. Oder würde je ein Mann eine Heidi Klum nach Hause schicken, weil ihr die Orangenhaut und die Speckröllchen fehlen? Eben! Männer wollen Dünne, Schöne, welche zum Herumzeigen.

Ich bin nicht sehr groß, das heißt, Fett verteilt sich bei mir schnell. Zumindest ist das meine Theorie. Ich mag keinen Sport, ich mag Apfelkuchen. Ich mag keine Treppen laufen, aber ich mag zerlaufenen Käse auf der Lasagne. Ich bin verrückt nach teurer Schokolade, billigen Kräckern, Chips, Saucen, Sahne ... Ich liebe Essen! Wenn ich in den Spiegel schaue, versuche ich, mich auf mein Gesicht zu konzentrieren. Nicht zu schön, aber tolle Augen. Volle Lippen und sensationelle Haare. Wenn ich sie selbst so frisieren könnte, dass sie nicht aussehen wie ein Vogelnest, wäre ich, zumindest bis zum Doppelkinn, ganz weit vorne.

Dann schaue ich mir natürlich doch den Rest an – und verzweifle. Kurze, stämmige Beinchen, ein riesiger Hintern, Bauchansatz, dicke Arme und ein dicker Hals. Diese Figur gehört zu mir wie die Warze zur Hexe, wie der Buckel zum Glöckner, wie ...

Okay, das klingt vielleicht ein bisschen neurotisch oder hysterisch. Meine beste Freundin Carla sagt, ich hätte eine körperdysmorphe Störung. Sie ist Psychologin und weiß alles besser. Ich würde mich zwanghaft hässlich finden, meint sie, und so schlimm sei das ja alles nicht. »Nicht so schlimm«, das heißt für mich, es ist auf alle Fälle noch schlimm genug. Und das reicht völlig aus, um mich gleich beim nächsten Drive-in halten zu lassen.

Also, kein Wunder, das mit Marc. Er ist schön, und ich bin fett. Ich dachte, ich kann damit leben. Bis der Anruf kam: »Wir müssen uns schnell sehen.«

»Okay, noch mal langsam. Du sagst, ›Wolff und Partner‹ wollen ein Vorstellungsgespräch. Mit mir. Für eine Chefposition.« Ich versuchte, amüsiert auszusehen, doch mein Herz klopfte wild. Das wäre *die* Chance meines Lebens! Von Billig-Brause und Bürobedarf direkt in die oberste Liga: Werbung für Handys, Energiekonzerne, Sporthersteller und Markenlebensmittel. Ich traute meinen Ohren nicht. Ich traute Marc nicht.

Er hat vor einem Jahr bei der Kreuzberger Agentur gekündigt, als ein Angebot von »Wolff und Partner« kam. Ich hatte es ihm nicht gegönnt, war immer noch verletzt. Aber ich konnte den Mann nicht aus meinem Kopf kriegen. Ich wünschte ihm alles Schlechte der Welt und unterschrieb die Abschiedskarte vom Büro mit: »Fahr zur Hölle!« Da ich die Letzte war, die die Karte zum Unterzeichnen in die Hände bekam, konnte ich sie ihm so, unzensiert, auf den Tisch legen. Und jetzt wollte er mich dazuholen?

Wenn er mich auf den Arm nehmen wollte, dann war er ein äußerst guter Schauspieler. Allerdings, war er das nicht auch damals gewesen? Als er mir versicherte, wir hätten eine gute Chance? Zusammen? Als Paar?

Ich funkelte ihn an: »Pass mal auf, wenn das ein Witz sein soll ...«

Marc seufzte. »Die Dame, die zurzeit den Posten hat, ist schwanger. Bitte, mach den Termin.«

»Warum ich?«

»Weil du die Beste bist.«

»Du bist die Beste«, versuchte ich mir einzureden, als ich den Inhalt meines Kühlschranks in den Müll warf. Mein Termin bei

»Wolff und Partner« war erst in zwei Monaten, man ließ sich dort Zeit. Aber ich wollte vorbereitet sein: Ich hatte mir eine Jogginghose gekauft, ich hatte meinen Keksvorrat entsorgt, ich hatte mich von Monsieur Merlot verabschiedet und literweise Wasser gebunkert. Ich aß Gurkenscheiben statt Paprika-Chips und joggte, bis ich mich übergeben musste. Das war am ersten Tag nach drei Minuten. Immerhin musste ich an Tag vierzig nur noch würgen, und das auch erst nach zwanzig Minuten.

Ich quälte mich. Ganze 59 Tage lang. Ich hasste jede Sekunde davon.

Verabredungen mit meiner Freundin Carla sagte ich ab. Wenn wir uns sonst treffen, gehen wir essen oder einen Wein trinken. Oder ins Kino (Popcorn. Cola. Ohne ist es nur ein Film, aber kein Kino!). Oder sie kocht, oder ich koche, und dazu gibt es immer ein schönes Glas Wein oder Prosecco. So machten die Treffen mit ihr Spaß. Ohne die Zufuhr von Kalorien dagegen ...

Ich verließ kaum noch das Haus, außer um Sport zu treiben und zur Arbeit zu gehen. Ich hasste meine Kollegen, die mittags beim Italiener bestellten, während ich an einer Selleriestange kaute. Ich kam mir vor wie ein Kaninchen, sehnte mich nach Weingummis, Butterkeksen und Currywurst. Ich war ewig schlecht gelaunt, aber ich wollte den Job. Und da ich immer noch sehr stark davon ausging, vorgeführt zu werden, wollte ich schön sein. Wie die anderen bei »Wolff und Partner«. Wie Marc Habermann.

Jetzt stehe ich hier, Anne Arnhold, in der Empfangshalle der größten Werbeagentur der Stadt, kurz davor, mich bis auf die Knochen zu blamieren. Kaffeeflecken auf der Bluse, weil ich zu blöd bin, eine Tasse ordentlich zu halten, und fett, fett, fett. Fünf Kilo weniger als vorher auf der Waage, wovon man aber nichts sieht. Wenigstens zum Friseur habe ich es vorher geschafft, aber nicht mal die schönen Wellen in meinem Haar werden davon ablenken können, dass der Rest von mir hier nicht herpasst.

Wenig später sitze ich auf einem schwarzen Lederstuhl, verchromt, schön kühl, an einem großen, runden Tisch, ein tolles Gefühl. Mir gegenüber sitzt Marc, der mich aufmunternd ansieht. Er sieht großartig aus in seinem cappuccinofarbenen Hemd. Zusammen mit seinem goldblonden Haar hat das etwas von einem Café Latte mit Vanille-Topping. Ich vermisse Café Latte mit Vanille-Topping, denke ich, als ich einen kleinen Schluck aus meinem Wasserglas nehme. Neben Marc, rechts, sitzt Jan Müller, den hatte mir Marc als seinen direkten Vorgesetzten vorgestellt. Er sieht nett aus, schaut mich aus freundlichen Augen an. Am Kopf des Tisches – zumindest bilde ich mir ein, es sei der Kopf, was man bei einem runden Tisch allerdings schlecht sagen kann – sitzt Richard Wolff, Sohn von Ludwig Wolff, dem Big Boss, dem Vater der modernen Werbeindustrie. Wolff Junior ist Mitte fünfzig und sieht aus wie ein Habicht, kleine, flinke, dunkle Augen, riesige Nase. Ich befürchte, er könnte mich mit einem einzigen großen Happs verschlucken. Er beobachtet mich genau, und ich schäme mich dafür, auf der Welt zu sein. Ich stelle mir vor, dass auf seinem Schreibtisch das Bild eines hübschen Models steht, um das er seine Arme geschlungen hat, vor seiner Jacht oder seiner Villa oder seiner Ranch. Ich versuche, gerade zu sitzen, nicht zu atmen, und nicht darüber nachzudenken, dass ich vor den Menschen sitze, die der Inbegriff meiner Wünsche und Hoffnungen sind. Ich will dazugehören und versuche, kluge Dinge zu sagen. Nur nicht zu sehr die Klappe aufreißen. Sitzt mein Kostüm? Spreche ich nicht zu laut?

Ich fühle mich äußerst unwohl in meiner Haut und sehne

mich nach meiner Lieblingsjeans und einem Marzipancroissant. Und dann auch noch das: Mitten auf dem Tisch ist ein kleines Buffet aufgebaut, das mir den Atem raubt. Ein Paradies aus Schokolade! Kleine Törtchen mit Trüffelhäubchen, Plätzchen, Pralinen, Schokoladenkekse mit Caramelglasur ... Bei dem Gedanken an nur eines dieser duftenden kleinen Kunstwerke auf meiner Zunge, schmelze ich dahin. Ich erkenne gute Schokolade, wenn ich sie sehe. Deshalb also Marcs fröhlicher Blick. Er wartet wohl darauf, dass ich schwach werde, wird nach dieser Farce lachend mit seinen Kollegen in der Küche stehen und die fette Anne nachäffen, die sich nicht zurückhalten konnte und die Schokolade in sich reingestopft hat, als gäbe es kein morgen. Aber darauf falle ich nicht herein. Ich starre die Schokolade an und versuche, so angeekelt wie möglich auszusehen.

Der Habicht beobachtet mich weiter und stellt Fragen. Brav erzähle ich ihm, was ich mache, was ich will und wo ich hin möchte. Ich versuche, dabei lässig eine Augenbraue hochzuziehen, das, stelle ich mir vor, wirkt überlegen und aufmerksam, außerdem macht das Sharon Stone oft auf Fotos, und ich finde, es sieht sehr intelligent aus.

Das Gespräch dauert zwanzig Minuten. Ich werde allein gelassen, fünf Minuten vergehen. Wie hypnotisiert starre ich auf die Schokolade vor mir und will weich werden, schaffe es aber, mich zurückzuhalten. So weit bin ich schon gekommen, jetzt nicht am Ende noch schwächeln, denke ich und fühle mich stark. Ich habe ein gutes Gefühl, vielleicht haben sie es ja wirklich ernst gemeint, und ich sehe Gespenster. Bis Marc allein zurückkommt, die Tür hinter sich schließt, und mir etwas vom Profil erzählt, in das ich nicht passe, es sei nicht seine Entscheidung gewesen, aber Wolff hätte sich angeblich für eine qualifiziertere Mitarbeiterin entschieden.

»Das ging ja schnell«, sage ich, und bevor Marc noch etwas hinzufügen kann, stürme ich aus dem Büro und verfluche die Welt, allen voran »Wolff und Partner«. Ich weiß schon, was »qualifizierter« heißt: schöner, schlanker, perfekter. Ich kenne diese Frau, für die man sich entschieden hat, ohne sie jemals getroffen zu haben. Eine, die mit Highheels ins Bett geht, perfekt geschminkt am Morgen aufwacht, sich eine halbe Mandel in den Mund schiebt, sich von ihrem perfekten Lover einen frisch gepressten O-Saft-to-go in die Hand drücken lässt, die Prada-Handtasche unter den Arm klemmt und vom Blumenhändler an der Straße einen Strauß Rosen zugeworfen bekommt, den sie lächelnd auffängt und auf MEINEN Schreibtisch stellt, an dem ICH nicht sitzen darf, weil ICH mit grauen Schlafsocken ins Bett gehe, morgens aussehe wie der Nachbarshund und höchstens von Lastwagenfahrern angehupt werde, wenn ich bei Rot über die Straße gehe. Ich hätte diesen Job verdient, und nur weil mein »Profil« eher aussieht wie das von Meat Loaf als von Kate Moss, kriege ich ihn nicht? Ich habe alles richtig gemacht, Himmel noch mal!

Ich werfe mich zu Hause aufs Bett. Mit Schuhen, meinem blöden Kostüm und meinen schönen Haaren. Wie konnte ich so dumm sein? Es war genau das, was ich befürchtet hatte. Eine Farce. Dabei wollte ich diesen Job so sehr. Und ich hätte das gekonnt! Schon wieder werde ich trotzig. Ihr könnt mich alle mal, denke ich, als die Tränen getrocknet sind. Warum, zur Hölle, soll ich jemand sein, der ich nicht bin? Ich stehe auf, werfe das Kostüm in die Ecke, ziehe Jeans und T-Shirt an, schnappe mein Portemonnaie und gehe einkaufen. Wie konnte ich nur so lange auf all die leckeren Sachen verzichten, die ich so liebe? Ich kaufe Pasta, Pizzateig, Schokoriegel, Kakao, Sahnejoghurt und Erdbeereis. Als ich alles in der Küche verstaut habe, setze ich mich mit einer riesigen Tüte Kartoffelchips ins Wohnzimmer und fühle mich erstaunlicherweise erleichtert. Ich bin eben ich, denke ich. Ich muss mich nicht mit Models messen, ich muss keine »Tick-Klack«-Highheels tragen, und es ist mir egal, dass Marc mich vorgeführt hat. Ich gehöre eben nicht in diese Schickimicki-Firma, bleibe eben dick und glücklich bei meinem Bürobedarf und meiner Brause. Haha! Selbstbetrug als Weg zur Heilung. Trotzdem, die Chips schmecken verdammt gut.

Mein Handy klingelt in dem Moment, als ich einen Kevin-Costner-Film in den DVD-Spieler lege, an einem Stück Baguette mit Pesto und Tomatenstückchen kaue und es mir auf der Couch gemütlich machen will.

»Du musst wiederkommen, sie wollen dich noch mal sehen.« Marc.

Mein Abendessen bleibt mir im Hals stecken, als er diese Worte sagt. Er hat nun schon zum zwanzigsten Mal angerufen seit dem Vorstellungsgespräch vor ein paar Tagen, seine unzähligen E-Mails habe ich alle ungelesen gelöscht. Es wird Zeit, einen Schlussstrich zu ziehen.

Und nun dieser Satz: »Sie wollen dich noch mal sehen.«

»Lass mich in Ruhe!«, maule ich, als ich nicht mehr husten muss. Mit allem hatte ich gerechnet, nur nicht mit diesen Worten. Ein einfaches »April, April« hätte mir vollkommen gereicht. Aber bitte. Ich muss nicht lange überlegen. Drei Vanilletörtchen später habe ich den Entschluss gefasst. Ich werde hingehen, und zwar als das, was ich bin: Eine kluge Frau, die einen verdammt guten Job macht, und verdammt noch mal keine Kostümchen, aber dafür Vanilletörtchen mag. Ich fühle mich ein bisschen wie der Terminator im Zuckerrausch. Fühlt sich gut an und gefährlich.

Am nächsten Tag sitze ich zunächst noch ganz allein an dem großen, runden Tisch und bin erstaunlich ruhig. Ich trage Turnschuhe, Jeans und meinen Lieblingspullover. Ich kann und werde mich nicht noch einmal verkleiden.

Wieder steht ein riesiger Teller mit Schokoriegeln, Schokoladenkeksen und Schokodrops vor mir. Der Duft nach frischem Kakao macht mich wahnsinnig, und ich kann einfach nicht anders, ich muss zugreifen. Sollen sie über mich lachen, das Zeug ist zu unwiderstehlich. Ich probiere das erste Stück und denke für eine Sekunde, ich bin im Schokoladenhimmel. So etwas Köstliches habe ich lange nicht gegessen. Der zarte Geschmack erinnert mich an meine Kindheit, an die heiße Schokolade meiner Großmutter, und ich esse und esse und schließe die Augen und ...

»Frau Arnhold!«

Mit vollem Mund und großen Augen drehe ich mich um und sehe den Habicht vor mir. Ich schäme mich. Ich muss aussehen wie ein Wolf, der gerade ein Reh gerissen hat und von nächtlichen Scheinwerfern überrascht wird.

»Sorry, ich ... äh ...«

Toll. Ich fühle mich wie eine komplette Idiotin und erwarte, dass ich wie ein kleines Kind ausgeschimpft werde. Doch dann denke ich mir: Ich bin eben ich!, und ich muss lächeln. Jetzt erst recht!

»Mir schmeckt das nun einmal, und ich weiß, dass ich hier nicht herpasse, weil alle so sind, wie ich nicht sein kann, und wenn das eben so ist, dann ist das so, und wenn Sie so leckere Sachen hier hinstellen, dann ist das ja nicht meine Schuld! Das ist verdammt gute Schokolade! Außerdem bin ich die Beste für diesen Job!«

Ich atme tief durch und greife nach meiner Tasche, stehe auf und will mich an dem großen Mann mit dem schicken Anzug vorbeischieben. Er hebt die Hand.

»Sie haben den Job.«

Jetzt muss ich wirklich blöd aussehen. Wie? Sie haben den Job?

Wolff lächelt mich an. »Ich wollte Sie eigentlich nicht noch einmal einladen. Sie haben bei unserem ersten Gespräch den Eindruck gemacht, als wären Sie genau wie die, die wir schon zur Genüge haben. Was uns fehlt, ist Leidenschaft, und deshalb haben wir Sie auf Empfehlung von Herrn Habermann zum ersten Vorstellungsgespräch gebeten. Sie hätten das Feuer, das wir brauchen. Davon habe ich beim ersten Mal nichts gemerkt. Außerdem haben Sie unsere neuen Schokoladenprodukte angesehen, als wären es giftige Schlangen, und dabei sollen genau diese Produkte auf den Markt gebracht werden. Ich habe Sie gerade beobachtet, und wer passt besser zu einem Produkt als jemand, der es mag und mit Power und Leidenschaft verkaufen kann? Sie sind ideal dafür!«

Sind das wirklich Geigen, die ich höre?

Ein kleines Café gegenüber dem Büro. Ich fühle mich wie eine Prinzessin, als Marc ein Glas leuchtend goldenen Champagner für uns bestellt. Ich liebe diese Farbe! Ich überlege, ob ich mich vielleicht doch noch in diesen Mann verlieben werde. Wie aufs Stichwort sehe ich, wie er einem sehr schönen Hintern hinterherstarrt, der gerade vorbeiwackelt. Blicke treffen sich, zu dem Hintern gehören von vorn betrachtet sehr schöne lange Wimpern und sehr schöne Zähne. Ich seufze und rolle mit den Augen. Don Juan bleibt Don Juan. Und doch hat er so viel für mich getan, vielleicht ist das mehr wert als nur ein Hintern. Vielleicht ist er einfach ein wirklich guter ...

Ich muss lächeln, da Marc anscheinend meine Gedanken lesen kann und fragt: »Freunde?«

»Freunde!«

Eine kleine Träne läuft mir über das Gesicht, ich bilde mir ein, eine goldfarbene.

»Auf goldene Zeiten« sage ich, und stoße mit Marc auf eine Freundschaft an, die länger halten wird als alle Schokoladenéclairs und Käsekuchen dieser Welt.

Sophie Winter

Vollpension

»Herzlichen Glückwunsch, wir freuen uns so für euch!«

Um mich herum strahlende Gesichter, von Wein und Essen gerötet, vielleicht auch von Rührung. Ich bin auch gerührt, aber eher vom Anblick des Büffets als vom Anlass dieses Festes. Genüsslich wandert mein Blick über die blubbernde Kartoffelsuppe mit Bärlauch und Nordseekrabben zu in Butter geschwenkten Spätzle und Rindsrouladen, die, appetitlich mit Speck gefüllt, in einer sämigen, dunkelbraunen Sauce darauf warten, alsbald den Weg in meinen Mund zu finden. Genau wie das Dessert, ein Traum von einem cremigen Tiramisu.

Weniger genussvoll wandert mein Blick zu Egon. Seine Stirn glänzt mit den Lichtern der Kerzen um die Wette. Sind das Schweißperlen, oder hat er zur Feier des Tages meine Glitzercreme für's Dekolleté benutzt? Und was ist das auf seinem Kinn? Da schimmert es auch verdächtig ...

Ach, Egon!

Was warst du für ein schöner Mann, als ich dich kennenlernte.

Und was war ich für eine schöne Frau!

Ich, die Heidekönigin, und du, der Vorsitzende des Schützenvereins.

Doch nun sieh uns heute an, an unserem dreißigsten Hochzeitstag! Was ist nur aus uns geworden?

»Amüsierst du dich, Schätzchen?«, kommt es jetzt von Egon, und für einen kurzen Moment werde ich stutzig. Seit wann spricht er denn wieder mit mir? Und hat er das mit den Kosenamen nicht bereits am ersten Tag nach der Eheschließung eingestellt?

Die Frage gilt tatsächlich nicht mir, sondern meiner Tochter Rosalie, die mit ihrem Mann Ronald neben mir steht. Ronald tätschelt Rosalie liebevoll den kugelrunden Bauch. Wenn ich meine Tochter und mich so nebeneinander sehe, könnten die Leute meinen, wir wären beide schwanger. Abstruse Vorstellung!

Rosalie steht kurz vor der Niederkunft, und ich bete zu Gott, dass ihre Zwillinge nicht ausgerechnet heute das Licht der Welt erblicken wollen.

Weil offensichtlich keiner der Gäste gesteigerten Wert auf Kommunikation mit mir zu legen scheint, entschließe ich mich, das zu tun, was ich am liebsten mache: zu essen. Ich lasse mir Zeit, um all die Köstlichkeiten in Augenschein zu nehmen, die sich auf der mit einem weißen Leinentuch bespannten, langen Tafel türmen. Wenn es nach Egon gegangen wäre, hätte es eine Papierrolle Marke *Duni* auch getan, aber seltsamerweise habe ich mich dieses eine Mal durchgesetzt. Ich will nicht, dass unsere Gäste denken, wir wären geizig. Dass Egon es ist, dürfte sich mittlerweile herumgesprochen haben, aber ich möchte diesbezüglich nicht mit ihm in einen Topf geworfen werden.

»Na, schmeckt's?«, erklingt eine männliche Stimme neben mir, und diesmal spricht Egon tatsächlich mit mir. Wie immer zucke ich schuldbewusst zusammen. Dieses Spiel spielen wir seit genau dreißig Jahren. So lange ist Egon schon von der panischen Angst besessen, dass ich zunehmen und so dick werden könnte wie seine Mutter. Wie ein Mahnmal hängt ihre Fotografie an der Küchenwand, direkt neben dem Kühlschrank. Ich habe es wohl einem seltenen Anfall von Sensibilität zu verdanken, dass es nicht direkt auf der Kühlschranktür klebt. Oder an dem Becher Schlagsahne, der nie fehlen darf.

Argwöhnisch verfolgt Egon seit nunmehr dreißig Jahren jeden noch so kleinen Bissen, der sich anschickt, in meinen Mund zu wandern. Mittlerweile esse ich meist heimlich, denn sonst wird mir noch eine der wenigen Freuden, die mir geblieben sind, verdorben.

»Ja«, antworte ich knapp und drehe ihm den Rücken zu. Ich will allein sein mit meinem knusprigen Baguette, das ich gerade fingerdick mit Gänseschmalz bestrichen habe. Wenigstens an diesem Tag möchte ich mich meiner Lieblingsbeschäftigung hingeben, ohne gestört zu werden. Und ohne ein schlechtes Gewissen zu haben!

»Man sieht's!«, ertönt es spitz, und ich hätte nicht übel Lust, Egon den Zinken meiner Gabel ins Auge zu rammen. Doch wie immer sage ich nichts und gehe den Weg des geringsten Widerstands. Irgendwann muss es meinem Mann doch mal langweilig werden, mich mit den immer gleichen Plattitüden zu nerven und zu quälen. Ich habe Glück. Egons Mutter Amalie rollt heran und bittet ihren Sohn um ein Tänzchen. Auch ohne hinzuschauen, weiß ich, wie Egons Gesicht jetzt aussieht. Ist es schlimm, wenn ich mich ein bisschen freue?

Als ich mich umdrehe und die beiden beobachte, wie sie über das Tanzparkett walzen, fühle ich mich an zwei Walrösser erinnert, die versehentlich an Land geraten sind. Es ist nämlich so, dass mein werter Göttergatte mit zweierlei Maß misst: Er ist keineswegs schlank oder sonst in irgendeiner Form dem Mann ähnlich, den ich vor dreißig Jahren geehelicht habe. Mittlerweile steht er seiner Mutter kaum in etwas nach und muss froh sein, dass er seine Schnürsenkel noch selbst zubinden kann. Davon bin ich zum Glück weit entfernt!

Wo ich ein wenig zu Molligkeit neige, ist Egon – ich muss es einfach mal so ehrlich sagen – ein echter Fettkloß. Ich bin mittlerweile aus dem ehelichen Bett geflohen, weil er so viel Platz einnimmt, dass mir nur noch ein Drittel der Matratze bleibt. Wenn überhaupt. Von seiner Schnarcherei einmal ganz abgesehen! Und von der Tatsache, dass seine kratzigen Wollsocken manchmal ganz schön müffeln, Egon sich aber nicht von ihnen trennen kann. Auch nicht für einen kurzen Aufenthalt in der Waschmaschine.

»Ist er nicht ein wundervoller Tänzer?«, fragt Egons Angestellter Bernd, der kleine Schleimer, der sich an mich ranschmeißt, als könne er damit eine Gehaltserhöhung herausschlagen. Aber auch wenn ich mich seit dreißig Jahren in Egons Sanitärwarenhandel krumm schufte – die Hoheit über die Finanzen obliegt allein seiner Mutter, der das Geschäft immer noch gehört.

Und wenn Amalie schlechte Laune hat, lässt sie Egon und mich spüren, dass sie nicht vorhat, in nächster Zeit an diesem Zustand etwas zu ändern. Mir persönlich kann's egal sein. Ob von Amalie oder Egon: Für meine Plackerei bekomme ich am Ende eines langen Tages nicht einmal ein kleines Dankeschön. Also habe ich mich irgendwann damit abgefunden, dass das Leben für mich nicht mehr viel bereithält. Die Kinder sind zwar aus dem Haus, aber mir bleibt für meine zweitliebste Beschäftigung neben dem Essen, dem Lesen, kaum Zeit.

»Ja, er ist ein wahrer Gott auf diesem Gebiet«, antworte ich, während Bernd schon gar nicht mehr weiß, wovon ich spreche. Zu sehr ist er damit beschäftigt, abwechselnd in einen goldgelb gebackenen Hühnerschenkel zu beißen oder Kartoffelsalat in sich hineinzustopfen. Außerdem weiß er vermutlich nicht einmal, wie man das Wort »Ironie« buchstabiert. Ob ich ihm sagen soll, dass sich ein Stück Zwiebel in seinem fusseligen Backenbart verfangen hat?

»Solltest du auch mal versuchen, ein wenig Bewegung würde dir guttun«, schnauft Egon, als er nach zwei Runden Walzer vor mir strandet und sich den Schweiß von der Stirn tupft. Mit einem riesigen, rot karierten Taschentuch, in das ich ihm einst seine Initialen gestickt habe.

Damals, als ich noch in ihn verliebt war. Oder zumindest glaubte, es zu sein.

Heute glaube ich, dass ich so sehr von zu Hause wegwollte, dass ich vermutlich auch einen Drogenbaron geheiratet hätte.

»Mama, sie spielen euer Lied«, ertönt es auf einmal von Bruno, meinem Jüngsten. Ich persönlich war ja dagegen, den armen Jungen so zu nennen, aber Amalie und Egon haben mich überstimmt. Schließlich hieß Amalies Gatte – Gott hab ihn selig! – so.

In der Tat. Sie spielen »Wir wollen nie mehr auseinandergehen, wir wollen immer zueinanderstehen«. Egon tut so, als wäre er von Spontantaubheit befallen, und ich beschließe, dass dies wirklich nicht der passende Moment für eine romantische Wiedervereinigung ist. Sollen andere Paare auf diesen dämlichen Schlager tanzen. Ich selbst finde die Vorstellung, auf immer und ewig mit Egon zusammenzubleiben, mittlerweile alles andere als erstrebenswert und winke ab, als nun auch Rosalie ihre Eltern auf dem Tanzparkett sehen will. Und zwar gemeinsam.

Bewegung, hat Egon gesagt.

Ich weiß, was er meint, aber ich war schon immer ein Sportmuffel. Beim Skifahren ist mir ewig kalt, und ich habe Angst vor dem Tellerlift. Da ich nicht bremsen kann, kommen für mich Sportarten wie Inlineskaten und Schlittschuh laufen nicht infrage. Joggen soll auf Dauer nicht gut für die Gelenke und Knie sein, und in unserem kleinen Kaff gibt es kein Fitnesscenter. Zum Glück möchte ich fast sagen, denn ich wüsste gar nicht, was ich da anziehen sollte. Schwimmen hat mir mal Spaß gemacht. Aber seit ich im Badeanzug keine gute Figur mache, weil sich das Blumenmuster auf dem Stoff zu einer ganzen Blumenwiese dehnt, habe ich auch das gelassen. Außerdem bin ich sowieso den ganzen Tag auf den Beinen. Der Haushalt, Egon und der Laden halten mich ganz schön auf Trab. Und früher die Kinder! Nein, ich brauche keinen Sport, um fit zu bleiben. Denn im Gegensatz zu Egon habe ich keine gesundheitlichen Probleme. Von meiner chronischen Müdigkeit einmal abgesehen.

Egon hingegen hat andauernd etwas. Vor allem zu hohen Blutdruck, schlechte Cholesterin- und Leberwerte, und wenn er so weitermacht, bricht eines Tages noch Altersdiabetes bei ihm aus. Es gibt Momente, da rechne ich aus, wie lange es wohl noch dauert, bis dieser Mix aus Gesundheitsproblemen ihn dahinrafft, und bete, dass es dann ganz schnell geht und ich nicht dazu verdammt sein werde, seine Pflegerin zu spielen. Schließlich möchte ich in meinem Ruhestand noch etwas vom Leben haben. Ich würde gern einmal reisen, denn auf Dauer kann ich die Urlaube auf Föhr (jedes Jahr zu Pfingsten) und im Schwarzwald (Sommer) nicht mehr ertragen.

Ja, ich wünschte, Egon würde sich einmal bewegen. Und zwar nicht unbedingt körperlich. Geistig würde mir schon genügen.

Wie gern würde ich mich mit ihm über etwas anderes unterhalten als über den Laden, seine Mutter und über das Fernsehprogramm. Von Egons Lieblingsthema ganz zu schweigen. Denn das lautet: Diät.

Obwohl Egon nur selten liest – mit Ausnahme der BILD-Zeitung – finden auf wundersame Art und Weise immer wieder Diätbücher den Weg auf seinen Schreibtisch oder zumindest Artikel aus einschlägigen Frauenzeitschriften, was in mir den Verdacht schürt, dass Egon und Amalie auf diesem Gebiet kooperieren. Vermutlich erbt Egon (wenn schon nicht den Sanitärfachhandel) all die abgelegten Diätratgeber, die bei seiner Mutter offensichtlich nicht gefruchtet haben.

Ich hasse den Moment, wenn er mir abends beim Essen wortlos die neueste seiner Errungenschaften über die geblümte Plastiktischdecke zuschiebt, während er gerade einen halben Liter Bier und ein Brathähnchen mit Pommes Frites vertilgt hat. Atkins, Hollywood, Glyx, Brigitte, Trennkost – es gibt nichts, worüber ich nicht gelesen und was ich nicht versucht hätte. Der Erfolg dieser Diäten war ähnlich wie bei Amalie – nämlich gleich null. Und zwar jedes Mal.

Es ist nicht so, dass es mir an Disziplin oder an Durchhaltevermögen mangelt. Wenn ich etwas wirklich will, ist ein sturer Esel gegen mich ein flexibles Tierchen. Und es gab durchaus Zeiten, wo mir eine gute Figur wichtig war. Schließlich war ich mal eine Heidekönigin! Aber spätestens nach der Geburt von Bruno musste ich den Tatsachen ins Gesicht sehen: Ich war keine junge Gazelle mehr, die vollbusig, aber mit schlanker Taille durch die Gegend sprang, sondern ich war eine reife, erwachsene Frau geworden, der im Leben nichts geschenkt wurde. Und für die es weitaus besser war, mit etwas Speck auf den Rippen dazustehen, wenn sie in eisiger Kälte ihrem Gatten den Reifen wechseln musste, weil dieser einer plötzlichen Amnesie anheimgefallen war. Es fiel ihm partout nicht mehr ein, wie er es anstellen sollte, einen neuen Reifen zu montieren, also habe ich das für ihn erledigt. Schließlich musste ich Rosalie von einem Kindergeburtstag vier Dörfer weiter abholen und ein Waschbecken im Nachbarort ausliefern.

Natürlich sind mir Egons Blicke nicht entgangen, wenn er beim Schützenfest auf den strammen Apfelpo der Kellnerin glotzte oder im Sommer auf den einen oder anderen niedlichen Nabel, der einen flachen, durchtrainierten Bauch zierte. Auch ich finde schlanke Arme schön, aber wie sollen diese dünnen Stecken ein schweres Toilettenbecken stemmen? Oder Einkäufe für eine Großfamilie schleppen?

Aber ich wollte auch nie zu den Frauen gehören, die sich gehen lassen, sobald sie einen Mann eingefangen haben. Also habe ich immer wieder tapfer gekämpft, einige kleine Schlachten gewonnen, den großen Krieg jedoch verloren. Spätestens vor der Schwarzwälder Kirschtorte in unserer Konditorei musste ich immer kapitulieren. Aber was sollte das für ein Leben sein, wenn ich es mir nicht zumindest ab und zu versüßen konnte?

»Erde an Mama, bist du noch da?«, fragt Thomas, mein Ältester.

Auch er ist nicht gerade ein Spargeltarzan, sondern eher von der rundlichen Sorte. Scheint doch irgendwie in den Familiengenen zu liegen.

Thomas ist übrigens bei der Polizei. Und in diesem Job ist es sicherlich manchmal ganz hilfreich, nicht auszusehen, als sei man problemlos umzupusten. Schließlich ist er eine Respektsperson und gerät ab und an in etwas brenzlige Situationen, auch wenn es bei uns auf dem Land keine nennenswerte Kriminalität gibt.

»Ja, mein Liebling, ich bin noch da«, antworte ich und streiche Thomas über die Wange. Wäre ich nicht mit ihm schwanger gewesen, hätte Egon mich damals womöglich gar nicht geheiratet ...

»Geht's dir gut? Du siehst ein wenig traurig aus«, fragt er, und ich bin zutiefst gerührt. Kinder wie Thomas, Rosalie und Bruno zu haben, entschädigt für einiges. Schade nur, dass ich sie so selten sehe.

»Ich bin nur ein bisschen melancholisch«, antworte ich und bin überrascht von meiner Ehrlichkeit. Was ist heute nur los mit mir? Ich bin doch sonst so geübt darin, gute Miene zum bösen Spiel zu machen. Ich lasse meine Blicke durch den Raum des Schützenvereins streifen, mit seinen holzgetäfelten Wänden und der Theke, die von einer Resopalplatte bedeckt wird. Wie oft ich wohl schon hier war?

»Deinen Geburtstag feiern wir woanders«, sagt Thomas, dessen Augen meinem Blick gefolgt zu sein scheinen. »Ich kümmere mich darum, dass du mal aus diesem Mief herauskommst.«

»Das ist lieb von dir«, entgegne ich dankbar. Irgendetwas muss ich wohl richtig gemacht haben, wenn mein Sohn sich so liebevoll um mich sorgt. »Aber es ist schon alles in Ordnung so. Wenn ich mir wirklich etwas wünsche, wäre es ein wenig mehr Zeit für mich. Ich hätte gern mal meine Ruhe und würde es schön finden, mich nicht immer nach deinem Vater richten zu müssen.«

»Das verstehe ich gut«, seufzt Thomas, der, seit ich denken kann, Schwierigkeiten mit Egon hat. »Seine Ruhe zu haben, kann manchmal sehr wichtig sein.«

»Oder lebensnotwendig ...«, murmele ich und hoffe, dass Thomas diese letzten Worte nicht gehört hat.

Ich beschließe, mir trotz des Tiramisus noch ein Eis zu gönnen. Eine Kugel Schokolade wird doch wohl noch drin sein. Schließlich gibt es heute etwas zu feiern! Während meine Zunge genüsslich an der dunklen, kalten Süßigkeit entlangfährt und kurz die knusprige Waffel streift, drängen sich mir Erinnerungsbilder auf: Egon und ich auf der Hochzeitsreise in Jesolo. Ich hatte mir immer schon gewünscht, nach Italien zu reisen. Und damals muss Egon noch etwas für mich empfunden haben, denn er hat mir diesen Wunsch tatsächlich erfüllt. Allerdings stellte sich schon nach kurzer Zeit heraus, dass Italien und Italien mitunter zwei komplett unterschiedliche Paar Schuhe sein können. Während ich gern nach Florenz oder Pisa gereist wäre, um die Uffizien oder den Schiefen Turm zu bestaunen, zog es Egon eher auf die Hollywoodschaukel auf der Terrasse unseres Hotels. Ich vertagte also meine Pläne und beschloss, mich mit der Situation zu arrangieren. Und natürlich war es auch romantisch, im Schein des italienischen Mondes zu sitzen und Grissini zu knabbern. Doch der Spaß wurde mir augenblicklich verdorben, als ich Egons besorgten Blick sah. Mittlerweile hatte sich mein Bauch wegen der Schwangerschaft zu wölben begonnen, und ich dachte mir nichts dabei, den kleinen Thomas und mich mit italienischen Leckereien zu verwöhnen. Natürlich nicht mit Wein, da war ich diszipliniert! Aber all die anderen

Delikatessen wollte ich ihm und mir keineswegs vorenthalten. schließlich war ich in einem fremden Land und hatte Urlaub!

In dieser Zeit gewöhnte sich Egon an, jeden meiner kulinarischen Schritte zu beobachten, als gälte es, einem Drogenjunkie aufzulauern, der im Begriff war, sich eine Überdosis zu spritzen. Jeder noch so kleine Bissen wurde so lange kommentiert, bis er mir im Hals stecken zu bleiben drohte. Auch das berühmte »Dolce far niente«- das selige Nichtstun – sollte mir nicht vergönnt sein, denn Egon war stets darum besorgt, ich könnte womöglich an Bewegungsmangel leiden, oder schlimmer noch: mich gar wohlfühlen oder amüsieren.

»Na, woran denkst du gerade?«, fragt meine beste und älteste Freundin Mona und legt mir die Hand auf die Schulter. »An unsere Hochzeitsreise nach Jesolo«, antworte ich und stelle fest, dass ich den Rest meiner Eiskugel vertilgt habe, ohne es wirklich zu merken. Schade um den Genuss!

»Kein Wunder, dass du so finster dreinschaust«, antwortet Mona lachend und prostet mir mit Jägermeister zu.

So sehr ich meine Freundin auch mag, in Sachen Alkohol haben wir einen vollkommen unterschiedlichen Geschmack. Wenn es um den berühmten »Kurzen« geht, gebe ich Ramazotti oder Averna immer den Vorzug vor einheimischen Schnäpsen.

»Hast du eigentlich mal über meinen Vorschlag nachgedacht?«

Ich stutze einen Moment – welcher Vorschlag?

»Ich finde, der dreißigste Hochzeitstag ist der perfekte Zeitpunkt, um einen eleganten Schlussstrich unter eine miese Ehe zu ziehen und noch mal ganz von vorn anzufangen. Der Job im Hotel wartet nicht ewig, ich muss die Stelle bald neu besetzen. Und ich brauche dringend eine neue Mitbewohnerin!«

Ja, ja, Mona und ihre »Altersfreiheits-WG«, wie ich ihre Art zu Leben liebevoll nenne. Meine Freundin hat ihren Mann vor fünf Jahren aus dem Hotel und der ehelichen Eigentumswohnung geworfen und vermietet seitdem mit Vorliebe an Single-Frauen ab fünfzig, die nicht allein sein wollen. Monas letzte Mieterin, Heidelinde, hat gerade ihre Sachen gepackt, um nach Neuseeland auszuwandern, was ich im Alter von vierundsiebzig Jahren ganz schön bemerkenswert finde.

Wenn es nach Mona ginge, zöge ich besser heute als morgen bei ihr ein und übernähme den Job als »Hausdame« in ihrem Hotel am Bahnhof von Hannover.

Es gab Zeiten, in denen mich mein Leben so angewidert hat, dass es mir als Paradies auf Erden erschien, den Rest meiner Tage in einem Bahnhofsetablissement in Hannover zu fristen, anstatt tagaus, tagein in den Sanitärladen zu gehen und dort das Mädchen für alles zu sein. Häufig hatte ich nachts, wenn Egons Schnarchen mich mal wieder kein Auge zutun ließ, davon geträumt, endlich unabhängig und selbstständig zu sein. Nicht immer kochen zu müssen, nicht immer die Launen anderer zu ertragen und mich einfach so geben zu können, wie ich war. Mit all meinen Unzulänglichkeiten und barocken Pfunden am Leib.

Aber es gab einen kleinen Teufel in mir, der mir zuflüsterte, dass ich eigentlich etwas Besseres verdient hätte. Nach dreißig Jahren ununterbrochener Schufterei musste es für mich noch etwas anderes geben, als hinter Zimmermädchen herzurennen und sie darauf aufmerksam zu machen, dass man die Zahnputzbecher nicht mit dem Handtuch abtrocknete, mit dem man zuvor die Toilette gewischt hatte.

Natürlich stelle ich es mir amüsant vor, mit Mona zusammenzuwohnen und hemmungslos zu schlemmen, lange zu schlafen oder Filme zu schauen, die Egon als »Verblödung« bezeichnen würde, während er sich – vollkommen frei von Hemmungen – jede Doku-Soap ansieht, die je gedreht wurde. Doch ich wäre dann immer noch eine Dienstleisterin, und genau auf diese Rolle habe ich immer weniger Lust. Wenn ich mich schon in einem Hotel aufhalte, dann sollte ich der Gast sein!

»Okay, überleg's dir! Bis Donnerstag müsste ich allerdings Bescheid wissen«, sagt Mona und lässt sich von Bernd, unserer Sanitärfachkraft, auf die Tanzfläche entführen. Wie viel Jägermeister muss ein Mensch intus haben, um sich das anzutun?

»Fünf Tage Bedenkzeit«, murmele ich, während ich in der Toilette des Vereins »Dolle Schützen e. V.« vor dem Spiegel stehe und mein Spiegelbild mustere. Mit der damaligen Heidekönigin verbindet mich mittlerweile nur noch der Name.

Meine Brust – einst wohlgeformt mit Körbchengröße 75 B – hat sich mittlerweile den Gesetzen der Schwerkraft und der Belastung des Stillens dreier Kinder gebeugt und ruht nun in einer fleischfarbenen Größe 80 D. Aus dem klar konturierten Kinn, das ich früher stolz gereckt habe, ist etwas Weiches, Schwabbeliges geworden, das gemütlich auf meinem Dekolleté herumliegt. All die Haltungsübungen und Gymnastik für eine straffere Haut ab vierzig haben ebenso wenig genutzt wie die Enzymdiät aus Ananas und Papaya, die ich neulich gerade ausprobiert habe. Das Ergebnis war ein permanentes Gefühl der Übersäuerung und ein, nennen wir es vorsichtig, ziemlich flotter Stuhlgang.

Doch anstatt dem Glanz vergangener Tage nachzutrauern, ertappe ich mich dabei, dass mir ganz gut gefällt, was ich hier sehe. Denn was ich sehe, sind dunkelbraune, warme Augen, umrahmt von vollen Wimpern, und einen üppigen Kussmund, dem auch die vergangenen Jahre und die Schwarzwälder Kirschtorte keinen Abbruch getan haben. Im Gegenteil! Ein gut gepolstertes Gesicht ist weniger faltig und zerfurcht, wie wir alle wissen. Und so spare ich mir sündhaft teure Antifaltencremes und kaufe mir stattdessen schöne Bücher. Manche sogar als Hardcover, gleich nach Erscheinen. Das ist der einzige Luxus, den ich mir gönne, und den möchte ich mir niemals nehmen lassen!

Willst du wirklich nach Hannover?, frage ich mein Spiegelbild, grell ausgeleuchtet vom erbarmungslosen Licht einer flackernden Neonröhre. Nein, es muss noch eine andere Möglichkeit geben, denke ich, während ich mir die Hände wasche und mich an den Gedanken gewöhne, wieder hinaus zu diesem Fest gehen zu müssen. Doch welche Möglichkeit das sein könnte, das weiß ich leider noch nicht.

»Liebes Hochzeitspaar«, ergreift plötzlich Hanne Holder, die Frau des Pastors, der uns damals getraut hat, das Wort. »Wir möchten euch bitten, auf die Bühne zu kommen und ein kleines Spiel mit uns zu spielen, das wir uns ausgedacht haben.«

Ach, du große Sch..., denke ich und suche nach einem Fluchtweg. Zeit meines Lebens hasse ich es zu spielen und jeder, der mich auch nur ein bisschen kennt, weiß das. Ist Hanne Holder eine verkappte Sadistin? Habe ich ihr irgendetwas getan, wofür sie sich nun rächt? Aber so sehr ich auch überlege, mir fällt nichts ein. Denn ich bin ein gutmütiger Mensch und würde niemals absichtlich etwas tun, das einen anderen verletzt oder ihm gar schadet. Mona lacht und gibt mir einen Schubs. Es sieht ganz so aus, als gäbe es kein Entrinnen, zumal sich Egon bereits mit stolz geschwellter Brust da oben befindet. Egon liebt es, im Mittelpunkt zu stehen. Ich hingegen kann gut ohne das alles leben. Selbst das Tamtam um meinen Status als Heidekönigin war mir damals peinlich. Aber es war ja auch meine Mutter gewesen, die mich ohne mein Wissen zu diesem Wettbewerb angemeldet hatte.

»Setzt euch bitte auf diese beiden Stühle«, kommandiert Hanne, und ich habe den Eindruck, dass ihr genau das richtigen Spaß macht. Als Pastorenfrau muss man sicher auch den lieben langen Tag zurückstecken, da ist es gelegentlich ganz befreiend, sich aus dem Schatten des übermächtigen Gatten zu lösen. Ich verzeihe ihr!

Wie ein Opferlamm lasse ich mich zu einem harten Holzstuhl führen. Kann dieser Abend eigentlich noch schlimmer werden?

Er kann!

Hanne Holder stellt uns, die wir Rücken an Rücken sitzen, Fragen, zu deren Beantwortung wir vorgefertigte Pappschilder in die Höhe halten müssen. Sinn dieses Spiels ist es, in Erfahrung zu bringen, wie weit es nach dreißig Jahren Ehe um unsere Gemeinsamkeiten bestellt ist. Und wie gut unser Gedächtnis noch funktioniert ...

Eine der Fragen lautet zum Beispiel, wohin unsere Hochzeitsreise uns geführt hat. Und die dazu vorgegebenen Antworten: a) Jerusalem, b) Jesolo, c) Jesteburg.

Ich kann es nicht fassen, dass Egon fröhlich das c-Schild für Jesteburg schwenkt. Da hätte ich ihm ja eher noch Jerusalem verziehen, denn das ist eine Stadt, die ich durchaus gern einmal besuchen würde. Wenn mein Mann wirklich denkt, dass wir im Alten Land zwischen Apfelbäumen geflittert haben, mache ich mir doch ein wenig Sorgen um sein Gedächtnis. Oder hat er einfach nur zu viel getrunken? Die ersten mitleidigen Lacher durchziehen das Publikum, und ich könnte vor Scham im Erdboden versinken. Womit habe ich das alles verdient?

Ich schaffe es irgendwie, mit einem Rest Würde das Spiel durchzustehen, und mache gute Miene dazu. Diese Fähigkeit habe ich schließlich lange genug trainiert. Dennoch bin ich heilfroh, als ich entlassen werde und wieder nach unten darf. Ich bin kurz davor, meinen Prinzipien untreu zu werden und einen Jägermeister zu trinken. Italienische Schnäpse gibt es hier bedauerlicherweise nicht ...

Nun weiß alle Welt, was ich seit Beginn unserer Ehe weiß: Zwischen Egon und mir gibt es absolut keine Übereinstimmungen!

»Trag's mit Fassung!«, sagt Mona lakonisch, während die Musik erneut zu spielen beginnt. »Wie heißt es doch so schön?

Gegensätze ziehen sich an. Und aus, zumindest wenn man noch frisch verliebt ist …« Mona kichert über ihren schlüpfrigen Wortwitz, während ich mit aller Macht versuche, gegen eine Mischung aus Wut und Trauer anzukämpfen. Wie lange ist es her, seit Egon mich ausgezogen hat? Wie viele Jahre sind vergangen, seit ich das letzte Mal so etwas wie Begehren in seinen Augen gesehen habe? Und zwar Begehren, das sich nicht auf die neuesten Fußballergebnisse gerichtet hat, sondern auf mich als Frau? Manchmal ist es mir geradezu ein Rätsel, wie wir es überhaupt geschafft haben, drei Kinder in die Welt zu setzen. Wäre ich nicht ganz unmaßgeblich an diesem Prozess beteiligt gewesen, hätte ich schwören können, dass Rosalie, Bruno und Thomas gar nicht von uns sind. Klar, als ich noch Heidekönigin war und damit das Objekt der Begierde vieler Männer aus dem Ort und der näheren Umgebung, da war Egon sehr daran interessiert, mich ins Bett zu kriegen. Ich persönlich halte Sex ja für überbewertet, was aber auch daran liegen mag, dass es vielleicht bessere Liebhaber gibt als Egon. Leider habe ich kaum einen Vergleich, wenn man mal von meinem kurzen Intermezzo mit Karl auf dem Heuboden seiner Eltern absieht. Doch selbst diese wenigen Minuten, die uns vergönnt waren, bevor Karls Vater uns mit vorgehaltener Mistforke vom Hof gescheucht hat, erscheinen in meiner Erinnerung tausendmal erotischer als alle meine Nächte mit Egon.

»Na, meine Schöne, wie wär's mit uns beiden?«, ertönt auf einmal die Stimme meines Göttergatten gefährlich nah an meinem Ohr, was Mona bedauerlicherweise zur Flucht veranlasst. Ich rieche den Alkohol in seinem Atem und kann es leider nicht verhindern, dass sich plötzlich seine glitschig-nasse Zunge in mein Ohr verirrt. Ich schüttele mich vor Ekel und stoße Egon, einem Reflex folgend, von mir.

»Lass das, verdammt noch mal!«, fauche ich und kann mich gerade noch beherrschen, ihm keine Ohrfeige zu verpassen. Muss mein Mann jetzt aller Welt beweisen, was für ein feuriger Liebhaber er ist, oder wie soll ich diese Attacke verstehen? Hat Egon nicht erst neulich gesagt, dass er mich nie wieder anrühren wird, bevor ich nicht mindestens zwanzig Kilo abgespeckt habe?

Mag sein, dass genau das der Grund ist, weshalb mein Körper so hartnäckig an jedem einzelnen Gramm festhält ...

»Mama, ich wollte dir nur sagen, dass ich kurz wegmuss. Karl hat mich gerade angepiept. Es gibt da anscheinend ein Problem.« Irritiert sehe ich meinen ältesten Sohn an. Welch seltsamer Zufall, dass er von Karl spricht, wo ich doch gerade an ihn gedacht habe. Mein Liebhaber vom Heuboden ist übrigens Chef der Justizvollzugsanstalt in der benachbarten Kreisstadt. Manchmal haben Thomas und er miteinander zu tun, und soweit ich weiß, mögen sich die beiden sehr.

»Darf ich mitkommen?«, höre ich mich plötzlich zu meiner Überraschung fragen. Ich muss dringend hier weg, auch wenn es nur für einen kurzen Moment ist.

»Ich weiß nicht, Mama, ob das eine gute Idee ist«, kommt es zögerlich.

Natürlich – Berufsgeheimnis, ich vergaß! Keine Ahnung, ob es daran liegt, dass ich heute meinen Hochzeitstag habe, oder ob ich ganz besonders erbärmlich aus der Wäsche gucke, aber mit einem Mal ändert Thomas seine Meinung.

»Wenn du versprichst, im Wagen zu bleiben und dich ruhig zu verhalten, kannst du mitkommen.«

Mich ruhig zu verhalten, haha ... als wäre ich der Typ Mensch, der dazu neigt, sich in den Vordergrund zu spielen oder in irgendeiner Weise verhaltensauffällig zu werden.

Eine Minute später befinden wir uns in Thomas' Wagen und fahren durch die Nacht. Mein Herz klopft ein bisschen. Ob ich Karl wohl zu Gesicht bekommen werde? Rasch krame ich einen verschmierten Taschenspiegel hervor und ziehe mir im fahlen Licht der Armaturen die Lippen nach. Kirschrot.

Wie lange ist es jetzt her, dass Karl und ich uns zuletzt gesehen haben? Eine Ewigkeit! Früher haben wir uns zumindest einmal im Jahr anlässlich des Schützenfestes getroffen, das er zusammen mit Gisi, seiner Frau und Mutter seiner beiden Töchter, besucht hat. Doch da haben wir kaum ein Wort miteinander gewechselt. Zu viel Zeit ist vergangen seit unserer Teenagerliebe, seit der Zeit, als wir uns ewige Treue geschworen und ein Herz in die Rinde der alten Eiche am Dorfkrug geritzt haben. »K&S auf ewig« steht da, und erst neulich habe ich gesehen, dass das Wetter und die lange Zeit unserer Signatur nichts anhaben konnten. K&S – leider wurde nichts daraus. Karls Vater hatte zu verhindern gewusst, dass sein Sohn, mit dem er Großes im Sinn hatte, mit der Tochter des Dorftrinkers anbandelte. Die Sache mit der Mistforke war nur einer von vielen Versuchen, uns beide auseinanderzubringen. Und so tapfer wir zunächst auch versucht hatten, unsere tiefen Gefühle gegen die Realitäten zu verteidigen, irgendwann mussten wir kapitulieren. Als Karl schließlich den Ort verließ, um Jura zu studieren und ich meine Karriere als Heidekönigin startete, verloren wir uns unaufhaltsam aus den Augen …

Thomas parkt vor einer Tankstelle irgendwo im dunklen Nirgendwo. Die Szenerie ist unwirklich, beinahe unheimlich. Fehlt nur noch, dass ein Käuzchen seine Schreie durch die Nacht schickt.

Und dann sehe ich ihn. Karl.

Ich rutsche unwillkürlich tiefer in meinen Beifahrersitz. Es war doch keine besonders glorreiche Idee, Thomas zu begleiten. Was habe ich mir nur dabei gedacht? Wäre es nicht schöner, Karl behielte mich als die Frau in Erinnerung, die ich einmal war? Mein Sohn kurbelt das Fenster hinunter und begrüßt meine große Liebe. Ich hoffe und bete, dass es dunkel genug ist, um im Verborgenen zu bleiben. »Susanne, bist du's?«, ertönt auf einmal Karls samtweiche Stimme, und ich fühle mich mit einem Schlag in eine Zeit zurückkatapultiert, in der ich glücklich war.

»Ja«, krächze ich und rappele mich wieder hoch. Soll er doch denken, ich hätte etwas am Boden verloren. »Grüß dich. Gut siehst du aus!«

Ja, das tut er, wenn ich dem sanften Schein des Mondlichts trauen kann.

»Du auch«, antwortet er.

Thomas sieht verständnislos von einem zum anderen und steigt schließlich aus.

»Also, was ist los, was kann ich für Sie tun?«, fragt er, denn schließlich ist er einem dienstlichen Notruf gefolgt.

»Da schau«, antwortet Karl und deutet auf ein riesiges, dunkles Etwas, das vor uns auf der Straße liegt. Für mich sieht es wie ein Reh aus. »Das hat gerade meinen Weg gekreuzt. Kannst du mir helfen, es beiseitezuschaffen?«

Thomas zögert einen Moment mit seiner Antwort.

»Hätten Sie in diesem Fall nicht besser den Förster gerufen?«, fragt er, und ich kann ihm da nur zustimmen. Kluger Junge!

»Da hast du im Prinzip recht«, antwortet Karl, und plötzlich ist seine Stimme gar nicht mehr so samtig. Eher rau. Als hätte er zu viel geraucht und zu viel ... Irre ich mich, oder schwankt er ein bisschen?

»Aber ich fürchte, dass mich dieser Unfall teuer zu stehen kommen könnte und das nicht nur in finanzieller Hinsicht«, stammelt er.

Okay, Karl ist angetrunken, so viel steht fest. Was bedeutet, dass er alkoholisiert Auto gefahren ist. Was an sich ja schon verboten ist, aber auf den Chef der Justizvollzugsanstalt wahrlich kein gutes Licht wirft. Wie viele wohl exakt aus demselben Grund in seinem Gefängnis einsitzen? Mein Sohn scheint ebenfalls eins und eins zusammenzuzählen und kommt ganz offensichtlich zu dem Ergebnis, dass er Karl helfen will. Er öffnet die

Klappe seines Kofferraums. Wie gut, dass er einen Kombi fährt! Die beiden Männer schleppen den Kadaver unter großem Ächzen und Stöhnen ans Ende des Autos und wuchten ihn schließlich hinein. Der Wagen senkt sich kurz unter dem Gewicht, und ich überlege, ob mein Sohn gerade Beihilfe zur Fahrerflucht leistet. Und ich denke darüber nach, was Thomas jetzt mit dem toten Reh anfangen wird. Egon liebt Rehrücken. Vielleicht sollte ich ...

»Schön, dich zu sehen, Susanne«, sagt Karl und öffnet die hintere Tür. Gut, dass er wenigstens so vernünftig ist, sich von uns heimbringen zu lassen.

»Zum Dorfkrug, bitte«, verlangt er zu meiner großen Überraschung.

»Bis hoffentlich bald«, lauten seine Worte zum Abschied, und dann schließt sich die Tür hinter meiner einst glücklichen Vergangenheit. Als wir vom Parkplatz fahren, klärt Thomas mich darüber auf, dass Gisi Karl vor einer Woche verlassen hat. »Sie will sich selbstverwirklichen und etwas aus ihrem Leben machen«, schildert mein Sohn die Motive der Frau, an deren Stelle ich immer gern gewesen wäre.

»Und seitdem trinkt er?«, frage ich, und plötzlich tut mir Karl leid. Unter diesen Umständen hätte ich ihm auch geholfen, etwas Illegales zu tun. Vielleicht können wir das Reh ja bei uns im Garten vergraben.

Zurück auf der Feier stelle ich fest, dass unsere Abwesenheit niemandem außer Mona aufgefallen ist.

»Wo warst du?«, zischt sie mir zu, während sie sich kaum den Bürgermeister vom Hals halten kann. Dies ist die Zeit, die ich auf Festen am meisten verabscheue. Der Großteil der Gäste ist schwer alkoholisiert und benimmt sich daneben. Egon scheint sich prächtig zu amüsieren. Sein Hemd steht halb offen, und er tanzt gürtelschwingend auf dem Tisch. Und das nicht nur metaphorisch gesprochen. Er und Sieglinde, die Frau des Bürgermeisters, lassen es richtig krachen. Kein Wunder, dass ihr Gatte es nun auf meine Freundin abgesehen hat. Ich kann nur hoffen und beten, dass die Hose meines Mannes hält. Andererseits: Fett wie er ist, wird sie ihm kaum die Hüften hinunterrutschen. Seufzend denke ich an Karls athletischen, männlichen Körper. Das Alter hat keine negativen Spuren an ihm hinterlassen. Ganz im Gegenteil! Was er wohl von mir gedacht hat?

Egal, denke ich. Viel wichtiger ist es, mir endlich zu überlegen, wie ich aus der Misere, die sich mein Leben nennt, herauskomme. Ich brauche eine Alternative zu Monas Vorschlag, und zwar dringend! Vielleicht sollte ich Egon einfach um die Scheidung bitten. Wir haben keinen Ehevertrag, also müsste er mir doch zumindest ein kleines bisschen Unterhalt schuldig sein. Und wenn es nur ein Minimum an Rentenbeitrag ist. Ich werde mich schon irgendwie durchschlagen. An der Kasse sitzen oder putzen kann ich allemal. Und was brauche ich schon groß für mich? Alles, was ich mir wünsche, ist sowieso nicht mit Geld zu bezahlen.

»Ich muss mit dir sprechen. Jetzt!«, rufe ich meinem betrunkenen Ehemann zu, der hoffentlich bald nicht mehr der meinige sein wird. Doch Egon zeigt sich komplett desinteressiert und dreht stattdessen noch weiter auf. Angewidert verfolge ich, wie er seine Krawatte zu einem Lasso umfunktioniert und damit Sieglinde einfängt. Fassungslos werden der Bürgermeister und ich Zeugen eines langen, feuchten Kusses, den die beiden vor den Augen aller tauschen.

»Es dauert nur eine Minute«, schreie ich gegen die Musik an. Plötzlich habe ich das Gefühl, keine Sekunde länger warten zu können. Ich will endlich meine Freiheit!

»Nnnunmachschon«, lallt Sieglinde und gibt Egon frei. »Schprichmidihr, sonst gibddieAlde keine Ruhe.«

Die Alte?, denke ich wutentbrannt, bin aber froh, dass Egon schwankend seinen Abstieg vorbereitet. Ronald – ganz der höfliche Schwiegersohn – ist ihm dabei behilflich. Ich deute meinem Mann an, dass ich mit ihm auf den Balkon an die frische Luft gehen will.

Egon baut sich, den Rücken zum Geländer, vor mir auf und funkelt mich an.

»Was gibt's?«, blafft er, und ich überlege zum wiederholten Male, weshalb ich mich von diesem Ekel habe schwängern lassen. Wohl nur, weil es mir nach Karls Abreise als einzige Alternative erschien. Ich sehe in das verschwitzte, rote Gesicht meines Mannes, hole tief Luft und sage: »Ich will die Scheidung!«

Egon klappt die Kinnlade herab.

»Du willst was?«, schreit er so laut, dass es noch in den umliegenden Dörfern zu hören sein dürfte. Ich hoffe, Karl schläft bei geschlossenem Fenster!

»Die Scheidung. Du hast mich schon ganz richtig verstanden«, sage ich, während mein Herz vor Angst bis zum Hals klopft.

Und dann rastet Egon aus.

»Das ist nicht dein Ernst, du Schlampe«, kreischt er, und seine Stimme überschlägt sich. Ich habe Mühe, an mich zu halten und schlottere. Doch jetzt heißt es, stark bleiben!

»Doch, das ist mein voller Ernst«, entgegne ich so ruhig wie möglich. Schließlich will ich vermeiden, dass die Situation eskaliert.

»Weißt du eigentlich, mit wem du sprichst?«, plustert sich mein Mann auf. Wie zur Bestätigung steigt er auf Bierkisten, die übereinandergestapelt am Balkongeländer stehen. King Kong gleich klopft er sich auf die Brust und schreit in die Nacht: »Niemand verlässt einen Mann wie mich! Niemand trennt sich von Egon Riemenschneider!«

Und plötzlich weiß ich, was ich zu tun habe.

Die Lösung liegt zum Greifen nahe vor mir.

Alles, was ich jetzt tun muss, ist meine Hand auszustrecken …

Mit einem gellenden Schrei stürzt Egon in die Tiefe. Der Tanzboden des Schützenvereins liegt im dritten Stock. An sich ist es bis nach unten nicht besonders tief, aber dummerweise ist mein Mann ungünstig auf einen weiteren Bierkasten gestürzt, den jemand draußen hat stehen lassen.

»Es tut mir sehr leid, Frau Riemenschneider, aber Ihr Mann ist tot«, sagt der Sanitäter, der nichts mehr für Egon tun kann.

»Die Alte hat ihn umgebracht, sie hat ihn vom Balkon gestoßen, ich hab's genau gesehen«, kreischt Sieglinde. Ganz offensichtlich hat sie eifersüchtig unsere Unterredung auf dem Balkon verfolgt. Auch gut!

»Was reden Sie denn da für einen Unsinn?«, herrscht Thomas sie an. »Es ist doch viel zu dunkel, um genau zu sehen, was da oben passiert ist.«

Nanu? Solche Worte von einem Kommissar? Mir scheint, mein Sohn will mir aus der Klemme helfen.

»Nein, nein, lass nur«, beschwichtige ihn und sehe zeitgleich die entsetzten Blicke Rosalies und Brunos, die auf den Leichnam ihres Vaters starren. »Die Sieglinde hat recht. Ich habe Egon vom Balkon gestoßen. Und es war auch keine Notwehr.«

Ich höre noch, wie Thomas versucht, auf Unzurechnungsfähigkeit zu plädieren, während sich Handschellen mit einem leisen Klick um meine Handgelenke legen. Mit einem Mal macht sich tiefer Frieden in mir breit. Hier ist sie, die Alternative, nach der ich jahrelang gesucht habe. Im Gefängnis habe ich alles, was ich brauche: absolute Ruhe und Zeit zum Lesen. Keiner, für den ich kochen muss, keiner, der an mir oder meiner Figur rummäkelt. Ich muss noch nicht einmal für meinen Lebensunterhalt sorgen – das alles regeln die Behörden. Ich kann sogar Karl ab und zu sehen.

Aber ohne mich darum sorgen zu müssen, wie er mich nach all den Jahren findet. Und auch ohne Sex haben zu müssen ...

Das Leben kann manchmal so einfach sein.

Ju Honisch

Voll schlank

Für ein Mietshaus war es eher klein. Vier Wohnungen, zwei im ersten Stock, zwei im zweiten. Im Erdgeschoss war eine kleine altmodische Café-Konditorei untergebracht, die in geradezu rücksichtsloser Manier ihre verführerischen Düfte in die Stockwerke darüber schickte.

Helga lebte im zweiten Stock. Sie hatte dort eine schöne Wohnung, detailverliebt und individuell eingerichtet, mit vielen hübschen, glitzernden Dingen, die die Bleibe so üppig aussehen ließen wie Helga selbst es war.

Helga war nicht schlank. Sie stand vor dem Spiegel und betrachtete sich. Nein, schlank war sie nie gewesen, war immer schon moppelig, groß gewachsen und breit gebaut, mit Schuhgröße 40 ½ und Kleidergröße 48, manchmal sogar 50, aber nur, wenn die Sachen wirklich sehr klein ausfielen, was in letzter Zeit öfter vorkam.

Der Badeanzug war neu, und sie fand, sie sah unmöglich darin aus. Vermutlich würden das alle anderen auch finden.

Ihr Gesicht, so hatte man ihr immer wieder versichert, war hübsch. Geschwungene Augenbrauen, blaue Augen, ein voller Mund, schöne Zähne, außerdem dunkle, lange Haare. Irgendwann würde sie vermutlich ein Doppelkinn bekommen.

Sie musste dringend abnehmen.

Wie immer. Es war ein Dauerzustand.

Als sie noch mit Horst zusammen war, war sie schlanker gewesen. Doch dann hatte der sich aus dem Staub gemacht – mit einer Tussi, die nicht ohne Hilfe bis drei zählen konnte, aber schlank war. Und nun war Helga wieder allein.

Es war ja nicht so, dass sie nichts tat, um schlanker zu werden. Sie ging zum Aerobic und kam sich doof vor zwischen all den schlanken Frauen. Sie ging schwimmen und kam sich hässlich vor zwischen den Bikini-Schönheiten. Sie ging joggen mit Marina, und das war schlechter fürs Ego als alles andere.

Marina war ihre Nachbarin aus dem ersten Stock links und unverschämt schön. Sie war schlank, wohlproportioniert, blond, und ihr Teint hatte jene porzellanene Ebenmäßigkeit, wie man sie bei einem Model erwarten mochte. Nur war sie keins. Sie war einfach so schön, ohne daraus ein Gehalt zu ziehen, doch ganz sicher nicht, ohne damit Gewinn zu machen. Wenn sie und Helga zusammen joggten, dann schaffte Marina es, in ihrem modischen rosa Jogging-Outfit anmutig und locker dahinzugleiten, während Helga verschwitzt wie ein Preisboxer neben ihr herlief und sich schrecklich vorkam.

Längst hätte sie die gemeinsamen Abendläufe absagen sollen, doch dann würde Marina sie nicht nur für gefräßig, sondern für faul und gefräßig halten. Dabei war sie weder das eine noch das andere.

»'nen Schokoriegel?«, fragte Marina jedes Mal während der Verschnaufpause nach der halben Strecke. Dabei lächelte sie so süß wie die dargebotene Verführung.

»Nein danke, bin auf Diät«, antwortete Helga dann mit gleicher unveränderlicher Regelmäßigkeit und blickte verkrampft in die Landschaft, während ihre schöne, schlanke Nachbarin genüsslich ein Mars, ein Snickers oder ein Bounty aus der Bauchtasche kramte, langsam das Papier oben abriss, den Riegel mit einer erotischen Bewegung hochschob und ein einziges Mal mit fast orgiastischer Sinnesfreude davon abbiss.

»Mhhmmm«, sagte sie dann stets und seufzte begeistert. »Den Rest hebe ich mir für später auf.«

Helga wusste nicht mehr, wann sie selbst das letzte Mal ein Mars, ein Snickers oder ein Bounty verschlungen hatte. In ihrem Gedächtnis wohnte nichts als fades Knäckebrot und die eine oder andere Gurkenscheibe. Diätsuppen verklebten ihr das Gemüt. Es war unfair. Marina hatte kein Recht, so auszusehen und dabei zu naschen.

Bisweilen beschlich Helga der Verdacht, dass Marina die Riegel nur für sie kaufte und nach einem Mal Abbeißen zu Hause entsorgte. Der Schokoriegel hatte vielleicht keine andere Bedeutung als die, Helgas Standfestigkeit zu testen, jedes Mal aufs Neue. Er war der Apfel, und Marina war die Schlange.

Nur war ein Garten Eden, in dem man immer nur »Nein danke« sagte, eben doch kein Paradies. Nein danke.

Man sollte meinen, Menschen würden einem nicht dauernd etwas zu essen anbieten, wenn man versuchte, abzunehmen. Aber im Gegenteil. Wenn man Moppel war, so hatte man gefälligst Moppel zu bleiben, als verdeckte der Schatten des eigenen Moppel-Ichs die Unzulänglichkeiten der anderen.

Manchmal dachte Helga, man sollte ihren erfolglosen Dauerkampf staatlich subventionieren, denn schließlich erbrachte sie eine Ego-Dienstleistung an der Volksseele. Man konnte blöd sein, ungebildet, ein Widerling, egoistisch und sogar asozial – solange man dabei nicht dick war, hatte man immer noch eine Bevölkerungsgruppe, auf die man von oben herabsehen konnte. Denn weder Blödheit, Bildungslosigkeit, Widerlichkeit, Egoismus noch Asozialität sah man einem Menschen sofort an. Übergewicht schon.

»Kuck mal, die Dicke da!«, hieß es, aber nicht: »Kuck mal, der egoistische Widerling da!«

Und: »Möchtest du einen Schokoriegel? Wirklich nicht?« Das Erstaunen über die Ablehnung war so beleidigend wie die süffisante Genugtuung, wenn man annahm.

Nicht einmal zu Hause bei ihren Eltern war das anders.

»Nimm doch ein Stück Kuchen«, hieß es da. »Ich habe ihn

extra für dich gebacken.« Und Minuten später kam dann das »Kind, du musst wirklich abnehmen. So wird das nix.«

Das, was laut Helgas Mutter nichts wurde, war das mit den Männern. Männer mochten schlanke Frauen. Das war eben so, sagte Helgas Mutter. Und seit Neuestem, wusste Helga, war das sogar wissenschaftlich erwiesen. Wer finanzierte nur solche sturzdämlichen, gänzlich redundanten Untersuchungen? Hatten Institute nichts Wichtigeres zu tun? Diese Forschungsgelder wären in der Krebsforschung sicherlich besser eingesetzt gewesen. Genauso wie die, mit deren Hilfe eine neue Untersuchung zutage gefördert hatte, dass man selbst dick wurde, wenn man sich mit dicken Menschen umgab, Übergewicht somit also auf gewisse Weise ansteckend war. Lieber Himmel, ein Jugend-forscht-Projekt für Vorschulkinder würde vernünftigere Ergebnisse zutage fördern – vorausgesetzt, es wurde nicht von der Diätindustrie bezuschusst. Gut, dass sich Marina nicht für Wissenschaft interessierte, sonst wäre sie vermutlich aus lauter Angst vor einer Fett-Infektion nicht mehr mit Helga Joggen gegangen.

Ein großer Verlust wäre das freilich nicht. Helga hasste Joggen mit Marina. Helga mochte auch Joggen ohne Marina nicht besonders, doch neben der blonden Schönheit herzukeuchen raubte ihr den letzten Nerv.

Sie hätte nur aufhören müssen. Doch dann hätte Marina gewonnen. Und sie beide hielten die Illusion aufrecht, dass sie irgendwie Freundinnen waren und nicht nur Nachbarinnen. Außerdem gesellte sich manchmal Alex zur Jogging-Tour, der dritte Nachbar, der die Wohnung gegenüber von Marina hatte und aussah wie ein Gott. Groß. Blond. Muskulös. Und natürlich schlank. Wenn er sich bewegte, spürte man den Panter unter seiner braun gebrannten Haut. Wenn er Marina und Helga zuzwinkerte, ging verdammt noch mal die Sonne auf.

Dass dieser sportliche Adonis freiwillig mit Helga, Schuhgröße 40½, Kleidergröße 48, durch den Park laufen würde, war eher unwahrscheinlich. Also war es Marina, der er hinterher- oder auch vorauslief. Und Helga und Marina rannten ihm dann hinterdrein, den Blick auf den knackigen Männerhintern vor sich fokussiert, jede damit beschäftigt, sportlich und hübsch auszusehen, was in durchaus unterschiedlichem Maße gelang.

Alex war ein Sahneschnittchen. Außerdem war er auch nett, fand Helga. Nur eben nicht interessiert. Nicht an ihr. Doch er war nie wirklich unhöflich. Beim Joggen sowieso nicht, in der Halbzeitpause auch nicht. Übrigens gab es keine Schokoriegel, wenn er dabei war, nicht für Marina und schon gar nicht für Helga. Zur Erbauung gab es stattdessen Alex' Lächeln. Das war so gehaltvoll, dass sich Helga manchmal fragte, ob es nicht auch schon schädlich war.

Alex redete gerne mit Helga, doch er sah dabei immer Marina an. Dass er nicht gar so oft mit Marina redete, lag daran, dass diese im Allgemeinen nicht viel zu sagen hatte. Sie interessierte sich nicht für besonders viele Dinge. Helga schon. Sie las viel. Sie ging zu VHS-Kursen. Sie interessierte sich für Politik. Sie spielte Gitarre. Und manchmal, wenn sie glaubte, niemanden zu stören, tanzte sie zu fetziger Musik allein durchs Wohnzimmer. Sie tanzte gut.

Marina interessierte sich für italienische Schuhe. Und für Mode. Und für Männer. Ausschließlich und ziemlich genau in dieser Reihenfolge.

Es war nicht so, dass sich Helga nicht für italienische Schuhe, Mode und Männer interessieren konnte, wenngleich auch vermutlich in umgekehrter Reihenfolge, doch so viel Fokus auf das Unerreichbare zu legen, war nur verschwendete Energie. Und die brachte Mars nicht sofort zurück.

Alex' Interesse an italienischen Schuhen und Damenmode beschränkte sich vermutlich auf den Aspekt, dass man beides ausziehen konnte.

Helga seufzte, trat vom Spiegel fort und zog den Badeanzug aus. Dann schlüpfte sie wieder in die Stretchjeans und das gelbe Schlabber-T-Shirt. Eigentlich hatte sie sich auf dem Balkon sonnen wollen. Nun wurden nur ihre Füße und Unterarme braun. Egal. Immerhin konnte sie mit dem neuen Buch ihres Lieblingsautors draußen sitzen und sich die Sonne auf den Pelz brennen lassen. Den Fußpelz. Auch für kleine Genüsse musste man dankbar sein.

Sie öffnete die Balkontür und trat in den spätnachmittäglichen Sonnenschein hinaus. Der Balkon war geräumig, lief die ganze Hausfront entlang und war nur durch ein hüfthohes Holzgitter vom Balkon der Nachbarwohnung getrennt. Letztere stand leer, hatte Helga gedacht.

Doch sie hatte sich getäuscht. Auf einem blauen Liegestuhl gleich neben der Holztrennwand hatte es sich eine Frau mittleren Alters bequem gemacht. Sie trug einen Kaftan mit afrikanischem Muster, der ihre üppigen Rundungen gekonnt kaschierte. Ihr brandrotes Haar war auf dem Kopf zu einem Knoten zusammengefasst, der von zwei gekreuzten chinesischen Essstäbchen gehalten wurde. Eine Lesebrille, deren Kette im Licht glitzerte, saß ihr auf der Nasenspitze.

»Hallo«, sagte sie und schenkte Helga ein warmes Lächeln.

»Hallo«, antwortete Helga. »Ich wusste gar nicht, dass hier wieder jemand eingezogen ist.«

»Nur vorübergehend«, antwortete die Frau. »Ich bin viel unterwegs.« Sie lehnte sich vor und streckte Helga ihre Hand entgegen, ohne sich aus dem Liegestuhl zu bequemen. »Talis«, stellte sie sich vor. Ihr schönes, wenngleich auch nicht mehr junges Gesicht strahlte humorvolle Zuverlässigkeit aus.

»Helga Möller. Freut mich.«

Mit dem Händedruck schwappte eine Woge von Freundlichkeit zu Helga hinüber. Es war, als hätte die Berührung eine plötzliche Verbindung geschaffen, beinahe eine Vertrautheit.

Mehr noch, einen Zauber, der sich Helga durch die Knochen bis auf die Seele legte.

»Ich denke, wir sollten nicht lange rummachen«, sagte Talis. »Ich bin eine Fee.«

»Fee?«

»Ja. Du weißt doch. Mythisches Wesen mit drei Buchstaben, das Wünsche erfüllt.«

»Meine Fee?«

»Du lieber Himmel, nein. Wir sind keine Schutzengel. Wir sind nicht bestimmten Menschen zugeteilt. Wir reagieren auf aktuellen Bedarf. Just-in-time-Management.«

»Ach.« Was sagte man auf so etwas, ohne unhöflich zu sein? Wie nett? Darf ich dir einen Kürbis bringen?

»Hast du nicht vielleicht einen Wunsch?«, fragte die Nachbarin.

Helga starrte die Frau an. Hatte sie einen Wunsch? Natürlich hatte sie einen Wunsch. Nicht nur einen. Wie alle Menschen war sie randvoll mit Wünschen. Doch eine Fee im Liegestuhl, die sich noch dazu gerade einen Zigarillo anzündete und den Rauch des ersten Zuges zu einem Ring blies, schien ihr wenig glaubhaft.

»Nun schau nicht so. Schmetterlingsflügel stehen mir nicht. Und von der Disney-Version einer Fee solltest du dich tunlichst verabschieden. Grausliche Vorstellung.«

»Ach«, sagte Helga noch mal und kam sich seltsam vor. Und ein bisschen dumm.

Talis musterte sie lächelnd.

»Was hast du zu verlieren?«, fragte die Nachbarschaftsfee schließlich. »Was kann dir schon passieren, wenn du an einem schönen Sommerabend einmal in deinem Leben an eine Fee glaubst?«

»Na ja, mit Wundern ist das so eine Sache ...«

»Da hast du völlig recht. Doch für Wunder bin ich nicht zuständig. Wunder sind extrem selten. Das, was ich mache, ist allerdings mein Job und – für mich – absolut alltäglich. Das Alltägliche ist selten wundersam.«

Helga zupfte an ihrem T-Shirt herum.

»Also du bist eine Fee, und ich habe drei Wünsche frei?«

Talis lachte und schüttelte den Kopf.

»Unbescheiden bist du ja nicht gerade. Gleich drei. Wie wäre es denn mal mit einem?«

Helga errötete.

»Ich dachte, das wäre Tradition ...«

»Bis zu drei. Das ist wie beim Ausverkauf, Schätzchen. Da steht am Wühltisch auch ›ab 9,99 Euro‹, und wenn man dann sucht, kostet das einzige Teil, das nicht wie ein Klosettlappen aussieht, doch 29,99. Nein. Versuch es mal mit nur einem Wunsch. Dem größten, dem wichtigsten, dem, der dir auf dem Herzen brennt. Oder bist du wunschlos glücklich?«

Das war sie nicht. Du lieber Himmel. Nicht einmal annäherungsweise.

»Dann will ich schlank sein«, sprudelte Helga hervor. Und dann weiter: »Einfach so schlank sein, ohne Knäckebrot und ohne Magerquark und ohne Kalorienangaben auf den Wursttüten – und trotz Schokolade.«

Talis zog kritisch die Augenbrauen hoch.

»Ich wünschte, du hättest etwas länger darüber nachgedacht«, sagte sie. »Über Wünsche sollte man immer länger nachdenken. Was man wirklich will, liegt nicht auf der Zungenspitze. Wünsche gehören geplant. Aber macht das einer? Nein. Nie.« Sie seufzte und blickte von Helgas Figur auf das Buch, das Helga immer noch in der Hand hielt. »Terry Pratchett«, sagte sie. »Der hat mal geschrieben, dass in jeder dicken Frau eine schlanke Frau steckt – und sehr viel Schokolade.«

Helga war enttäuscht. Es war nicht so, dass sie erwartet hätte, jetzt tatsächlich schlagartig schlank zu sein. Das war gar zu abwegig. Aber eine andere Reaktion hatte sie doch erhofft. Und auf keinen Fall hatte sie erwartet, dass Feen Terry Pratchett lasen, was vehement dafür sprach, dass Talis einfach nur einen eigentümlichen Humor besaß und sonst nichts. Helga konnte nun beleidigt von dannen stampfen, oder so tun, als hätte sie den Witz längst durchschaut und nur aus Jux und Tollerei mitgemacht.

»Tja«, sagte sie bemüht schalkhaft, »schade eigentlich. Und da habe ich doch glatt geglaubt, ich könnte mich morgen schon neu einkleiden. Daraus wird wohl nichts.«

»Das will ich nicht sagen. Wunsch ist Wunsch, blöd oder nicht. Dein Wunsch ist ein physischer Wunsch, kein mentaler. Der kostet ein wenig mehr Aufwand im Gefüge des Seins. Muss schließlich alles stimmen, Masse und Energie und so. Und deine fünfundzwanzig Kilo Übergewicht müssen ja irgendwohin. Die verpuffen nicht einfach im Universum. Wer soll sie denn bekommen?«

»Wie, ›bekommen‹?«

»Du musst sie umverteilen. Irgendwo müssen die hin. Denk nach!«

Sie dachte nicht einen Augenblick nach.

»Alle fünfundzwanzig auf Marina. Das ist die Nachbarin von unten.«

Talis zog wieder die Augenbrauen hoch, schürzte die Lippen und blickte kritisch drein.

»Wenn es das ist, was du wirklich willst«, sagte sie etwas schnippisch, erhob sich aus dem Liegestuhl, winkte Helga halbherzig zu und verschwand in ihrer Wohnung.

So ein Blödsinn, dachte sich Helga. So ein abgrundtiefer Blödsinn! Es war dumm gewesen, sich auf ein solches Fantasiespiel einzulassen. Es war dumm gewesen, ihren größten Wunsch einer wildfremden Frau mit merkwürdigem Humor preiszugeben. Und damit, dass sie ihre klammheimliche Rachsucht ausgelebt hatte, hatte sie sich zusätzlich eine Blöße gegeben.

Wie aufs Stichwort fielen ihr die Jeans von den Hüften und um die Knöchel.

Sie blickte erschrocken an sich hinab auf zwei schlanke, lange Beine.

Sie fasste sich an den Bauch und musste erst danach suchen.

Sie tat einen Schritt nach vorn und fiel der Länge nach über ihre Hose. Terry Pratchett landete im Blumenkasten.

Sie brauchte einen Augenblick, um zu begreifen, dass das hysterische Gekreische nicht ihr galt, sondern aus der Wohnung unter ihr drang. Ein Bild formte sich vor Helgas innerem Auge: Marina, wie sie eben aus ihrer Kleidung platzte wie einst der »Incredible Hulk« in den Marvel Comics.

Das Kreischen hörte nicht auf, es wurde schärfer und intensiver, der Hilfeschrei einer geschundenen Kreatur. Meine Güte, hoffentlich tat sich Marina nicht weh dabei.

Auf allen vieren kroch Helga in ihre Wohnung zurück. Dort strampelte sie sich die Jeans von den Füßen, gab dem Drang, sich vor den Spiegel zu stellen, nur einen Augenblick lang nach – toll, einfach toll –, suchte nach irgendetwas, das sie anziehen konnte. Kleidungsstücke flogen durcheinander. Eine Jogginghose hatte einen Bund mit Kordel. Die konnte man zusammenziehen. Das Schlabber-T-Shirt wechselte sie nicht. Wenn es ihre Fettpölsterchen kaschiert hatte, verbarg es vielleicht auch ihre allzu plötzliche Wandlung.

Schon rannte sie die Treppe hinunter zu Marinas Wohnung.

Dort stand bereits ein recht hilfloser Alex, hämmerte an die Tür und rief: »Marina! Mach auf! Was ist denn los? Marina? Geht es dir nicht gut? Soll ich die Polizei holen? Einen Krankenwagen? Marina! Nun sag schon, soll ich die Tür aufbrechen? Marina!« Ein hilfesuchender Blick aus Heldenaugen traf Helga und verharrte in ungewohnter Stetigkeit auf ihr. »Hallo,

Helga. Marina scheint ... Du siehst toll aus, hast du abgenommen?«

Helga antwortete nicht.

»Marina!«, rief sie jetzt auch. »Marina, mach auf! Es ist doch alles nicht so schlimm. Wirklich nicht.«

Nun erklang das Schluchzen direkt hinter der Tür.

»Niemals«, ertönte es rau schniefend. »Ich gehe niemals mehr hier raus. Geht weg! Geht weg!«

»Was ist bloß passiert?«, fragte Alex.

»Gar nichts!«, schluchzte es auf der anderen Seite. »Geht weg! Ich will nicht, dass mich jemand so sieht. Außerdem habe ich nichts anzuziehen.«

Der junge Mann blickte ratlos drein. Den letzten Satz hörte er gewiss nicht zum ersten Mal. Doch so groß war die Not noch nie gewesen.

»Was machen wir nur?«, flüsterte er Helga zu. Und dann: »Meine Güte, du siehst heute irgendwie ganz anders aus. Wirklich. So ... irgendwie ... sehr ...«

Er sagte nicht sexy, aber er meinte es. Helga sog das Aroma seiner Worte ein wie neues Parfüm. Sie war sexy. Sie war begehrenswert. Sie war bemerkt worden.

Jenseits der Tür heulte es auf.

»Ich bring mich um. So kann man doch nicht leben.«

Doch. Konnte man. So konnte man leben. Helga lebte schon recht lange so. Und es war ja nicht so, dass sie die Pest oder zwei Köpfe oder Aussatz gehabt hätte. Auch keine Behinderung, weder physisch noch mental. Nur ein paar Pfunde zu viel. Nur ein paar gottverdammte Pfunde, und sie veränderten ein ganzes Leben.

»Was tun?«, fragte Alex wieder und blickte Helga dabei so direkt an, wie er es noch nie getan hatte. Sein Blick glitt über ihr hübsches Gesicht, hinunter zu ihrem entzückenden, runden Busen und dann weiter zur sanduhrförmigen Mitteleinbuchtung der Taille, die sich nicht einmal mit einem Schlabber-T-Shirt in XXL verbergen ließ.

Helga wurde ein bisschen rot. Ganz so direkt hatte sie sich ihren Erfolg nicht vorgestellt. Und so viel Aufmerksamkeit war sie beileibe – im wahrsten Sinne des Wortes – nicht gewöhnt.

Von jenseits der Tür jammerte es weiter.

»Rede weiter mit ihr!«, wies sie den gottgleichen plötzlichen Interessenten an. »Ich lasse mir inzwischen etwas einfallen.«

Damit stürmte, ja, flog sie beinahe die Treppe hoch. Das machte Spaß, wenn man plötzlich fünfundzwanzig Kilo leichter war, aber über die gleiche Muskulatur verfügte.

Es machte Spaß. Es war schön. Es war spannend. Es war prickelnd.

Und es musste aufhören.

Sie rannte entschlossen an ihrem Spiegel vorbei auf den Balkon. Im Liegestuhl saß Talis. Sie hatte ihre goldriemchenverzierten Füße auf die Balkonbrüstung gelegt. Die Zehennägel waren lackiert, jeder einzelne in einer anderen Farbe. Sechs Farben pro Fuß.

»Es ist wahrscheinlich das Dümmste, das ich je gemacht habe, aber kann ich das ... das eben ... rückgängig machen?«, fragte Helga und riss ihren Blick von den Zehen los.

»Willst du nicht mehr schlank sein?«

»Doch. Schon. Natürlich. Aber nicht um den Preis. Das war ... dumm.«

Talis nickte.

»Wenn Menschen pausenlos intelligent wären, bräuchten sie keine Feen.«

»Würdest du ...?«

»Wenn du das wirklich willst?«

»Natürlich nicht! Wie kannst du fragen, ob ich das wirklich will? Kein Mensch ist dick, weil er es wirklich will. Aber ich kann damit leben. Marina nicht. Sie hat nichts anderes. Ich schon.«

Talis nickte noch mal.

»Mach deine Hose auf!«, sagte sie nur.

»Moment! Nur einen Moment! Einen einzigen Augenblick. Ich will nur noch einmal in den Spiegel ...«

Die Kordel der Jogginghose platzte auseinander. Die Hose rutschte, blieb aber auf den runden Hüften sitzen.

Helga schloss die Augen, stand reglos mit abgespreizten Armen da, als wollte sie ihren Körper nicht berühren. Sie sagte nichts, blieb ganz still, konzentrierte sich darauf, einzuatmen. Und aus. Und wieder ein.

Verlust tat weh. Einen Wunsch, nur einen hatte sie frei gehabt und verschossen. Für nichts. Für einen nicht genutzten Augenblick von Aufmerksamkeit. Was würde Alex jetzt sagen: »Du siehst wieder so anders aus. Hast du zugenommen?« Und dann würde er nie mehr hinsehen.

In der Wohnung unten hatte das Gekreische aufgehört. Vermutlich würde Marina nicht lange brauchen, um zu glauben, dass sie schlecht geträumt hatte. Nicht wie Helga. Helgas Traum war schön gewesen. Nur war er vorbei, für immer. Und sie war erschreckend wach.

»Scheiße!«, zischte sie und zwang sich, die Augen wieder zu öffnen. Sie spürte, wie ihr die Tränen über die Wangen liefen. Sie wischte sie entschlossen weg. Es hatte sich nichts verändert. Sie war, was sie war. Was sie immer gewesen war. Dick.

Sie nickte Talis zu.

»Danke«, sagte sie pflichtschuldig und wandte sich ab, um in ihrer Wohnung zu verschwinden.

»Möchtest du einen zweiten Wunsch?«, fragte Talis hinter ihr her. »Ausnahmsweise?«

»Einen zweiten?«

»Als Belohnung, dass du doch noch etwas Vernünftiges getan hast.«

»Ich wusste nicht, dass Feen so moralisch sind.«

»Oh, sind wir nicht. Christliche Ethik geht uns in Hüfthöhe vorbei, aber Mut kann ich anerkennen.«

»Einen zweiten Wunsch?«

»Aber denk um Himmels willen darüber nach, was du dir eigentlich wünschst!«

»Ich will ...«

»Langsam!«

Helga zog sich ihren Balkonstuhl heran und setzte sich neben die Trennwand.

»Ich wollte ja nur«, begann sie leise, »dass er mich auch mal wahrnimmt. Sieht. Schön findet. Begehrenswert. Dass diese unglaublichen blauen Augen nicht immer an mir vorbeigleiten, als wäre ich gar nicht da. Als wäre ich ein Müllkübel mit Stimme.«

»Du magst ihn?« Talis klang neugierig.

»Ja. Sehr.«

Die Fee sagte nichts darauf. Das Nichts-Sagen hatte etwas Pointiertes.

»Ist es denn so schlimm, hübsch sein zu wollen?«, fragte Helga etwas trotzig. »Ich denke, das will doch jede. Es ist ein Urinstinkt.«

»Du bist nicht hässlich«, erwiderte die Fee. »Du hast Charme und Witz, bist jung, gesund, intelligent, kreativ, begabt ...«

»... und fett«, murmelte Helga.

»Und verliebt?«, fragte Talis.

Helga blickte auf ihre Hände.

»Er ist so toll.«

»›Toll‹. Meine Güte. Ist das alles?«

»Na ja.«

»Und was soll er tun?«

»Könnte er sich nicht in mich verlieben?«

»Fragst du nach der Möglichkeit? Oder ist das eine verklausulierte Form eines Wunsches?«

Helga zuckte unwirsch mit den Schultern.

»Ist es denn falsch, wenn auch ich geliebt werden möchte? Was ist daran verkehrt?«

Talis drückte ihren Zigarillo aus.

»Das darfst du mich nicht fragen. Für Ethik bin ich, wie schon gesagt, nicht zuständig. Aber mit Wünschen ist das so eine Sache. Man sollte darüber nachdenken. Und dann muss man sie auch noch klar formulieren.«

Helga lehnte sich vor, die Ellenbogen auf den Knien, das Kinn in den Händen.

»Ich will, dass er mich liebt«, sagte sie nach einer Weile.

Es klingelte an der Wohnungstür. Helga verharrte reglos.

»Nun geh schon!«, sagte die Fee nach einer Weile genervt. Es klingelte ein zweites Mal.

Helga lief durch die Wohnung zur Tür und sah durch den Spion. Tatsächlich. Alex. Er sah verwirrt aus und dennoch recht entschlossen.

Sie öffnete die Tür.

»Ich liebe dich«, platzte er heraus und fuhr sich irritiert durch die blonden Heldenhaare. »Ich liebe dich. Hast du etwas anderes an? Du siehst wieder so anders aus als vorhin.«

»Ich habe das Gleiche an und bin so dick wie immer«, gab Helga herausfordernd zurück.

Er blickte auf ihre Rundungen und nickte.

»Stimmt. Vorhin hast du irgendwie beinahe ... Aber macht nichts. Ich liebe dich. Ich glaube, ich habe es gerade festgestellt. Da macht es nicht so furchtbar viel, dass ...«

»... dass ich dick bin?«

»Äh ...«

»Alex, was liebst du an mir?«

Er sah sie ratlos an, ließ seinen Blick über sie gleiten auf der Suche nach einem Anhaltspunkt, den er augenscheinlich nicht fand.

»Na, alles«, meinte er schließlich mit einer hilflosen Gebärde. »So im Großen und Ganzen.«

»Obwohl ich dick bin?«

»Ich werde mich schon dran gewöhnen. Schließlich liebe ich dich doch.«

Fast schloss sich die Tür von allein vor seiner Nase. Ein Blick durch den Türspion offenbarte, dass er sich erleichtert abwandte.

Helga trat vor ihren Spiegel und haderte mit ihrer Erscheinung, die darin zu sehen war. Sie wünschte, sie hätte sich fotografiert. Wenigstens ein Bild hätte sie von der Vollkommenheit haben wollen, mit der sie für so kurze Zeit bedacht worden war.

Doch wer war schon vollkommen?

Sie ging wieder auf den Balkon und blickte über den Hof. Lange Zeit sagte sie nichts.

Schließlich sah sie sich nach der Fee um, die sich eben einen weiteren Zigarillo ansteckte.

»Sind alle Menschen, denen du Wünsche erfüllst, so dämlich wie ich?«

Talis kicherte.

»Die meisten.«

Helga blickte in die andere Ecke des Balkons. Dort gab es nichts zu sehen, außer einer Wäscheleine mit Handtüchern und Bettzeug und einigen T-Shirts in Größe 48.

»Ich möchte nicht, dass er leidet«, sagte sie dann. »Nicht meinetwegen.«

»Da mach dir mal keine Sorgen, Kleines. Der Mann hat noch nie wegen einer Frau gelitten.«

»Er ist schon nett.«

»Aber du liebst ihn nicht und hast ihn nie geliebt.«

»Ich dachte aber ...«

»Du hast auf seinen Arsch geguckt und er auf ihren. Nur deiner blieb unbetrachtet. Im Grunde hast du nicht anders reagiert als er. Hast du das nötig?«

Helga warf mit einer unwirschen Bewegung ihre langen Haare zurück.

»Das hast du vorher auch schon gewusst, oder?«, fragte sie vorwurfsvoll.

Talis lächelte nur und schwieg.

»Hättest du mir das nicht sagen können?«, beschwerte sich Helga. »Es mag dich erstaunen, aber ich habe verdammt wenig Übung im Umgang mit Feenwunsch-Management.«

»So läuft das nicht. Was man will, muss man schon selbst wissen. Wir stellen den Service, aber nicht die Willensbildung. Wir sind nur Lieferanten von Möglichkeiten.«

Helga setzte sich wieder auf ihren Stuhl.

»Es ist aber nicht so einfach. Ich will schlank sein. Ich will gefallen. Ich will, dass man mich mag.«

Talis zog noch einmal an ihrem dunkelbraunen Glimmstängel.

»Jede Menge Leute mögen dich. Und diese Leute werden nicht damit aufhören, nur weil du über die Jahre ein paar Kilo zunimmst oder ein paar Krähenfüße entwickelst. Bei Marina zum Beispiel ist das ganz anders.«

Jetzt sollte sie auch noch dankbar sein! Frustration brach durch Helgas Schutzschicht.

»Na, dann bin ich eben unbescheiden! Ich will, dass man mich liebt. Oder immerhin wenigstens wahrnimmt, zum Kuckuck. Stattdessen bin ich eine statistische Auffälligkeit. Ich bin die Volksseuche Übergewicht – und nicht Helga Möller. Bundestagshinterbänkler reden über so was wie mich im Fernsehen, weil sie endlich über ein Thema sprechen können, das keine Sachkenntnis erfordert und bei dem man nicht aufpassen muss, dass man nicht auf der *Political Correctness* ausrutscht. Meine Güte, einen Mohrenkopf darf man nicht mehr einen Mohrenkopf nennen, aber es ist okay, Leute, die der Figuren-Norm nicht entsprechen, alle öffentlich als minderbemittelt darzustellen.« Langsam redete sich Helga in Rage. »Schau sie dir doch an, die ganzen dürren Klappergestelle! Vor einem Jahrhundert hätte man ihnen zwei Mal täglich Lebertran verabreicht, damit sie nicht so verhungert aussehen. Und heute produziert das Prekariats-TV für wenig Geld Reality-Soaps, bei denen man dicken Menschen dabei zusieht, wie sie – nichts – essen. Und gleich danach eine Kochsendung. Als ob das irgendjemanden mit mehr als nur zwei Hirnzellen interessieren könnte! Aber nur zwei Hirnzellen zu haben, ist gesellschaftlich akzeptiert. Dick sein nicht. Wir sind nur dazu gut, dass sich abgetakelte, magersüchtige Filmsternchen in primitiven Talkshows auf unsere Kosten profilieren können. Und wenn das nicht reicht, haben wir noch ein verbrieftes Anrecht auf das Ulknudeldasein.«

Talis nickte und zog die Augenbrauen hoch.

»Du willst geliebt werden. Wie wäre es, wenn du mit gutem Beispiel vorangehst? Wer soll dich schon lieben, wenn du es selbst nicht tust?«

Helga starrte die Fee erbost an.

»Psychoanalyse einer Fee?«

»Gehört zur Grundausbildung.«

»Aber du benutzt sie nicht oft?«

»Ich benutze sie dauernd. Ich gebe nur nicht oft meine Ergebnisse weiter. Das gehört nicht zum Service. Ein bis drei Wünsche, ja. Analysesitzung, nein. Außer natürlich, du wünschst dir eine.«

»Nein danke.«

Schweigen senkte sich über die Balkongemeinschaft.

Nach einer Weile drückte Talis ihren Zigarillo aus.

»Ich gebe dir die Möglichkeit eines weiteren Wunsches. Der dritte. Der letzte. Mehr gibt's nicht. Und ich habe nicht mehr ewig Zeit. Ich habe noch einen Termin heute. Bei einem Mann. Der wird sich viel Geld, einen Porsche und eine Freundin mit großen Titten wünschen. Das tun sie meistens. Dabei müssten sie sich nur genug Geld wünschen, dann kommen Porsche und großtittige Freundin fast von allein, und sie hätten noch zwei Wünsche frei für Gehirn und Charakter.«

»Und ich? Habe ich noch einen Wunsch frei? Oder nur die Möglichkeit eines Wunschs?«

Talis nickte und beugte sich vor.

»Ein Wunsch: eine Möglichkeit, etwas zu ändern. Und wenn du noch mal ins Klo greifst, ist das deine Sache.«

Helga ließ sich wieder auf ihrem Stuhl nieder und fuhr sich nachdenklich durchs Haar.

»Wenn man den Märchen glauben darf, hat man sich früher einfach Zufriedenheit gewünscht«, sagte sie.

»Bisweilen«, gab die Fee zurück. »Doch früher waren die Menschen gemeinhin nicht schlauer als heute.«

»Außerdem ist Selbstzufriedenheit ziemlich unerträglich.«

»Nur bei anderen, glaube mir.«

»Aber genau wie diese anderen möchte ich eigentlich nicht sein.«

»Natürlich kann man einen Wunsch auch dadurch eingrenzen, dass man aufzählt, was man alles nicht möchte«, sagte Talis ziemlich schnippisch. »Doch ich hoffe sehr, dass du ein wenig Rücksicht auf meinen Terminplan nimmst. Sonst sitzen wir hier, bis du alt und grau wirst, und du zählst immer noch Wünsche auf, die du nicht hast.«

»Du hast gesagt, ich sei nicht hässlich. Ich hätte Charme und Witz, wäre jung, gesund, intelligent, kreativ und begabt. All das müsste ich mir also nicht mehr wünschen.«

Die Fee warf einen kritischen Blick auf ihre Armbanduhr, die recht plötzlich an ihrem linken Handgelenk erschienen war. Helga sah entschlossen fort und blickte zu Boden.

»Dann wünsche ich mir, dass ich es selbst auch so sehen kann, dass ich in meiner eigenen Wahrnehmung nicht hässlich bin, Charme und Witz habe, jung, gesund, intelligent, kreativ und begabt bin. Dass ich das weiß und immer dran glaube, und dass ich sporadische Zweifel an mir stets mit Mut und Erfolg bekämpfen kann. Ganz ohne solche Zweifel will ich nicht sein, denn Menschen, die sich nie hinterfragen, sind einfach unerträglich. Ich will vor den Menschen stehen können mit dem Gedanken im Kopf ›Ich bin schon ganz okay, und wer's nicht sieht, ist's nicht wert‹. Ich will mich akzeptieren können. Genau das wünsche ich mir.«

Sie sah hoch, als erwartete sie Schelte vom anderen Balkon. Doch da war niemand, keine Fee, kein blauer Liegestuhl. Nicht einmal eine Zigarillokippe.

»Und nun?«, fragte sie sich selbst, stand auf und trat einen Schritt zurück. Dabei stieß sie an den Blumenkasten, und schon purzelte das Pratchett-Buch an den Geranien vorbei nach unten. Von der Straße hörte man einen erschrockenen Ausruf.

Sie beugte sich über die Balustrade und blickte hinunter. Direkt unter ihrem Balkon stand ein Mann.

»Oh, Entschuldigung!«, rief Helga. »Das tut mir aber leid! Ich hoffe, ich habe Sie nicht getroffen?«

»Nicht allzu sehr«, lautete die Antwort. Er hatte eine nette, dunkle Stimme. Bariton. Mit Bass-Untertönen. »Nur den Kopf. Also nichts Wichtiges. Sie hätten einfach besser zielen müssen.«

»Es ist mir wirklich außerordentlich peinlich. Ich komme gleich runter«, versprach sie und fügte dann grinsend hinzu: »Wenn ich näher dran bin, treffe ich viel besser.«

Er hob das Buch auf und betrachtete es, blickte dann zu ihr hoch. Zwei Stockwerke schienen mit einem Mal kein Abstand und doch zu weit zu sein.

»Ich warte hier auf Sie«, versprach er.

Das war wirklich ausnehmend nett von ihm.

»Eine Minute«, rief sie, und er lächelte. Lächelte. Lächelte und hielt immer noch das Buch in der Hand. »Zwei. Zwei Minuten. Ich muss mir nur noch etwas anziehen.«

Er lachte auf, schien etwas darauf sagen zu wollen, verkniff es sich aber.

Zurück ins Zimmer. Schlabber-T-Shirt quer durch den Raum geworfen. Blöde Jogging-Hose hinterher. Die knackige, schwarze Hose und das tief ausgeschnittene Top. Wozu hatte man, was man so üppig hatte, wenn man es zu besonderen Anlässen nicht auch zeigte? Mit dem Kamm einmal durch die Haare gefahren. Handtasche und Schlüssel mitnehmen.

Und schon rannte Helga die Treppe hinunter, an Marinas offener Wohnungstür im ersten Stock vorbei, wo sich eine schlanke Blondine und ein entmystifizierter Gott eng umschlungen hielten. Sie blickten betreten drein, doch Helga grinste nur und winkte.

Zur Haustür. Hatte er wirklich gewartet?

Doch, hatte er. Da stand er, mittelgroß, mit netten, braunen Augen und einem Lächeln im Gesicht, das immerhin über sechs Meter gegen die Schwerkraft in die Höhe gewirkt hatte. Und vermutlich noch sehr viel weiter.

»Danke«, rief Helga und merkte, dass sie erst zu Atem kommen musste. Es hätte ihr peinlich sein müssen, doch stattdessen begann sie zu lachen. »Hoffentlich können Sie mir verzeihen. Ich habe ja schon so manchem harte Worte an den Kopf geworfen, aber noch nie in fertig gedruckter Form.«

»Schon gut. Ist mein Lieblingsautor. Den konnte ich doch nicht hier allein auf der Straße liegen lassen.«

»Mein Lieblingsautor ist er auch«, gab Helga zurück. »Und ich bin wirklich froh, dass er sich nicht allein durchschlagen musste.« Sie griff nach dem dargebotenen Buch, und einen Moment lang hielten sie es beide fest. Dann ließ er los.

»Danke«, sagte sie noch einmal.

Er blickte ein wenig planlos drein, fast enttäuscht.

»Dann werd ich mal wieder«, erklärte er, als wäre er sich seiner weiteren Aktionen nicht mehr sicher. Mit dem Buch hatte ihn der Grund, zu bleiben, verlassen.

»Vielleicht …«, begann Helga und hielt dann etwas schüchtern inne. So etwas hatte sie noch nie gemacht. »Vielleicht könnten wir uns ja mal über Bücher unterhalten. Natürlich nur, wenn Sie wollen. Und Zeit haben. Ich will Sie ja nicht irgendwie …«

»Jetzt hätte ich Zeit. Und Sie?«

»Ich auch.« Sie deutete auf das Café im Erdgeschoss. »Da soll es guten Kaffee geben. Und noch besseren Kuchen.« Aber ich bin auf Diät, wollte sie hinzufügen und ließ es einfach sein. »Ich heiße Helga.«

Er nickte.

»Rainer. Im Radio-Horoskop«, grinste er, »haben sie heute gesagt, ich sollte überraschenden Ereignissen gegenüber offen sein. Nicht, dass ich auf so übersinnliches Zeug viel gebe.«

»Och, ich weiß nicht«, murmelte Helga geheimnisvoll. »Manchmal können Dinge einen schon erstaunen.«

»Dinge?«

»Sie wissen schon, die zwischen Himmel und Erde, für die die PISA-Test-Schulweisheit auch wieder nicht reicht.«

Er lachte und öffnete ihr die Tür zum Café.

Etwas weiter die Straße hinunter stieg eine Dame im eng anliegenden, grauen Schneiderkostüm in ein Taxi ein. Ihr feuerrotes Haar wurde von zwei Essstäbchen in einem Dutt gehalten. Ihre Zehen hatten bunt lackierte Nägel. Alle zwölf.

Sie winkte Helga zu. Dann verschwand das Auto im Verkehr.

Mirjam Wilhelm

Die Quoten-Queen

Natürlich. Nur weil ich ein paar (circa zehn) Kilo zu viel habe, musste Christoph, der Redaktionsleiter, mir das Thema »Ich bin rund, na und?« aufdrücken. Das Thema »Dicke« erfreute sich nach wie vor großer Beliebtheit und wurde fast wöchentlich auf irgendeinem Sender nachmittags lang und breit diskutiert. Nun also auch bei uns, das heißt bei »Natascha am Nachmittag«.

»Ich möchte eine taffe Dicke, eine gemütliche und eine unsichere. Dazu mindestens zwei superschlanke, bildhübsche Mädels als Hingucker und vielleicht eine Essgestörte. Dazu einen oder zwei Diät-Experten im Publikum. Marion, das ist doch dein Thema, oder?«

Auch jetzt, über eine Stunde nach der Konferenz, klang der süffisante Tonfall von Christoph noch in meinen Ohren. Und natürlich hatten sich die Blicke aller auf mich gerichtet, nicht ohne das eine oder andere spöttische Grinsen. Ja, ich entsprach nicht den Idealmaßen einer jungen, gestylten Karrierefrau mit Konfektionsgröße 34. Dafür machte ich meinen Job gut, konnte in der Kantine meine Kartoffelpuffer genießen und musste nicht frierend auf dem Parkplatz drei Schachteln Zigaretten am Tag rauchen, um den Hunger zu unterdrücken.

»Na, dann mach dich mal an die Arbeit. Vielleicht stößt du ja auch auf die passende Diät für dich?«, kam es schnippisch von meiner Teamkollegin Sandra quer über den Schreibtisch.

»Ja, womöglich. Hast du eigentlich schon einen Experten für deine Sendung über Schönheits-OPs? Vielleicht findest du ja auch jemanden, der dich beraten kann«, fauchte ich zurück. Bine, die Teamleiterin, verschluckte sich vor Lachen fast an ihrem Kaffee, während Tom, der Praktikant, verlegen das Weite suchte.

»So, Mädels, Schluss jetzt mit der Zickerei.« Bine hatte sich wieder gefasst und setzte ihre autoritäre Miene auf. »Marion, hier ist der Stapel mit den Bewerbern aus der Hotline von dem Themenaufruf heute. War, wie erwartet, ein Riesenandrang. Falls es nicht reicht, kannst du ja mal bei Sandra schauen, vielleicht hat sie jemanden übrig, der sich Fett absaugen lassen möchte oder so.«

Es war einer dieser Tage, an denen ich mich fragte, warum ich nicht einfach im Bett geblieben war. Gab es nichts Wichtigeres im Leben einer Frau als das Aussehen im Allgemeinen und ihre Figur im Besonderen?

Aber ich würde dafür sorgen, dass in meiner Sendung keine Übergewichtige nur der Belustigung des geneigten nachmittäglichen Fernsehpublikums diente. Das war einer der Gründe, warum ich meinen Job so liebte: Talkgäste zu finden, die in eine scheinbar vor Klischees nur so strotzende Sendung eine dermaßen überraschende Wende brachten, dass jeder nur noch mit offenem Mund dasaß.

»Marion Wosilat von *Natascha am Nachmittag*, hallo«, flötete ich nur wenig später ins Telefon. »Spreche ich mit Enrico Hanke?«

»Hmm.«

Na super. Einer von denen, die schon am Telefon keine drei Worte am Stück herausbringen, aber in eine Talkshow wollen. »Ich darf dich duzen?«, frohlockte ich mit meiner nettesten Telefonstimme. »Du hast bei unserer Hotline angerufen und gesagt, du würdest dich gerne zum Thema ›Ich bin rund, na und?‹ äußern.«

»Hmm.«

Stille.

»Nun, was hast du denn zu dem Thema zu sagen?«

»Weiß nicht, ich find's halt nicht so schön.«

Stille.

Da waren ja die Gespräche zu Hause mit meiner Yucca-Palme ergiebiger.

»Tja, weißt du, wir suchen eigentlich Leute, die ein bisschen mehr aus sich herausgehen.«

»Gibt's eigentlich ein Honorar?«, zeigte mein Gesprächspartner jetzt doch Interesse.

»Eine kleine Aufwandsentschädigung, aber ich glaube, du wartest eher auf ein Thema, das dich wirklich interessiert. Ciao!«, beendete ich diesen unergiebigen Gedankenaustausch. Genervt wählte ich die nächste Nummer auf der Liste.

»Hallo, Marion Wosilat von *Natascha am Nachmittag*, spreche ich mit Martina Kellermann?«, sagte ich wieder mein Sprüchlein auf.

»Na klar, super, dass ihr euch so schnell meldet, ich freu mich«, erklang eine sehr sympathische Stimme. »Ich habe schon so viel zu dem Thema gesehen und mich jedes Mal schwarz geärgert, jetzt muss ich echt mal einiges loswerden!«

Volltreffer! Ich machte gleich für den nächsten Tag einen Castingtermin aus, und im Laufe des Nachmittags schaffte ich es tatsächlich noch, Termine mit zwei weiteren Hauptgästen ebenfalls für den kommenden Tag abzusprechen. Ein mir komplett unsympathischer, junger Mann, der aber völlig hemmungslos zu berichten wusste, wie abtörnend er übergewichtige Frauen fand, und eine Frau, die an schwerer Magersucht gelitten hatte.

Am nächsten Tag schwang ich mich voller Elan ins Auto. Die Castingausflüge machten mir immer Spaß, mal raus aus dem Redaktionsalltag, weg von den hämischen Blicken und Kommentaren der Kollegen.

»Girls just wanna have fun«, sang ich lautstark mit Cindy Lauper, der Ikone meiner Jugendzeit, mit, deren Stimme aus dem Radio drang. Schließlich erreichte ich meinen ersten Zielort und das kleine, sehr hübsche Häuschen von Martina. Eine Frau Mitte dreißig trat strahlend aus der Tür und kam auf mich zu.

»Hallo, du musst Marion sein.«

Keine Frage, Martina hatte ebenfalls einige Kilos zu viel, aber mit ihren funkelnden grünen Augen, den glänzenden, langen, roten Haaren und ihrem herzlichen Lächeln war sie genau das, was mein geschätzter Kollege Olaf einen »Schuss« nannte. Was für ein Glücksgriff! Ich hatte die perfekte Kandidatin gefunden, um alle Dicken-Witze und gehässigen Bemerkungen, die in der Sendung fallen würden, vom Tisch zu fegen.

Zwei Stunden später fuhr ich mit reichlich Material, in bester Stimmung und mit der Gewissheit, eine neue Freundin gefunden zu haben, zu meinem nächsten Kandidaten weiter: Horst, Ende zwanzig. Alles über Konfektionsgröße 36 kam ihm nichts in Bett, hatte er am Telefon getönt. Eine halbe Stunde Autofahrt später stand ich vor seiner Wohnungstür, hektisches Hundegebell nach meinem Läuten ließ es mich bereits ahnen ...

Richtig, ein Hund, drei Katzen und eine Ratte im Käfig – in zwei Zimmer gepfercht.

Mittendrin, Horst im Trainingsanzug, der mich abschätzend musterte und schließlich zu dem Schluss kam: »Na, du brauchst aber vor mir keine Angst zu haben.« Hahaha, Brüller, Schenkelklopfer.

Ich ignorierte seine Frechheit, dachte an die Quote und baute mein Equipment auf, während ich versuchte, meinen Ekel vor der speckigen, mit Flecken und Tierhaaren übersäten Couch zu unterdrücken.

»Legst du auch Wert auf den Charakter einer Frau, oder ist das egal, so lange das Aussehen stimmt?«, begann ich.

»Nä, der Charakter muss schon stimmen, aber bei so einer Dicken, sei mir nicht böse, das ist doch eklig, alles schwabbelt ... Nä, da kann ich nicht.«

»Aber wenn eine füllige Figur zum Typ einer Frau einfach passt, kann sie doch sehr attraktiv sein«, warf ich ein und bekam prompt den Satz zu hören, den ich haben wollte. »Nä, das ist eklig, die Dicken lassen sich doch alle gehen, denken nur ans Essen und stinken nach Schweiß.«

Eine Bemerkung über den Mief in seiner Wohnung konnte ich mir gerade noch verkneifen. Erleichtert durchatmend, stand ich nach einer Stunde endlich wieder auf der Straße. Ich freute mich schon tierisch darauf, Horst von Martina so richtig auseinandernehmen zu lassen. Vor Publikum und laufenden Kameras.

Und weiter ging's, zum letzten Termin für heute. Selma, Anfang zwanzig, hatte ihre schwere Magersucht überwunden, sie schien gefestigt genug zu sein, um sich einer Diskussion im Fernsehen stellen zu können. So war zumindest mein Eindruck am Telefon gewesen. Wenn sie in der Lage war, ihre Geschichte spannend zu erzählen, ohne dass es ihr selbst noch zu naheging, würde sie ebenfalls einen tollen Gast abgeben.

»Als Kind war ich ziemlich pummelig«, begann Selma ihre Geschichte. »Du kannst dir bestimmt vorstellen, wie das war ... sorry, das war jetzt nicht persönlich gemeint«, fügte sie errötend hinzu. Ich lächelte nachsichtig.

»Kinder können grausam sein. Ich war immer Außenseiterin und musste mir unsägliche Gemeinheiten anhören«, fuhr Selma fort. »Im Teenie-Alter ging das dann so weiter, die anderen Mädels mit ihren perfekt sitzenden Jeans und knackigen Figuren lästerten über mich. Von den Jungs ganz zu schweigen, die haben mich komplett ignoriert oder blöd angeredet.«

Sie zündete sich eine Zigarette an und nahm einen tiefen

Zug. »Und dann, vor einigen Jahren, beschloss ich, etwas zu tun. Mich zu bewegen. Ich meldete mich in einem Tanzstudio an, Ballett und Jazzdance. Da wurde plötzlich ein Schalter umgelegt. Ich hatte ein Ziel im Leben. Ich wollte Tänzerin werden, in Musicals auftreten, mich bewegen können wie die unglaublich schönen Tänzer und Tänzerinnen, die in dem Studio unterrichteten. Dass ich mit meinem Gewicht nie eine Chance haben würde, war mir klar. In dieser Zeit fing ich mit der ersten Diät an. Dass ich auch aufgrund meines Alters eigentlich keine Chance mehr hatte, ich war bereits achtzehn, habe ich verdrängt.«

Was ich dann erfuhr, erschütterte mich zutiefst. Selma erzählte von ihrem tiefen Absturz, den die Magersucht mit sich brachte, und sprach schließlich über ihre momentane Situation: »Ich war einige Zeit im Krankenhaus und habe dann in einer WG gelebt, zusammen mit anderen Betroffenen. Ich bin erst seit Kurzem wieder in der Lage, ein selbstständiges Leben zu führen, ohne Gefahr zu laufen, mich selbst verhungern zu lassen.«

Verhungern. Wie pervers muss eine Wohlstandsgesellschaft sein, dass Menschen mittendrin freiwillig hungern, während die Menschen in anderen Teilen der Erde wirklich nichts zu essen haben?

Es war bereits später Nachmittag, als ich wieder ins Auto stieg und nach Hause fuhr – in die Redaktion musste ich erst am nächsten Tag wieder. Während der Fahrt überlegte ich mir bereits die Reihenfolge der Gäste, die einzelnen Konstellationen mit den drei oder vier weiteren Kandidaten, die ich noch dazu einladen würde. Aber die drei von heute, wenn sie alle erst mal richtig zu Wort kämen, hätten die Sendung völlig im Griff.

Schließlich war es so weit. Die normale Hektik für das Team am Aufzeichnungstag begann: Konferenz mit Natascha und dem

Regisseur, Tonproben im Studio, Begrüßung der Kandidaten in den Gästeräumen, in denen sie von freundlichen Studentinnen versorgt wurden. »Na, geht's bald los?«, fragte Martina vergnügt und begutachtete die Runde in ihrem Zimmer. Mit ihr saßen noch Franziska und Melanie auf der Couch, die beiden hatte ich in der vergangenen Woche eingeladen. Franziska war ebenfalls recht pummelig und daher sehr unsicher, hatte sich mit ihren vierundzwanzig Jahren noch niemals getraut, einen Mann anzusprechen oder sich in ihrem Job als Büroassistentin richtig durchzusetzen. Melanie war ein typisches Opfer ständiger Diäten samt Jojo-Effekt. Sie konnte sich bei Gelegenheit gut mit ein oder zwei Sätzen aus dem Publikum einmischen.

»Ihr redet euch schon mal warm, aber hebt euch noch etwas für später auf«, ordnete ich an und eilte weiter. Jetzt musste alles zügig gehen, damit die Gäste ordentlich gebrieft waren und noch Zeit für die Maske und ein Glas Prosecco zur Auflockerung blieb.

Im nächsten Raum, natürlich auf einer anderen Etage, traf ich auf Horst, der zur Unterstützung einen Kumpel mitgebracht hatte, Mike. Gleiches Kaliber, gleiche Sprüche, aber optisch ansprechender. So ein Schönling, immer gut für die jungen, weiblichen Zuschauer. Ich hatte ihn auch gleich für das Podium eingeplant.

»Na, hoffentlich hast du nicht nur Fette, sondern auch was fürs Auge eingeladen. Wir wollen uns heute noch einen netten Abend machen«, johlte Horst. Mike lachte betont cool, meinem geschulten Auge entging sein Lampenfieber jedoch nicht. Du wirst dir noch in die Hosen machen, dachte ich, während ich den beiden sehr freundlich den Ablauf der Sendung erklärte.

Im nächsten Zimmer wartete bereits Angie, zweiundzwanzig, Friseurin. Sehr hübsch, Konfektionsgröße 34, knallenge Jeans, die gerade den Hintern bedeckte und bei jeder Bewegung den pinkfarbenen Tanga freigab. Dazu trug sie ein bauchfreies, weißes Top, leicht durchsichtig, gerade noch akzeptabel unter den Jugendschutz-Auflagen für Nachmittagssendungen. Und genau der Typ Frau, den Horst als »was fürs Auge« bezeichnen würde.

»Super siehst du aus«, strahlte ich.

»Danke, aber ihr habt mir ja gesagt, ich darf mich ruhig sexy anziehen. Ist das okay so?«, fragte sie mit einem unschuldigen Augenaufschlag, der von tiefschwarzen, künstlichen Wimpern gerahmt wurde.

»Perfekt«, erwiderte ich. »Und deine Meinung über Dicke sagst du dann genau so, wie du es mir am Telefon erzählt hast. Und nichts gefallen lassen, du kannst ruhig Kontra geben!«

»Marion, da bist du ja, es gibt ein Problem!« Bine kam mir auf dem Flur entgegengelaufen. »Der Experte hat abgesagt, er wurde überraschend zu einer Tagung eingeladen. Hast du eine Idee?«

Mist. Den Kontakt zu dem Experten, ein Autor namens Hajo Mayer, hatte ich über eine Bekannte, die in einem Verlag arbeitete, bekommen. Er sollte eigentlich sein aktuelles Diätbuch vorstellen und aus dem Publikum ein bisschen mitreden. Es war immer gut, wenn jemand vom Fach über ein spezielles Thema mitdiskutieren konnte.

»Egal. Wir haben genug Leute im Publikum, die Begleiter der Hauptgäste scheinen alle schon ganz heiß zu sein. Über verschiedene Diät-Arten kann auch Melanie etwas erzählen, die hat schließlich schon alles ausprobiert.« Ich spurtete wieder zurück zu Melanie, um sie über ihren neuen Auftrag zu informieren.

»Marion, es gibt offensichtlich Schwierigkeiten!« Jetzt war es Tom, der mir mit hochrotem Kopf entgegenlief. »Selma steckt im Stau, die Autobahn ist gesperrt, sie hat keine Ahnung, wann es weitergeht.«

Das war nun tatsächlich eine Katastrophe. Selma musste unbedingt auftreten, und wenn sich alles nach hinten verschob.

Leider waren wir die erste Aufzeichnung an diesem Tag, das bedeutete, dass noch zwei Sendungen nach uns kamen und wir entsprechend unter Zeitdruck standen. Weder Natascha noch das dritte Team hatten Lust, erst gegen Mitternacht Feierabend zu machen.

»Wir warten«, beschloss ich trotzdem, ohne erst das Okay von Bine einzuholen. Vielleicht löste sich der Stau gleich wieder auf. Und einen adäquaten Ersatz für Selma gab es nicht, sie war unverzichtbar für die Sendung.

Unterdessen fuhren bereits die Busse mit den Zuschauern vor, die über eine Ticket-Agentur diesen Ausflug in eine TV-Sendung gebucht hatten. Im Foyer herrschte reges Treiben, die Kollegen von der Zuschauer-Redaktion bemühten sich, einen Überblick zu bekommen und die Leute so auf den Sitzen im Studio zu verteilen, dass es ein einigermaßen einheitliches Bild ergab. Ich sah auf die Uhr und wurde nervös. Viel Zeit war nicht mehr, gleich würde das Warm-up beginnen, und Bine wusste noch gar nicht, dass einer der Hauptgäste noch nicht da war. Natascha selbst hatte sowieso keine Ahnung davon, denn derartige Pannen wurden tunlichst von ihr ferngehalten.

»Was ist? Sind die Gäste gebrieft, braucht irgendwer noch Infos?« Bine tauchte hinter mir auf, während ich verzweifelt aus einem der Fenster auf den Parkplatz starrte. Ich musste ihr leider das Problem beichten. »Wir können aber nicht mehr warten, der Warm-Upper ist gleich da. Diese Angie, die hat doch eine Freundin mitgebracht, die im Publikum sitzt, oder? Die habe ich eben kurz gesehen, die sieht ziemlich essgestört aus, setzen wir die stattdessen aufs Podium.« Und schon war sie auf dem Weg ins Studio, um die ahnungslose Mandy aus dem Publikum zu holen und mit einem Mikro verkabeln zu lassen. Frustriert nahm ich sie in Empfang, um sie noch einigermaßen auf die Sendung vorzubereiten. Manchmal war Bine wirklich unsensibel. Klar, Mandy sah sehr untergewichtig aus, aber sie deshalb dem Publikum gleich als essgestört zu präsentieren? Die geistige Reife von Selma schien sie jedenfalls nicht zu haben, doch sie ließ problemlos alles mit sich geschehen. Besser als ein leerer Platz auf dem Podium.

Ich machte mich auf den Weg in die Regie, um von dort aus den Ablauf der Sendung zu beobachten und Natascha über ein kleines Mikro weitere Fragen und den weiteren Ablauf ins Ohr zu diktieren, sollte sie irgendwo hängen bleiben. Ich hörte das Publikum johlen und klatschen, der Warm-Upper war wirklich gut drauf heute. Einer von vielen jungen Talenten mit der Hoffnung auf eine Karriere als Moderator oder Comedian.

Und dann ging es los.

»Herzlich willkommen zur Sendung!« Strahlend trat Natascha aus der Klapptür oben auf der Treppe und ging unter dem Applaus der Zuschauer in Richtung Gästepodium. »Dicke Menschen, besonders Frauen, haben immer wieder mit Schwierigkeiten und Vorurteilen zu kämpfen. Sei es im Job, im Freundeskreis oder überhaupt im täglichen Leben. Mein erster Gast ist Martina, und sie erzählt uns, ob sie mit ihrem Gewicht glücklich ist oder nicht. Hallo, Martina!« Wieder Applaus, Martina nahm auf dem ersten Stuhl Platz. Sie sah toll aus, professionell geschminkt, ihre grünen Augen leuchteten, ihr gewagtes Dekolleté sah richtig lecker aus. Das musste ich auch als Frau neidlos anerkennen.

»Sehe ich aus, als hätte ich ein Problem?«, legte sie los. »Schönheit definiert sich doch nicht nur durch das Gewicht! Ich bin so, wie ich bin, ich habe schon viel erreicht in meinem Leben, und darauf bin ich stolz. Ich habe den tollsten Mann der Welt ...« – hier warf sie eine Kusshand in Richtung Kamera – »... und die zwei entzückendsten Kinder der Welt. Ich bin glücklich, für meinen Mann bin ich wunderschön, und ich selbst kann mich auch nicht beklagen, oder?«, fragte Martina herausfordernd ins Publikum. Anerkennender Beifall. Bine und ich grinsten uns zufrieden an. Die Frau hatte alles im Griff.

Und dann, Auftritt Horst. Der Durchschnittstyp mit Schnäuzer, langweiligem Hemd und Bundfaltenhose.

»Nä, also guck dich doch mal an, dich würde ich nicht mal mit dem Hintern anschauen ...«

»Na, Gott sei Dank«, unterbrach Martina ihn unter dem Gejohle des Publikums.

»Nä, über Größe 36 kommt mir keine ins Bett.« Horst hatte sein Sprüchlein gut auswendig gelernt. Hoffentlich kam da noch mehr. »Wenn überall alles schwabbelt und so, da würde ich gar keinen hochkriegen.« Beifall heischend grinste er in die Kamera. Aber Martina hatte bereits alle Sympathien auf ihrer Seite.

»Das Problem kennst du bestimmt gut, da können aber die Frauen nix dafür.« Wieder ein Punkt für sie.

Horst ließ sich nicht beirren: »Eine Frau hat nun mal hübsch auszusehen und auf sich zu achten. Ein Mann will schließlich von seinen Kumpels um seine Braut beneidet werden. Mit so 'ner Dicken macht man sich doch nur lächerlich!«

»Wo wir gerade übers Äußere reden«, unterbrach Martina seine Ausführungen. »Da soll doch jeder mal bei sich selbst anfangen, bevor er über andere spricht. Zuallererst du.«

Selbstgefällig grinste Horst vor sich hin. »Bis jetzt hab ich noch jede gekriegt, die ich wollte ...«

»Leider hat nicht jede Frau mit ein bisschen Übergewicht das Selbstbewusstsein von Martina«, übernahm Natascha wieder das Wort. »Franziska hat es da etwas schwerer. Herzlich willkommen!«

Franzi würde das mit Martina an ihrer Seite auch schaffen, da war ich mir sicher. Leise übergab ich das kleine Mikro an Bine, verließ die Regie und suchte den Kollegen von der Produktion, der die Gäste nach und nach in Empfang nahm und ins Studio begleitete.

»Björn, hast du was erfahren, ob Selma es noch schafft?« Mein Handy hatte ich in der Regie abschalten müssen.

»Nö, keine Ahnung. Aber wird eh knapp, jetzt kommt doch schon gleich Gast vier. Die heiße Blondine!«

Stimmt, Franziska war etwas zu ruhig, Bine hatte oben wohl bereits das Go für Angie gegeben, um wieder Schwung in die Sache zu bringen. Die Pfiffe aus dem Publikum hörte ich bis ins Foyer, als Angie in ihrem knappen Outfit vermutlich mit einem gekonnten Hüftschwung auf einem der Stühle Platz nahm. Während ich hektisch aus der Gästeliste Selmas Handynummer heraussuchte, stelle ich mir vor, wie Horst jetzt geifernd Angie mit Blicken verschlang. Hätte ich zu gerne gesehen, aber jetzt gab es Wichtigeres.

»Hey, Marion, Mann, das war etwas ...« Ich drehte mich überrascht um, und da stand Selma vor mir, völlig abgehetzt, aber sie war da. »Schaffen wir es noch, oder bin ich zu spät?«

Ich umarmte sie vor lauter Erleichterung. »Das schaffen wir. Jetzt muss aber alles ganz schnell gehen.« Ich rannte mit ihr in Richtung Maske, während ich sie kurz über die anderen Gäste und den bisherigen Verlauf der Sendung informierte. Gleichzeitig winkte ich jemanden von der Technik heran, um noch ein Mikro für sie zu bekommen.

Natürlich musste Evelyn, die Maskenbildnerin, ihrem Unmut freien Lauf lassen: »Wie soll ich das denn noch auf die Schnelle machen? Ihr seid lustig, ihr stellt euch das alles immer so einfach vor. Gerade, wie es euch in den Kram passt, jeder muss ständig bereit sein und von jetzt auf gleich alles perfekt machen, oder was?«, schimpfte sie vor sich hin, während sie energisch etwas Make-up und Puder auf Selmas Gesicht verteilte. Ich spurtete wieder Richtung Regie – wenn ich an diesem Nachmittag nicht mindestens fünf Kilo verloren habe, dann weiß ich auch nicht, wie sonst –, um das Team zu informieren.

»Okay, kein Problem.« Tim, der Regisseur, war wie immer die

Ruhe selbst. Bines Gesichtzüge entgleisten. »Ja, dann kümmere dich schnell darum, dass Mandy wieder unauffällig ins Publikum gesetzt wird, ich informiere Natascha sofort.«

Wieder zurück, ließ ich mich aufatmend auf meinen Platz fallen. Alles hatte geklappt, Selma saß verkabelt und geschminkt bereit, Mandy war während einer kurzen Unterbrechung wieder ins Publikum gebracht worden, und unser zweiter Macho Mike wartete auf seinen Auftritt.

»Auch unser nächster Gast findet eher Gefallen an schlanken Mädels. Hier ist Mike!«, tönte Natascha mit gewohnt gut gelaunter Stimme. Breitbeinig fläzte sich Mike in die Runde, während sein Blick an Angie hängen blieb und er sie mit einem mehr als anzüglichen Grinsen taxierte. »Ja, so was wie das Leckerchen hier neben mir, das ist doch was fürs Auge.«

Das Publikum johlte.

»Ihr beide« – Mike zeigte angewidert auf Martina und Franziska – »ihr beide könnt doch niemandem erzählen, dass ihr euch wohlfühlt, so wie ihr ausseht. Das erzählt ihr doch nur, weil ihr nicht genug Disziplin habt, um abzunehmen.«

Die üblichen Sprüche, wie oft hatte ich sie schon von den verschiedensten Seiten gehört.

»Jetzt hör mir mal zu ...« – Martina war ohnehin bereits in Rage – »... jetzt hör mir mal zu. So ein Hemd wie dich rauche ich doch in der Pfeife! Du brauchst doch nur ein williges Barbie-Püppchen, das nicht genügend Charakter hat, um dir mal Kontra zu geben!«

»Genau!«, setzte Franziska jetzt nach. »Wegen Typen wie dir werden die jungen Mädels heutzutage in die Magersucht getrieben.«

Wow. Da hatte die ruhige Franziska, ohne es zu wissen, den Nagel auf den Kopf getroffen. Angie mischte sich ein, erzählte, wie viele Mengen an Süßigkeiten sie täglich aß, dass sie nie

Sport machte, aber aufgrund ihrer guten Gene einfach immer schlank bliebe. Aber am meisten genoss sie die offen gezeigte Bewunderung von Horst und Mike, die sie mittlerweile mit Blicken fast ausgezogen hatten. Ich ließ die Diskussion, die jetzt ein schönes Tempo aufgenommen hatte, noch einige Minuten laufen, dann gab ich Natascha über das Mikro den Hinweis für Selmas Auftritt. Die Gefahr bei dem letzten Gast einer Sendung war immer, dass nur noch wenig Zeit blieb, und die betreffende Person oft gerade noch einen oder zwei Sätze sagen konnte. Das wollte ich heute unbedingt vermeiden.

»Franziska hat vorhin ein ganz wichtiges Stichwort gegeben. Die Magersucht. Mein letzter Gast für heute hat einiges über diese Krankheit zu erzählen. Hier ist Selma.«

Selma nahm auf dem letzten Stuhl Platz. Horst wollte schon etwas zu ihr sagen, aber Selma warf ihm einen derart vernichtenden Blick zu, dass er den Mund wieder zumachte.

»Ich habe leider nicht alles von Anfang an sehen können, aber ich weiß ja, was ihr zu sagen hattet«, richtete Selma ihr Wort an Horst und Mike. »Für Menschen, die andere nur nach ihrem Gewicht beurteilen, habe ich nichts als Verachtung übrig.«

Im Publikum wurde es still.

Und dann erzählte sie ihre Geschichte. Wie sie als moppeliger Teenie nächtelang weinte, von den Schulkameraden komplett ausgeschlossen wurde, von Jungs nicht den Hauch einer Beachtung erfahren hatte. Und dann von ihrem Traum einer Tanzkarriere, der Begeisterung beim Training einerseits, dem Frust beim Blick in den Spiegel und der mangelnden Kondition andererseits. »Es fing dann langsam an. Ich ließ zunächst nur Süßigkeiten und Cola weg. Dann begann ich, Kalorien zu zählen. Erst erlaubte ich mir bis tausend Kalorien am Tag, dann achthundert. Das begann bald zwanghaft zu werden. Meinen Eltern erzählte ich damals immer, ich hätte bei einer

Freundin oder in der Schulkantine gegessen, oder ich würde mir allein schnell etwas kochen. Da beide berufstätig waren, ist das nicht aufgefallen. Der schnelle, scheinbare Erfolg spornte mich weiter an, ich nahm rasant ab, konnte plötzlich auch enge Jeans und bauchfreie T-Shirts tragen wie meine Altersgenossinnen. Da ich durch das Tanzen auch einen ganz neuen Freundeskreis hatte, wurde ich irgendwie richtig high in der Zeit.«

Das Publikum und die übrigen Talkgäste hörten aufmerksam zu, ab und zu gab es kurze Zwischenfragen von Natascha, ansonsten ließ sie Selma einfach weiterreden.

Sie erzählte, wie sie weiter monatelang abnahm, von ihrem mittlerweile erreichten Idealgewicht zum Untergewicht. Natürlich hatten ihre Eltern inzwischen die Veränderung bemerkt und mit Sorge beobachtet. Als Selma nicht einmal mehr ihre Periode bekam, zwangen sie ihre Tochter, zum Arzt zu gehen, der endlich Alarm schlug.

»Ich hatte bereits schwere Mangelerscheinungen, war ständig erschöpft und zittrig. Aber ich machte weiter, niemand konnte mich abhalten, auch meine völlig verzweifelten Eltern nicht. Der Tiefpunkt war erreicht, als ich gar nichts mehr essen konnte. Mein Magen hat nichts mehr behalten.«

Selma hatte den Absprung noch geschafft, mithilfe ihrer Familie und eines Psychologen ließ sie sich in eine Spezialklinik einliefern, wo sie anfangs künstlich ernährt werden musste, damit ihr Körper überhaupt etwas annahm. »Das Schwierigste war, die Krankheit aus meinem Kopf zu bekommen. Ich wog fünfundvierzig Kilo und fand mich zu dick. Erst als ich gelernt hatte, diese völlige Fehleinschätzung zu überwinden, konnte ich wieder anfangen, mich normal zu ernähren.« Selma erzählte alles so bewegend und selbstbewusst, dass das ganze Studio wie gebannt an ihren Lippen hing, jeder war von dieser tapferen jungen Frau berührt, die es geschafft hatte, die Krankheit in den Griff zu bekommen. Die Sendung war zu Ende, es gab tosenden Applaus, auch von Horst und Mike, die etwas betreten zu Boden schauten.

Die Ausstrahlung von »Ich bin rund, na und?« fand eine Woche später statt. Der Fernseher in der Redaktion lief täglich bei *Natascha am Nachmittag*, normalerweise schauten wir die Show dann nebenbei vom Schreibtisch aus an. Diesmal war es anders, fast alle Kollegen versammelten sich auf der Besprechungs-Couch davor und kommentierten alles begeistert. Sogar Christoph blieb bei einem von Martinas wortgewaltigen Vorträgen mit offenem Mund stehen und nickte anerkennend. Gegen Ende der Sendung die gleiche Situation wie bei der Aufzeichnung. Bei Selmas Geschichte herrschte Schweigen, alle hörten gebannt zu. Auch eine Seltenheit, denn in unserem Job kann uns kaum noch etwas beeindrucken.

»Coole Sendung, Marion!«, ließ sich Olaf zu einem Kompliment herab. »Nein, wirklich, solche Gäste könnte ich auch mal wieder brauchen.«

Zustimmendes Raunen kam auch von den anderen Kollegen, die nun nachdenklich wieder an ihre Schreibtische gingen.

»So, Sandra, dann gib dir mal Mühe mit der Schönheits-OP-Sache«, wandte sich Bine freundlich an meine Tischnachbarin. »Vielleicht kriegen wir so was noch mal hin? Wäre doch super für unser Team.«

Ich grinste zufrieden vor mich hin und genoss meinen Triumph. Wenn jetzt die Quote noch stimmte, könnte mir so schnell keiner mehr was.

Die Quote wurde wie immer am nächsten Morgen veröffentlicht. Normalerweise war ich nicht quotengeil, aber an diesem Morgen konnte ich nicht anders, ich klickte nervös als Erstes auf die entsprechende Seite, und siehe da ... weit über dreißig Prozent in der Zielgruppe. Das war der bisherige Rekord dieser

Staffel. Bevor ich in hysterisches Gelächter ausbrechen konnte, klingelte mein Telefon, und ich wurde zu Christoph ins Büro zitiert.

»Da ist ja unsere Quoten-Queen!« Lässig wie immer streckte sich unser Redaktionsleiter in seinem Chefsessel aus und verschränkte die Arme hinter dem Kopf. »Das ist ein Ergebnis, das unsere Show schon seit Längerem mal wieder gebraucht hat.«

»Ja, danke, freut mich auch, dass es so gut gelaufen ist!« Quoten-Queen. Ich strahlte innerlich.

»Du weißt, dass Klaus uns demnächst verlässt?«, wechselte Christoph das Thema. Klaus war einer der vier Teamleiter. Ohne meine Antwort abzuwarten, fuhr er fort. »Eigentlich hatte ich vor, die Stelle mit einem der neuen Bewerber zu besetzen, da waren einige sehr vielversprechende dabei. Aber ich habe heute Morgen schon mit Bine gesprochen und mich anders entschieden.« Er machte eine bedeutungsvolle Pause. Mir hatte es ausnahmsweise die Sprache verschlagen in Erwartung dessen, was jetzt kommen sollte. »Nach der Sommerpause wirst du das Team Vier als Teamleiterin übernehmen. Schließlich bist du jetzt lange genug dabei und hast bewiesen, dass du auch mit sensiblen Themen umgehen kannst. Bist du an Bord?« Damit hielt er mir die ausgestreckte Hand hin.

»Natürlich. Klar«, jubelte ich.

»Na, dann herzlichen Glückwunsch. Über den neuen Vertrag und das Gehalt reden wir die nächsten Tage noch. Du kannst dich jetzt wieder an die Arbeit machen.«

Völlig benommen vor Glück und Stolz nahm ich die Glückwünsche der Kollegen entgegen. Ich hatte es geschafft, meine Karriere ging doch nach oben, obwohl ich schon fast nicht mehr daran geglaubt hatte!

Spontan lud ich am Abend meine Freundin Nicole zu einer Prosecco-Sause in unserer Stammkneipe ein. Ich hatte mich in meine neuen Klamotten geschmissen, die ich neulich in einer großzügigen Shopping-Laune erstanden hatte, und war vollkommen zufrieden mit mir und der Welt.

»Pass auf, bald sitzt du in der Chefredaktion des gesamten Senders«, prostete Nicole mir zu. »Übrigens, dein Outfit steht dir super. Das findet offensichtlich der Typ an der Bar auch, der fällt gleich vom Hocker vor lauter Verrenkungen, um deine Aufmerksamkeit zu erhaschen.«

Ich drehte mich um und blickte in die entzückendsten blauen Augen, die ich je gesehen hatte. »Na, so was«, murmelte ich und merkte, dass ich rot wurde. Der Abend war noch jung, könnte sein, dass sich nicht nur mein berufliches Leben veränderte. Ich hatte so etwas im Gefühl.

Olivia Kleinknecht

Mollige Zehen

»Julia Gallus! *Du* hier im Venus-Bad? Du gehst doch sonst immer ins Forum? Weil's dort mehr kostet.«

»Hallo, liebe Cynthia! Man entgeht sich nicht. Ich komme gerade aus dem Kaltbad, wie du siehst.«

»Dein Bikini muss aus weichstem Leder sein, Kompliment, Julia, er schmiegt sich perfekt an.«

»Aus feinstem Ferkelleder. Ich gebe das Kompliment zurück, auch deiner modelliert vorteilhaft die Figur: Zicklein? Kalb? Übrigens habe ich nicht das Bad gewechselt, weil ich sparen müsste, nicht, dass du denkst ... Vielleicht weißt du es noch nicht, aber hier im Venus-Bad steht uns jetzt die raffinierteste und teuerste Diät-Beraterin der Stadt zur Verfügung: die Cotta. Ich bin heute bei ihr eingeschrieben. Du kannst dir nicht vorstellen, was sie für eine Stunde Beratung nimmt.«

»Natürlich bin ich im Bild! Ich bin schließlich schon seit einer Woche jeden Tag bei ihr.«

»Ah so? Wie ist sie denn?«

»Sie empfiehlt eine himmlische, äußerst schmackhafte Diät, liebe Julia! Mit ihren Rezepten erreichst du dein Ziel spielend.«

»Ich muss noch eine Weile auf meinen Termin warten. Darf ich dich zu einem Wein oder einem Most mit Honig einladen, liebe Cynthia? Im Ruheraum servieren sie sogar schneegekühlte Getränke. Mich interessiert brennend, was die Cotta so empfiehlt. Ich habe gehört, sie bewirke wahre Wunder. Da sehe ich über die Geschmacklosigkeiten hier im Bad gern hinweg. Oder wie findest du diese Umkleidekästen, auf denen sie statt Nummern erotische Szenen angebracht haben?«

»Männer können sich die wohl besser merken als Zahlen.«

»Möglich. Wie steht's also mit einem Getränk?«

»Gerne, liebe Julia. Ich habe auch noch etwas Zeit, bis mein Mann Marcus mich abholt. Es gibt hier übrigens einen Gewürzwein, den du so noch nicht getrunken hast. Sie kochen den Wein zu einer Honigbrühe ein, dann geben sie zerstoßenen Pfeffer dazu, Lorbeerblätter und Safran, geröstete Dattelkerne und in Wein eingeweichte Datteln, eine verführerisch milde Mischung.«

»Klingt sehr gut, den nehme ich. Legen wir uns dort drüben auf die Liegen und lassen uns bedienen.«

»Bedieeenung!«

»Geht es nicht ein bisschen schneller? Die scheint lahm zu sein, sicher eine aus dem Osten.«

»Na endlich! Einen Venus-Gewürzwein für meine Freundin und für mich den Honigmost. Der spült die Gedärme durch.«

»Liebe Cynthia, wie schön dass wir uns hier begegnet sind. Also, wie sind nun diese Diät-Rezepte der berühmten Cotta?«

»Eigentlich handelt es sich um Geheimrezepte, und die Cotta verlangt für jedes einzelne Rezept eine Summe. Aber ich muss ja nicht aufs Geld achten. Deshalb verrate ich dir, liebe Julia, gerne ein paar Einzelheiten gratis.«

»Du bist ein Schatz, Cynthia.«

»Als Abenddiät sagt mir besonders die geräucherte Schweinswurst zu. Die Cotta empfiehlt sie wärmstens. Davon könnte ich unzählige essen. Du zerreibst Pfeffer, Kümmel, Bohnenkraut, Raute, Petersilie, Lorbeeren und mischst gut zerstampftes Hackfleisch dazu.«

»Was heißt ›du‹? Das macht selbstverständlich meine Köchin.«

»Natürlich, deine Köchin. Wenn ich ›du‹ sage, ist das doch nur eine Redensart. Wo waren wir stehen geblieben? Ach ja: Das Hackfleisch muss mindestens zu einem Drittel Wildschwein und zu einem Drittel Schwein sein. Das ist, so behauptet die Cotta, unabdingbar für den besonderen Diäteffekt.«

»Hm.«

»Du mengst ganze Pfefferkörner dazu, reichlich Fett und Pinienkerne und, der weitere Cotta'sche Geheimtipp, Fischsauce. Und zwar legst du für diese Sauce ausschließlich Meerbarbeneingeweide ein, ich betone *Meerbarben*, dann fügst du das übliche kleine Fischzeug hinzu, Sardinen, Makrelen usw., lässt das Ganze an der Sonne ziehen, bis es gut durchgefault ist, und treibst es durch ein Sieb. Damit würzt du die Hackmasse, füllst diese dann in eine sehr dünn ausgezogene Wursthaut, und hängst die Würste zum Räuchern auf. Dazu reichst du Brokkoli oder Blumenkohl, die du mit Wein, Wasser, Olivenöl, Pfeffer, Liebstöckel, Minze, Weinraute und Koriander kochst. Oder du reichst Bohnen dazu, gekocht in Olivenöl, Gemüsebrühe, frischem Koriander, Koriandersamen, Kümmel, und wieder der berühmten Fischsauce.

Als zweite Hauptspeise gibt es Aprikosenfrikassee: Gib in einen Topf Öl, Cotta'sche Fischsauce und Wein, zerkleinere eine Schalotte, schneide eine Schweineschulter in Würfel. Wenn du dies alles gekocht hast, zerstoße Pfeffer, Kümmel, getrocknete Minze und Dill, gieße Honig darüber, Fischsauce, Wein, und zwar Trockenbeerenauslese, etwas Essig und Saft vom Fleisch selbst. Gib entkernte Aprikosen dazu und lass es aufkochen, bis es gar gekocht ist. Dazu passen zum Beispiel Olivenkompott mit Anis oder süß-saure Linsen. Und nicht zu vergessen, die Cotta empfiehlt, zu allen Hauptgerichten Rosinenbrot zu essen.«

»Und das ist alles? Wo bleiben die Vor- und die Nachspeise? Das ergibt doch noch kein komplettes Diätabendessen.«

»Natürlich gibt es eine Vorspeise, wo denkst du hin. Zum Beispiel passt hierzu ein Birnenauflauf mit Eiern, Honig, Trockenbeerenauslesewein, Kreuzkümmel, Pfeffer, Olivenöl, der bedeutenden Fischsauce, plus Milch.«

»Jetzt fehlt noch die Nachspeise.«

»Die Nachspeise. Da ist die Cotta sehr streng. Zu allem gibt es dieselbe Nachspeise: Früchte und Muscheln. Wobei du den besonders süßen Früchten wie Datteln, Feigen, Aprikosen den Vorzug geben musst.

Und zum Appetitanregen – das versteht sich bei der Cotta von selbst – isst du vorneweg sauer eingelegte Oliven, Lauch, Zwiebeln, Gurken, Melonen, Kapernsprossen und Kresse.

Und nun noch die wichtigste Regel von allen: Nie Brechmittel benützen! Verlasse nie den Tisch, um dich zu übergeben. Auch wenn die Versuchung noch so groß ist. Damit würdest du deinen Erfolg zunichtemachen.

Ich schwöre auf die Cotta: Nach nur einer Woche Diät habe ich beim Hüftumfang schon das erste Ziel erreicht. Erstaunlich, nicht?!«

»Das wäre wirklich nicht zu glauben! Und wie sind die Mittags- und die Frühstücksdiät?«

»Na, das übliche Frühstück. Dinkelfladen, Eier, Käse, Honig, Milch, Obst und Kräuterquark. Die Mittagsdiät ist ebenso vielfältig wie die Abenddiät, die Cotta kennt unzählige köstliche Rezepte. Sie schwört übrigens – und da verrate ich dir ein Geheimnis erster Ordnung – auf Riesen-Schichtkuchen à la Cato aus Weizenmehl, Dinkel, Schafskäse und Honig auf geölten Lorbeerblättern. Ach, ist dort nicht Cornelia? Tatsächlich, sie hat uns erkannt, kommt direkt auf uns zu.«

»Cornelia, auch *du* hier? Du sagtest doch, das Venus-Bad sei zu einer schmutzigen Klitsche verkommen?«

»Julia! Cynthia! Ihr hier? Wenn *ihr* hier seid, kann ja auch ich hier sein. Ich wollte mich gerade zwischen dem Caldarium und dem Tepidarium ausruhen. Ganz verdorben ist das Bad übrigens nicht. Immerhin sind vormittags Männer von Frauen getrennt. Und wahrscheinlich haben wir alle denselben Grund, hier zu sein. Gebt's zu, auch ihr seid im Venus-Bad wegen der göttlichen Cotta.«

»Die ganze Stadt kommt anscheinend zu dieser Cotta. Sie

macht aus uns allen Schönheiten, wenn's stimmt. Cynthia behauptet, die Rezepte der Cotta hätten bei ihr schon nach ein paar Tagen erste gewünschte Wirkungen gezeitigt. Kann man das glauben? Wenn ich genau überlege: Die Rezepte sind doch nicht so außergewöhnlich. Einzig die Fischsauce ausschließlich aus Meerbarbeneingeweiden hat mich überrascht. Na ja ...«

»Bei dir, Cynthia, hat die Cotta eindeutig ein kleines Wunder vollbracht. Ich staune, und ich kann es beurteilen, denn ich habe dich vor zwölf Tagen in der Palaestra beim Sport beobachtet. Und was fällt mir jetzt auf? Du hast an den Hüften angesetzt. Deutlich! Und, wenn ich ganz genau hinsehe, hast du sogar ganz zarte, reizende Fettpölsterchen an den Zehen entwickelt.«

»Oh, ich danke dir, teure Cornelia, dass du das feststellst. Jetzt musst du es glauben, Julia.«

»Was? Rundungen sogar an den Zehen? Das ist ja allerhand. Für diese Cotta ist anscheinend nichts unmöglich.«

»Mollige Zehen sind der letzte Schrei. Und wenn deine Fußballen dazu noch so rundlich und samtweich werden wie deine Handballen, dann kann sich Marcus freuen.«

»Danke, Cornelia, du liebenswürdige Schmeichlerin. Da habt ihr es, es lohnt sich herzukommen. Da seh ich doch über die schweinischen, und auch noch schlecht verschlüsselten Graffiti in den Latrinen glatt weg: ›*Wenn sich hier jemand hinsitzen (!) wird, lese er als Erstes dieses: Wenn er einen guten Beischlaf haben möchte, suche er A. für 16 As auf.*‹ Oder: ›*L. saugt für zwei As.*‹«

»Ha, nicht nur in den Latrinen stehen Sauereien. Auf meinem Umkleidekasten stand sogar: ›*Ich, A. M., und mein Bruder Dexter hatten zweimal angenehmen Geschlechtsverkehr mit zwei Mädchen.*‹ Und im Umkleidekasten hat ein aufgeblasenes Schwein: ›*Weinet, ihr Mädchen, mein Glied hat euch verlassen*‹ eingeritzt!«

»Na ja, liebe Julia, hin und wieder gibt es auch Taktvolleres wie: ›*Hier habe ich meine Frau mit dem Gesäß in der Luft durchbohrt – aber es war schändlich, diese Zeilen zu schreiben.*‹«

»Also würde die Cotta hier nicht ihre Dienste anbieten, ich setzte niemals einen Fuß in diese ... Subwelt.«

»Beruhige dich, Julia. Mit der Cotta sind übrigens auch die besten Masseure gekommen, die du dir vorstellen kannst. Durchtrainierte Nubier. Sie massieren die Pölsterchen mit einer speziellen Kaltcreme von Galenus aus Rosenwasser, Olivenöl und Bienenwachs an genau den richtigen Stellen. Das sind wahre Künstler. Formen dich wie ein Bildhauer Lehm. Kneten dir runde Pobacken, pralle Schenkel, straffe Brüste, schieben Pölsterchen an die exakt richtigen Stellen an Hüften und Hintern, genau dorthin, wo sie hingehören, glätten deine Haut an allen Stellen, bringen dich in die geschmeidigste, prallste, glatteste Form. Und selbst von spitzen Ellbogen und Knien befreien sie dich, massieren deine Arme und Beine als kneteten sie entzückende Würstchen, schieben das Überflüssige an Armen und Beinen einfach über Ellbogen und Knie.«

»Männer mögen keine Frauen mit spitzen Ellbogen und spitzen Knien. Da besteht Verletzungsgefahr.«

»Schön gepolsterte Ellbogen sind ihr Geld wert, da muss ich euch recht geben. Aber noch wichtiger ist ein stattlicher Hüftumfang. Einer, der ins Auge springt.«

»Dennoch kein zu dicker Busen!«

»Aber runde, rosige, füllige Arme und Schenkel.«

»Den Bauch nicht vergessen, meine Lieben, da muss was dran sein. Runde weiche Wölbungen winken mit verführerischer Fleischeslust.«

»Der Epilator soll übrigens auch neu sein, ein ganz charmanter Schützling der Cotta aus Ägypten. Er verwendet nur feinstes Bienenwachs zum Entfernen der Haare und für die Bikinizone Arsenik und Kalklauge, extra verdünnt, damit es nicht so brennt.«

»Wenn die Männer wüssten, was wir alles auf uns nehmen.«

»Ach, manchmal deprimieren mich die ewigen fetten Fleisch- und Mehlspeisen regelrecht. Ich habe es so satt, ständig fetttriefendes Schwein und Lamm, Gänsestopfleber, gemästete Zicklein, Siebenschläfer, Kapaune, Poularden und Feigendrosseln mit dicken Mehlsaucen in mich hineinzustopfen. Die süßen Omelettes und das ganze verfluchte Gebäck kommen mir schon zu den Ohren raus. Und auch geschmorte Schnecken und Trüffel, die ich früher als Delikatessen geradezu verschlang, sind mir langsam über. Wenn ihr wüsstet, wie ich mich nach einem einfachen Essen sehne. Mittags würde ich am liebsten wie meine Sklaven, einfach nur Fladen aus Mehl und Wasser mit etwas Käse, Feigen, Oliven, Eiern, Gemüse, Pilzen und Nüssen essen. Manchmal beneide ich sogar die Mageren! Ja, ich gestehe es. Die brauchen sich nicht so abzurackern, müssen sich nicht den ganzen Tag vollstopfen, die essen einfach, was ihnen passt.«

»Sei tapfer, Cornelia. Aus eigener Erfahrung sage ich dir, die Cotta-Diät ist so schmackhaft, da nimmst du spielend zu.«

»Ich hoffe, du hast recht, Cynthia.«

»Das hoffe ich auch. Mein Mann Lucius Gallus hat ja keine Ahnung, was ich an Zeit und Opfern erbringe. Er will es auch gar nicht wissen. Und es wäre sogar schädlich, wenn ich ihm erzählen würde, wie hart meine Schönheit erkauft ist, wie sehr ich mich verkünsteln muss. Ihr wisst ja: ›*Nie aber soll der Liebhaber die auf dem Schminktisch verstreuten Büchsen ertappen, nur eine verheimlichte Kunst macht schön.*‹ So spricht Ovid.«

»Mit Ovid kannst du mir gestohlen bleiben. ›*Männliche Schönheit will nur maßvoll gepflegt sein*‹, sagt dieser Kerl.«

»Ja, was die Männer alles von uns erwarten, und selbst tun sie einen Dreck für ihre Schönheit. Widersinnig sind sie in ihren Ansprüchen. Da sollst du möglichst füllige Hüften haben, aber in der Öffentlichkeit soll deine Fülle dann gleichzeitig elegant kaschiert sein, indem du eine verdammt unbequeme Brustbinde und ein sau-lästiges Hüftband aus Fischbeinschienen unter der Tunika trägst. Das ist doch Idiotie!«

»Oder du hockst Stunden beim Friseur, damit sie deine Haare aufwendigst in Locken legen und mithilfe von germanischen Haarteilen auftürmen, bis du die Zwei-Meter-Marke überschreitest, um auf die Weise deine Fülligkeit durch Länge auszugleichen, und da witzelt noch ein Juvenal: ›*Von hinten allerdings kommt sie klein wie 'ne Zwergin dir vor*‹.«

»Mein Mann Gaius Africanus Bulbus will, dass ich einen schönen Teint habe, kann aber nicht vertragen, wenn ich nachts als Grundierung für mein Make-up vom nächsten Tag eine Salbe aus dem Fett von Schafswolle auf mein Gesicht auftrage. Er behauptet, sie stinke. Dabei habe ich sie von meinem persönlichen Parfümhersteller parfümieren lassen: mit Lilien-, Narzissen- und einem Hauch Nardenöl.«

»Ja, was tut man nicht alles für die Männer!«

»Aber doch auch für uns selbst, Julia. Du willst doch nicht wie die zwei Klappergestelle dort drüben aussehen.«

»Die dort?«

»Genau, sie stellen sich gerade zur Nagelpflege an. Da sieht man doch sofort, dass die aus dem Armenviertel sind.«

»Oder krank. Die sollten hier gar nicht eingelassen werden. In den Forumsthermen passiert so etwas nicht. Da haben nur stattlich füllige, gesunde, wohlhabende Damen Zutritt! Bewahre, dass ich je so abmagere und meine Schönheit verliere. Oder für eine Hungerleiderin gehalten werde. Ein Horror!«

»Abzumagern ist wirklich das Schlimmste, was einem passieren kann. Kein Mann sieht dich mehr an, dein gesellschaftliches Image ist kaputt, und was noch viel schlimmer ist: Magerst du ab, entsteht auch noch der Verdacht, du seiest eine Anhängerin dieser mysteriösen Sekte – der Chritten, Chrilten, Christen oder wie die heißen. Da landest du noch als Löwenfraß im Circus.«

»Oh, gleich ist mein Termin. Salve, Cynthia, salve, Cornelia. Wir Leidensgenossinnen müssen zusammenhalten. Deshalb: Kopf hoch, sapere aude! Letztlich lohnt es sich, dass wir uns für die Körperfülle abrackern. Sie erhält uns die Gunst unserer Liebhaber und erweckt Respekt, Vertrauen und Sympathie. Mein Mann Lucius Gallus sagt immer, sie verkörpere die traditionellen römischen Werte, sowohl die Macht des Vaterlandes als auch Ergebenheit gegenüber dem Kaiser. Ein rundlicher Körper ist ein großzügiges Geschenk der Götter des Pantheon.«

»Wir gehen ebenfalls. Ave, verehrte Julia.«

»Lasst uns also mit der schmackhaften Cotta-Diät aufreizend zunehmen.«

»Und nie wieder abnehmen. Salvamus patriam.«

Kostproben aus der Antike – Rezepte für mollige Zehen

Blumenkohl à la Cotta

Für 4 Personen kocht man 1 großen Blumenkohl oder Brokkoli mit 1 Prise Salz in 0,5 l Wein, 1,5 l Wasser, 1 Schuss Olivenöl, 1 EL Pfeffer, jeweils einem kleinen Bund Liebstöckel, Minze, Weinraute und Koriander.

Bohnen als Beilage

Für 4 Personen kocht man 1 kg Saubohnen (am besten vorweg einweichen) mit 4 EL Öl, Sellerie, Lauch, Möhren, 1 Fleischbrühwürfel, 1 Bund frischen Koriander, ½ EL Koriandersamen, ½ TL Kümmel, eine Stange Lauch und 2 EL Fischsauce (thailändische oder vietnamesische Fischsauce ähnelt der römischen).

Aprikosenfrikassee

Für Fleisch und Aprikosen empfiehlt sich ein Verhältnis von 2 zu 1.

Für die Sauce: eine Handvoll Minze, ein Bund Dill, 2 TL Honig, ein kräftiger Schuss Essig, 1 TL Pfeffer. Die Sauce sollte süßsauer und nicht zu scharf schmecken. Das Fleisch in Würfel schneiden und mit Olivenöl und Schalotten (Zwiebeln gehen auch) anbraten. Anschließend mit Wein und Fischsauce ablöschen. Dann die zerstoßenen Zutaten für die Sauce hinzugeben. Das Fleisch 15 Minuten in der Sauce dünsten lassen.

Olivenkompott

Die Oliven werden zu einer kompottartigen Masse zerdrückt und mit geröstetem Salz, Wiesenkümmel, Kreuzkümmel, Fenchelsamen und ägyptischem Anis vermischt. Darüber wird Olivenöl gegossen, damit das Ganze nicht eintrocknet. Das im Rezept angegebene Mengenverhältnis von Salz und Oliven beträgt 1 zu 32.

Süßsaure Linsen

Für vier Personen kocht man 1 Brühwürfel, 1 l Gemüseboullion, 500 g Linsen, 1 Stange Lauch, 1 Bund frischen Koriander, 2 EL Flohkraut, 2 EL Weinraute, ½ Bund frische Minze, 2 EL Koriandersamen, 1 Schuss Essig, 2 Messerspitzen Laserpicium, 5 El Öl, 2 EL Honig, 1 TL Pfeffer, 6 EL Fischsauce.

Birnenauflauf

Für vier Personen nimmt man 500 g gekochte und entkernte Birnen, 4 Eier, 4–5 EL Honig, 0,1 l Trockenbeerenauslese, wenig Kreuzkümmel, jeweils 1 Prise Pfeffer und Salz, 1 Esslöffel Öl, 0,1 l Fischsauce, 1 Schuss Milch. Nachdem man die Zutaten mit den Eiern vermengt hat, gibt man alles in eine Pfanne mit etwas Öl und lässt es ca. 30 Minuten auf kleiner Flamme kochen.

Riesen-Schichtkuchen à la Cato

»Eine Placenta mache so: Sehr feines Weizenmehl 2 Pfund (0,65 kg), um daraus den Boden zu machen; für die Fladen 4 Pfund Mehl (1,3 kg) und 2 Pfund beste Speltgraupen. Die Speltgraupen schütte ins Wasser; wenn sie gut weich sind, schütte sie in einen reinen Mörser und lasse sie gut trocknen; hierauf knete sie mit den Händen. Wenn das gut durchgearbeitet ist, gib nach und nach die 4 Pfund Mehl hinzu. Aus diesen zwei Bestandteilen mache Fladen; (...) wenn sie trocken sind, setzte sie reinlich übereinander. (...) Wenn die Fladen fertig sind, mache den Herd gut heiß und auch die Schüssel. Hernach befeuchte die 2 Pfund Mehl und knete sie; daraus mache einen dünnen Boden. Gib 14 Pfund Schafskäse (4,56 kg), aber keinen sauren, sondern einen recht frischen, in Wasser (...). Wenn du den Käse gut getrocknet hast, zerbröckle ihn möglichst gut. Dann nimm ein reines Mehlsieb und mache, dass der Käse durch das Sieb durchgeht in die Schüssel. Hernach gib 4,5 Pfund guten Honig (1,5 kg) hinzu; das mische gut zusammen mit dem Käse. Hernach lege auf ein sauberes Brett, das 1 Fuß (30 cm) breit ist, einen Kuchenrand; lege geölte Lorbeerblätter unter und bestreiche sie mit Honig. Das wird eine Placenta von einem halben Scheffel (ca 4,5 kg) sein.« Cato, De rustica 76

Historische Hinweise

Forumsthermen: Name eines Thermalbades in Pompeji.

Bikini: Einen dem heutigen Bikini ähnlichen Zweiteiler gab es schon lange. Dies belegen antike Wandmalereien. Man trug ihn in öffentlichen Bädern, zum Sport oder Striptanz.

Römische Fischsauce: Zu allem und jedem wurde Fischsauce, genannt Garum oder auch Liquamen, gegessen. Sie wurde aus gesalzenen Fischinnereien, insbesondere von Makrelen, in einem langwierigen thermischen Prozess hergestellt. Durch Sonne oder auch Kochen lösen sich die proteinhaltigen Fischbestandteile im Laufe von zwei bis drei Monaten fast völlig auf. Die Lake wurde gesiebt, die Flüssigkeit als Garum gehandelt. Die Herstellung von Garum war aufgrund der Geruchsentwicklung in der Stadt eigentlich verboten. In kleinen Amphoren versiegelt, wurde Garum im gesamten Imperium versandt und ersetzte im Binnenland weitgehend das Salz. Heute wird eine ähnliche Fischsauce noch in Thailand und Vietnam verwendet.

Erotische Malereien: In Pompeji wurden im Umkleidebereich einer Therme erotische Malereien über acht rechteckigen, schachtelähnlichen Elementen mit den Nummern I-VIII gefunden. Detailliert werden hier Praktiken wie Fellatio und Cunnilingus und unterschiedliche Gruppensexformationen dargestellt. Eva Cantarella vertritt in ihrem Buch »Pompeji. Liebe und Erotik in einer römischen Stadt« die Auffassung, dass es sich bei den kleinen Kunstwerken um Gedächtnishilfen für die sinnenfrohen Römer gehandelt hätte, damit diese ihre abgelegten Kleider nach dem Bad schneller wiederfinden würden.

Prostitution in der Antike: Die Preise für sexuelle Dienstleistungen sind vor allem in Form von Graffiti an den Wänden Pompejis überliefert.

Aus den Quellen ergibt sich eine Preisspanne von 2 bis 16 As (Letzteres entspricht einem Denar). Römische Prostituierte wurden skandalös schlecht bezahlt, Bordelle waren gefürchtete Gewaltorte. Sogenannte Hetären beziehungsweise Amicae wurden zum Teil außergewöhnlich gut bezahlt. Sie waren Luxusprostituierte, man erwartete mehr als Sex von ihnen, nämlich auch intelligente Unterhaltung und Zuwendung. Sie waren in der Regel nur reichen und aristokratischen Männern zugänglich. Diese taten so, als bezahlten sie die Hetäre nicht für sexuelle Handlungen, sondern sahen sich in der Tradition der aristokratischen Ethik als großzügige Mäzene.

»[...] aber es war schändlich, diese Zeilen zu schreiben«: Graffiti, die man bei Ausgrabungen eines öffentlichen Thermalbads in Pompeji fand.

Epilator: Nach dem Bad wurden der Römerin von einem Sklaven überflüssige Körperhaare ausgezupft. Eine schmerzhafte Prozedur, weshalb die Damen damals bei der Haarentfernung lieber zu Bimsstein, Harz und Wachs griffen. Die Intimrasur war hauptsächlich bei Prostituierten verbreitet und steigerte den Preis. Häufig wurden Arsenik und Kalklauge auf das zu entfernende Schamhaar gestrichen, man kann sich die Hautverätzungen vorstellen.

Brustbinde: Weil im antiken Rom eine Vorliebe für Frauen mit breiten, ausladenden Hüften, aber kleinen Brüsten herrschte, schnürten die Römerinnen ihre Brustbinden enger und fester als die Griechinnen.

Fischbeinschienen: Es gab schon in der ersten europäischen Hochkultur, der minoischen Kultur (2800 bis 900 v. Chr.), das Idealbild einer schmalen Taille. Viele Darstellungen und Skulpturen aus dieser Zeit erwecken den Eindruck, dass zumindest eine Art Mieder getragen wurde.

Salbe aus Schafswollfett: Juvenal überliefert bezüglich des altertümlichen Make-ups, das am Vorabend auf das Gesicht aufgetragen wurde und nach Schafswollfett stank: »Der Ehemann konnte bereits am Geruch abends im Ehebett erahnen, dass seine Frau ihren Liebhaber am nächsten Tag mit dem Make-up verführen wollte.«

Die Geschichte spielt vor 79 n. Chr. (Untergang Pompejis durch den Vesuvausbruch), z. B. zur Zeit Neros.

Verzeichnis der Autorinnen und Autoren

SUSANNE AYOUB

wurde in Bagdad geboren und zog als Sechsjährige mit ihrer Mutter nach Wien. Nach dem Studium der Theaterwissenschaft und Kunstgeschichte arbeitete sie für den Österreichischen Rundfunk. Sie schrieb Drehbücher, Hörspiele und Theaterstücke und veröffentlichte mehrere Bücher. Ihr erster Roman, »Engelsgift«, erschien 2004, mit »Schattenbraut« setzte sie ihre erfolgreiche Schriftstellerkarriere fort (beide erschienen als Diana Taschenbuch).

HELGA BEYERSDÖRFER

geboren im südhessischen Erlensee, studierte in Frankfurt am Main, bevor sie eine Ausbildung zur Journalistin absolvierte. Sie arbeitete als Redakteurin unter anderem bei der »Frankfurter Rundschau«, beim ZEIT-Magazin, beim »Stern« und bei Sat. 1. Helga Beyersdörfer arbeitet heute als freie Autorin in Hamburg und veröffentlichte mehrere erfolgreiche Kriminalromane.

STELLA CONRAD

wurde 1960 in Recklinghausen geboren und lebt heute in Bochum. Nach zehnjähriger Tätigkeit als Köchin arbeitete sie unter anderem als Veranstalterin und war für die internationale Pressearbeit einer großen Messe verantwortlich. Im August 2008 erschien im Diana Verlag ihr erster heiterer Roman: »Die Küchenfee«. Zurzeit arbeitet sie an ihrem zweiten Roman, »Blindflug«, der im Sommer 2009 im Diana Verlag erscheinen wird.

CHRISTINE GRÄN

wurde in Graz geboren und lebte viele Jahre in Afrika. Nach ihrer Rückkehr arbeitete sie als Journalistin, bis sie in den Achtzigerjahren mit der Krimi-Heldin Anna Marx einen der ersten weiblichen Detektive der deutschsprachigen Krimiliteratur schuf. Seit Romanen wie »Die Hochstaplerin«, »Hurenkind« oder »Heldensterben« gehört Christine Grän zu den erfolgreichsten deutschsprachigen Romanautorinnen. Christine Grän lebt mit ihrer Familie in München.

TATJANA GREINER

wurde in Köln geboren und studierte in Lüneburg Wirtschafts- und Sozialwissenschaften, sowie Angewandte Kulturwissenschaften. Dann ging sie in die USA. In San Francisco machte sie ihren Abschluss als Bachelor of Arts in Creative Writing, in Los Angeles erwarb sie ihren Master of Professional Writing. Ihr erster Roman »Spring, Baby!« erschien 2005. Sie lebt in San Francisco, wo sie neben dem Schreiben als Dramaturgin, Regisseurin, Dozentin und Übersetzerin arbeitet.

ROBERT GRIESBECK

studierte Grafik-Design, Informationsästhetik und Politologie, arbeitet seit dreißig Jahren als Grafiker, Buchherausgeber und Autor. Er hat Kinderbücher, Sachbücher und Romane, Drehbücher und Rundfunkglossen geschrieben, Zeitschriften-Konzepte entwickelt und war Chefredakteur diverser Magazine. Er lebt und arbeitet am oberbayerischen Staffelsee – als stiller Ghostwriter und als lauteres Trüffelschwein.

JU HONISCH

wuchs in Bayern auf und studierte in München Englisch und Geschichte. Ju Honisch ist Autorin und Liedermacherin und verarbeitet sowohl in ihren Texten als auch in ihren Liedern gerne Fantastisches, Märchen und Parabeln. Ihr erster Band mit Kurzgeschichten ist unter dem Titel »Bisse« erschienen. Ihr erster Roman, »Das Obsidianherz«, wurde 2008 veröffentlicht. Ju Honisch ist verheiratet und lebt in Frankfurt/Main.

GERLINDE JÄNICKE

geboren 1973 als Tochter einer US-Amerikanerin und eines Deutschen, erlernte ursprünglich den Beruf der Fremdsprachensekretärin, begann dann aber 1993 mit einem Volontariat bei einem Berliner Radiosender ihre Karriere als Moderatorin, Sprecherin und Schauspielerin. Seit 1998 produziert und moderiert sie eigene Shows bei verschiedenen Berliner Radiosendern, so z. B. *Supersamstag* und *Supersonntag* bei 104,6 RTL, und arbeitet für diverse Fernsehsender. Gerlinde Jänicke lebt in Berlin.

JUTTA KESSLER

lebt zusammen mit vier Generationen und einem schwer erziehbaren Beagle in einem Holzhaus in einer kleinen Stadt am Rande der Eifel. Ihre Freude am Schreiben entdeckte sie schon früh, ihre Texte spiegeln vorwiegend das turbulente Leben und die Erfahrungen einer Frau »Jahrgang 63« wider. Sie kocht leidenschaftlich gern und hat ihr Können am Herd schon erfolgreich bei »Kerners Köchen« unter Beweis gestellt. Jutta Kessler arbeitet derzeit an ihrem ersten Roman.

OLIVIA KLEINKNECHT

wurde 1960 in Stuttgart geboren. Sie studierte Jura und promovierte über Niklas Luhmann am Europäischen Hochschulinstitut in Florenz. Sie lebt heute als freie Schriftstellerin in Zürich. Unter ihren zahlreichen Veröffentlichungen befinden sich auch Kriminalromane und Jugendbücher.

KATJA MAYBACH

wurde 1953 in der Nähe von München geboren und lebte viele Jahre in Paris, wo sie in der Modebranche arbeitete. Ihre Entwürfe und Modelle wurden in zahlreichen Zeitschriften, unter anderem in der italienischen VOGUE vorgestellt. Nach einer schweren Krankheit begann sie zu schreiben. Ihr Erstling, »Eine Nacht im November«, erschien 2007. Katja Maybach hat zwei erwachsene Kinder und lebt heute in München.

HANNELORE MEZEI

wurde in Graz/Steiermark geboren und studierte Germanistik und Anglistik. Nach zahlreichen Auslandsaufenthalten arbeitet sie seit vielen Jahren als Journalistin bei Österreichs auflagenstärkstem Boulevardblatt in Wien. Hannelore Mezei hat mehrere Bücher zum Thema Gesundheit und Lebenshilfe geschrieben.

EDDA MINCK

wurde 1958 im Ruhrgebiet geboren und lebt heute in Bochum. Mit Lotte Minck bildet sie seit Ende 2005 das Autorinnen-Duo Minck & Minck. Den Grundstein ihrer Arbeit legten sie mit ihren erfolgreichen Ruhrgebietskrimis »totgepflegt« und »abgemurkst«. Weitere Schwerpunkte des gemeinsamen Schaffens sind Filmstoffe, Kurzgeschichten und Romane aus dem Genre Komödie und Krimi.

LOTTE MINCK

1960 in Recklinghausen geboren, war lange Zeit im Veranstaltungsmanagement sowie in der Pressearbeit tätig. Außerdem arbeitete sie in einer Bochumer Schauspielagentur. Mit Edda Minck bildet sie seit 2005 das Autorinnen-Duo Minck & Minck. Mittlerweile sind zwei Ruhrpott-Krimis (»totgepflegt« und »abgemurkst«) aus ihrer gemeinsamen Feder erschienen.

IRENE RODRIAN

gewann schon mit ihrem ersten Krimi, »Tod in St. Pauli«, den Edgar-Wallace-Krimipreis. Seitdem zählt sie aufgrund ihres lakonischen, unverwechselbaren Schreibstils zu den bekanntesten und erfolgreichsten Krimi-Ladys deutscher Sprache. Neben erfolgreichen Kinderbüchern schrieb sie auch zahlreiche Drehbücher, unter anderem für erfolgreiche TV-Serien wie »Großstadtrevier« und »Ein Fall für zwei«.

JANA VOOSEN

Jahrgang 1976, studierte Schauspiel in Hamburg und New York. Es folgten Engagements an Hamburger Theatern. Daneben war sie in TV-Produktionen wie »Tatort«, »Stahlnetz« und »Im Tal der wilden Rosen« zu sehen. Jana Voosen lebt und arbeitet in Hamburg. Neben ihren Romanen (unter anderem »Zauberküsse«, »Venus allein zu Haus« und »Er liebt mich«) schrieb sie das erfolgreiche Jugendtheaterstück »Hunger«.

MIRJAM WILHELM

wurde 1972 in München geboren. Nach ihrem Studium der Germanistik, Kommunikationswissenschaften und Philosophie lebte sie mehrere Jahre in Köln, wo sie zuerst als TV-Redakteurin bei einer Fernsehproduktionsfirma, dann als Online-Redakteurin bei einem großen Privatsender arbeitete. Es folgten mehrere Jahre als freie Journalistin und Hörfunk-Moderatorin in München, bevor sie wieder in den TV-Bereich und ihre zweite Heimatstadt Köln zurückkehrte.

FENNA WILLIAMS

Jahrgang 1956, lebt und arbeitet als freie Autorin in Wiesbaden. Sie studierte kreatives Schreiben in Berlin, Seattle und London. Fenna Williams schreibt mörderische Kurzgeschichten und fiktionale und dokumentarische Drehbücher. Sie leitet

Theatergruppen und hält Vorträge über Literatur und Theater. Ihre lebenslange Passion gilt Shakespeare und einem guten Glas Single Malt Whiskey.

SOPHIE WINTER

geboren in München, lebt heute in Hamburg. Sie arbeitete als Buchhändlerin und Lektorin, bevor sie selbst zu schreiben anfing. »Ich will dich, ich will dich nicht«, ihr erstes Buch im Diana Verlag, erscheint im Sommer 2009.

Mehr über die Autorin unter www.sophie-winter.de

STEFFI VON WOLFF

geboren 1966, wuchs in Hessen auf. Sie arbeitete als Hotelkauffrau, Radiomoderatorin und Redakteurin. 2003 erschien ihr erster Bestseller »Fremd küssen«, dem zahlreiche weitere Erfolgsromane folgten. Steffi von Wolff lebt heute mit Mann und Sohn in Hamburg.

Knaur.

Margit Schönberger

Das Diätenhasser-Buch

Basta! Die Pfunde bleiben drauf!

Seit ihrer Kindheit ist Margit Schönberger eine Kandidatin für eines der umsatzstärksten Geschäftsfelder der westlichen Welt: die Diätindustrie. Kaum eine Diät, die sie nicht probiert hätte – aber Wunschgewicht? Pustekuchen!
Jetzt wird abgerechnet: Mit Schlankheitswahn und Modediktat. Mit Nahrungsmittelindustrie und falschen Ratgebern. Und mit dem Mythos von der »richtigen« Ernährung. – Margit Schönberger serviert Wahrheiten über unser Essen, die die Industrie nur zu gern verschweigt.
Ein leidenschaftliches Plädoyer dafür, sich in seinem Körper wohl zu fühlen – und sich die Lust am Leben (und an gutem Essen) nicht vermiesen zu lassen.

ISBN 978-3-426-78193-7

www.knaur.de